運行管理者貨物　法改正情報

令和6年度試験で出題が予想される[illegible]等を紹介します。

●改善基準告示の見直し

改善基準告示の改正は令和6年4月1日施行であるが、**令和6年度第1回試験より**出題範囲となることが試験センターより公表されている。

「1ヵ月及び1年の拘束時間」

1ヵ月について284時間（改正前：293時間）**以内**、かつ**1年について3,300時間以内**で、労使協定により、1年について6ヵ月までは**310時間／月**まで延長することができ、かつ1年について**3,400時間**まで延長することができる（改正前：1年間に3,516時間を超えない範囲で320時間）。

「1日の拘束時間」

拘束時間が13時間以内であることは変わりないが、延長する場合の拘束時間が16時間だったものが**15時間**に改正された。またこれまで1日の拘束時間が15時間を超える回数は1週間について2回以内とされていたところ、1日の拘束時間が**14時間を超える回数をできるだけ少なく**するよう努めることとされた。

「休息期間」

休息期間については、勤務終了後「継続8時間以上」とされていたところ、改正により「継続**11時間以上**」の休息期間を与えるよう**努める**ことを基本とし、「継続**9時間**」を**下回らない**ものとすることとされた。

●最高速度の引き上げ

道路交通法施行令の改正により、令和6年4月1日から、**大型及び特定中型自動車**（車両総重量**8トン以上**又は最大積載重量**5トン以上**）の高速自動車国道における最高速度が80キロメートル毎時から**90キロメートル毎時**に引き上げられた。**令和6年度第2回試験より**出題範囲となる。

本書の特色

●過去問題の攻略が合格への近道！

運行管理者試験（貨物）の出題範囲は、貨物自動車運送事業法、道路運送車両法、道路交通法などの道路運送にかかわる法律のみではなく、労働基準法や実務上の知識及び能力といったものまで広範囲にわたるため、過去に出題された問題の傾向をしっかりとつかむことが大切です。

●反復学習でつかむ正解のコツ

運行管理者試験（貨物）の過去の問題を令和６年６月１日時点で公表されている最新のものから順に８回分収録しています。運行管理者試験は**過去の問題に類似する出題が多く見られる試験**でもあります。そのような問題は出題頻度の高い問題であり、それを**反復して解くことにより、知識がより確実**なものとなります。

●役立つマークシート解答用紙と正答一覧

問題編の最後にマークシート解答用紙を用意しましたので、コピーして使ってください。正しいものを選ぶ問題、誤っているものを選ぶ問題など、**問題文の指示をしっかりと読んで**、選択肢を読み始めましょう。その上で適当な選択肢の番号を塗りつぶしてください。**現在の運行管理者試験は CBT 方式ですが、選択肢を選ぶという解答方法に変わりはありません。**マークするのに手間取ることなく、問題だけに集中できるようになれば安心です。

正答・解説は**別冊**になっており、しかも正答一覧も同様のマークシートになっていますので、答え合わせはスムーズにできます。間違えてしまった場合には解説部分をしっかり読みましょう。

本書は令和６年度第１回試験の出題法令基準日である令和６年２月２日現在で施行されている法令等に基づいて作成しております。
ただし、令和６年４月１日施行の**改善基準告示の改正**については、改正を反映して**改題**しています。
令和６年度第２回試験の出題法令基準日（試験期間初日の６か月前予定）までの法改正等については、問題編の最終ページに記載してある本書専用ブログアドレスから閲覧してください。

目次

【本書利用上の注意点】

①法令等改正により、選択肢の内容の正誤が変わるもの、正答となる肢がなくなるなどして問題として成立しないもの → 問題編の問題番号に★をつけ、正答は出題当時のものを掲載し、解説は出題当時の法令等に基づいた解説をしたのち、※以下に、現在の法令等に照らした解説を加えました。
②法令等改正により、正答の選択肢の文言の一部が変更、追加、削除されたもの → 問題編の問題番号に▼をつけ、問題文に「(一部改題)」と記しました。解説は改題（改正後）の内容に沿って説明しています。

試験案内

1．試験は年2回

8月頃及び3月頃それぞれ1ヶ月程度の期間で実施
（試験会場等の予約の際に希望する日時を選択：試験時間90分）

2．受験資格概要と受験資格の証明に必要な添付書類

受験資格	受験申請に必要な書類・情報
⑴**実務経験1年以上** 試験日の前日において、自動車運送事業（貨物軽自動車運送事業を除く。）の用に供する事業用自動車または特定第二種貨物利用運送事業者の事業用自動車(緑色のナンバーの車)の運行の管理に関し、1年以上の実務の経験を有する者	①実務経験者に関する情報 ②本人確認用書類（住民票、運転免許証、マイナンバーカードのいずれか1つ(写し)) ③顔写真
⑵**基礎講習修了** 国土交通大臣が認定する講習実施機関において、平成7年4月1日以降の試験の種類に応じた「基礎講習」を修了した者	①基礎講習修了証書（写し）または運行管理者講習手帳（写し） ②本人確認用書類（住民票、運転免許証、マイナンバーカードのいずれか1つ(写し)) ③顔写真
⑶**基礎講習受講予定** 国土交通大臣が認定する講習実施機関において、試験の種類に応じた「基礎講習」を受講予定の者（試験前の定められた期日までに基礎講習を修了予定の者）	①基礎講習修了証書または運行管理者講習手帳（写し） 基礎講習を修了後、基礎講習修了証書（写）または運行管理者講習手帳（写）を「新規申請サイト」にアップロードが必要。提出後、提出書類の審査が完了するまでは、CBT試験の試験会場等の予約ができない。 ②本人確認用書類（住民票、運転免許証、マイナンバーカードのいずれか1つ(写し)) ③顔写真

3. 受験手数料等

・受験手数料：6,000 円（非課税）

この他、以下の①、②のいずれかが必要となります。

①新規受験申請：660 円（税込）（システム利用料）

②再受験申請：860 円（税込）（システム利用料、事務手数料）

また、試験結果レポートを希望する方は、試験結果レポート手数料として、別途 140 円（税込）が必要です。

4. 受験から免許取得まで

準備

令和 3 年度第 1 回運行管理者試験より、受験申請の方法は、新規受験、再受験ともにインターネット申請に限られることになりました。大まかな流れとしては、①受験申請サイトで受験申込をする、②試験センターで書類の審査が行われる、③書類審査完了のメールが届く、④ CBT 試験専用サイトへアクセスする、⑤試験会場と日時の選択・受験料の支払いをする、⑥ CBT 試験専用サイトから、試験会場の案内等が記載された受験確認書メールが届く、⑦受験、という流れになります。

【インターネット申請】

（新規）

（公財）運行管理者試験センターのホームページ（https://www.unkan.or.jp）にアクセスして、申込手順に従って必要事項を入力する。申込みには、受験者本人の「電子メールアドレス（パソコンまたはスマートフォンのメールアドレス）」が必要。

（再受験申請）

試験センターホームページから申請者サイトにアクセスし、申込手順に従って必要事項を入力する。受験資格を証明する書面及び受験者を証明する書面の添付は不要。

試験当日

受験確認書メールに記載された日時に、顔写真付きの身分証明書（運転免許証等）及び受験確認書メール（スマートフォンに表示も可）を持参のうえ、予約した試験会場へ来場し、受験してください。（受験確認書メールを持参しなくても受験は可能です。試験会場、試験日時、注意事項等についてご確認ください。）

受験　**・試験科目と時間**

試験方法は CBT 試験のみとなっています。
※筆記試験は実施しません。
※ CBT 試験とは、問題用紙やマークシートなどの紙を使用せず、パソコンの画面に表示される問題に対しマウス等を用いて解答する試験です。受験者は、提出書類審査完了後に複数の試験実施日時や試験会場の中から、受験する会場と日時を選択することができます。（試験センターホームページに CBT 試験の詳細説明を掲載しています。）

出題分野	問題数
⑴貨物自動車運送事業法関係	8問
⑵道路運送車両法関係	4問
⑶道路交通法関係	5問
⑷労働基準法関係	6問
⑸その他運行管理者の業務に関し、必要な実務上の知識及び能力	7問
合　　計	30 問

※法令等の改正があった場合は、改正された法令等の施行後 6 ヵ月間は改正前と改正後で解答が異なることとなる問題は出題しません。

試験時間は 90 分間です。

・合格基準

原則として、正解数が 30 問中 18 問以上、かつ、各分野 1 問（実務上の知識及び能力は 2 問）以上で合格。

合格　**・合格発表日**

試験後の定められた日に、郵送とインターネットで発表。

注意）この情報は、令和 6 年度第 1 回のものであり変更される場合があります。受験される方は、事前に必ずご自身で、（公財）運行管理者試験センターの発表する最新情報を確認してください。

公益財団法人 運行管理者試験事務センター
TEL 03-6635-9400（平日 9 時～ 17 時はオペレータ対応）
※オペレータ対応時間外は自動音声案内のみの対応
ホームページ　https://www.unkan.or.jp

出題傾向と合格への効率的な勉強法

攻略ポイント１

過去問を押さえることが、合格への最短ルート！

運行管理者試験に合格するためには、30 問中 18 問以上の正解と、各分野から 1 問以上ずつ（「実務上の知識及び能力」は 2 問以上）の正解が必要です。もちろん全問正解できるほどの力を身に付けられれば、何も言うことはありませんが、現実的には難しいものがあります。

では、合格するためには、何から手を付ければよいのでしょうか。

運行管理者試験では、**過去に出題された内容が多数出題**されます。本書に掲載されている過去問題をすべて正解できるようになれば、合格は目の前ともいえます。試験範囲が広い運行管理者試験ですが、**まずは過去問題で問われた知識を完ペキにする**ことが、最も効率的な勉強法といえるのです。

さらに、**次ページから、その中でもよく出題される項目を分野ごとにまとめました**ので、この項目は確実に得点できるようにしてください！

攻略ポイント２

「実務上の知識及び能力」が勝負を分けるかも !?

多肢選択式問題がおよそ半数ほどを占めるため、不安を感じる受験生も多いと思います。多肢選択式問題は選択肢の 1 つでも間違うと正解できないので、その点で難易度が上がるように感じるでしょう。

また、**「実務上の知識及び能力」の分野から 2 問以上の正解が必要**です。

例年この分野からは 7 問の出題しかなく、また、少なくとも 1 問は計算問題が出題されます。

せっかく全体で 18 問以上の問題を正解できても、もしこの分野で 1 問しか取れなければ合格できません。その点を意識して確実に 2 問は取れるよう、**この分野は従来よりも学習量を増やし、しっかりと対策を立てておく**ことが望まれます。特に毎年のように出題される運行計画に関する問題は、過去問を繰り返し解き、落とすことのないようしっかり学習してください。

確実に押さえたい！　分野別　頻出項目チェック・シート!!

過去の出題傾向から、特に出題される項目を分野別にまとめました。下記の項目は、頻出の項目なので、確実に得点できるように学習しておきましょう。
※　出題履歴の「R2-2-1」は、令和２年度－第２回－問１を「R2-CBT-1」は、令和２年度 -CBT 試験出題例 - 問１を意味します。

1．貨物自動車運送事業法関係（貨運法）

項目／要チェックポイント	出題履歴
●貨運法の目的と定義 貨運法１条の目的や定義が穴埋め問題として出題されることが多い。	R2-CBT-1　R2-1-1
●事業の許可等 ・誰の許可が必要か（国土交通大臣）。 →問題文中、「許可」が「認可」となっていないか注意。 ・申請書と添付書類の内容。 ・許可の取消しの要件（穴埋め問題での出題が多い）。	R4-CBT-1　R2-1-1 H30-2-1
●事業計画 ・業務を行うには、事業計画に従う。 ・変更がある場合、いつ、誰に届け出る必要があるか。	R3-CBT-1　R2-2-1 R1-1-1　H30-1-1
●輸送の安全 ・過労運転等防止のための事業者の義務内容。 →運行管理者の業務との混同を誘う問題に注意。 ・過積載の防止のための事業者の措置と禁止される行為内容。 ・国土交通大臣の行う措置、処分内容。	R4-CBT-6　R4-CBT-8 R3-CBT-6　R2-CBT-2 R2-CBT-6　R2-2-3 R2-1-2　R2-1-3 R1-1-3　R1-1-6 H30-2-2　H30-2-6 H30-2-8　H30-1-6
●運行管理者 ・選任すべき人数の計算方法（具体例を計算できるように）。 ・業務と権限の内容。 ・運行管理者への指導、監督、研修、講習について。 ・運行管理者資格者証の交付要件、訂正、返納について。	R4-CBT-2　R4-CBT-3 R3-CBT-2　R3-CBT-3 R2-CBT-3　R2-CBT-8 R2-2-2　R2-1-6 R1-1-2　R1-1-8 H30-2-3　H30-1-2 H30-1-3
●自動車事故報告規則 ・報告を要する事故内容。 ・報告書の提出（いつ、誰に、何通）と速報について。 └→ 穴埋めの出題が多いのでキーワードをチェック。	R4-CBT-5　R3-CBT-5 R2-CBT-5　R2-2-5 R2-1-5　R1-1-5 H30-2-5　H30-1-5
●点呼 ・業務前の点呼（いつ、誰に、どのように行うか）。 ・業務後の点呼（いつ、誰に、どのように行うか）。 ・対面で行えない場合の点呼。 ・点呼の記録の保存期間（１年間）。	R4-CBT-4　R3-CBT-4 R2-CBT-4　R2-2-4 R2-1-4　R1-1-4 H30-2-4　H30-1-4 H30-1-8

●運行指示書 作成すべき場合、変更、保存。 └→点呼と関連する内容なので、一緒に押さえること。	R3-CBT-8 R2-2-6 R1-1-6 H30-1-8
●業務等の記録、運行記録計 ・業務等の記録の記載事項、保存期間（1年間）。 ・運行記録計による記録が必要な車両、保存期間（1年間）など。	R3-CBT-8 R2-2-6 R2-1-8 H30-2-8 H30-1-8
●運転者等台帳 運転者等台帳の記載事項、保存期間（3年間）。	R3-CBT-8 H30-1-8
●従業員への指導と監督 ・指導及び監督の原則。 ・特別な指導及び適性診断の対象となる者。 プラスα　対象者ごとに、各指導内容、時期、実施時間を押さえる！	R4-CBT-7 R3-CBT-7 R2-CBT-7 R2-1-7 R1-1-7 H30-2-7 H30-1-6

2．道路運送車両法関係（車両法）

項目／要チェックポイント	出題履歴
●車両法の目的、自動車の種別 ・しばしば車両法1条の目的が穴埋め問題として出題されるので同条中のキーワードはチェックしておく。 ・車両法上の自動車の種別。	H30-1-9
●自動車の登録 ・登録の種類と登録事由。 ・登録の申請者（所有者）、申請先、必要書類、時期。 ・自動車登録番号標の表示、廃棄等。 ・臨時運行の許可（有効期間、許可証の返納、番号標の表示）。	R4-CBT-9 R3-CBT-9 R2-CBT-9 R2-2-9 R2-1-9 R1-1-9 H30-2-9 H30-1-9
●自動車の検査等 ・自動車検査証の表示（保安基準適合標章による代替）。 ・自動車検査証の有効期間、記載事項の変更、再交付。	R4-CBT-10 R3-CBT-10 R2-CBT-10 R2-2-10 R2-1-10 R2-1-11 R1-1-10 H30-2-10 H30-1-10
●自動車の日常点検・整備 ・誰が、いつ、何回、どのような方法で行うか（穴埋め問題での出題も多い）。 ・定期点検（同上）。 ・整備管理者の選任、解任命令、整備命令について。	R4-CBT-11 R3-CBT-11 R2-CBT-11 R2-2-10 R1-1-11 H30-2-11 H30-1-11

（車両法チェック・シートは、次ページへ続く）

●保安基準（細目告示） ・保安基準の原則の内容。 ・自動車の長さ、幅、高さの制限。 ・速度抑制装置を備えるべき自動車。 ・窓ガラスに貼り付けるものの基準。 ・各種灯火の種類と設置自動車の関係、認識距離、色の規制。 ・後部反射器、大型後部反射器を備えるべき自動車。 ・備えるべき後写鏡の位置、構造。 ・非常信号用具の認識距離、色の規制。 ・運行記録計を備えるべき自動車。 ・停止表示器材、方向指示器の基準。	R4-CBT-12　R3-CBT-12 R2-CBT-12　R2-2-12 R2-1-12　R1-1-12 H30-2-12　H30-1-12

3．道路交通法関係（道交法）

項目／要チェックポイント	出題履歴
●用語の定義 歩道、車道、車両通行帯、路側帯、車両、駐車、進行妨害、追越しなど、道交法の用語の定義は頻繁に問われる。	R4-CBT-13　R1-1-13
●最高速度（違反） 最高速度違反行為時の公安委員会による使用者への指示について、穴埋めで問われることが多い。	R4-CBT-16　R2-2-15 H30-2-16
●通行方法 ・歩道や路側帯を通行（横断）する方法。 ・横断歩道などを通過する方法。 ・交差点内の通行方法。 ・追越しの方法、追越禁止場所。 ・車両通行帯の通行方法。	R4-CBT-14　R3-CBT-14 R2-CBT-13　R2-1-13 R2-1-14　R2-1-16 R2-1-17　R1-1-13 R1-1-16　H30-1-13 H30-1-14
●駐車禁止 ・停車または駐車が禁止される場所。 ・放置車両確認標章の破損等の禁止。	R2-CBT-14　R2-2-14 R1-1-14　H30-2-14 H30-1-15
●積載制限及び過積載の禁止 ・積載物の長さ、幅、高さの制限の内容。 ・各制限違反者に、誰が、どんな措置をとれるのか。	R2-2-16　H30-2-17
●運転者の遵守事項 道交法第71条に掲げられている各遵守事項をしっかり押さえる。	R4-CBT-17　R3-CBT-17 R2-CBT-17　R2-2-17 R1-1-17　H30-1-16
●酒気帯び運転等の禁止 酒気帯び運転等に関しての条文が穴埋めで問われることがある。	R4-CBT-15　R3-CBT-15 R2-1-15
●交通事故時の措置 負傷者の救護や、警察官への報告についての条文が穴埋めで問われることがある。	R2-CBT-15　H30-2-15

4．労働基準法関係（労基法）

項目／要チェックポイント	出題履歴
●用語の定義 労働者、使用者、賃金、平均賃金などの定義。	R3-CBT-18　R2-2-18
●労働条件 ・労働条件の原則と、その決定方法。 ・均等待遇(差別的取扱いの禁止)と男女同一賃金の原則。	R2-2-18　H30-1-18
●労働契約 ・労働条件の明示。　・賠償予定の禁止。 ・労働契約の期間。	R4-CBT-18　R3-CBT-18 R2-CBT-18　R2-1-18 R1-1-18　H30-2-18 H30-1-18
●解雇と退職 ・解雇の予告。　・退職時等の証明書の交付。 ・金品の返還。	R3-CBT-18　R2-CBT-18 R2-2-18
●賃金 ・賃金支払の原則。　・非常時払い、休業手当。 ・時間外、休日、深夜の割増賃金。	R3-CBT-18　R2-2-19
●休憩、休日、年次有給休暇 休憩時間、休暇、年次有給休暇の与え方。	R4-CBT-19　R3-CBT-19 R2-CBT-19　R2-2-19 R2-1-18　R1-1-19 H30-2-19
●健康診断 ・健康診断の実施方法。 ・健康診断個人票の作成と保存。	R2-1-19
●改善基準の目的等 改善基準第１条（目的）の穴埋め。	R2-1-20　H30-2-20
●２日を平均した運転時間 ２日を平均した１日当たりの運転時間が基準に違反していないかを判断できるようにする。	R4-CBT-22　R2-2-23 R2-1-23　H30-1-23
●連続運転時間の計算 連続運転時間の基準に違反していないかを判断できるようにする。	R4-CBT-22　R3-CBT-22 R2-1-22　H30-2-22
●拘束時間 １ヵ月、１日についての拘束時間の基準に違反していないかを判断できるようにする。	R4-CBT-20　R4-CBT-21 R4-CBT-23　R3-CBT-20 R3-CBT-21　R3-CBT-23 R2-CBT-20　R2-CBT-21 R2-CBT-22　R2-CBT-23 R2-2-20　R2-2-21 R2-2-22　R2-1-21 R2-1-22　R2-1-23 R1-1-20　R1-1-21 R1-1-22　R1-1-23 H30-2-21　H30-2-23 H30-1-20　H30-1-21 H30-1-22　H30-1-23

５．実務上の知識及び能力

項目／要チェックポイント	出題履歴
●運行管理の業務、運行管理者の役割 運行管理者の役割、業務内容などが問われることがある。貨運法分野の「運行管理者」を押さえていれば対応できる。	R4-CBT-24　R2-CBT-24 R2-1-24　H30-2-24 H30-1-24
●点呼の意義、実施等 ・意義（行う目的など）。 ・実施につき、運行管理者等の正しい業務上の措置内容。	R3-CBT-24　R2-2-24 R1-1-24
●事業者が運転者に対して行う指導・監督 ・業務前の体調管理や交通事故の発生等に関する事前の指導など。	R4-CBT-25　R3-CBT-25 R2-CBT-25　R2-CBT-30 R2-2-25　R2-1-25 R1-1-25　H30-2-25 H30-2-28　H30-1-25
●交通事故の防止 ・交通事故の際の運転者のとるべき措置。 ・ヒヤリ・ハットの意味。 ・運転者の健康管理（脳卒中や心臓病、アルコール依存症、睡眠時無呼吸症候群、かぜ薬等の扱いなど）。	R4-CBT-26　R4-CBT-27 R3-CBT-26　R3-CBT-27 R2-CBT-26　R2-CBT-28 R2-2-26　R2-2-27 R2-1-26　R1-1-26 R1-1-27　R1-1-28 H30-2-26　H30-1-26 H30-1-28
●視界、悪条件下の運転等 ・視界（スピードと視野の関係、明順応と暗順応など）。 ・車間距離の感覚。 ・眩惑（ヘッドライトなどで目がくらむこと）。	R4-CBT-28　R3-CBT-28 R2-CBT-27　R2-1-27 H30-2-27　H30-1-27
●運行の計画 高速道路での速度と走行時間の関係、免許の種類、連続運転時間など。	R4-CBT-29　R3-CBT-29 R2-CBT-29　R2-2-29 R2-2-30　R2-1-29 R1-1-29　H30-2-29 H30-1-29
●時間・距離・速度の計算 ・ある区間の移動に関し、走行距離や時間を求める。 ・追越し、すれ違い完了時の距離等を求める。 ・急ブレーキ時の車間距離を求める。	R2-CBT-29　R2-1-28 R2-1-29　H30-1-29
●事故再発防止策 事故の再発防止策として適切なものを選ぶ。	R4-CBT-30　R3-CBT-30 R2-1-30　H30-2-30 H30-1-30

令和４年度　CBT 試験出題例
(2023 年 11 月 27 日公表)

運行管理者試験問題
〈貨物〉

【注意事項】（令和３年度 CBT 試験出題例のものを掲載）

（1）試験時間は 90 分となります。試験開始後、残り時間が画面右上に表示されます。
（2）試験が早く終了された方は、「試験終了」ボタンを押した後、いつでも退室できます。万一、試験の途中で間違って「試験終了」ボタンを押した場合は試験の再開はできません。
（3）「文字サイズ」を変更する場合は、画面右上の「文字サイズ」のボタンで変更できます。
（4）画面右側の「後で確認する」にチェックを選択すると、後から見直しが容易にできます。
（5）試験問題の内容に関する質問は受け付けません。
（6）試験中の離席は原則的に認められておりませんが、次の場合は、手を挙げて試験監督官にお知らせください。
・気分が悪くなった場合
・部屋の空調に調整が必要な場合
・試験画面の表示や動作に不具合がある場合
（7）試験監督者が次の行為等を発見し不正行為とみなした場合には、試験が無効となり退席していただきます。
・許可されているもの以外の物を試験室に持ち込む行為
・試験終了後、配布されたメモ用紙とペンを持ち帰る行為
・試験問題や解答内容を試験室から持ち出す行為
・試験問題等を第三者と共有、又は開示（漏洩）する行為
・申請者と異なる者に受験させる行為
・試験中に私語・喫煙・騒ぐ等、他の受験者の迷惑となる行為
・試験中に他の受験者の解答画面を見たり、他の受験者と話したりする行為
・その他、明らかに不正と認められる行為

● P. 288 の解答用紙をコピーしてお使いください。
答え合わせに便利な正答一覧は別冊 P. 122

	受験者数(人)	合格者数(人)	合格率(%)
令和４年度　第２回	23,759	8,209	34.6
令和４年度　第１回	28,804	11,051	38.4

１．貨物自動車運送事業法関係

▼

問１　貨物自動車運送事業に関する次の記述のうち、【正しいものを２つ】選びなさい。なお、解答にあたっては、各選択肢に記載されている事項以外は考慮しないものとする。（一部改題）

1．一般貨物自動車運送事業者は、「事業用自動車の運転者、特定自動運行保安員及び運行の業務の補助に従事する従業員の休憩又は睡眠のための施設の位置及び収容能力」に係る事業計画の変更をしようとするときは、国土交通大臣の認可を受けなければならない。

2．貨物自動車運送事業とは、一般貨物自動車運送事業、特定貨物自動車運送事業、貨物軽自動車運送事業及び貨物自動車利用運送事業をいう。

3．一般貨物自動車運送事業者は、運送約款を定め、又はこれを変更しようとするときは、国土交通大臣の認可を受けなければならない。

4．一般貨物自動車運送事業の許可の取消しを受けた者は、その取消しの日から２年を経過しなければ、新たに一般貨物自動車運送事業の許可を受けることができない。

問２　貨物自動車運送事業法等における運行管理者等の義務及び選任についての次の記述のうち、【誤っているものを１つ】選びなさい。なお、解答にあたっては、各選択肢に記載されている事項以外は考慮しないものとする。

1．一般貨物自動車運送事業者は、事業用自動車（被けん引自動車を除く。）の運行を管理する営業所ごとに、当該営業所が運行を管理する事業用自動車の数を30で除して得た数（その数に1未満の端数があるときは、これを切り捨てるものとする。）に1を加算して得た数以上の運行管理者を選任しなければならない。

2．一般貨物自動車運送事業者は、運行管理者がその業務として行う助言を尊重しなければならず、事業用自動車の運転者その他の従業員は、運行管理者がその業務として行う指導に従わなければならない。

3．一般貨物自動車運送事業者は、運行管理者の業務を補助させるための者（補助者）の選任については、運行管理者の履行補助として業務に支障が生じない場合であっても、同一事業者の他の営業所の補助者を兼務させることはできない。

4．一般貨物自動車運送事業者は、運行管理者に対し、法令で定める業務を行うため必要な権限を与えなければならない。

▼

問３　次の記述のうち、一般貨物自動車運送事業の運行管理者が行わなければならない業務として、【正しいものを２つ】選びなさい。なお、解答にあたっては、各選択肢に記載されている事項以外は考慮しないものとする。（一部改題）

1．乗務員等が有効に利用することができるように、休憩に必要な施設を整備し、及び乗務員等に睡眠を与える必要がある場合にあっては睡眠に必要な施設を整備し、並びにこれらの施設を適切に管理し、及び保守すること。

2．運行管理規程を定め、かつ、その遵守について運行管理業務を補助させるため選任した者（補助者）及び運転者に対し指導及び監督を行うこと。

3．事業用自動車に備えられた非常信号用具及び消火器の取扱いについて、当該事業用自動車の乗務員に対する適切な指導を行うこと。

4．法令の規定により、運転者等ごとに運転者等台帳を作成し、営業所に備え置くこと。

▼

問４　貨物自動車運送事業の事業用自動車の運転者に対する点呼についての法令等の定めに関する次の記述のうち、【正しいものをすべて】選びなさい。なお、解答にあたっては、各選択肢に記載されている事項以外は考慮しないものとする。（一部改題）

1．貨物自動車運送事業者は、事業用自動車の業務に従事しようとする運転者に対して対面により、又は対面による点呼と同等の効果を有するものとして国土交通大臣が定める方法（運行上やむを得ない場合は電話その他の方法。）により点呼を行い、次に掲げる事項について報告を求め、及び確認を行い、並びに事業用自動車の運行の安全を確保するために必要な指示を与えなければならない。

(1) 酒気帯びの有無

(2) 疾病、疲労、睡眠不足その他の理由により安全な運転をすることができないおそれの有無

(3) 道路運送車両法第 47 条の２第１項及び第２項の規定による点検の実施又はその確認

2．２日間にわたる運行（営業所から出発し１日目を遠隔地で終了、２日目に営業所に戻るもの。）については、１日目の業務前の点呼及び２日目の業務後の点呼についてはいずれも対面で行うことができることから、業務前の点呼及び業務後の点呼のほかに、当該業務途中において少なくとも１回電話その他の方法により点呼（中間点呼）を行う必要はない。

3．同一事業者内の全国貨物自動車運送適正化事業実施機関が認定している安全性優良事業所（Ｇマーク営業所）と当該営業所の車庫間で行う IT 点呼の実施は、1営業日のうち連続する16時間以内としなければならない。

4．貨物自動車運送事業者は、営業所と当該営業所の車庫が離れている場合は、運行上やむを得ない場合として、電話その他の方法により点呼を行うことができる。

問５　次の自動車事故に関する記述のうち、一般貨物自動車運送事業者が自動車事故報告規則に基づき国土交通大臣に【報告を要するものを２つ】選びなさい。なお、解答にあたっては、各選択肢に記載されている事項以外は考慮しないものとする。

1．事業用自動車が右折の際、原動機付自転車と接触し、当該原動機付自転車が転倒した。この事故で、原動機付自転車の運転者に30日間の通院による医師の治療を要する傷害を生じさせた。

2．事業用自動車の運転者が運転操作を誤り、当該事業用自動車が道路の側壁に衝突した後、運転者席側を下にして転覆した状態で道路上に停車した。この事故で、当該運転者が10日間の医師の治療を要する傷害を負った。

3．事業用自動車の運転者がハンドル操作を誤り、当該事業用自動車が道路の側壁に衝突した。その衝撃により積載されていた消防法第２条第７項に規定する危険物である灯油の一部が道路に漏えいした。

4．事業用自動車が交差点に停車していた貨物自動車に気づくのが遅れ、当該事業用自動車がこの貨物自動車に追突し、さらに後続の自家用乗用自動車３台が関係する玉突き事故となり、この事故により８人が軽傷を負った。

▼

問6　一般貨物自動車運送事業者（以下「事業者」という。）の過労運転の防止等についての法令の定めに関する次の記述のうち、【誤っているものを１つ】選びなさい。なお、解答にあたっては、各選択肢に記載されている事項以外は考慮しないものとする。（一部改題）

1. 運転者が一の運行における最初の勤務を開始してから最後の勤務を終了するまでの時間（ただし、「自動車運転者の労働時間等の改善のための基準」（改善基準告示）の規定において厚生労働省労働基準局長が定めることとされている自動車運転者がフェリーに乗船する場合における休息期間を除く。）は、168時間を超えてはならない。
2. 事業者は、休憩又は睡眠のための時間及び勤務が終了した後の休息のための時間が十分に確保されるように、国土交通大臣が告示で定める基準に従って、運転者の勤務時間及び乗務時間を定め、当該運転者にこれらを遵守させなければならない。
3. 事業者は、事業計画に従い業務を行うに必要な員数の事業用自動車の運転者（以下「運転者」という。）又は特定自動運行保安員を常時選任しておかなければならず、この場合、選任する運転者及び特定自動運行保安員は、日々雇い入れられる者、2ヵ月以内の期間を定めて使用される者又は試みの使用期間中の者（14日を超えて引き続き使用されるに至った者を除く。）であってはならない。
4. 特別積合せ貨物運送を行う事業者は、当該特別積合せ貨物運送に係る運行系統であって起点から終点までの距離が100キロメートルを超えるものごとに、所定の事項について事業用自動車の運行の業務に関する基準を定め、かつ、当該基準の遵守について乗務員等に対する適切な指導及び監督を行わなければならない。

問７　一般貨物自動車運送事業者（以下「事業者」という。）の事業用自動車の運行の安全を確保するために、事業者が行う国土交通省告示で定める特定の運転者に対する特別な指導の指針に関する次の文中、Ａ、Ｂ、Ｃに入るべき字句として【いずれか正しいものを１つ】選びなさい。

1．事業者は、適齢診断（高齢運転者のための適性診断として国土交通大臣が認定したもの。）を運転者が65才に達した日以後１年以内に１回受診させ、その後［Ａ］以内ごとに１回受診させること。

2．事業者は、初任運転者に対する特別な指導について、当該事業者において初めて事業用自動車に乗務する前に実施すること。ただし、やむを得ない事情がある場合には、乗務を開始した後［Ｂ］以内に実施すること。

3．事業者が行う初任運転者に対する特別な指導は、法令に基づき運転者が遵守すべき事項、事業用自動車の運行の安全を確保するために必要な運転に関する事項などについて、15時間以上実施するとともに、安全運転の実技について、［Ｃ］以上実施すること。

Ａ：①２年　　②３年

Ｂ：①１ヵ月　　②３ヵ月

Ｃ：①20時間　　②30時間

▼

問８　一般貨物自動車運送事業者（以下「事業者」という。）の貨物の積載方法等に関する次の記述のうち、【正しいものを２つ】選びなさい。なお、解答にあたっては、各選択肢に記載されている事項以外は考慮しないものとする。（一部改題）

1．事業者は、危険物を運搬する場合、その運転者に対し、消防法（昭和23年法律第186号）その他の危険物の規制に関する法令に基づき、運搬する危険物の性状を理解させるとともに、取扱い方法、積載方法及び運搬方法について留意すべき事項を指導しなければならない。また、運搬中に危険物が飛散又は漏えいした場合に安全を確保するためにとるべき方法を指導し、習得させなければならない。

2．事業者は、事業用自動車（車両総重量が８トン以上又は最大積載量が５トン以上のものに限る。）に、貨物を積載するときは、偏荷重が生じないように積載するとともに、運搬中に荷崩れ等により事業用自動車から落下することを防止するため、貨物にロープ又はシートを掛けること等必要な措置を講じなければならない。

3．事業者は、道路法第47条第２項の規定（車両でその幅、重量、高さ、長さ又は最小回転半径が政令で定める最高限度を超えるものは、道路を通行させてはならない。）に違反し、又は政令で定める最高限度を超える車両の通行に関し道路管理者が付した条件（通行経路、通行時間等）に違反して事業用自動車を通行させることを防止するため、運転者等に対する適切な指導及び監督を怠ってはならない。

4．車両総重量が８トン以上又は最大積載量が５トン以上の普通自動車である事業用自動車の運行の業務に従事した場合は、当該業務において、法令の規定に基づき作成された運行指示書に「貨物の積載状況」が記録されている場合は、業務の記録に当該事項を記録したものとみなされる。

2．道路運送車両法関係

問９　自動車の登録等についての次の記述のうち、【誤っているものを１つ】選びなさい。なお、解答にあたっては、各選択肢に記載されている事項以外は考慮しないものとする。

1．登録自動車の所有者は、当該自動車の使用者が道路運送車両法の規定により自動車の使用の停止を命ぜられ、同法の規定により自動車検査証を返納したときは、その事由があった日から30日以内に、当該自動車登録番号標及び封印を取りはずし、自動車登録番号標について国土交通大臣に届け出なければならない。

2．自動車は、自動車登録番号標を国土交通省令で定める位置に、かつ、被覆しないことその他当該自動車登録番号標に記載された自動車登録番号の識別に支障が生じないものとして国土交通省令で定める方法により表示しなければ、運行の用に供してはならない。

3．道路運送車両法に規定する自動車の種別は、自動車の大きさ及び構造並びに原動機の種類及び総排気量又は定格出力を基準として定められ、その種別は、普通自動車、小型自動車、軽自動車、大型特殊自動車、小型特殊自動車である。

4．登録自動車について所有者の変更があったときは、新所有者は、その事由があった日から15日以内に、国土交通大臣の行う移転登録の申請をしなければならない。

▼

問 10　自動車の検査等についての次の記述のうち、【正しいものを 2 つ】選びなさい。なお、解答にあたっては、各選択肢に記載されている事項以外は考慮しないものとする。（一部改題）

1. 自動車は、指定自動車整備事業者が継続検査の際に交付した有効な保安基準適合標章を表示している場合であっても、自動車検査証を備え付けなければ、運行の用に供してはならない。
2. 自動車の使用者は、継続検査を申請する場合において、道路運送車両法第 67 条（自動車検査証記録事項の変更及び構造等変更検査）の規定による自動車検査証の変更記録の申請をすべき事由があるときは、あらかじめ、その申請をしなければならない。
3. 国土交通大臣は、一定の地域に使用の本拠の位置を有する自動車の使用者が、天災その他やむを得ない事由により、継続検査を受けることができないと認めるときは、当該地域に使用の本拠の位置を有する自動車の自動車検査証の有効期間を、期間を定めて伸長する旨を公示することができる。
4. 自動車に表示されている検査標章には、当該自動車の自動車検査証の有効期間の起算日が表示されている。

問 11　道路運送車両法に定める自動車の点検整備等に関する次の文中、A、B、C、Dに入るべき字句として【いずれか正しいものを１つ】選びなさい。

1．初めて自動車検査証の交付を受ける車両総重量 8,990 キログラムの貨物の運送の用に供する自動車については、当該自動車検査証の有効期間は［ A ］である。

2．車両総重量［ B ］以上又は乗車定員 30 人以上の自動車は、日常点検において「ディスク・ホイールの取付状態が不良でないこと。」について点検しなければならない。

3．自動車運送事業の用に供する自動車の日常点検の結果に基づく運行可否の決定は、自動車の使用者より与えられた権限に基づき、［ C ］が行わなければならない。

4．事業用自動車の使用者は、点検の結果、当該自動車が保安基準に適合しなくなるおそれがある状態又は適合しない状態にあるときは、保安基準に適合しなくなるおそれをなくするため、又は保安基準に適合させるために当該自動車について必要な［ D ］をしなければならない。

A：① 1 年　　② 2 年

B：① 7 トン　　② 8 トン

C：① 運行管理者　② 整備管理者

D：① 検査　　② 整備

問 12　道路運送車両の保安基準及びその細目を定める告示についての次の記述のうち、【誤っているものを 1 つ】選びなさい。なお、解答にあたっては、各選択肢に記載されている事項以外は考慮しないものとする。

1．路線を定めて定期に運行する一般乗合旅客自動車運送事業用自動車に備える旅客が乗降中であることを後方に表示する電光表示器には、点滅する灯火又は光度が増減する灯火を備えることができる。

2．自動車に備えなければならない後写鏡は、取付部付近の自動車の最外側より突出している部分の最下部が地上 2.0 メートル以下のものは、当該部分が歩行者等に接触した場合に衝撃を緩衝できる構造でなければならない。

3．自動車に備えなければならない非常信号用具は、夜間 200 メートルの距離から確認できる赤色の灯光を発するものでなければならない。

4．自動車（大型特殊自動車、小型特殊自動車を除く。）の車体の外形その他自動車の形状については、鋭い突起がないこと、回転部分が突出していないこと等他の交通の安全を妨げるおそれがないものとして、告示で定める基準に適合するものでなければならない。

3．道路交通法関係

▼

問 13　道路交通法に定める用語の定義等についての次の記述のうち、【誤っているものを 1 つ】選びなさい。なお、解答にあたっては、各選択肢に記載されている事項以外は考慮しないものとする。（一部改題）

1．路側帯とは、歩行者及び自転車の通行の用に供するため、歩道の設けられていない道路又は道路の歩道の設けられていない側の路端寄りに設けられた帯状の道路の部分で、道路標示によって区画されたものをいう。

2．安全地帯とは、路面電車に乗降する者若しくは横断している歩行者の安全を図るため道路に設けられた島状の施設又は道路標識及び道路標示により安全地帯であることが示されている道路の部分をいう。

3．車両とは、自動車、原動機付自転車、軽車両及びトロリーバスをいう。

4．自動車とは、原動機を用い、かつ、レール又は架線によらないで運転し、又は特定自動運行を行う車であって、原動機付自転車、軽車両、移動用小型車、身体障害者用の車及び遠隔操作型小型車並びに歩行補助車、乳母車その他歩きながら用いる小型の車で政令で定めるもの以外のものをいう。

問 14　道路交通法に定める灯火及び合図等についての次の記述のうち、【正しいものを２つ】選びなさい。なお、解答にあたっては、各選択肢に記載されている事項以外は考慮しないものとする。

1．車両等は、夜間（日没時から日出時までの時間をいう。）、道路にあるときは、道路交通法施行令で定めるところにより、前照灯、車幅灯、尾灯その他の灯火をつけなければならない。ただし、高速自動車国道及び自動車専用道路においては前方200メートル、その他の道路においては前方50メートルまで明りょうに見える程度に照明が行われているトンネルを通行する場合は、この限りではない。

2．停留所において乗客の乗降のため停車していた乗合自動車が発進するため進路を変更しようとして手又は方向指示器により合図をした場合においては、その後方にある車両は、その速度を急に変更しなければならないこととなる場合にあっても、当該合図をした乗合自動車の進路の変更を妨げてはならない。

3．車両等の運転者は、山地部の道路その他曲折が多い道路について道路標識等により指定された区間以外であっても、見とおしのきかない道路のまがりかど又は見とおしのきかない上り坂の頂上を通行しようとするときは、必ず警音器を鳴らさなければならない。

4．車両の運転者が同一方向に進行しながら進路を左方又は右方に変えるときの合図を行う時期は、その行為をしようとする時の３秒前のときである。

問 15　道路交通法及び道路交通法施行令に定める酒気帯び運転等の禁止等に関する次の文中、A、B、Cに入るべき字句として【いずれか正しいものを 1 つ】選びなさい。

(1) 何人も、酒気を帯びて車両等を運転してはならない。

(2) 何人も、酒気を帯びている者で、(1) の規定に違反して車両等を運転することとなるおそれがあるものに対し、［A］してはならない。

(3) 何人も、(1) の規定に違反して車両等を運転することとなるおそれがある者に対し、酒類を提供し、又は飲酒をすすめてはならない。

(4) 何人も、車両（トロリーバス及び旅客自動車運送事業の用に供する自動車で当該業務に従事中のものその他の政令で定める自動車を除く。）の運転者が酒気を帯びていることを知りながら、当該運転者に対し、当該車両を運転して自己を運送することを要求し、又は依頼して、当該運転者が (1) の規定に違反して運転する［B］してはならない。

(5) (1) の規定に違反して車両等（軽車両を除く。）を運転した者で、その運転をした場合において身体に血液 1 ミリリットルにつき 0.3 ミリグラム又は呼気 1 リットルにつき［C］ミリグラム以上にアルコールを保有する状態にあったものは、3 年以下の懲役又は 50 万円以下の罰金に処する。

A：① 運転を指示　　② 車両等を提供

B：① 車両に同乗　　② 機会を提供

C：① 0.15　　② 0.25

問 16 道路交通法に定める法定速度についての次の記述のうち、【誤っているものを 1 つ】選びなさい。なお、解答にあたっては、各選択肢に記載されている事項以外は考慮しないものとする。

1. 自動車は、道路標識等によりその最高速度が指定されている道路においてはその最高速度を、高速自動車国道の本線車道（往復の方向にする通行が行われている本線車道で、本線車線が道路の構造上往復の方向別に分離されていないものを除く。）並びにこれに接する加速車線及び減速車線以外の道路においては 60 キロメートル毎時をこえる速度で進行してはならない。
2. 貨物自動車（車両総重量 12,000 キログラム、最大積載量 8,000 キログラムであって乗車定員 3 名）の最高速度は、道路標識等により最高速度が指定されていない高速自動車国道の本線車道（政令で定めるものを除く。）においては、100 キロメートル毎時である。
3. 貨物自動車運送事業の用に供する車両総重量が 4,995 キログラムの自動車が、故障した車両総重量 1,500 キログラムの普通自動車をロープでけん引する場合の最高速度は、道路標識等により最高速度が指定されていない一般道路においては、40 キロメートル毎時である。
4. 貨物自動車は、高速自動車国道の往復の方向にする通行が行われている本線車道で、道路の構造上往復の方向別に分離されている本線車道においては、道路標識等により自動車の最低速度が指定されている区間にあってはその最低速度に、その他の区間にあっては、50 キロメートル毎時の最低速度に達しない速度で進行してはならない。

問 17　道路交通法に定める運転者の遵守事項等についての次の記述のうち、【誤っているものを 1 つ】選びなさい。なお、解答にあたっては、各選択肢に記載されている事項以外は考慮しないものとする。

1．車両等の運転者は、監護者が付き添わない児童若しくは幼児が歩行しているときのほか、高齢の歩行者、身体の障害のある歩行者その他の歩行者でその通行に支障のあるものが通行しているときは、一時停止し、又は徐行して、その通行又は歩行を妨げないようにしなければならない。

2．車両等の運転者は、自動車を運転する場合において、道路交通法に規定する初心運転者の標識を付けた者が普通自動車（以下「表示自動車」という。）を運転しているときは、危険防止のためやむを得ない場合を除き、当該自動車が進路を変更した場合にその変更した後の進路と同一の進路を後方から進行してくる表示自動車が当該自動車との間に同法に規定する必要な距離を保つことができないこととなるときは進路を変更してはならない。

3．車両等は、交差点又はその直近で横断歩道の設けられていない場所において歩行者が道路を横断しているときは、必ず一時停止し、その歩行者の通行を妨げないように努めなければならない。

4．車両等の運転者は、児童、幼児等の乗降のため、道路運送車両の保安基準に関する規定に定める非常点滅表示灯をつけて停車している通学通園バス（専ら小学校、幼稚園等に通う児童、幼児等を運送するために使用する自動車で政令で定めるものをいう。）の側方を通過するときは、徐行して安全を確認しなければならない。

4．労働基準法関係

問 18　労働基準法（以下「法」という。）に定める労働契約等についての次の記述のうち、【正しいものを２つ】選びなさい。なお、解答にあたっては、各選択肢に記載されている事項以外は考慮しないものとする。

1．使用者は、労働者の同意が得られた場合においては、労働契約の不履行について違約金を定め、又は損害賠償額を予定する契約をすることができる。

2．使用者は、労働者が出産、疾病、災害その他厚生労働省令で定める非常の場合の費用に充てるために請求する場合においては、支払期日前であっても、既往の労働に対する賃金を支払わなければならない。

3．使用者は、労働者の国籍、信条又は社会的身分を理由として、賃金、労働時間その他の労働条件について、差別的取扱をしてはならない。

4．法第 20 条（解雇の予告）の規定は、法に定める期間を超えない限りにおいて、「日日雇い入れられる者」、「3 ヵ月以内の期間を定めて使用される者」、「季節的業務に 6 ヵ月以内の期間を定めて使用される者」又は「試の使用期間中の者」のいずれかに該当する労働者については適用しない。

問 19　労働基準法（以下「法」という。）に定める労働時間及び休日等に関する次の記述のうち、【誤っているものを 1 つ】選びなさい。なお、解答にあたっては、各選択肢に記載されている事項以外は考慮しないものとする。

1．使用者は、災害その他避けることのできない事由によって、臨時の必要がある場合においては、行政官庁の許可を受けて、その必要の限度において法に定める労働時間を延長し、又は休日に労働させることができる。ただし、事態急迫のために行政官庁の許可を受ける暇がない場合においては、事後に遅滞なく届け出なければならない。

2．使用者は、労働時間が 6 時間を超える場合においては少くとも 35 分、8 時間を超える場合においては少くとも 45 分の休憩時間を労働時間の途中に与えなければならない。

3．使用者は、労働者に対して、毎週少くとも 1 回の休日を与えなければならない。ただし、この規定は、4 週間を通じ 4 日以上の休日を与える使用者については適用しない。

4．使用者は、当該事業場に、労働者の過半数で組織する労働組合がある場合においてはその労働組合、労働者の過半数で組織する労働組合がない場合においては労働者の過半数を代表する者との書面による協定をし、これを行政官庁に届け出た場合においては、法定労働時間又は法定休日に関する規定にかかわらず、その協定で定めるところによって労働時間を延長し、又は休日に労働させることができる。

▼

問 20 「自動車運転者の労働時間等の改善のための基準」に定める貨物自動車運送事業に従事する自動車運転者の拘束時間等に関する次の文中、A、B、C、D に入るべき字句として【いずれか正しいものを 1 つ】選びなさい。（一部改題）

1．拘束時間は、1ヵ月について［A］を超えず、かつ、1年について［B］を超えないものとすること。ただし、労使協定により、1年について6ヵ月までは、1ヵ月について［C］まで延長することができ、かつ、1年について 3,400 時間まで延長することができるものとする。

2．1日についての拘束時間は、13 時間を超えないものとし、当該拘束時間を延長する場合であっても、最大拘束時間は、［D］とすること。

A：① 284 時間　　② 293 時間

B：① 3,300 時間　　② 3,350 時間

C：① 305 時間　　② 310 時間

D：① 14 時間　　② 15 時間

▼★

問21　「自動車運転者の労働時間等の改善のための基準」において定める貨物自動車運送事業に従事する自動車運転者（以下「トラック運転者」という。）の拘束時間等の規定に関する次の記述のうち、【正しいものを２つ】選びなさい。なお、解答にあたっては、各選択肢に記載されている事項以外は考慮しないものとする。（一部改題）

1．使用者は、トラック運転者の休息期間については、当該トラック運転者の住所地における休息期間がそれ以外の場所における休息期間より長くなるように努めるものとする。

2．使用者は、業務の必要上やむを得ない場合には、当分の間、2暦日についての拘束時間が22時間を超えず、かつ、勤務終了後、継続20時間以上の休息時間を与える場合に限り、トラック運転者を隔日勤務に就かせることができる。

3．労使当事者は、時間外労働協定においてトラック運転者に係る一定期間についての延長時間について協定するに当たっては、当該一定期間は、2週間及び1ヵ月以上3ヵ月以内の一定の期間とするものとする。

4．トラック運転者がフェリーに乗船している時間は、原則として休息期間とし、改善基準の規定により与えるべき休息期間から当該時間を除くことができる。ただし、当該時間を除いた後の休息期間については、改善基準所定の場合を除き、フェリーを下船した時刻から終業の時刻までの時間の3分の2を下回ってはならない。

▼

問 22　下表の１～４は、貨物自動車運送事業に従事する自動車運転者の４日間の運転時間及び休憩等の勤務状況の例を示したものである。「自動車運転者の労働時間等の改善のための基準」（以下「改善基準告示」という。）に定める連続運転の中断方法及び２日（始業時刻から起算して48時間をいう。以下同じ。）を平均して１日当たりの運転時間に関する次の記述のうち、【正しいものを２つ】選びなさい。なお、運転は高速自動車国道等を通行しないものとする。（一部改題）

1.

前日：休日

営業所														営業所
1日目	業務開始	運転	休憩	運転	休憩	運転	休憩	運転	休憩	運転	休憩	運転	業務終了	1日の運転時間の合計
		1時間50分	30分	2時間	10分	1時間	1時間	1時間30分	10分	1時間40分	15分	1時間		9時間

2.

営業所														営業所
2日目	業務開始	運転	休憩	運転	休憩	運転	休憩	運転	休憩	運転	休憩	運転	業務終了	1日の運転時間の合計
		40分	15分	1時間20分	10分	2時間	1時間	2時間10分	10分	1時間50分	40分	2時間		10時間

3.

営業所														営業所
3日目	業務開始	運転	休憩	運転	休憩	運転	休憩	運転	休憩	運転	休憩	運転	業務終了	1日の運転時間の合計
		1時間	20分	1時間20分	10分	1時間50分	1時間	2時間20分	10分	1時間40分	30分	50分		9時間

4.

営業所														営業所
4日目	業務開始	運転	休憩	運転	休憩	運転	休憩	運転	休憩	運転	休憩	運転	業務終了	1日の運転時間の合計
		1時間30分	30分	2時間20分	10分	1時間30分	1時間	1時間20分	10分	1時間	15分	2時間20分		10時間

翌日：休日

（注）2日を平均した1日当たりの運転時間は、当該4日間のすべての日を特定日とする。

1．連続運転の中断方法が改善基準告示に違反している勤務日は、２日目及び４日目であり、１日目及び３日目は違反していない。

2．連続運転の中断方法が改善基準告示に違反している勤務日は、１日目及び４日目であり、２日目及び３日目は違反していない。

（選択肢３、４は次ページ）

3．２日を平均し１日当たりの運転時間は、改善基準告示に違反していない。

4．２日を平均し１日当たりの運転時間は、改善基準告示に違反している。

▼

問23　下表の１～３は、貨物自動車運送事業に従事する自動車運転者（隔日勤務に就く運転者以外のもの）の１年間における各月の拘束時間の例を示したものである。下表の空欄A、B、Cについて、次の選択肢ア～ウの拘束時間の組み合わせをあてはめた場合、「自動車運転者の労働時間等の改善のための基準」に【適合するものを選択肢ア～ウの中から１つ】選びなさい。なお、解答にあたっては「1ヵ月についての拘束時間の延長に関する労使協定」及び「1年間についての拘束時間の延長に関する協定」があるものとし、下表に示された内容及び各選択肢に記載されている事項以外は考慮しないものとする。（一部改題）

1．

	4月	5月	6月	7月	8月	9月	10月	11月	12月	1月	2月	3月	Aを除く11ヵ月の拘束時間の合計
拘束時間（時間）	270	284	285	285	A	289	276	283	284	286	279	287	3,108

2．

	4月	5月	6月	7月	8月	9月	10月	11月	12月	1月	2月	3月	Bを除く11ヵ月の拘束時間の合計
拘束時間（時間）	287	275	278	285	292	284	273	B	287	285	291	279	3,116

3．

	4月	5月	6月	7月	8月	9月	10月	11月	12月	1月	2月	3月	Cを除く11ヵ月の拘束時間の合計
拘束時間（時間）	266	289	282	290	283	287	273	282	284	275	C	287	3,098

		A（時間）	B（時間）	C（時間）
選択肢	ア	278	286	280
	イ	312	283	281
	ウ	279	277	295

5．実務上の知識及び能力

▼

問 24　運行管理者の日常業務の記録等に関する次の記述のうち、【適切なものをすべて】選びなさい。なお、解答にあたっては、各選択肢に記載されている事項以外は考慮しないものとする。（一部改題）

1．運行管理者は、事業用自動車の運転者が他の営業所に転出し当該営業所の運転者でなくなったときは、直ちに、運転者等台帳に運転者でなくなった年月日及び理由を記載して1年間保存している。

2．運行管理者は、運行記録計により記録される「瞬間速度」、「運行距離」及び「運行時間」等により運転者等の運行の実態や車両の運行の実態を分析し、運転者等の日常の業務を把握し、過労運転の防止及び運行の適正化を図る資料として活用しており、この運行記録計の記録を1年間保存している。

3．運行管理者は、事業用自動車の運転者に対し、事業用自動車の構造上の特性、貨物の正しい積載方法など事業用自動車の運行の安全を確保するために必要な運転の技術及び自動車の運転に関して遵守すべき事項等について、適切に指導を行うとともに、その内容等について記録し、かつ、その記録を営業所において3年間保存している。

4．運行管理者は、事業者が定めた勤務時間及び乗務時間の範囲内で、運転者が過労とならないよう十分考慮しながら、天候や道路状況などを勘案しつつ、乗務割を作成している。なお、乗務については、早めに運転者に知らせるため、事前に予定を示すことにしている。

▼

問 25　一般貨物自動車運送事業者が事業用自動車の運転者等に対して行う指導・監督に関する次の記述のうち、【適切なものをすべて】選びなさい。なお、解答にあたっては、各選択肢に記載されている事項以外は考慮しないものとする。（一部改題）

1．時速36キロメートルで走行中の自動車を例に取り、運転者が前車との追突の危険を認知しブレーキ操作を行い、ブレーキが効きはじめるまでに要する空走時間を1秒間とし、ブレーキが効きはじめてから停止するまでに走る制動距離を8メートルとすると、当該自動車の停止距離は約13メートルとなるなど、危険が発生した場合でも安全に止まれるような速度と車間距離を保って運転するよう指導している。

2．危険ドラッグ等の薬物を使用して運転した場合には、重大な事故を引き起こす危険性が高まり、その結果取り返しのつかない被害を生じることもあることから、運行管理者は、常日頃からこれらの薬物を使用しないよう、運転者等に対し強く指導している。

3．大雨、大雪、土砂災害などの異常気象時の措置については、異常気象時等処理要領を作成し運転者全員に周知させておくとともに、運転者とも速やかに連絡がとれるよう緊急時における連絡体制を整えているので、普段から事業用自動車の運行の中断、待避所の確保、徐行運転等の運転に関わることについてはすべて運転者の判断に任せ、中断、待避したときは報告するよう指導している。

4．実際の事故事例やヒヤリハット事例のドライブレコーダー映像を活用して、事故前にどのような危険が潜んでいるか、それを回避するにはどのような運転をすべきかなどを運転者に考えさせる等、実事例に基づいた危険予知訓練を実施している。

問 26　一般貨物自動車運送事業者（以下「事業者」という。）が行う事業用自動車の運転者の健康管理に関する次の記述のうち、【適切なものをすべて】選びなさい。なお、解答にあたっては、各選択肢に記載されている事項以外は考慮しないものとする。

1．事業者は、業務に従事する運転者に対し法令で定める健康診断を受診させ、その結果に基づいて健康診断個人票を作成して5年間保存している。また、運転者が自ら受けた健康診断の結果を提出したものについても同様に保存している。

2．事業者は、日頃から運転者の健康状態を把握し、点呼において、意識の異常、眼の異常、めまい、頭痛、言葉の異常、手足の異常等の申告又はその症状が見られたら、脳血管疾患の初期症状とも考えられるためすぐに専門医療機関で受診させるよう対応している。

3．トラック運転者は、単独で判断する、連続作業をする、とっさの対応が必要、同じ姿勢で何時間も過ごすなどから、心身の状態が運行に及ぼす影響は大きく、健康状態を保持することが必要不可欠である。このため、事業者は、運転者が運転中に異常を感じたときには、運行継続の可否を自らの判断で行うよう指導している。

4．睡眠時無呼吸症候群（SAS）は、大きないびきや昼間の強い眠気などの症状があるが、必ずしも眠気を感じることがない場合もある。SASスクリーニング検査を実施する場合には、本人の自覚症状による問診票だけで検査対象者を絞ってしまうと、重症のSAS患者を見過ごしてしまうリスクがあるため、定期的に、また、雇い入れ時等のタイミングで医療機器によるSASスクリーニング検査を受けることが重要である。

問 27　交通事故防止対策に関する次の記述のうち、【適切なものをすべて】選びなさい。なお、解答にあたっては、各選択肢に記載されている事項以外は考慮しないものとする。

1．交通事故は、そのほとんどが運転者等のヒューマンエラーにより発生するものである。したがって、事故惹起運転者の社内処分及び再教育に特化した対策を講ずることが、交通事故の再発を未然に防止するには最も有効である。そのためには、発生した事故の要因の調査・分析を行うことなく、事故惹起運転者及び運行管理者に対する特別講習を確実に受講させる等、ヒューマンエラーの再発防止を中心とした対策に努めるべきである。

2．ドライブレコーダーは、事故時の映像だけでなく、運転者のブレーキ操作やハンドル操作などの運転状況を記録し、解析することにより運転のクセ等を読み取ることができるものがあり、運行管理者が行う運転者の安全運転の指導に活用されている。

3．指差呼称は、運転者の錯覚、誤判断、誤操作等を防止するための手段であり、道路の信号や標識などを指で差し、その対象が持つ名称や状態を声に出して確認することをいい、安全確認に重要な運転者の意識レベルを高めるなど交通事故防止対策に有効な手段の一つとして活用されている。

4．適性診断は、運転者の運転能力、運転態度及び性格等を客観的に把握し、運転の適性を判定することにより、運転に適さない者を運転者として選任しないようにするためのものであり、ヒューマンエラーによる交通事故の発生を未然に防止するための有効な手段となっている。

問 28　自動車の運転等に関する次の記述のうち、【適切なものを２つ】選びなさい。なお、解答にあたっては、各選択肢に記載されている事項以外は考慮しないものとする。

1．自動車の夜間の走行時において、自車のライトと対向車のライトで、お互いの光が重なり合い、その間にいる歩行者や自転車が見えなくなることをクリープ現象という。

2．自動車の乗員が自分の両手両足で支えられる力は、自分の体重のせいぜい２～３倍が限度といわれている。これは、自動車が時速７キロメートル程度で衝突したときの力に相当することになる。このため、危険から自身を守るためにシートベルトを着用することが必要である。

3．自動車がカーブを走行するとき、自動車の重量及びカーブの半径が同一の場合に、速度を２分の１に落として走行すると遠心力の大きさは２分の１になる。

4．自動車が衝突するときの衝撃力は、速度が２倍になると４倍になる。

▼

問 29 **運行管理者は、荷主からの運送依頼を受けて、下の図に示す運行計画を立てた。この運行に関する次の１～３の記述について、解答しなさい。なお、解答にあたっては、<運行計画>及び各選択肢に記載されている事項以外は考慮しないものとし、本問では、荷積み・荷下ろしについては運行の中断とする特段の事情があるものとする。（一部改題）**

<運行計画>

A 地点から、重量が 5,250 キログラムの荷物を B 地点に運び、その後、戻りの便にて、C 地点から 5,000 キログラムの荷物を D 地点に運ぶ行程とする。当該運行は、最大積載量 6,000 キログラムの貨物自動車を使用し、運転者 1 人乗務とする。

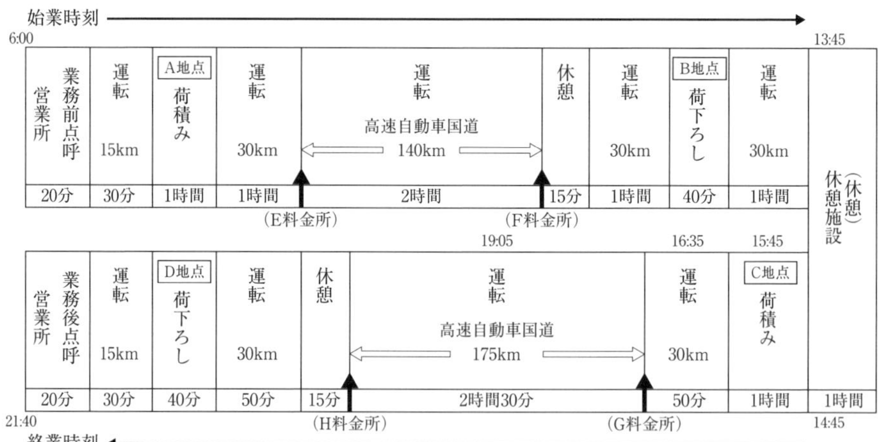

1．E 料金所から F 料金所までの間の高速自動車国道（本線車道に限る。以下同じ。）の運転時間を 2 時間、及び G 料金所から H 料金所までの間の高速自動車国道の運転時間を 2 時間 30 分と設定したことは、道路交通法令に定める制限速度に照らし適切か否かについて、【正しいものを 1 つ】選びなさい。

① 適切　② 不適切

2．当該運転者は前日の運転時間が 8 時間 30 分であり、また、翌日の運転時間を 8 時間 30 分とした場合、当日を特定の日とした場合の 2 日を平均して 1 日当たりの運転時間が「自動車運転者の労働時間等の改善のための基準」(以下「改善基準告示」という。) に違反しているか否について、【正しいものを 1 つ】選びなさい。

① 違反していない　② 違反している

3．当該運行の連続運転時間の中断方法について「改善基準告示」に照らし、違反しているか否かについて、【正しいものを 1 つ】選びなさい。

① 違反していない　② 違反している

▼

問30　運行管理者が次の事業用普通トラックの事故報告に基づき、事故の要因分析を行ったうえで、同種事故の再発を防止するための対策として、【最も直接的に有効と考えられるものを<事故の再発防止対策>から３つ】選びなさい。なお、解答にあたっては、<事故の概要>及び<事故関連情報>に記載されている事項以外は考慮しないものとする。（一部改題）

<事故の概要>

当該トラックは、17時頃、霧で見通しの悪い高速道路を走行中、居眠り運転により渋滞車列の最後尾にいた乗用車に追突し、4台がからむ多重衝突事故が発生した。

当時、霧のため当該道路の最高速度は時速50キロメートルに制限されていたが、当該トラックは追突直前には時速80キロメートルで走行していた。

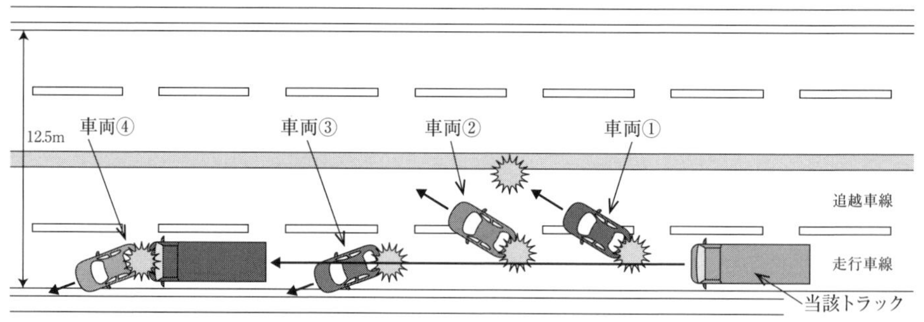

車両①～④と当該トラックはカラーで出題されます。

1.<事故関連情報>

○　当該運転者（35歳）は、事故日前日、運行先に積雪があり、帰庫時間が5時間程度遅くなって業務を早朝5時に終了した。その後、事故当日の正午に業務前点呼を受け出庫した。

○　当該運転者は、事故日前1ヵ月間の勤務において、拘束時間及び休息期間について複数回の「自動車運転者の労働時間等の改善のための基準」（以下「改善基準告示」という。）違反があった。

○　月１回ミーティングを実施していたが、交通事故を惹起した場合の社会的影響の大きさや疲労などによる交通事故の危険性などについての指導・教育が不足していた。

○　当該運転者は、事業者が行う定期健康診断において、特に指摘はなかった。

2.<事故の再発防止対策>

①　運行管理者は、運転者に対して、交通事故を惹起した場合の社会的影響の大きさや過労が運転に及ぼす危険性を認識させ、疲労や眠気を感じた場合は直ちに運転を中止し、休憩するよう指導を徹底する。

②　事業者は、運転者に対して、疾病が交通事故の要因となるおそれがあることを理解させ、健康診断結果に基づき、生活習慣の改善を図るなど、適切な心身の健康管理を行うことを理解させる。

③　運行管理者は、「改善基準告示」に違反しないよう、適切な乗務割を作成するとともに、点呼の際適切な運行指示を行う。

④　運行管理者は、法定等に定められた適齢診断を運転者に確実に受診させるとともに、その結果を活用し、個々の運転者の特性に応じた指導を行う。

⑤　運行管理者は、点呼を実施する際、運転者の体調や疲労の蓄積などをきちんと確認し、疲労等により安全な運転を継続することができないおそれがあるときは、当該運転者を交替させる措置をとる。

⑥　法令で定められた日常点検及び定期点検整備を確実に実施する。その際、速度抑制装置の正常な作動についても、警告灯により確認する。

memo

令和３年度　CBT 試験出題例
（2022 年 11 月 30 日公表）

運行管理者試験問題
〈貨物〉

【注意事項】

（1）試験時間は 90 分となります。試験開始後、残り時間が画面右上に表示されます。
（2）試験が早く終了された方は、「試験終了」ボタンを押した後、いつでも退室できます。万一、試験の途中で間違って「試験終了」ボタンを押した場合は試験の再開はできません。
（3）「文字サイズ」を変更する場合は、画面右上の「文字サイズ」のボタンで変更できます。
（4）画面右側の「後で確認する」にチェックを選択すると、後から見直しが容易にできます。
（5）試験問題の内容に関する質問は受け付けません。
（6）試験中の離席は原則的に認められておりませんが、次の場合は、手を挙げて試験監督官にお知らせください。
・気分が悪くなった場合
・部屋の空調に調整が必要な場合
・試験画面の表示や動作に不具合がある場合
（7）試験監督者が次の行為等を発見し不正行為とみなした場合には、試験が無効となり退席していただきます。
・許可されているもの以外の物を試験室に持ち込む行為
・試験終了後、配布されたメモ用紙とペンを持ち帰る行為
・試験問題や解答内容を試験室から持ち出す行為
・試験問題等を第三者と共有、又は開示（漏洩）する行為
・申請者と異なる者に受験させる行為
・試験中に私語・喫煙・騒ぐ等、他の受験者の迷惑となる行為
・試験中に他の受験者の解答画面を見たり、他の受験者と話したりする行為
・その他、明らかに不正と認められる行為

●P. 289 の解答用紙をコピーしてお使いください。
答え合わせに便利な正答一覧は別冊 P. 123

	受験者数（人）	合格者数（人）	合格率（%）
令和３年度　第２回	27,982	9,028	32.3
令和３年度　第１回	34,164	10,164	29.8

1．貨物自動車運送事業法関係

▼

問１　一般貨物自動車運送事業者（以下「事業者」という。）の事業計画の変更に関する次の記述のうち、【正しいものを２つ】選びなさい。なお、解答にあたっては、各選択肢に記載されている事項以外は考慮しないものとする。（一部改題）

1．事業者は、「自動車車庫の位置及び収容能力」の事業計画の変更をしたときは、遅滞なくその旨を、国土交通大臣に届け出なければならない。

2．事業者は、「各営業所に配置する事業用自動車の種別ごとの数」の事業計画の変更をするときは、法令に定める場合を除き、あらかじめその旨を、国土交通大臣に届け出なければならない。

3．事業者は、「事業用自動車の運転者、特定自動運行保安員及び運行の業務の補助に従事する従業員の休憩又は睡眠のための施設の位置及び収容能力」の事業計画の変更をしようとするときは、国土交通大臣の認可を受けなければならない。

4．事業者は、「主たる事務所の名称及び位置」の事業計画の変更をするときは、あらかじめその旨を、国土交通大臣に届け出なければならない。

問２　貨物自動車運送事業法に定める運行管理者等の義務についての次の文中、A、B、C、Dに入るべき字句として【下の選択肢（①～⑧）から】選びなさい。

1. 運行管理者は、［A］にその業務を行わなければならない。
2. 一般貨物自動車運送事業者は、運行管理者に対し、法令で定める業務を行うため必要な［B］を与えなければならない。
3. 一般貨物自動車運送事業者は、運行管理者がその業務として行う［C］を尊重しなければならず、事業用自動車の運転者その他の従業員は、運行管理者がその業務として行う［D］に従わなければならない。

①指導　②適切　③権限　④指示

⑤助言　⑥地位　⑦勧告　⑧誠実

▼

問３　次の記述のうち、一般貨物自動車運送事業の運行管理者の行わなければならない業務として【正しいものを２つ】選びなさい。なお、解答にあたっては、各選択肢に記載されている事項以外は考慮しないものとする。（一部改題）

1．乗務員等が有効に利用することができるように、休憩に必要な施設を整備し、及び乗務員等に睡眠を与える必要がある場合にあっては睡眠に必要な施設を整備し、並びにこれらの施設を適切に管理し、及び保守すること。

2．法令の規定により、死者又は負傷者（法令に掲げる傷害を受けた者）が生じた事故を引き起こした者等特定の運転者に対し、国土交通大臣が告示で定める適性診断であって国土交通大臣の認定を受けたものを受けさせること。

3．法令の規定により、運転者等に対して点呼を行い、報告を求め、確認を行い、及び指示を与え、並びに記録し、及びその記録を保存し、並びに運転者に対して使用するアルコール検知器を備え置くこと。

4．法令の規定により、運行指示書を作成し、及びその写しに変更の内容を記載し、運転者等に対し適切な指示を行い、運行指示書を事業用自動車の運転者等に携行させ、及び変更の内容を記載させ、並びに運行指示書及びその写しの保存をすること。

▼

問４　貨物自動車運送事業の事業用自動車の運転者等に対する点呼についての法令等の定めに関する次の記述のうち、【正しいものをすべて】選びなさい。なお、解答にあたっては、各選択肢に記載されている事項以外は考慮しないものとする。（一部改題）

1．業務前及び業務終了後の点呼のいずれも対面により、又は対面による点呼と同等の効果を有するものとして国土交通大臣が定める方法で行うことができない業務を行う運転者等に対しては、業務前及び業務終了後の点呼のほかに、当該業務の途中において少なくとも1回電話等により点呼（中間点呼）を行わなければならない。当該点呼においては、運転者に対しては、①酒気帯びの有無、②疾病、疲労、睡眠不足その他の理由により安全な運転をすることができないおそれの有無について報告を求め、及び確認を行い、並びに事業用自動車の運行の安全を確保するために必要な指示をしなければならない。

2．運行の業務を終了した運転者等に対する点呼は、対面により、又は対面による点呼と同等の効果を有するものとして国土交通大臣が定める方法により行い、当該業務に係る事業用自動車、道路及び運行の状況について報告を求め、かつ、運転者に対しては酒気帯びの有無について確認を行わなければならない。

3．全国貨物自動車運送適正化事業実施機関が認定している安全優良事業所（Gマーク営業所）以外であっても、①開設されてから3年を経過していること。②過去1年間点呼の違反に係る行政処分又は警告を受けていないことなどに該当する一般貨物自動車運送事業者の営業所にあっては、当該営業所と当該営業所の車庫間で行う点呼に限り、対面による点呼と同等の効果を有するものとして国土交通大臣が定めた機器を用いた点呼（IT点呼）を実施できる。

4．同一事業者内の全国貨物自動車運送適正化事業実施機関が認定している安全優良事業所（Gマーク営業所）である営業所間で行うIT点呼の実施は、1営業日のうち連続する20時間以内とする。

問５　次の自動車事故に関する記述のうち、一般貨物自動車運送事業者が自動車事故報告規則に基づき国土交通大臣への【報告を要するものを２つ】選びなさい。なお、解答にあたっては、各選択肢に記載されている事項以外は考慮しないものとする。

1．事業用自動車が左折したところ、左後方から走行してきた自転車を巻き込む事故を起こした。この事故で、当該自転車に乗車していた者に通院による40日間の医師の治療を要する傷害を生じさせた。

2．事業用自動車が走行中、アクセルを踏んでいるものの速度が徐々に落ち、しばらく走行したところでエンジンが停止して走行が不能となった。再度エンジンを始動させようとしたが、燃料装置の故障によりエンジンを再始動させることができず、運行ができなくなった。

3．事業用自動車の運転者がハンドル操作を誤り、当該自動車が車道と歩道の区別がない道路を逸脱し、当該道路との落差が0.3メートルの畑に転落した。

4．事業用自動車の運転者が高速自動車国道を走行中、ハンドル操作を誤り、道路の中央分離帯に衝突したことにより、当該事業用自動車に積載していた消防法に規定する危険物の高圧ガスが一部漏えいした。この事故により当該自動車の運転者が軽傷を負った。

▼

問6　一般貨物自動車運送事業者（以下「事業者」という。）の過労運転等の防止等についての法令の定めに関する次の記述のうち、【誤っているものを１つ】選びなさい。なお、解答にあたっては、各選択肢に記載されている事項以外は考慮しないものとする。（一部改題）

1．事業者は、事業計画に従い業務を行うに必要な員数の運転者又は特定自動運行保安員を常時選任しておかなければならず、この場合、選任する運転者及び特定自動運行保安員は、日々雇い入れられる者、2ヵ月以内の期間を定めて使用される者又は試みの使用期間中の者（14 日を超えて引き続き使用されるに至った者を除く。）であってはならない。

2．運転者等の業務について、当該事業用自動車の瞬間速度、運行距離及び運行時間を運行記録計により記録しなければならない車両は、車両総重量が8トン以上又は最大積載量が5トン以上の普通自動車である。

3．事業者は、乗務員等の健康状態の把握に努め、疾病、疲労、睡眠不足その他の理由により安全に運行の業務を遂行し、又はその補助をすることができないおそれがある乗務員等を事業用自動車の運行の業務に従事させてはならない。

4．事業者は、運転者が長距離運転又は夜間の運転に従事する場合であって、疲労等により安全な運転を継続することができないおそれがあるときは、あらかじめ、当該運転者と交替するための運転者を配置しておかなければならない。

問７　一般貨物自動車運送事業者（以下「事業者」という。）の事業用自動車の運行の安全を確保するために、国土交通省告示等に基づき運転者に対して行わなければならない指導監督及び特定の運転者に対して行わなければならない特別な指導に関する次の記述のうち、【誤っているものを１つ】選びなさい。なお、解答にあたっては、各選択肢に記載されている事項以外は考慮しないものとする。

1．事業者は、事故惹起運転者に対する特別な指導については、当該交通事故を引き起こした後再度事業用自動車に乗務する前に実施する。ただし、やむを得ない事情がある場合には、再度乗務を開始した後１ヵ月以内に実施する。なお、外部の専門的機関における指導講習を受講する予定である場合は、この限りではない。

2．運転者は、乗務を終了して他の運転者と交替するときは、交替する運転者に対し、当該乗務に係る事業用自動車、道路及び運行の状況について通告すること。この場合において、交替して乗務する運転者は、当該通告を受け、当該事業用自動車の制動装置、走行装置その他の重要な装置の機能について、これを点検すること。

3．事業者は、初任運転者に対する特別な指導について、当該事業者において初めて事業用自動車に乗務する前に実施すること。ただし、やむを得ない事情がある場合には、乗務を開始した後１ヵ月以内に実施すること。

4．事業者が行う初任運転者に対する特別な指導は、法令に基づき運転者が遵守すべき事項、事業用自動車の運行の安全を確保するために必要な運転に関する事項などについて、6時間以上実施するとともに、安全運転の実技について、15時間以上実施すること。

▼

問８　一般貨物自動車運送事業者（以下「事業者」という。）の事業用自動車の運行に係る記録等に関する次の記述のうち、【正しいものを２つ】選びなさい。なお、解答にあたっては、各選択肢に記載されている事項以外は考慮しないものとする。（一部改題）

1．同一事業者内の全国貨物自動車運送適正化事業実施機関が認定している安全性優良事業所（Gマーク営業所）間でIT点呼を実施した場合、点呼簿に記録する内容を、IT点呼を行う営業所及びIT点呼を受ける運転者が所属する営業所の双方で記録し、保存すること。

2．事業者は、車両総重量が8トン以上又は最大積載量が5トン以上の普通自動車である事業用自動車に運転者等を運行の業務に従事させた場合にあっては、当該業務を行った運転者等ごとに貨物の積載状況を「業務の記録」に記録させ、かつ、その記録を1年間保存しなければならない。

3．事業者は、法令の規定により運行指示書を作成した場合には、当該運行指示書を、運行を計画した日から1年間保存しなければならない。

4．事業者は、運転者が転任、退職その他の理由により運転者でなくなった場合には、直ちに、当該運転者に係る法令に基づき作成した運転者等台帳に運転者でなくなった年月日及び理由を記載し、これを1年間保存しなければならない。

2．道路運送車両法関係

問９　自動車の登録等についての次の記述のうち、【正しいものを２つ】選びなさい。なお、解答にあたっては、各選択肢に記載されている事項以外は考慮しないものとする。

1．登録自動車について所有者の変更があったときは、新所有者は、その事由があった日から30日以内に、国土交通大臣の行う移転登録の申請をしなければならない。

2．登録自動車の所有者は、当該自動車が滅失し、解体し（整備又は改造のために解体する場合を除く。）、又は自動車の用途を廃止したときは、その事由があった日（使用済自動車の解体である場合には解体報告記録がなされたことを知った日）から15日以内に、永久抹消登録の申請をしなければならない。

3．臨時運行の許可を受けた者は、臨時運行許可証の有効期間が満了したときは、その日から15日以内に、当該臨時運行許可証及び臨時運行許可番号標を行政庁に返納しなければならない。

4．道路運送車両法に規定する自動車の種別は、自動車の大きさ及び構造並びに原動機の種類及び総排気量又は定格出力を基準として定められ、その別は、普通自動車、小型自動車、軽自動車、大型特殊自動車、小型特殊自動車である。

▼

問 10　自動車の検査等についての次の記述のうち、【誤っているものを 1 つ】選びなさい。なお、解答にあたっては、各選択肢に記載されている事項以外は考慮しないものとする。(一部改題)

1. 国土交通大臣は、一定の地域に使用の本拠の位置を有する自動車の使用者が、天災その他やむを得ない事由により、継続検査を受けることができないと認めるときは、当該地域に使用の本拠の位置を有する自動車の自動車検査証の有効期間を、期間を定めて伸長する旨を公示することができる。
2. 自動車の使用者は、自動車の長さ、幅又は高さを変更したときは、道路運送車両法で定める場合を除き、その事由があった日から 15 日以内に、当該変更について、国土交通大臣が行う自動車検査証の変更記録を受けなければならない。
3. 何人も、有効な自動車検査証の交付を受けている自動車について、自動車又はその部分の改造、装置の取付け又は取り外しその他これらに類する行為であって、当該自動車が保安基準に適合しないこととなるものを行ってはならない。
4. 車両総重量 8,990 キログラムの貨物自動車運送事業の用に供する自動車の使用者は、スペアタイヤの取付状態等について、1 ヵ月ごとに国土交通省令で定める技術上の基準により自動車を点検しなければならない。

問 11　道路運送車両法に定める自動車の点検整備等に関する次の文中、A、B、C、D に入るべき字句として【いずれか正しいものを 1 つ】選びなさい。

1. 自動車運送事業の用に供する自動車の使用者は、[A]ごとに国土交通省令で定める技術上の基準により、自動車を点検しなければならない。

2. 自動車の使用者は、自動車の点検及び整備等に関する事項を処理させるため、車両総重量 8 トン以上の自動車その他の国土交通省令で定める自動車であって国土交通省令で定める台数以上のものの使用の本拠ごとに、自動車の点検及び整備に関する実務の経験その他について国土交通省令で定める一定の要件を備える者のうちから、[B]を選任しなければならない。

3. 地方運輸局長は、保安基準に適合しない状態にある当該自動車の使用者に対し、当該自動車が保安基準に適合するに至るまでの間の運行に関し、当該自動車の使用の方法又は経路の制限その他の保安上又は[C]その他の環境保全上必要な指示をすることができる。

4. 事業用自動車の使用者又は当該自動車を運行する者は、1 日 1 回、その運行開始前において、国土交通省令で定める技術上の基準により自動車を[D]しなければならない。

A：①3 ヵ月　　②6 ヵ月

B：①安全統括管理者　②整備管理者

C：①事故防止　　②公害防止

D：①点検　　②整備

問 12　道路運送車両の保安基準及びその細目を定める告示についての次の記述のうち、【誤っているものを 1 つ】選びなさい。なお、解答にあたっては、各選択肢に記載されている事項以外は考慮しないものとする。

1．停止表示器材は、夜間 200 メートルの距離から走行用前照灯で照射した場合にその反射光を照射位置から確認できるものであることなど告示で定める基準に適合するものでなければならない。

2．自動車（被けん引自動車を除く。）には、警音器の警報音発生装置の音が、連続するものであり、かつ、音の大きさ及び音色が一定なものである警音器を備えなければならない。

3．自動車（二輪自動車等を除く。）の空気入ゴムタイヤの接地部は滑り止めを施したものであり、滑り止めの溝は、空気入ゴムタイヤの接地部の全幅にわたり滑り止めのために施されている凹部（サイピング、プラットフォーム及びウエア・インジケータの部分を除く。）のいずれの部分においても 1.4 ミリメートル以上の深さを有すること。

4．電力により作動する原動機を有する自動車（二輪自動車、側車付二輪自動車、三輪自動車、カタピラ及びそりを有する軽自動車、大型特殊自動車、小型特殊自動車並びに被けん引自動車を除く。）には、当該自動車の接近を歩行者等に通報するものとして、機能、性能等に関し告示で定める基準に適合する車両接近通報装置を備えなければならない。

3．道路交通法関係

問 13　道路交通法に定める自動車の種類についての次の記述のうち、【誤っているものを 1 つ】選びなさい。なお、解答にあたっては、各選択肢に記載されている事項以外は考慮しないものとする。

1．乗車定員が 2 人、最大積載量が 6,250 キログラム、及び車両総重量 10,110 キログラムの貨物自動車の種類は、大型自動車である。

2．乗車定員が 2 人、最大積載量が 4,750 キログラム、及び車両総重量 8,160 キログラムの貨物自動車の種類は、中型自動車である。

3．乗車定員が 3 人、最大積載量が 3,000 キログラム、及び車両総重量 5,955 キログラムの貨物自動車の種類は、準中型自動車である。

4．乗車定員が 2 人、最大積載量が 1,750 キログラム、及び車両総重量 3,490 キログラムの貨物自動車の種類は、普通自動車である。

問 14　道路交通法に定める車両の交通方法等について次の記述のうち、【正しいものを 2 つ】選びなさい。なお、解答にあたっては、各選択肢に記載されている事項以外は考慮しないものとする。

1. 車両の運転車が同一方向に進行しながら進路を左方又は右方に変えるときの合図を行う時期は、その行為をしようとする地点から 30 メートル手前の地点に達したときである。
2. 車両は、道路の中央から左の部分の幅員が 8 メートルに満たない道路において、他の車両を追い越そうとするとき（道路の中央から右の部分を見とおすことができ、かつ、反対の方向からの交通を妨げるおそれがない場合に限るものとし、道路標識等により追越しのため道路の中央から右の部分にはみ出して通行することが禁止されている場合を除く。）は、道路の中央から右の部分にその全部又は一部をはみ出して通行することができる。
3. 車両は、道路外の施設又は場所に出入するためやむを得ない場合において歩道又は路側帯（以下「歩道等」という。）を横断するとき、又は法令の規定により歩道等で停車し、若しくは駐車するため必要な限度において歩道等を通行するときは、一時停止し、かつ、歩行者の通行を妨げないようにしなければならない。
4. 一般乗合旅客自動車運送事業者による路線定期運行の用に供する自動車（以下「路線バス等」という。）の優先通行帯であることが道路標識等により表示されている車両通行帯が設けられている道路においては、自動車（路線バス等を除く。）は、路線バス等が後方から接近してきた場合に当該道路における交通の混雑のため当該車両通行帯から出ることができないこととなるときは、当該車両通行帯を通行してはならない。

問 15　道路交通法及び道路交通法施行令に定める酒気帯び運転等の禁止等に関する次の文中、A、B、C に入るべき字句として【いずれか正しいものを 1 つ】選びなさい。

(1) 何人も、酒気を帯びて車両等を運転してはならない。

(2) 何人も、酒気を帯びている者で、(1) の規定に違反して車両等を運転することとなるおそれがあるものに対し、［ A ］してはならない。

(3) 何人も、(1) の規定に違反して車両等を運転することとなるおそれがある者に対し、酒類を提供し、又は飲酒をすすめてはならない。

(4) 何人も、車両（トロリーバス及び旅客自動車運送事業の用に供する自動車で当該業務に従事中のものその他の政令で定める自動車を除く。）の運転者が酒気を帯びていることを知りながら、当該運転者に対し、当該車両を運転して自己を運送することを要求し、又は依頼して、当該運転者が (1) の規定に違反して運転する［ B ］してはならない。

(5) (1) の規定に違反して車両等（軽車両を除く。）を運転した者で、その運転をした場合において身体に血液 1 ミリリットルにつき 0.3 ミリグラム又は呼気 1 リットルにつき［ C ］ミリグラム以上にアルコールを保有する状態にあったものは、3 年以下の懲役又は 50 万円以下の罰金に処する。

A：①車両等を提供　②運転を指示

B：①機会を提供　②車両に同乗

C：① 0.15　② 0.25

問 16　次に掲げる標識に関する次の記述のうち、【正しいものを２つ】選びなさい。

1．車両は、指定された方向以外の方向に進行してはならない。

「道路標識、区画線及び道路標示に関する命令」に定める様式
文字及び記号を青色、斜めの帯及び枠を赤色、縁及び地を白色とする。

2．車両は、黄色又は赤色の灯火の信号にかかわらず左折することができる。

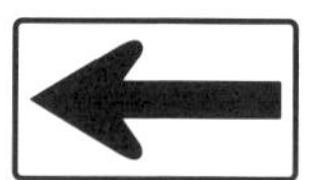

道路交通法施行規則　別記様式第１
矢印及びわくの色彩は青色、地の色彩は白色とする。

3．車両総重量が 7,980 キログラムで最大積載量が 4,000 キログラムの中型自動車（専ら人を運搬する構造のもの以外のもの）は通行してはならない。

「道路標識、区画線及び道路標示に関する命令」に定める様式
文字及び記号を青色、斜めの帯及び枠を赤色、縁及び地を白色とする。

4．大型貨物自動車、特定中型貨物自動車及び大型特殊自動車は、最も左側の車両通行帯を通行しなければならない。

「道路標識、区画線及び道路標示に関する命令」に定める様式
文字、記号及び縁を白色、地を青色とする。

標識のみカラーで出題されます。

▼

問 17　道路交通法に定める運転者の遵守事項等についての次の記述のうち、【誤っているものを 1 つ】選びなさい。なお、解答にあたっては、各選択肢に記載されている事項以外は考慮しないものとする。（一部改題）

1．車両等の運転者は、児童、幼児等の乗降のため、道路運送車両の保安基準に関する規定に定める非常点滅表示灯をつけて停車している通学通園バス（専ら小学校、幼稚園等に通う児童、幼児等を運送するために使用する自動車で政令で定めるものをいう。）の側方を通過するときは、徐行して安全を確認しなければならない。

2．自動車の運転者は、故障その他の理由により高速自動車国道等の本線車道若しくはこれに接する加速車線、減速車線若しくは登坂車線又はこれらに接する路肩若しくは路側帯において当該自動車を運転することができなくなったときは、道路交通法施行令で定めるところにより、停止表示器材を後方から進行してくる自動車の運転者が見やすい位置に置いて、当該自動車が故障その他の理由により停止しているものであることを表示しなければならない。

3．運転免許（仮運転免許を除く。）を受けた者が自動車等の運転に関し、当該自動車等の交通による人の死傷があった場合において、道路交通法第 72 条第 1 項前段の規定（交通事故があったときは、直ちに車両等の運転を停止して、負傷者を救護し、道路における危険を防止する等必要な措置を講じなければならない。）に違反したときは、その者が当該違反をしたときにおけるその者の住所地を管轄する公安委員会は、その者の運転免許を取り消すことができる。

4．車両等の運転者は、身体障害者用の車が通行しているときは、その側方を離れて走行し、車椅子の通行を妨げないようにしなければならない。

4．労働基準法関係

問 18　労働基準法（以下「法」という。）に定める労働契約等についての次の記述のうち、【正しいものを２つ】選びなさい。なお、解答にあたっては、各選択肢に記載されている事項以外は考慮しないものとする。

1．使用者は、労働契約の不履行について違約金を定め、又は損害賠償額を予定する契約をしてはならない。

2．法第 20 条（解雇の予告）の規定は、「季節的業務に 4 ヵ月以内の期間を定めて使用される者」に該当する労働者について、当該者が法に定める期間を超えて引き続き使用されるに至らない限り適用しない。

3．「平均賃金」とは、これを算定すべき事由の発生した日以前 3 ヵ月間にその労働者に対し支払われた賃金の総額を、その期間の所定労働日数で除した金額をいう。

4．出来高払制その他の請負制で使用する労働者については、使用者は、労働時間にかかわらず一定額の賃金の保障をしなければならない。

問 19　労働基準法（以下「法」という。）に定める労働時間及び休日等に関する次の記述のうち、【誤っているものを 1 つ】選びなさい。なお、解答にあたっては、各選択肢に記載されている事項以外は考慮しないものとする。

1．使用者は、当該事業場に、労働者の過半数で組織する労働組合がある場合においてはその労働組合、労働者の過半数で組織する労働組合がない場合においては使用者が指名する労働者との書面による協定をし、これを行政官庁に届け出た場合においては、法定労働時間又は法定休日に関する規定にかかわらず、その協定で定めるところによって労働時間を延長し、又は休日に労働させることができる。

2．生後満1年に達しない生児を育てる女性は、法で定める所定の休憩時間のほか、1日2回各々少なくとも30分、その生児を育てるための時間を請求することができる。

3．使用者は、労働者に対して、毎週少くとも1回の休日を与えなければならない。ただし、この規定は、4週間を通じ4日以上の休日を与える使用者については適用しない。

4．使用者が、法の規定により労働時間を延長し、又は休日に労働させた場合においては、その時間又はその日の労働については、通常の労働時間又は労働日の賃金の計算額の2割5分以上5割以下の範囲内でそれぞれ政令で定める率以上の率で計算した割増賃金を支払わなければならない。

▼

問 20　「自動車運転者の労働時間等の改善のための基準」等に定める貨物自動車運送事業に従事する自動車運転者（以下「トラック運転者」という。）の拘束時間等に関する次の文中、A、B、C、D に入るべき字句として【いずれか正しいものを 1 つ】選びなさい。（一部改題）

1．拘束時間は、1ヵ月について［ A ］を超えず、かつ、1年について 3,300 時間を超えないものとすること。ただし、労使協定により、1年について6ヵ月までは、1ヵ月について［ B ］まで延長することができ、かつ、1年について［ C ］まで延長することができるものとする。

2．自動車運転者がフェリーに乗船している時間は、原則として、［ D ］とし、この条の規定により与えるべき［ D ］から当該時間を除くことができること。

A：① 284 時間　　② 296 時間

B：① 310 時間　　② 325 時間

C：① 3,400 時間　　② 3,500 時間

D：①拘束時間　　②休息期間

▼

問 21　「自動車運転者の労働時間等の改善のための基準」（以下「改善基準告示」という。）において定める貨物自動車運送事業に従事する自動車運転者（以下「トラック運転者」という。）の拘束時間等の規定に関する次の記述のうち、【正しいものを２つ】選びなさい。なお、解答にあたっては、各選択肢に記載されている事項以外は考慮しないものとする。（一部改題）

1．使用者は、業務の必要上やむを得ない場合には、当分の間、２暦日についての拘束時間が 21 時間を超えず、かつ、勤務終了後、継続 20 時間以上の休息期間を与える場合に限り、自動車運転者を隔日勤務に就かせることができる。

2．使用者は、トラック運転者の運転時間については、２日（始業時刻から起算して 48 時間をいう。）を平均し１日当たり９時間、２週間を平均し１週間当たり 44 時間を超えないものとする。

3．使用者は、１日についての拘束時間は、13 時間を超えないものとし、当該拘束時間を延長する場合であっても、最大拘束時間は 16 時間とすること。ただし、貨物自動車運送事業に従事する自動車運転者に係る１週間における運行が全て長距離貨物運送であり、かつ、一の運行における休息期間が、当該自動車運転者の住所地以外の場所におけるものである場合においては、当該１週間について２回に限り最大拘束時間を 18 時間とすることができるとされている。

4．業務の必要上、勤務の終了後継続９時間（改善基準告示第４条第１項第３号但書に該当する場合は継続８時間）以上の休息期間を与えることが困難な場合、当分の間、一定期間（１ヵ月程度を限度とする。）における全勤務回数の２分の１を限度に、休息期間を拘束時間の途中及び拘束時間の経過直後に分割して与えることができるものとし、１日において、２分割の場合は合計８時間以上、３分割の場合は合計 10 時間以上の休息期間を与えなければならない。

▼

問 22　下図は、貨物自動車運送事業に従事する自動車運転者の運転時間及び休憩時間の例を示したものであるが、このうち、連続運転の中断方法として「自動車運転者の労働時間等の改善のための基準」に【適合しているものを 2 つ】選びなさい。ただし、連続運転時間を延長することができる場合には当たらないものとする。（一部改題）

1.

業務開始	運転	休憩	運転	休憩	運転	休憩	運転	休憩	運転	休憩	運転	休憩	運転	業務終了
	30分	10分	3時間	10分	30分	10分	1時間	30分	1時間30分	10分	2時間	10分	30分	

2.

業務開始	運転	休憩	運転	休憩	運転	休憩	運転	休憩	運転	休憩	運転	休憩	運転	業務終了
	2時間	10分	1時間30分	20分	1時間	10分	2時間	10分	1時間	10分	1時間	5分	2時間	

3.

業務開始	運転	休憩	運転	休憩	運転	休憩	運転	休憩	運転	休憩	運転	休憩	運転	業務終了
	2時間	10分	1時間30分	20分	1時間	10分	2時間	30分	1時間	10分	1時間30分	10分	2時間	

4.

業務開始	運転	休憩	運転	休憩	運転	休憩	運転	休憩	運転	休憩	運転	休憩	運転	業務終了
	1時間	10分	1時間30分	15分	1時間	5分	1時間	30分	2時間	20分	1時間30分	10分	2時間	

▼

問 23　下表は、貨物自動車運送事業に従事する自動車運転者（隔日勤務に就く運転者以外のもの。）の 1 年間における各月の拘束時間の例を示したものであるが、このうち、「自動車運転者の労働時間等の改善のための基準」に【適合するものを 1 つ】選びなさい。ただし、「1 ヵ月についての拘束時間の延長に関する労使協定」及び「1 年についての拘束時間の延長に関する労使協定」があるものとする。（一部改題）

1.

	4月	5月	6月	7月	8月	9月	10月	11月	12月	1月	2月	3月	1年間合計
拘束時間	282	284	285	284	283	284	286	284	285	284	284	284	3409

2.

	4月	5月	6月	7月	8月	9月	10月	11月	12月	1月	2月	3月	1年間合計
拘束時間	270	289	268	275	290	285	272	269	312	292	283	293	3398

3.

	4月	5月	6月	7月	8月	9月	10月	11月	12月	1月	2月	3月	1年間合計
拘束時間	269	289	291	294	273	288	270	271	296	297	263	289	3390

4.

	4月	5月	6月	7月	8月	9月	10月	11月	12月	1月	2月	3月	1年間合計
拘束時間	275	285	270	273	280	290	292	289	281	294	270	290	3389

5．実務上の知識及び能力

▼

問 24　下表は、貨物自動車運送事業者が、法令の規定により運転者ごとに行う点呼の記録表の一例を示したものである。この記録表に関し、A、B、C に入る【最もふさわしい事項を下の選択肢（①～⑧）から 1 つ】選びなさい。（一部改題）

年　月　日　曜日　天候　　　　**点呼記録表**　　所長｜統括管理者｜運行管理者｜補助者　　　　営業所

車番	氏名	業務前点呼										中間点呼									業務後点呼								
		点呼時間	点呼場所	点呼方法	アルコール検知器の使用の有無	酒気帯びの有無	疾病・疲労・睡眠不足等の状況	日常点検の確認	A	その他必要な事項	執行者の氏名	点呼時間	点呼場所	点呼方法	アルコール検知器の使用の有無	酒気帯びの有無	B	指示事項	その他必要な事項	執行者の氏名	点呼時間	点呼場所	点呼方法	アルコール検知器の使用の有無	酒気帯びの有無	自動車・道路・運行の状況	C	その他必要な事項	執行者の氏名
		:		面・電	有・無	有・無						:		電	有・無	有・無					:		面・電	有・無	有・無				
		:		面・電	有・無	有・無						:		電	有・無	有・無					:		面・電	有・無	有・無				
		:		面・電	有・無	有・無						:		電	有・無	有・無					:		面・電	有・無	有・無				
		:		面・電	有・無	有・無						:		電	有・無	有・無					:		面・電	有・無	有・無				

①車両の異常の有無

②貨物の積載状況

③運転者交替時の通告内容

④薬物の使用状況

⑤指示事項

⑥日常点検の状況

⑦疾病・疲労・睡眠不足等の状況

⑧自動車・道路・運行の状況

問 25　一般貨物自動車運送事業者が事業用自動車の運転者に対して行う指導・監督に関する次の記述のうち、【適切なものをすべて】選びなさい。なお、解答にあたっては、各選択肢に記載されている事項以外は考慮しないものとする。

1．運転者が交通事故を起こした場合、事故の被害状況を確認し、負傷者がいるときは、まず最初に運行管理者に連絡した後、負傷者の救護、道路における危険の防止、警察への報告などの必要な措置を講じるよう運転者に対し指導している。

2．他の自動車に追従して走行するときは、常に「秒」の意識をもって自車の速度と制動距離（ブレーキが効きはじめてから止まるまでに走った距離）に留意し、前車への追突の危険が発生した場合でも安全に停止できるよう、制動距離と同程度の車間距離を保って運転するよう指導している。

3．実際の事故事例やヒヤリハット事例のドライブレコーダー映像を活用して、事故前にどのような危険が潜んでいるか、それを回避するにはどのような運転をすべきかなどを運転者に考えさせる等、実事例に基づいた危険予知訓練を実施している。

4．飲酒は、速度感覚の麻痺、視力の低下、反応時間の遅れ、眠気が生じるなど自動車の運転に極めて深刻な影響を及ぼす。個人差はあるものの、体内に入ったビール500ミリリットル（アルコール5%）が分解処理されるのに概ね2時間が目安とされていることから、乗務前日の飲酒・酒量については、運転に影響のないよう十分気をつけることを運転者に指導している。

問 26　事業用自動車の運転者の健康管理に関する次の記述のうち、【適切なものをすべて】選びなさい。なお、解答にあたっては、各選択肢に記載されている事項以外は考慮しないものとする。

1．事業者は、業務に従事する運転者に対し法令で定める健康診断を受診させ、その結果に基づいて健康診断個人票を作成して3年間保存している。また、運転者が自ら受けた健康診断の結果を提出したものについても同様に保存している。

2．事業者は、運転者が軽症度の睡眠時無呼吸症候群（SAS）と診断された場合は、残業を控えるなど業務上での負荷の軽減や、睡眠時間を多く取る、過度な飲酒を控えるなどの生活習慣の改善によって、業務が可能な場合があるので、医師と相談して慎重に対応している。

3．常習的な飲酒運転の背景には、アルコール依存症という病気があるといわれている。この病気は専門医による早期の治療をすることにより回復が可能とされているが、一度回復しても飲酒することにより再発することがあるため、事業者は、アルコール依存症から回復した運転者に対しても飲酒に関する指導を行う必要がある。

4．運転者が運転中に安全運転の継続が困難となるような体調不良や異常を感じた場合、速やかに安全な場所に事業用自動車を停止させ、運行管理者に連絡し、指示を受けるよう指導している。また、交替運転者が配置されていない場合は、その後の運行再開の可否については、体調の状況を運転者が自ら判断し決定するよう指導している。

問 27　交通事故防止対策に関する次の記述のうち、【適切なものをすべて】選びなさい。なお、解答にあたっては、各選択肢に記載されている事項以外は考慮しないものとする。

1．ドライブレコーダーは、事故時の映像だけでなく、運転者のブレーキ操作やハンドル操作などの運転状況を記録し、解析することにより運転のクセ等を読み取ることができるものがあり、運行管理者が行う運転者の安全運転の指導に活用されている。

2．前方の自動車を大型車と乗用車から同じ距離で見た場合、それぞれの視界や見え方が異なり、大型車の場合には運転席が高いため、車間距離をつめてもあまり危険に感じない傾向となるので、この点に注意して常に適正な車間距離をとるよう運転者を指導する必要がある。

3．四輪車を運転する場合、二輪車との衝突事故を防止するための注意点として、①二輪車は死角に入りやすいため、その存在に気づきにくく、また、②二輪車は速度が実際より速く感じたり、距離が近くに見えたりする特性がある。したがって、運転者に対してこのような点に注意するよう指導する必要がある。

4．自動車のハンドルを左に切り旋回した場合、左側の後輪が左側の前輪の軌跡に対し外側を通ることとなり、この前後輪の軌跡の差を内輪差という。大型車などホイールベースが長いほど内輪差が小さくなることから、運転者に対し、交差点での左折時には、内輪差による歩行者や自転車等との接触、巻き込み事故に注意するよう指導する必要がある。

問 28　自動車の運転に関する次の記述の A、B、C、D に入るべき字句として【いずれか正しいものを 1 つ】選びなさい。

1. 自動車の夜間の走行時において、自車のライトと対向車のライトで、お互いの光が反射し合い、その間にいる歩行者や自転車が見えなくなることを［　A　］という。
2. 自動車がカーブを走行するとき、自動車の重量及びカーブの半径が同一の場合に、速度を２分の１に落として走行すると遠心力の大きさは［　B　］になる。
3. 長い下り坂などでフット・ブレーキを使い過ぎるとブレーキ・ドラムやブレーキ・ライニングなどが摩擦のため過熱することによりドラムとライニングの間の摩擦力が減り、制動力が低下することを［　C　］という。
4. 自動車が衝突するときの衝撃力は、車両総重量が２倍になると［　D　］になる。

A：①蒸発現象　　②クリープ現象

B：①４分の１　　②２分の１

C：①ベーパー・ロック現象　　②フェード現象

D：①２倍　　②４倍

問 29　荷主から貨物自動車運送事業者に対し、往路と復路において、それぞれ荷積みと荷下ろしを行うよう運送の依頼があった。これを受けて運行管理者は下の図に示す運行計画を立てた。この運行に関する次の１～３の記述について、解答しなさい。なお、解答にあたっては＜運行計画＞及び各選択肢に記載されている事項以外は考慮しないものとする。

＜運行計画＞

A 営業所を出庫し、B 地点で荷積みし、E 地点で荷卸し、休憩の後、戻りの便にて、F 地点で再度荷積みし、G 地点で荷卸しした後、A 営業所に帰庫する行程とする。当該運行は、車両総重量８トン、最大積載量５トンの貨物自動車を使用し、運転者１人乗務とする。

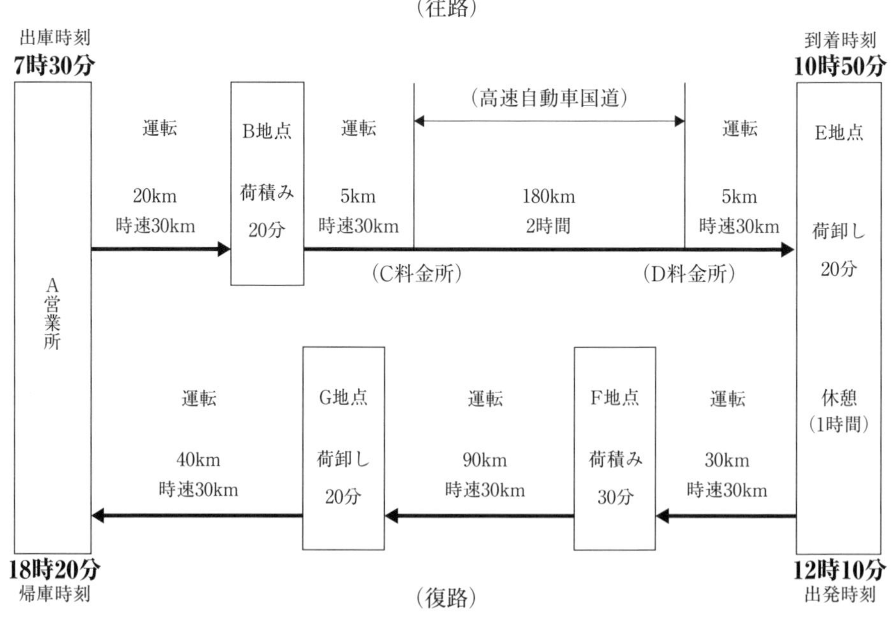

1．C料金所からD料金所までの間の高速自動車国道の運転時間を、2時間と設定したことは、道路交通法令に定める制限速度に照らし適切か否かについて、【いずれか正しいものを1つ】選びなさい。

①適切　②不適切

2．当該運転者の前日の運転時間は9時間20分であり、また、当該運転者の翌日の運転時間は9時間20分と予定した場合、当日を特定日とした場合の2日を平均した1日当たりの運転時間は、「自動車運転者の労働時間等の改善のための基準」(以下「改善基準告示」という。)に照らし、違反しているか否かについて、【いずれか正しいものを1つ】選びなさい。

①違反している　②違反していない

3．当日の全運行において、連続運転時間は「改善基準告示」に照らし、違反しているか否かについて、【いずれか正しいものを1つ】選びなさい。

①違反している　②違反していない

▼

問 30　運行管理者が次の事業用普通トラックの事故報告に基づき、この事故の要因分析を行ったうえで、同種事故の再発を防止するための対策として、【最も直接的に有効と考えられる組合せを、下の選択肢（①～⑧）から１つ】選びなさい。なお、解答にあたっては、＜事故の概要＞及び＜事故関連情報＞に記載されている事項以外は考慮しないものとする。（一部改題）

＜事故の概要＞

当該トラックは、17 時頃、霧で見通しの悪い高速道路を走行中、居眠り運転により渋滞車列の最後尾にいた乗用車に追突した。当該トラックは当該乗用車を中央分離帯に押し出したのち、前方の乗用車 3 台に次々と追突し、通行帯上に停止した。

この事故により、最初に追突された乗用車に乗車していた 3 人が死亡し、当該トラックの運転者を含む 7 人が重軽傷を負った。当時霧のため当該道路の最高速度は時速 50 キロメートルに制限されていたが、当該トラックは追突直前には時速 80 キロメートルで走行していた。

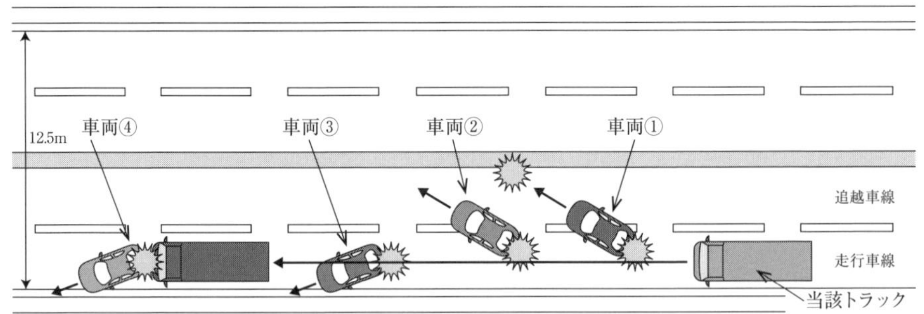

車両①～④と当該トラックはカラーで出題されます。

＜事故関連情報＞

○　当該運転者は、事故日前日運行先に積雪があり、帰庫時間が 5 時間程度遅くなって業務を早朝 5 時に終了した。その後、事故当日の正午に業務前点呼を受け出庫した。

○　当該運転者は、事故日前1ヵ月間の勤務において、拘束時間及び休息期間について複数回の「自動車運転者の労働時間等の改善のための基準」(以下「改善基準告示」という。)違反があった。

○　当該運転者に対する業務前点呼はアルコール検知器を使用し対面で行われていたが、睡眠不足等の運転者の体調確認は行われていなかった。

○　当該営業所では、年度ごとの教育計画に基づき、所長自ら月1回ミーティングを実施していたが、交通事故を惹起した場合の社会的影響の大きさや、疲労などの生理的要因による交通事故の危険性などについて理解させる指導・教育が不足していた。

○　当該運転者は、採用後2年が経過していたが、初任運転者に対する適性診断を受診していなかった。

○　当該事業者は、年2回の定期健康診断の実施計画に基づき実施しており、当該運転者は、これらの定期健康診断を受診していた。

○　当該トラックは、法令で定められた日常点検及び定期点検を実施していた。また、速度抑制装置（スピードリミッター）が取り付けられていた。

＜事故の再発防止対策＞

ア　運行管理者は、運転者に対して、法定速度を遵守させるとともに、交通事故を惹起した場合の社会的影響の大きさや過労が運転に及ぼす危険性を認識させ、疲労や眠気を感じた場合は直ちに運転を中止し、休憩するよう指導を徹底する。

イ　事業者は、点呼の際に点呼実施者が不在にならないよう、適正な数の運行管理者又は補助者を配置するなど、運行管理を適切に実施するための体制を整備する。

ウ　運行管理者は、関係法令及び改善基準告示に違反しないよう、日頃から運転者の運行状況を確実に把握し、適切な乗務割を作成する。また、運転者に対しては、点呼の際適切な運行指示を行う。

エ　事業者は、自社の事業用自動車に衝突被害軽減ブレーキ装置の導入を促進する。その際、運転者に対し、当該装置の性能限界を正しく理解させ、装置に頼り過ぎた運転とならないように指導を行う。

オ　事業者は、運転者に対して、疾病が交通事故の要因となるおそれがあることを正しく理解させ、定期的な健康診断結果に基づき、自ら生活習慣の改善を図るなど、適切な心身の健康管理を行うことの重要性を理解させる。

カ　法令で定められた日常点検及び定期点検整備を確実に実施する。その際、速度抑制装置の正常な作動についても、警告灯により確認する。

キ　運行管理者は、点呼を実施する際、運転者の体調や疲労の蓄積などをきちんと確認し、疲労等により安全な運転を継続することができないおそれがあるときは、当該運転者を交替させる措置をとる。

ク　運行管理者は、法に定められた適性診断を、運転者に確実に受診させるとともに、その結果を活用し、個々の運転者の特性に応じた指導を行う。

①ア・イ・エ・オ

②ア・イ・カ・キ

③ア・ウ・エ・キ

④ア・ウ・オ・カ

⑤イ・エ・キ・ク

⑥イ・エ・カ・ク

⑦ウ・オ・キ・ク

⑧ウ・オ・カ・ク

令和２年度　CBT 試験出題例
（2021 年 11 月 30 日公表）

運行管理者試験問題
〈貨物〉

【注意事項】

（1）試験時間は 90 分となります。試験開始後、残り時間が画面右上に表示されます。
（2）試験が早く終了された方は、「試験終了」ボタンを押した後、いつでも退室できます。万一、試験の途中で間違って「試験終了」ボタンを押した場合は試験の再開はできません。
（3）「文字サイズ」を変更する場合は、画面右上の「文字サイズ」のボタンで変更できます。
（4）画面右側の「後で確認する」にチェックを選択すると、後から見直しが容易にできます。
（5）試験問題の内容に関する質問は受け付けません。
（6）試験中の離席は原則的に認められておりませんが、次の場合は、手を挙げて試験監督官にお知らせください。
・気分が悪くなった場合
・部屋の空調に調整が必要な場合
・試験画面の表示や動作に不具合がある場合
（7）試験監督者が次の行為等を発見し不正行為とみなした場合には、試験が無効となり退席していただきます。
・許可されているもの以外の物を試験室に持ち込む行為
・試験終了後、配布されたメモ用紙とペンを持ち帰る行為
・試験問題や解答内容を試験室から持ち出す行為
・試験問題等を第三者と共有、又は開示（漏洩）する行為
・申請者と異なる者に受験させる行為
・試験中に私語・喫煙・騒ぐ等、他の受験者の迷惑となる行為
・試験中に他の受験者の解答画面を見たり、他の受験者と話したりする行為
・その他、明らかに不正と認められる行為

●P. 290 の解答用紙をコピーしてお使いください。
答え合わせに便利な正答一覧は別冊 P. 124

	受験者数(人)	合格者数(人)	合格率(%)
令和２年度　第２回	32,575	14,295	43.9
令和２年度　第１回	39,630	12,166	30.7

※令和２年度第２回については、筆記試験及び CBT 試験の両方が実施されました。

1．貨物自動車運送事業法関係

問１　貨物自動車運送事業に関する次の記述のうち、【正しいものを２つ】選びなさい。なお、解答にあたっては、各選択肢に記載されている事項以外は考慮しないものとする。

1．貨物自動車運送事業とは、一般貨物自動車運送事業、特定貨物自動車運送事業及び貨物軽自動車運送事業をいう。

2．一般貨物自動車運送事業とは、特定の者の需要に応じ、有償で、自動車（三輪以上の軽自動車及び二輪の自動車を除く。）を使用して貨物を運送する事業をいう。

3．貨物軽自動車運送事業とは、他人の需要に応じ、有償で、自動車（三輪以上の軽自動車及び二輪の自動車に限る。）を使用して貨物を運送する事業をいう。

4．特別積合せ貨物運送とは、特定の者の需要に応じて有償で自動車を使用し、営業所その他の事業場（以下「事業場」という。）において、限定された貨物の集貨を行い、集貨された貨物を積み合わせて他の事業場に運送し、当該他の事業場において運送された貨物の配達に必要な仕分を行うものであって、これらの事業場の間における当該積合せ貨物の運送を定期的に行うものをいう。

正答・解説　別冊 P.32

問２　貨物自動車運送事業法に定める一般貨物自動車運送事業者の輸送の安全についての次の文中、A、B、Cに入るべき字句として【いずれか正しいものを１つ】選びなさい。

1．一般貨物自動車運送事業者は、事業用自動車の［ A ］、荷役その他の事業用自動車の運転に附帯する作業の状況等に応じて必要となる員数の運転者及びその他の従業員の確保、事業用自動車の運転者がその休憩又は睡眠のために利用することができる施設の整備及び管理、事業用自動車の運転者の適切な勤務時間及び［ B ］の設定その他事業用自動車の運転者の過労運転を防止するために必要な事項に関し国土交通省令で定める基準を遵守しなければならない。

2．一般貨物自動車運送事業者は、事業用自動車の運転者が疾病により安全な運転ができないおそれがある状態で事業用自動車を運転することを防止するために必要な［ C ］に基づく措置を講じなければならない。

A　1．種類　　2．数

B　1．乗務時間　　2．休息期間

C　1．医学的知見　　2．運行管理規程

令和2年CBT

▼

問３　次の記述のうち、一般貨物自動車運送事業の運行管理者の行わなければならない業務として、【誤っているものを１つ】選びなさい。なお、解答にあたっては、各選択肢に記載されている事項以外は考慮しないものとする。（一部改題）

1．事業計画に従い業務を行うに必要な員数の事業用自動車の運転者又は特定自動運行保安員を常時選任しておくこと。

2．運転者等に対し、業務に従事しようとするとき、法令に規定する業務の途中及び業務を終了したときは、法令の規定により、点呼を受け、報告をしなければならないことについて、指導及び監督を行うこと。

3．法令の規定により、運転者として常時選任するために新たに雇い入れた者であって当該貨物自動車運送事業者において初めて事業用自動車に乗務する前３年間に初任診断（初任運転者のための適性診断として国土交通大臣が認定したもの）を受診したことがない者に対して、当該診断を受診させること。

4．法令の規定により、運転者等に対して点呼を行い、報告を求め、確認を行い、及び指示を与え、並びに記録し、及びその記録を保存し、並びに運転者に対して使用するアルコール検知器を常時有効に保持すること。

▼

問４　貨物自動車運送事業の事業用自動車の運転者等に対する点呼についての法令等の定めに関する次の記述のうち、【正しいものをすべて】選びなさい。なお、解答にあたっては、各選択肢に記載されている事項以外は考慮しないものとする。（一部改題）

1．業務前の点呼は、対面により、又は対面による点呼と同等の効果を有するものとして国土交通大臣が定める方法（運行上やむを得ない場合は電話その他の方法）により行い、運転者に対しては、①酒気帯びの有無及び②疾病、疲労、睡眠不足その他の理由により安全な運転をすることができないおそれの有無、運転者等に対しては、③道路運送車両法の規定による点検の実施又はその確認、特定自動運行保安員に対しては、④特定自動運行事業用自動車による運送を行うために必要な自動運行装置の設定の状況に関する確認について報告を求め、及び確認を行い、並びに事業用自動車の運行の安全を確保するために必要な指示をしなければならない。

2．運行の業務を終了した運転者等に対する点呼は、対面により、又は対面による点呼と同等の効果を有するものとして国土交通大臣が定める方法により行い、当該業務に係る事業用自動車、道路及び運行の状況について報告を求め、かつ、運転者に対しては酒気帯びの有無について確認を行わなければならない。

3．同一事業者内の全国貨物自動車運送適正化事業実施機関が認定している安全性優良事業所（Gマーク営業所）間でIT点呼を実施した場合、点呼簿に記録する内容を、IT点呼を受ける運転者が所属する営業所で記録、保存すれば、IT点呼を行う営業所で記録、保存することは要しない。

4．貨物自動車運送事業輸送安全規則第７条第４項（点呼等）に規定する「アルコール検知器を営業所ごとに備え」とは、営業所又は営業所の車庫に設置されているアルコール検知器をいい、携帯型アルコール検知器は、これにあたらない。

問５　次の自動車事故に関する記述のうち、一般貨物自動車運送事業者が自動車事故報告規則に基づき国土交通大臣への【報告を要するものを２つ】選びなさい。なお、解答にあたっては、各選択肢に記載されている事項以外は考慮しないものとする。

1．事業用自動車の運転者がハンドル操作を誤り、当該事業用自動車が道路の側壁に衝突した。その衝撃により積載されていた消防法第2条第7項に規定する危険物である灯油の一部が道路に漏えいした。

2．事業用自動車が右折の際、原動機付自転車と接触し、当該原動機付自転車が転倒した。この事故で、当該原動機付自転車の運転者に通院による30日間の医師の治療を要する傷害を生じさせた。

3．事業用自動車が雨天時に緩い下り坂の道路を走行中、先頭を走行していた自動車が速度超過によりカーブを曲がりきれずにガードレールに衝突する事故を起こした。そこに当該事業用自動車を含む後続の自動車が止まりきれずに次々と衝突する事故となり、8台の自動車が衝突したが負傷者は生じなかった。

4．高速自動車国道を走行中の事業用けん引自動車のけん引装置が故障し、事業用被けん引自動車と当該けん引自動車が分離した。

▼

問６　一般貨物自動車運送事業者（以下「事業者」という。）の過労運転等の防止等についての法令の定めに関する次の記述のうち、【誤っているものを１つ】選びなさい。なお、解答にあたっては、各選択肢に記載されている事項以外は考慮しないものとする。（一部改題）

1. 事業者は、休憩又は睡眠のための時間及び勤務が終了した後の休息のための時間が十分に確保されるように、国土交通大臣が告示で定める基準に従って、運転者の勤務時間及び乗務時間を定め、当該運転者にこれらを遵守させなければならない。
2. 事業者は、運転者が長距離運転又は夜間の運転に従事する場合であって、疲労等により安全な運転を継続することができないおそれがあるときは、あらかじめ、当該運転者と交替するための運転者を配置しておかなければならない。
3. 事業者は、運行の途中において、運行の開始及び終了の地点及び日時に変更が生じた場合には、運行指示書の写しに当該変更の内容を記載し、これにより運転者等に対し電話その他の方法により当該変更の内容について適切な指示を行い、及び当該運転者等が携行している運行指示書に当該変更の内容を記載させなければならない。
4. 特別積合せ貨物運送を行う事業者は、当該特別積合せ貨物運送に係る運行系統であって起点から終点までの距離が200キロメートルを超えるものごとに、所定の事項について事業用自動車の運行の業務に関する基準を定め、かつ、当該基準の遵守について乗務員等に対する適切な指導及び監督を行わなければならない。

問７　一般貨物自動車運送事業者（以下「事業者」という。）の事業用自動車の運行の安全を確保するために、国土交通省告示に基づき運転者に対して行わなければならない指導監督及び特定の運転者に対して行わなければならない特別な指導に関する次の記述のうち、【誤っているものを１つ】選びなさい。なお、解答にあたっては、各選択肢に記載されている事項以外は考慮しないものとする。

1．事業者は、初任運転者に対する特別な指導について、当該事業者において初めて事業用自動車に乗務する前に実施すること。ただし、やむを得ない事情がある場合には、乗務を開始した後１ヵ月以内に実施すること。

2．事業者が行う初任運転者に対する特別な指導は、法令に基づき運転者が遵守すべき事項、事業用自動車の運行の安全を確保するために必要な運転に関する事項などについて、6時間以上実施するとともに、安全運転の実技について、15時間以上実施すること。

3．事業者は、事業用自動車の運行の安全を確保するために必要な運転の技術及び法令に基づき自動車の運転に関して遵守すべき事項等について、運転者に対する適切な指導及び監督をしなければならない。この場合においては、その日時、場所及び内容並びに指導及び監督を行った者及び受けた者を記録し、かつ、その記録を営業所において3年間保存すること。

4．事業者は、法令に基づき事業用自動車の運転者として常時選任するために新たに雇い入れた場合には、当該運転者について、自動車安全運転センターが交付する無事故・無違反証明書又は運転記録証明書等により、雇い入れる前の事故歴を把握し、事故惹起運転者に該当するか否かを確認すること。

問８　一般貨物自動車運送事業者（以下「事業者」という。）の運行管理者の選任等に関する次の記述のうち、【誤っているものを１つ】選びなさい。なお、解答にあたっては、各選択肢に記載されている事項以外は考慮しないものとする。

1．事業者は、事業用自動車（被けん引自動車を除く。）の運行を管理する営業所ごとに、当該営業所が運行を管理する事業用自動車の数を30で除して得た数（その数に１未満の端数があるときは、これを切り捨てるものとする。）に１を加算して得た数以上の運行管理者を選任しなければならない。

2．国土交通大臣は、運行管理者資格者証の交付を受けている者が、貨物自動車運送事業法若しくはこの法律に基づく命令又はこれらに基づく処分に違反したときは、その運行管理者資格者証の返納を命ずることができる。また、運行管理者資格者証の返納を命ぜられ、その日から５年を経過しない者に対しては、運行管理者資格者証の交付を行わないことができる。

3．事業者は、法令に規定する運行管理者資格者証を有する者又は国土交通大臣が告示で定める運行の管理に関する講習であって国土交通大臣の認定を受けたもの（基礎講習）を修了した者のうちから、運行管理者の業務を補助させるための者（補助者）を選任することができる。

4．事業者は、新たに選任した運行管理者に、選任届出をした日の属する年度（やむを得ない理由がある場合にあっては、当該年度の翌年度）に基礎講習又は一般講習（基礎講習を受講していない当該運行管理者にあっては、基礎講習）を受講させなければならない。ただし、他の事業者において運行管理者として選任されていた者にあっては、この限りでない。

2．道路運送車両法関係

問９　自動車の登録等についての次の記述のうち、【誤っているものを１つ】選びなさい。なお、解答にあたっては、各選択肢に記載されている事項以外は考慮しないものとする。

1．登録自動車は、自動車登録番号標を国土交通省令で定める位置に、かつ、被覆しないことその他当該自動車登録番号標に記載された自動車登録番号の識別に支障が生じないものとして国土交通省令で定める方法により表示しなければ、運行の用に供してはならない。

2．臨時運行の許可を受けた者は、臨時運行許可証の有効期間が満了したときは、その日から5日以内に、当該臨時運行許可証及び臨時運行許可番号標を当該行政庁に返納しなければならない。

3．登録自動車の使用者は、当該自動車が滅失し、解体し（整備又は改造のために解体する場合を除く。）、又は自動車の用途を廃止したときは、その事由があった日（使用済自動車の解体である場合には解体報告記録がなされたことを知った日）から15日以内に、当該自動車検査証を国土交通大臣に返納しなければならない。

4．登録自動車の所有者は、当該自動車の使用の本拠の位置に変更があったときは、道路運送車両法で定める場合を除き、その事由があった日から30日以内に、国土交通大臣の行う変更登録の申請をしなければならない。

▼

問 10　自動車（検査対象外軽自動車及び小型特殊自動車を除く。）の検査等についての次の記述のうち、【正しいものを２つ】選びなさい。なお、解答にあたっては、各選択肢に記載されている事項以外は考慮しないものとする。（一部改題）

1．自動車は、指定自動車整備事業者が継続検査の際に交付した有効な保安基準適合標章を表示している場合であっても、自動車検査証を備え付けなければ、運行の用に供してはならない。

2．初めて自動車検査証の交付を受ける車両総重量 8,990 キログラムの貨物の運送の用に供する自動車については、当該自動車検査証の有効期間は 1 年である。

3．国土交通大臣は、一定の地域に使用の本拠の位置を有する自動車の使用者が、天災その他やむを得ない事由により、継続検査を受けることができないと認めるときは、当該地域に使用の本拠の位置を有する自動車の自動車検査証の有効期間を、期間を定めて伸長する旨を公示することができる。

4．自動車の使用者は、自動車の長さ、幅又は高さを変更したときは、道路運送車両法で定める場合を除き、その事由があった日から 30 日以内に、当該変更について、国土交通大臣が行う自動車検査証の変更記録を受けなければならない。

問 11　道路運送車両法に定める自動車の点検整備等に関する次の文中、A、B、C、D に入るべき字句として【いずれか正しいもの】を選びなさい。

1．自動車運送事業の用に供する自動車の使用者又は当該自動車を運行する者は、［　A　］、その運行の開始前において、国土交通省令で定める技術上の基準により、自動車を点検しなければならない。

2．車両総重量 8 トン以上又は乗車定員 30 人以上の自動車の使用者は、スペアタイヤの取付状態等について、［　B　］ごとに国土交通省令で定める技術上の基準により自動車を点検しなければならない。

3．自動車の使用者は、自動車の点検及び整備等に関する事項を処理させるため、車両総重量 8 トン以上の自動車その他の国土交通省令で定める自動車であって国土交通省令で定める台数以上のものの使用の本拠ごとに、自動車の点検及び整備に関する実務の経験その他について国土交通省令で定める一定の要件を備える者のうちから、［　C　］を選任しなければならない。

4．地方運輸局長は、自動車の［　D　］が道路運送車両法第 54 条（整備命令等）の規定による命令又は指示に従わない場合において、当該自動車が道路運送車両の保安基準に適合しない状態にあるときは、当該自動車の使用を停止することができる。

A　①1 日 1 回　　②必要に応じて

B　①3 ヵ月　　②6 ヵ月

C　①安全統括管理者　　②整備管理者

D　①所有者　　②使用者

問 12　道路運送車両の保安基準及びその細目を定める告示についての次の記述のうち、【誤っているものを１つ】選びなさい。なお、解答にあたっては、各選択肢に記載されている事項以外は考慮しないものとする。

1. 自動車の前面ガラス及び側面ガラス（告示で定める部分を除く。）は、フィルムが貼り付けられた場合、当該フィルムが貼り付けられた状態においても、透明であり、かつ、運転者が交通状況を確認するために必要な視野の範囲に係る部分における可視光線の透過率が70％以上であることが確保できるものでなければならない。
2. 貨物の運送の用に供する普通自動車であって、車両総重量が７トン以上のものの後面には、所定の後部反射器を備えるほか、反射光の色、明るさ等に関し告示で定める基準に適合する大型後部反射器を備えなければならない。
3. 自動車（法令に規定する自動車を除く。）の後面には、他の自動車が追突した場合に追突した自動車の車体前部が突入することを有効に防止することができるものとして、強度、形状等に関し告示で定める基準に適合する突入防止装置を備えなければならない。ただし、告示で定める構造の自動車にあっては、この限りでない。
4. 自動車は、告示で定める方法により測定した場合において、長さ（セミトレーラにあっては、連結装置中心から当該セミトレーラの後端までの水平距離）12メートル（セミトレーラのうち告示で定めるものにあっては、13メートル）、幅2.6メートル、高さ3.8メートルを超えてはならない。

３．道路交通法関係

問 13　道路交通法に定める車両の交通方法等についての次の記述のうち、【誤っているものを１つ】選びなさい。なお、解答にあたっては、各選択肢に記載されている事項以外は考慮しないものとする。

1．車両（自転車以外の軽車両を除く。）の運転者は、左折し、右折し、転回し、徐行し、停止し、後退し、又は同一方向に進行しながら進路を変えるときは、手、方向指示器又は灯火により合図をし、かつ、これらの行為が終わるまで当該合図を継続しなければならない。（環状交差点における場合を除く。）

2．一般乗合旅客自動車運送事業者による路線定期運行の用に供する自動車（以下「路線バス等」という。）の優先通行帯であることが道路標識等により表示されている車両通行帯が設けられている道路においては、自動車（路線バス等を除く。）は、路線バス等が後方から接近してきた場合に当該道路における交通の混雑のため当該車両通行帯から出ることができないこととなるときであっても、路線バス等が実際に接近してくるまでの間は、当該車両通行帯を通行することができる。

3．車両は、道路外の施設又は場所に出入するためやむを得ない場合において歩道等を横断するとき、又は法令の規定により歩道等で停車し、若しくは駐車するため必要な限度において歩道等を通行するときは、歩道等に入る直前で一時停止し、かつ、歩行者の通行を妨げないようにしなければならない。

4．貨物自動車運送事業の用に供する車両総重量 8,500 キログラムの自動車は、法令の規定によりその速度を減ずる場合及び危険を防止するためやむを得ない場合を除き、道路標識等により自動車の最低速度が指定されていない区間の高速自動車国道の本線車道（政令で定めるものを除く。）における最低速度は、時速 50 キロメートルである。

正答・解説　別冊 P.37

問 14　道路交通法に定める停車及び駐車等についての次の記述のうち、【正しいものを 2 つ】選びなさい。なお、解答にあたっては、各選択肢に記載されている事項以外は考慮しないものとする。

1．車両は、道路工事が行なわれている場合における当該工事区域の側端から5メートル以内の道路の部分においては、駐車してはならない。

2．車両は、人の乗降、貨物の積卸し、駐車又は自動車の格納若しくは修理のため道路外に設けられた施設又は場所の道路に接する自動車用の出入口から5メートル以内の道路の部分においては、駐車してはならない。

3．車両は、公安委員会が交通がひんぱんでないと認めて指定した区域を除き、法令の規定により駐車する場合に当該車両の右側の道路上に5メートル（道路標識等により距離が指定されているときは、その距離）以上の余地がないこととなる場所においては、駐車してはならない。

4．車両は、消防用機械器具の置場若しくは消防用防火水槽の側端又はこれらの道路に接する出入口から5メートル以内の道路の部分においては、駐車してはならない。

問 15　道路交通法に定める交通事故の場合の措置についての次の文中、A、B、C に入るべき字句として【いずれか正しいものを 1 つ】選びなさい。

交通事故があったときは、当該交通事故に係る車両等の運転者その他の乗務員は、直ちに車両等の運転を停止して、［A］し、道路における危険を防止する等必要な措置を講じなければならない。この場合において、当該車両等の運転者（運転者が死亡し、又は負傷したためやむを得ないときは、その他の乗務員）は、警察官が現場にいるときは当該警察官に、警察官が現場にいないときは直ちに最寄りの警察署の警察官に当該交通事故が発生した日時及び場所、当該交通事故における［B］及び負傷者の負傷の程度並びに損壊した物及びその損壊の程度、当該交通事故に係る車両等の積載物並びに［C］を報告しなければならない。

A　①事故状況を確認　②負傷者を救護

B　①死傷者の数　②事故車両の数

C　①当該交通事故について講じた措置　②運転者の健康状態

問 16　次に掲げる標識に関する次の記述のうち、【誤っているものを１つ】選びなさい。

1．大型貨物自動車、特定中型貨物自動車及び大型特殊自動車は、最も左側の車両通行帯を通行しなければならない。

「道路標識、区画線及び道路標示に関する命令」に定める様式
文字、記号及び縁を白色、地を青色とする。

2．車両は、指定された方向以外の方向に進行してはならない。

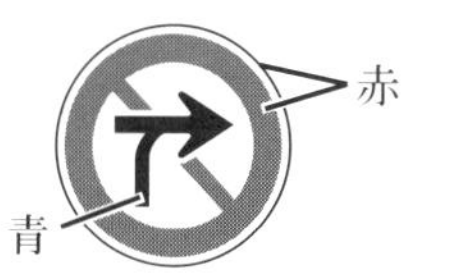

「道路標識、区画線及び道路標示に関する命令」に定める様式
文字及び記号を青色、斜めの帯及び枠を赤色、縁及び地を白色とする。

3．車両は、黄色又は赤色の灯火の信号にかかわらず左折することができる。

道路交通法施行規則　別記様式第 1
矢印及びわくの色彩は青色、地の色彩は白色とする。

4．車両は、法令の規定若しくは警察官の命令により、又は危険を防止するため一時停止する場合のほか、8 時から 20 時までの間は駐停車してはならない。

「道路標識、区画線及び道路標示に関する命令」に定める様式
斜めの帯及び枠を赤色、文字及び縁を白色、地を青色とする。

標識のみカラーで出題されます。

問 17　道路交通法に定める運転者の遵守事項等についての次の記述のうち、【誤っているものを 1 つ】選びなさい。なお、解答にあたっては、各選択肢に記載されている事項以外は考慮しないものとする。

1．自動車を運転する場合においては、当該自動車が停止しているときを除き、携帯電話用装置（その全部又は一部を手で保持しなければ送信及び受信のいずれをも行うことができないものに限る。）を通話（傷病者の救護等のため当該自動車の走行中に緊急やむを得ずに行うものを除く。）のために使用してはならない。

2．免許証の更新を受けようとする者で更新期間が満了する日における年齢が 70 歳以上のもの（当該講習を受ける必要がないものとして法令で定める者を除く。）は、更新期間が満了する日前 6 ヵ月以内にその者の住所地を管轄する公安委員会が行った「高齢者講習」を受けていなければならない。

3．車両等に積載している物が道路に転落し、又は飛散したときは、必ず道路管理者に通報するものとし、当該道路管理者からの指示があるまでは、転落し、又は飛散した物を除去してはならない。

4．自動車の運転者は、故障その他の理由により高速自動車国道等の本線車道若しくはこれに接する加速車線、減速車線若しくは登坂車線又はこれらに接する路肩若しくは路側帯において当該自動車を運転することができなくなったときは、道路交通法施行令で定めるところにより、停止表示器材を後方から進行してくる自動車の運転者が見やすい位置に置いて、当該自動車が故障その他の理由により停止しているものであることを表示しなければならない。

4．労働基準法関係

問 18　労働基準法（以下「法」という。）に定める労働契約についての次の記述のうち、【正しいものを 2 つ】選びなさい。なお、解答にあたっては、各選択肢に記載されている事項以外は考慮しないものとする。

1．使用者は、労働者が業務上負傷し、又は疾病にかかり療養のために休業する期間及びその後 6 週間並びに産前産後の女性が法第 65 条（産前産後）の規定によって休業する期間及びその後 6 週間は、解雇してはならない。

2．労働者が、退職の場合において、使用期間、業務の種類、その事業における地位、賃金又は退職の事由（退職の事由が解雇の場合にあっては、その理由を含む。）について証明書を請求した場合においては、使用者は、遅滞なくこれを交付しなければならない。

3．使用者は、労働者を解雇しようとする場合においては、法第 20 条の規定に基づき、少くとも 14 日前にその予告をしなければならない。14 日前に予告をしない使用者は、14 日分以上の平均賃金を支払わなければならない。

4．法第 20 条（解雇の予告）の規定は、法に定める期間を超えない限りにおいて、「日日雇い入れられる者」、「2 ヵ月以内の期間を定めて使用される者」、「季節的業務に 4 ヵ月以内の期間を定めて使用される者」又は「試の使用期間中の者」のいずれかに該当する労働者については適用しない。

問 19　労働基準法に定める労働時間及び休日等に関する次の記述のうち、【誤っているものを 1 つ】選びなさい。なお、解答にあたっては、各選択肢に記載されている事項以外は考慮しないものとする。

1．労働時間は、事業場を異にする場合においても、労働時間に関する規定の適用については通算する。

2．使用者は、労働時間が 6 時間を超える場合においては少くとも 30 分、8 時間を超える場合においては少くとも 45 分の休憩時間を労働時間の途中に与えなければならない。

3．使用者は、労働者に対して、毎週少くとも 1 回の休日を与えなければならない。ただし、この規定は、4 週間を通じ 4 日以上の休日を与える使用者については適用しない。

4．使用者は、その雇入れの日から起算して 6 ヵ月間継続勤務し全労働日の 8 割以上出勤した労働者に対して、継続し、又は分割した 10 労働日の有給休暇を与えなければならない。

▼

問 20　「自動車運転者の労働時間等の改善のための基準」に定める貨物自動車運送事業に従事する自動車運転者の拘束時間等に関する次の文中、A、B、C、D に入るべき字句として【いずれか正しいものを 1 つ】選びなさい。（一部改題）

1．拘束時間は、1ヵ月について［A］を超えず、かつ、1年について 3,300 時間を超えないものとすること。ただし、労使協定により、1年について 6ヵ月までは、1ヵ月について 310 時間まで延長することができ、かつ、1年について［B］まで延長することができるものとする。

2．1日についての拘束時間は、13 時間を超えないものとし、当該拘束時間を延長する場合であっても、最大拘束時間は［C］とすること。ただし、貨物自動車運送事業に従事する自動車運転者に係る1週間における運行が全て長距離貨物運送であり、かつ、一の運行における休息期間が、当該自動車運転者の住所地以外の場所におけるものである場合においては、当該1週間について2回に限り最大拘束時間を［D］とすることができる。

A　①　284 時間　　②　296 時間

B　①　3,400 時間　　②　3,500 時間

C　①　16 時間　　②　15 時間

D　①　17 時間　　②　16 時間

▼

問 21　「自動車運転者の労働時間等の改善のための基準」（以下「改善基準告示」という。）において定める貨物自動車運送事業に従事する自動車運転者（以下「トラック運転者」という。）の拘束時間等に関する次の記述のうち、【正しいものを 2 つ】選びなさい。ただし、1 人乗務で、隔日勤務には就いていない場合とする。なお、解答にあたっては、各選択肢に記載されている事項以外は考慮しないものとする。（一部改題）

1．業務の必要上、勤務の終了後継続 9 時間（改善基準告示第 4 条第 1 項第 3 号但書に該当する場合は継続 8 時間）以上の休息期間を与えることが困難な場合、当分の間、一定期間（1 箇月程度を限度とする。）における全勤務回数の 3 分の 2 を限度に、休息期間を拘束時間の途中及び拘束時間の経過直後に分割して与えることができるものとし、1 日において、2 分割の場合は合計 10 時間以上、3 分割の場合は合計 12 時間以上の休息期間を与えなければならない。

2．使用者は、トラック運転者の休息期間については、当該トラック運転者の住所地における休息期間がそれ以外の場所における休息期間より長くなるように努めるものとする。

3．使用者は、トラック運転者に休日に労働させる場合は、当該労働させる休日は 2 週間について 1 回を超えないものとし、当該休日の労働によって改善基準告示第 4 条第 1 項に定める拘束時間及び最大拘束時間を超えないものとする。

4．使用者は、トラック運転者の連続運転時間（1 回が連続 5 分以上で、かつ、合計が 30 分以上の運転の中断をすることなく連続して運転する時間をいう。）は、4 時間を超えないものとすること。

正答・解説　別冊 P.39 ～ P.40

問 22　下図は、貨物自動車運送事業に従事する自動車運転者（1 人乗務で隔日勤務に就く運転者以外のもの。）の 5 日間の勤務状況の例を示したものであるが、次の 1 ～ 4 の拘束時間のうち、「自動車運転者の労働時間等の改善のための基準」等における 1 日についての拘束時間として、【正しいものを 1 つ】選びなさい。

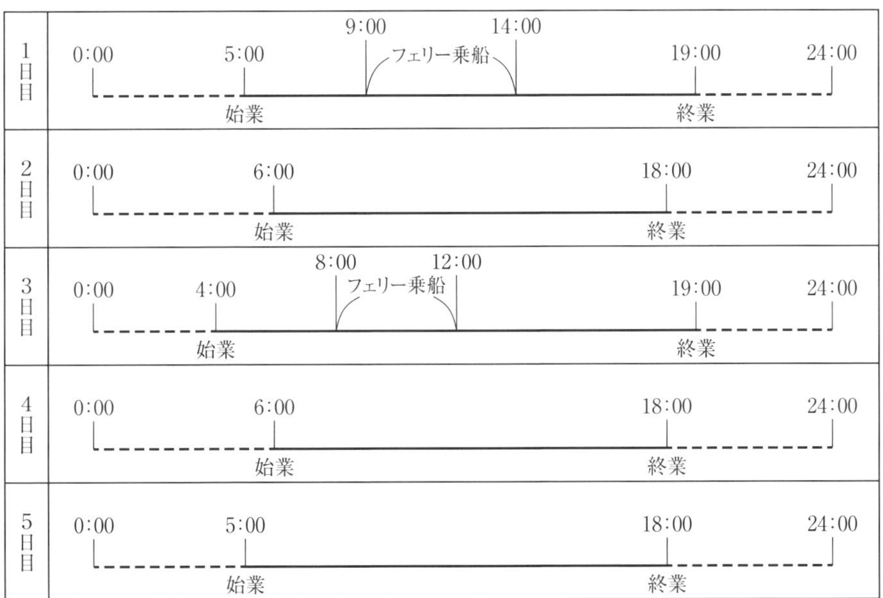

1．1日目：9時間　2日目：12時間　3日目：15時間　4日目：12時間

2．1日目：9時間　2日目：12時間　3日目：11時間　4日目：12時間

3．1日目：9時間　2日目：14時間　3日目：11時間　4日目：13時間

4．1日目：14時間　2日目：14時間　3日目：15時間　4日目：13時間

▼

問 23　下表は、貨物自動車運送事業に従事する自動車運転者の１ヵ月の勤務状況の例を示したものであるが、「自動車運転者の労働時間等の改善のための基準」に定める拘束時間等に照らし、次の１～４の中から【違反している事項を１つ】選びなさい。なお、1人乗務とし、「1ヵ月についての拘束時間の延長に関する労使協定」があり、下表の1ヵ月は、当該協定により１ヵ月についての拘束時間を延長することができる月に該当するものとする。また、問題文に記載されていない事項は考慮しないものとする。（一部改題）

（起算日）

第１週		1日	2日	3日	4日	5日	6日	7日	週の合計時間
	各日の運転時間	6	7	5	7	9	8	休日	42
	各日の拘束時間	9	13	10	10	13	13		68

第２週		8日	9日	10日	11日	12日	13日	14日	週の合計時間
	各日の運転時間	5	6	8	8	10	9	休日	46
	各日の拘束時間	8	9	10	13	14	13		67

第３週		15日	16日	17日	18日	19日	20日	21日	週の合計時間
	各日の運転時間	4	5	4	9	10	9	休日	41
	各日の拘束時間	8	8	8	11	15	11		61

第４週		22日	23日	24日	25日	26日	27日	28日	週の合計時間
	各日の運転時間	9	9	5	6	5	6	休日	40
	各日の拘束時間	13	14	9	13	13	13		75

第５週		29日	30日	31日	週の合計時間	1ヵ月（第1週～第5週）の合計時間
	各日の運転時間	8	6	7	21	190
	各日の拘束時間	12	10	13	35	306

（注1）2週間の起算日は1日とする。
（注2）各労働日の始業時刻は午前8時とする。

1．1日の最大拘束時間

2．当該5週間のすべての日を特定日とした2日を平均した1日当たりの運転時間

3．2週間を平均した1週間当たりの運転時間

4．1ヵ月の拘束時間

５．実務上の知識及び能力

▼

問 24　運行管理に関する次の記述のうち、【適切なものをすべて】選びなさい。なお、解答にあたっては、各選択肢に記載されている事項以外は考慮しないものとする。（一部改題）

1．運行管理者は、自動車運送事業者の代理人として事業用自動車の輸送の安全確保に関する業務全般を行い、交通事故を防止する役割を担っている。したがって、事故が発生した場合には、自動車運送事業者に代わって責任を負うこととなる。

2．運行管理者は、運行管理業務に精通し、確実に遂行しなければならない。そのためにも自動車輸送に関連する諸規制を理解し、実務知識を身につけると共に、日頃から運転者と積極的にコミュニケーションを図り、必要な場合にあっては運転者の声を自動車運送事業者に伝え、常に安全で明るい職場環境を築いていくことも重要な役割である。

3．運行管理者は、業務前及び業務終了後の運転者等に対し、対面により、又は対面による点呼と同等の効果を有するものとして国土交通大臣が定める方法で点呼を実施しなければならないが、遠隔地で業務が開始又は終了する場合、車庫と営業所が離れている場合、又は運転者の出庫・帰庫が早朝・深夜であり、点呼を行う運行管理者が営業所に出勤していない場合等、運行上やむを得ないときには、電話、その他の方法で行う必要がある。

4．運行管理者は、事業用自動車が運行しているときにおいては、運行管理業務に従事している必要がある。しかし、1人の運行管理者が毎日、24時間営業所に勤務することは不可能である。そのため自動車運送事業者は、複数の運行管理者を選任して交替制で行わせるか、又は、運行管理者の補助者を選任し、点呼の一部を実施させるなど、確実な運行管理業務を遂行させる必要がある。

問 25　一般貨物自動車運送事業者が事業用自動車の運転者に対して行う指導・監督に関する次の記述のうち、【適切なものをすべて】選びなさい。なお、解答にあたっては、各選択肢に記載されている事項以外は考慮しないものとする。

1．時速 36 キロメートルで走行中の自動車を例に取り、運転者が前車との追突の危険を認知しブレーキ操作を行い、ブレーキが効きはじめるまでに要する空走時間を 1 秒間とし、ブレーキが効きはじめてから停止するまでに走る制動距離を 8 メートルとすると、当該自動車の停止距離は約 13 メートルとなるなど、危険が発生した場合でも安全に止まれるような速度と車間距離を保って運転するよう指導している。

2．運転者は貨物の積載を確実に行い、積載物の転落防止や、転落させたときに危険を防止するために必要な措置をとることが遵守事項として法令で定められている。出発前に、スペアタイヤや車両に備えられている工具箱等も含め、車両に積載されているものが転落のおそれがないことを確認しなければならないことを指導している。

3．運転者の目は、車の速度が速いほど、周辺の景色が視界から消え、物の形を正確に捉えることができなくなるため、周辺の危険要因の発見が遅れ、事故につながるおそれが高まることを理解させるよう指導している。

4．飲酒により体内に摂取されたアルコールを処理するために必要な時間の目安については、例えばビール 500 ミリリットル（アルコール 5%）の場合、概ね 4 時間とされている。事業者は、これを参考に個人差も考慮して、体質的にお酒に弱い運転者のみを対象として、飲酒が運転に及ぼす影響等について指導を行っている。

★

問 26　事業用自動車の運転者の健康管理に関する次の記述のうち、【適切なものをすべて】選びなさい。なお、解答にあたっては、各選択肢に記載されている事項以外は考慮しないものとする。

1．事業者は、運転者が医師の診察を受ける際は、自身が職業運転者で勤務時間が不規則であることを伝え、薬を処方されたときは、服薬のタイミングと運転に支障を及ぼす副作用の有無について確認するよう指導している。

2．事業者は、法令により定められた健康診断を実施することが義務づけられているが、運転者が自ら受けた健康診断（人間ドックなど）において、法令で必要な定期健康診断の項目を充足している場合であっても、法定健診として代用することができない。

3．事業者は、健康診断の結果、運転者に心疾患の前兆となる症状がみられたので、当該運転者に医師の診断を受けさせた。その結果、医師より「直ちに入院治療の必要はないが、より軽度な勤務において経過観察することが必要」との所見が出されたが、繁忙期であったことから、運行管理者の判断で短期間に限り従来と同様の業務を続けさせた。

4．平成 29 年中のすべての事業用自動車の乗務員に起因する重大事故報告件数は約 2,000 件であり、このうち、運転者の健康状態に起因する事故件数は約 300 件となっている。病名別に見てみると、心筋梗塞等の心臓疾患と脳内出血等の脳疾患が多く発生している。

問 27　自動車の運転に関する次の記述のうち、【適切なものをすべて】選びなさい。なお、解答にあたっては、各選択肢に記載されている事項以外は考慮しないものとする。

1. 運転中の車外への脇見だけでなく、車内にあるカーナビ等の画像表示用装置を注視したり、スマートフォン等を使用することによって追突事故等の危険性が増加することについて、日頃から運転者に対して指導する必要がある。
2. 自動車がカーブを走行するとき、自動車の重量及びカーブの半径が同一の場合には､速度が2倍になると遠心力の大きさも2倍になることから、カーブを走行する場合の横転などの危険性について運転者に対し指導する必要がある。
3. 自動車の夜間の走行時においては、自車のライトと対向車のライトで、お互いの光が反射し合い、その間にいる歩行者や自転車が見えなくなることがあり、これを蒸発現象という。蒸発現象は暗い道路で特に起こりやすいので、夜間の走行の際には十分注意するよう運転者に対し指導する必要がある。
4. 四輪車を運転する場合、二輪車との衝突事故を防止するための注意点として、①二輪車は死角に入りやすいため、その存在に気づきにくく、また、②二輪車は速度が実際より遅く感じたり、距離が実際より遠くに見えたりする特性がある。したがって、運転者に対してこのような点に注意するよう指導する必要がある。

問 28　交通事故防止対策に関する次の記述のうち、【適切なものをすべて】選びなさい。なお、解答にあたっては、各選択肢に記載されている事項以外は考慮しないものとする。

1．大型トラックの原動機に備えなければならない「速度抑制装置」とは、当該トラックが時速 100 キロメートルを超えて走行しないよう燃料の供給を調整し、かつ、自動車の速度の制御を円滑に行うためのものである。したがって、運行管理者はこの速度を考慮して運行の計画を立てる必要があり、運転者に対しては、速度抑制装置の機能等を理解させるとともに、追突事故の防止等安全運転に努めさせる必要がある。

2．指差呼称は、運転者の錯覚、誤判断、誤操作等を防止するための手段であり、信号や標識などを指で差し、その対象が持つ名称や状態を声に出して確認することをいうが、安全確認に重要な運転者の意識レベルは、個人差があるため有効な交通事故防止対策の手段となっていない。

3．交通事故の防止対策を効率的かつ効果的に講じていくためには、事故情報を多角的に分析し、事故実態を把握したうえで、①計画の策定、②対策の実施、③効果の評価、④対策の見直し及び改善、という一連の交通安全対策の PDCA サイクルを繰り返すことが重要である。

4．デジタル式運行記録計は、自動車の運行中、交通事故や急ブレーキ、急ハンドルなどにより当該自動車が一定以上の衝撃を受けると、その前後数十秒の映像などを記録する装置、または、自動車の運行中常時記録する装置であり、事故防止対策の有効な手段の一つとして活用されている。

▼

問 29　荷主から貨物自動車運送事業者に対し、往路と復路において、それぞれ荷積みと荷下ろしを行うよう運送の依頼があった。これを受けて運行管理者は下の図に示す運行計画を立てた。この運行に関する次の１～３の記述について、解答しなさい。なお、解答にあたっては、<運行計画>及び各選択肢に記載されている事項以外は考慮しないものとし、本問では、荷積み・荷下ろしについては運行の中断とする特段の事情があるものとする。（一部改題）

<運行計画>

B 地点から、重量が 5,500 キログラムの荷物を C 地点に運び、その後、戻りの便にて、D 地点から 5,250 キログラムの荷物を F 地点に運ぶ行程とする。当該運行は、最大積載量 6,250 キログラムの貨物自動車を使用し、運転者 1 人乗務とする。

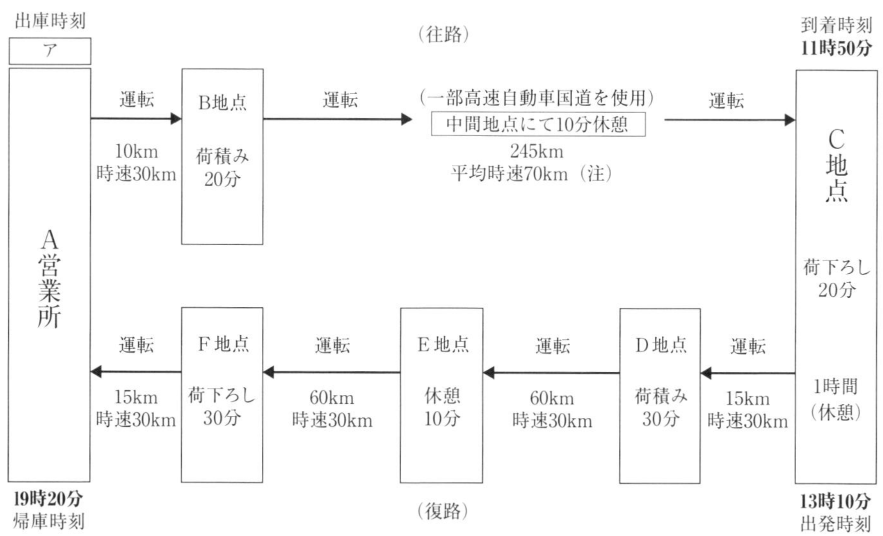

（注）平均時速の算出にあたっては、中間地点における10分休憩は含まれない。

1．当該運行においてＣ地点に11時50分に到着させるためにふさわしいＡ営業所の出庫時刻［ ア ］について、次の①～③の中から【正しいものを１つ】選びなさい。

①７時30分　②７時40分　③７時50分

2．当該運転者は前日の運転時間が９時間10分であり、また、翌日の運転時間を９時間20分とした場合、当日を特定の日とした場合の２日を平均して１日当たりの運転時間が自動車運転者の労働時間等の改善のための基準告示（以下「改善基準告示」という。）に違反しているか否について、【正しいものを１つ】選びなさい。

①違反していない　②違反している

3．当日の全運行において、連続運転時間は「改善基準告示」に、違反しているか否かについて、【正しいものを１つ】選びなさい。

①違反していない　②違反している

正答・解説　別冊 P.44

問 30　運行管理者が運転者に対し実施する危険予知訓練に関し、下図の交通場面の状況において考えられる<運転者が予知すべき危険要因>とそれに対応する<運行管理者による指導事項>として、【最もふさわしい<選択肢の組み合わせ> 1 ～ 10 の中から 3 つ】選びなさい。

【交通場面の状況】
・住宅街の道路を走行している。
・前方に二輪車が走行している。
・右側の脇道から車や自転車が出ようとしている。
・前方の駐車車両の向こうに人影が見える。

イラストは全てカラーで出題されます。

1．<運転者が予知すべき危険要因>

① 二輪車を避けようとしてセンターラインをはみ出すと、対向車と衝突する危険がある。

② 駐車車両に進路を塞がれた二輪車が右に進路を変更してくることが予測されるので、このまま進行すると二輪車と衝突する危険がある。

③ 前方右側の脇道から左折しようとしている車の影に見える自転車が道路を横断してくると衝突する危険がある。

④　後方の状況を確認せずに右側に進路変更をすると、後続の二輪車と接触する危険がある。

⑤　駐車車両の先に歩行者が見えるが、この歩行者が道路を横断してくるとはねる危険がある。

2．<運行管理者による指導事項>

ア　住宅街を走行する際に駐車車両があるときは、その付近の歩行者の動きにも注意しスピードを落として走行する。

イ　単路でも、いつ前車が進路変更などのために減速や停止をするかわからないので、常に車間距離を保持しておく。

ウ　進路変更するときは、必ず後続車の有無を確認するとともに、後続車があるときは、決して強引な進路変更はしない。

エ　右側の脇道から自転車が出ようとしているので、周辺の交通状況を確認のうえ、脇道の自転車の動きに注意し走行する。仮に出てきた場合は先に行かせる。

オ　二輪車は、後方の確認をしないまま進路を変更することがよくあるので、二輪車を追い越そうとはせず先に行かせる。

3．<選択肢の組み合わせ>

1：①－イ

2：①－ウ

3：②－エ

4：②－オ

5：③－ア

6：③－エ

7：④－イ

8：④－オ

9：⑤－ア

10：⑤－ウ

令和２年度　第２回

運行管理者試験問題〈貨物〉

●試験時間　制限時間 90 分

● P. 291 の解答用紙をコピーしてお使いください。
答え合わせに便利な正答一覧は別冊 P. 125

		受験者数(人)	合格者数(人)	合格率(%)
	令和４年度　第２回	23,759	8,209	34.6
	令和４年度　第１回	28,804	11,051	38.4
	令和３年度　第２回	27,982	9,028	32.3
	令和３年度　第１回	34,164	10,164	29.8
★	令和２年度　第２回	32,575	14,295	43.9
	令和２年度　第１回	39,630	12,166	30.7
	令和元年度　第１回	36,530	11,584	31.7
	平成 30 年度　第２回	29,709	9,743	32.8
	平成 30 年度　第１回	35,619	10,220	28.7

※令和２年度第２回については、筆記試験及び CBT 試験の両方が実施されました。

1．貨物自動車運送事業法関係

問１　一般貨物自動車運送事業者（以下「事業者」という。）の事業計画の変更に関する次の記述のうち、正しいものを２つ選び、解答用紙の該当する欄にマークしなさい。なお、解答にあたっては、各選択肢に記載されている事項以外は考慮しないものとする。

1．事業者は、「主たる事務所の名称及び位置」の事業計画の変更をしたときは、遅滞なくその旨を、国土交通大臣に届け出なければならない。

2．事業者は、「各営業所に配置する事業用自動車の種別ごとの数」の事業計画の変更をしたときは、遅滞なくその旨を、国土交通大臣に届け出なければならない。

3．事業者は、「自動車車庫の位置及び収容能力」の事業計画の変更をするときは、あらかじめその旨を、国土交通大臣に届け出なければならない。

4．事業者は、運賃及び料金（個人（事業として又は事業のために運送契約の当事者となる場合におけるものを除く。）を対象とするものに限る。）、運送約款その他国土交通省令で定める事項を主たる事務所その他の営業所において公衆に見やすいように掲示しなければならない。

▼

問２　次の記述のうち、貨物自動車運送事業の運行管理者の行わなければならない業務として誤っているものを１つ選び、解答用紙の該当する欄にマークしなさい。なお、解答にあたっては、各選択肢に記載されている事項以外は考慮しないものとする。（一部改題）

1．運転者等に対して、法令の規定により点呼を行い、報告を求め、確認を行い、及び指示をしたときは、運転者等ごとに点呼を行った旨、報告、確認及び指示の内容並びに法令で定める所定の事項を記録し、かつ、その記録を１年間保存すること。

2．事業用自動車に係る事故が発生した場合には、法令の規定により「事故の発生場所」等の所定の事項を記録し、及びその記録を３年間保存すること。

3．事業用自動車に備えられた非常信号用具及び消火器の取扱いについて、当該事業用自動車の乗務員等に対する適切な指導を行うこと。

4．休憩又は睡眠のための時間及び勤務が終了した後の休息のための時間が十分に確保されるように、国土交通大臣が告示で定める基準に従って、運転者の勤務時間及び乗務時間を定め、当該運転者にこれらを遵守させること。

▼

問３　貨物自動車運送事業輸送安全規則に定める貨物自動車運送事業者の過労運転等の防止についての次の文中、A、B、C、Dに入るべき字句としていずれか正しいものを１つ選び、解答用紙の該当する欄にマークしなさい。（一部改題）

1．一般貨物自動車運送事業者等は、事業計画に従い業務を行うに必要な員数の事業用自動車の運転者（以下「運転者」という。）又は特定自動運行保安員を常時選任しておかなければならず、この場合、選任する運転者及び特定自動運行保安員は、日々雇い入れられる者、［A］以内の期間を定めて使用される者又は試みの使用期間中の者（14日を超えて引き続き使用されるに至った者を除く。）であってはならない。

2．貨物自動車運送事業者は、運転者、特定自動運行保安員及び事業用自動車の運行の業務の補助に従事する従業員（以下「乗務員等」という。）が有効に利用することができるように、休憩に必要な施設を整備し、及び乗務員等に睡眠を与える必要がある場合にあっては睡眠に必要な施設を整備し、並びにこれらの施設を、［B］しなければならない。

3．貨物自動車運送事業者は、乗務員等の［C］に努め、疾病、疲労、睡眠不足その他の理由により安全に運行の業務を遂行し、又はその補助をすることができないおそれがある乗務員等を事業用自動車の運行の業務に従事させてはならない。

4．一般貨物自動車運送事業者等は、運転者が長距離運転又は夜間の運転に従事する場合であって、［D］により安全な運転を継続することができないおそれがあるときは、あらかじめ、当該運転者と交替するための運転者を配置しておかなければならない。

	①	②
A	１ヵ月	２ヵ月
B	維持するための要員を確保	適切に管理し、及び保守
C	運転履歴の把握	健康状態の把握
D	疲労等	酒気帯び

▼

問４　貨物自動車運送事業の事業用自動車の運転者等（以下「運転者等」という。）に対する点呼に関する次の記述のうち、正しいものをすべて選び、解答用紙の該当する欄にマークしなさい。なお、解答にあたっては、各選択肢に記載されている事項以外は考慮しないものとする。（一部改題）

1．貨物自動車運送事業者は、事業用自動車の運行の業務に従事しようとする運転者等に対して対面により、又は対面による点呼と同等の効果を有するものとして国土交通大臣が定める方法（運行上やむを得ない場合は電話その他の方法）により点呼を行い、所定の事項について報告を求め、及び確認を行い、並びに事業用自動車の運行の安全を確保するために必要な指示を与えなければならない。

2．運転者が所属する営業所において、対面により業務前の点呼を行う場合は、法令の規定により酒気帯びの有無について、運転者の顔色、呼気の臭い、応答の声の調子等を目視等により確認するほか、当該営業所に備えられたアルコール検知器を用いて確認を行わなければならない。

3．2日間にわたる運行（1日目の業務が営業所以外の遠隔地で終了し、2日目の業務開始が1日目の業務を終了した地点となるもの。）については、1日目の業務後の点呼及び2日目の業務前の点呼のいずれも対面で行うことができないことから、2日目の業務については、業務前の点呼及び業務後の点呼（業務後の点呼は対面で行う。）のほかに、当該業務途中において少なくとも1回電話その他の方法により点呼（中間点呼）を行わなければならない。

4．業務終了後の点呼においては、「道路運送車両法第47条の2第1項及び第2項の規定による点検（日常点検）の実施又はその確認」について報告を求め、及び確認を行わなければならない。

問５　自動車事故に関する次の記述のうち、一般貨物自動車運送事業者が自動車事故報告規則に基づき運輸支局長等に速報を要するものを２つ選び、解答用紙の該当する欄にマークしなさい。なお、解答にあたっては、各選択肢に記載されている事項以外は考慮しないものとする。

1．事業用自動車の運転者が一般道路を走行中、ハンドル操作を誤り積載されたコンテナを落下させた。

2．事業用自動車が、交差点で信号待ちで停車していた乗用車の発見が遅れ、ブレーキをかける間もなく追突した。この事故で、当該事業用自動車の運転者が30日の医師の治療を要する傷害を負うとともに、追突された乗用車の運転者１人が死亡した。

3．事業用自動車が高速道路を走行中、前方に渋滞により乗用車が停止していることに気づくのが遅れ、追突事故を引き起こした。この事故で、乗用車に乗車していた５人が重傷（自動車事故報告規則で定める傷害をいう。）を負い、当該高速道路の通行が２時間禁止された。

4．消防法に規定する危険物である灯油を積載した事業用のタンク車が、運搬途中の片側１車線の一般道のカーブ路においてハンドル操作を誤り、転覆し、積み荷の灯油の一部がタンクから漏えいする単独事故を引き起こした。この事故で、当該タンク車の運転者が軽傷を負った。

▼

問６　一般貨物自動車運送事業者（以下「事業者」という。）の事業用自動車の運行等の記録に関する次の記述のうち、誤っているものを１つ選び、解答用紙の該当する欄にマークしなさい。なお、解答にあたっては、各選択肢に記載されている事項以外は考慮しないものとする。（一部改題）

1．事業者は、法令の規定により運行指示書を作成した場合には、当該運行指示書及びその写しを、運行の終了の日から１年間保存しなければならない。

2．事業用自動車の運転者等の業務について、道路交通法に規定する交通事故若しくは自動車事故報告規則に規定する事故又は著しい運行の遅延その他の異常な事態が発生した場合にあっては、その概要及び原因を「業務の記録」に記録させ、かつ、その記録を１年間保存すること。

3．事業者は、特別積合せ貨物運送に係る運行系統に配置する事業用自動車に係る運転者等の業務について、運行記録計による記録を行わなければならない。

4．事業者が、貨物自動車運送事業輸送安全規則に定める「事故の記録」として記録しなければならない事故とは、死者又は負傷者を生じさせたものと定められており、物損事故については、当該記録をしなければならないものに該当しない。

問７　次の記述のうち、一般貨物自動車運送事業者の事業用自動車の運転者（以下「運転者」という。）が遵守しなければならない事項として正しいものを２つ選び、解答用紙の該当する欄にマークしなさい。なお、解答にあたっては、各選択肢に記載されている事項以外は考慮しないものとする。

1．運転者は、①乗務を開始しようとするとき、②乗務前及び乗務後の点呼のいずれも対面で行うことができない乗務の途中、③乗務を終了したときは、法令に規定する点呼を受け、事業者に所定の事項について報告をすること。

2．運転者は、踏切を通過するときは変速装置を操作しないで通過しなければならず、また、事業用自動車の故障等により踏切内で運行不能となったときは、速やかに列車に対し適切な防護措置をとること。

3．運転者は、乗務を終了して他の運転者と交替するときは、交替する運転者に対し、当該乗務に係る事業用自動車、道路及び運行の状況について通告すること。この場合において、交替して乗務する運転者は、当該通告を受け、当該事業用自動車の制動装置、走行装置その他の重要な装置の機能について異常のおそれがあると認められる場合には、点検すること。

4．運転者は、運行指示書の作成を要する運行の途中において、運行の経路並びに主な経過地における発車及び到着の日時に変更が生じた場合には、営業所の運行指示書の写しをもって、運転者が携行している運行指示書への当該変更内容の記載を省略することができる。

▼

問８　一般貨物自動車運送事業者（以下「事業者」という。）の貨物の積載等に関する次の記述のうち、誤っているものを１つ選び、解答用紙の該当する欄にマークしなさい。なお、解答にあたっては、各選択肢に記載されている事項以外は考慮しないものとする。（一部改題）

1．事業者は、車両総重量が８トン以上又は最大積載量が５トン以上の普通自動車である事業用自動車の運行の業務に従事した場合にあっては、貨物の積載状況を当該業務を行った運転者ごとに業務等の記録をさせなければならない。

2．事業者は、事業用自動車に貨物を積載するときに偏荷重が生じないように積載するとともに、運搬中に荷崩れ等により事業用自動車から落下することを防止するため、貨物にロープ又はシートを掛けること等必要な措置を講じなければならないとされている。この措置を講じなければならないとされる事業用自動車は、車両総重量が８トン以上又は最大積載量が５トン以上のものに限られる。

3．事業者は、運送条件が明確でない運送の引受け、運送の直前若しくは開始以降の運送条件の変更、荷主の都合による集貨地点等における待機又は運送契約によらない附帯業務の実施に起因する運転者の過労運転又は過積載による運送その他の輸送の安全を阻害する行為を防止するため、荷主と密接に連絡し、及び協力して、適正な取引の確保に努めなければならない。

4．国土交通大臣は、事業者が過積載による運送を行ったことにより、貨物自動車運送事業法の規定による命令又は処分をする場合において、当該命令又は処分に係る過積載による運送が荷主の指示に基づき行われたことが明らかであると認められ、かつ、当該事業者に対する命令又は処分のみによっては当該過積載による運送の再発を防止することが困難であると認められるときは、当該荷主に対しても、当該過積載による運送の再発の防止を図るため適当な措置を執るべきことを勧告することができる。

２．道路運送車両法関係

問９　道路運送車両法の自動車の登録等についての次の記述のうち、誤っているものを１つ選び、解答用紙の該当する欄にマークしなさい。なお、解答にあたっては、各選択肢に記載されている事項以外は考慮しないものとする。

1．登録自動車について所有者の変更があったときは、新所有者は、その事由があった日から15日以内に、国土交通大臣の行う移転登録の申請をしなければならない。

2．登録自動車の所有者は、当該自動車が滅失し、解体し（整備又は改造のために解体する場合を除く。）、又は自動車の用途を廃止したときは、その事由があった日（使用済自動車の解体である場合には解体報告記録がなされたことを知った日）から15日以内に、永久抹消登録の申請をしなければならない。

3．自動車登録番号標及びこれに記載された自動車登録番号の表示は、国土交通省令で定めるところにより、自動車登録番号標を自動車の前面及び後面の任意の位置に確実に取り付けることによって行うものとする。

4．何人も、国土交通大臣若しくは封印取付受託者が取付けをした封印又はこれらの者が封印の取付けをした自動車登録番号標は、これを取り外してはならない。ただし、整備のため特に必要があるときその他の国土交通省令で定めるやむを得ない事由に該当するときは、この限りでない。

▼

問 10　道路運送車両法の自動車の検査等についての次の記述のうち、正しいものを 2 つ選び、解答用紙の該当する欄にマークしなさい。なお、解答にあたっては、各選択肢に記載されている事項以外は考慮しないものとする。（一部改題）

1. 自動車運送事業の用に供する自動車は、自動車検査証を当該自動車又は当該自動車の所属する営業所に備え付けなければ、運行の用に供してはならない。
2. 自動車は、その構造が、長さ、幅及び高さ並びに車両総重量（車両重量、最大積載量及び 55 キログラムに乗車定員を乗じて得た重量の総和をいう。）等道路運送車両法に定める事項について、国土交通省令で定める保安上又は公害防止その他の環境保全上の技術基準に適合するものでなければ、運行の用に供してはならない。
3. 車両総重量 8 トン以上又は乗車定員 30 人以上の自動車の使用者は、スペアタイヤの取付状態等について、1 ヵ月ごとに国土交通省令で定める技術上の基準により自動車を点検しなければならない。
4. 自動車検査証の有効期間の起算日については、自動車検査証の有効期間が満了する日の 1 ヵ月前（離島に使用の本拠の位置を有する自動車を除く。）から当該期間が満了する日までの間に継続検査を行い、当該自動車検査証に有効期間を記録する場合は、当該自動車検査証の有効期間が満了する日の翌日とする。

問 11　道路運送車両法に定める自動車の点検整備等に関する次の文中、A、B、C、D に入るべき字句としていずれか正しいものを 1 つ選び、解答用紙の該当する欄にマークしなさい。

1. 事業用自動車の使用者は、自動車の点検をし、及び必要に応じ [A] をすることにより、当該自動車を道路運送車両の保安基準に適合するように維持しなければならない。
2. 事業用自動車の使用者又は当該自動車を [B] する者は、1日1回、その [C] において、国土交通省令で定める技術上の基準により、自動車を点検しなければならない。
3. 事業用自動車の使用者は、当該自動車について定期点検整備をしたときは、遅滞なく、点検整備記録簿に点検の結果、整備の概要等所定事項を記載して当該自動車に備え置き、その記載の日から [D] 間保存しなければならない。

A	①	検査	②	整備	B	①	運行	②	管理
C	①	運行の開始前	②	運行の終了後	D	①	1年	②	2年

問 12　道路運送車両の保安基準及びその細目を定める告示についての次の記述のうち、誤っているものを１つ選び、解答用紙の該当する欄にマークしなさい。なお、解答にあたっては、各選択肢に記載されている事項以外は考慮しないものとする。

1．自動車（二輪自動車等を除く。）の空気入ゴムタイヤの接地部は滑り止めを施したものであり、滑り止めの溝は、空気入ゴムタイヤの接地部の全幅にわたり滑り止めのために施されている凹部（サイピング、プラットフォーム及びウエア・インジケータの部分を除く。）のいずれの部分においても 1.6 ミリメートル以上の深さを有すること。

2．乗用車等に備える事故自動緊急通報装置は、当該自動車が衝突等による衝撃を受ける事故が発生した場合において、その旨及び当該事故の概要を所定の場所に自動的かつ緊急に通報するものとして、機能、性能等に関し告示で定める基準に適合するものでなければならない。

3．貨物の運送の用に供する普通自動車であって、車両総重量が７トン以上のものの後面には、所定の後部反射器を備えるほか、反射光の色、明るさ等に関し告示で定める基準に適合する大型後部反射器を備えなければならない。

4．自動車に備えなければならない非常信号用具は、夜間 150 メートルの距離から確認できる赤色の灯光を発するものでなければならない。

３．道路交通法関係

問 13　道路交通法に定める灯火及び合図等についての次の記述のうち、誤っているものを１つ選び、解答用紙の該当する欄にマークしなさい。なお、解答にあたっては、各選択肢に記載されている事項以外は考慮しないものとする。

1．車両の運転者が同一方向に進行しながら進路を左方又は右方に変えるときの合図を行う時期は、その行為をしようとする地点から 30 メートル手前の地点に達したときである。

2．車両の運転者が左折又は右折するときの合図を行う時期は、その行為をしようとする地点（交差点においてその行為をする場合にあっては、当該交差点の手前の側端）から 30 メートル手前の地点に達したときである。(環状交差点における場合を除く。)

3．車両は、トンネルの中、濃霧がかかっている場所その他の場所で、視界が高速自動車国道及び自動車専用道路においては 200 メートル、その他の道路においては 50 メートル以下であるような暗い場所を通行する場合及び当該場所に停車し、又は駐車している場合においては、前照灯、車幅灯、尾灯その他の灯火をつけなければならない。

4．停留所において乗客の乗降のため停車していた乗合自動車が発進するため進路を変更しようとして手又は方向指示器により合図をした場合においては、その後方にある車両は、その速度又は方向を急に変更しなければならないこととなる場合を除き、当該合図をした乗合自動車の進路の変更を妨げてはならない。

問 14　道路交通法に定める停車及び駐車等についての次の記述のうち、正しいものを２つ選び、解答用紙の該当する欄にマークしなさい。なお、解答にあたっては、各選択肢に記載されている事項以外は考慮しないものとする。

1．車両は、人の乗降、貨物の積卸し、駐車又は自動車の格納若しくは修理のため道路外に設けられた施設又は場所の道路に接する自動車用の出入口から５メートル以内の道路の部分においては、駐車してはならない。

2．車両は、法令の規定により駐車しようとする場合には、当該車両の右側の道路上に３メートル（道路標識等により距離が指定されているときは、その距離）以上の余地があれば駐車してもよい。

3．車両は、交差点の側端又は道路の曲がり角から５メートル以内の道路の部分においては、法令の規定若しくは警察官の命令により、又は危険を防止するため一時停止する場合のほか、停車し、又は駐車してはならない。

4．車両は、踏切の前後の側端からそれぞれ前後に 10 メートル以内の道路の部分においては、法令の規定若しくは警察官の命令により、又は危険を防止するため一時停止する場合のほか、停車し、又は駐車してはならない。

問 15　道路交通法に定める自動車の法定速度に関する次の文中、A、B、C、Dに入るべき字句を下の枠内の選択肢（①～⑤）から選び、解答用紙の該当する欄にマークしなさい。

1．自動車の最高速度は、道路標識等により最高速度が指定されていない片側一車線の一般道路においては、［ A ］である。

2．自動車の最低速度は、法令の規定によりその速度を減ずる場合及び危険を防止するためやむを得ない場合を除き、道路標識等により自動車の最低速度が指定されていない区間の高速自動車国道の本線車道（政令で定めるものを除く。）においては、［ B ］である。

3．貸切バス（乗車定員 47 名）の最高速度は、道路標識等により最高速度が指定されていない高速自動車国道の本線車道（政令で定めるものを除く。）においては、［ C ］である。

4．トラック（車両総重量 12,000 キログラム、最大積載量 8,000 キログラムであって乗車定員 3 名）の最高速度は、道路標識等により最高速度が指定されていない高速自動車国道の本線車道（政令で定めるものを除く。）においては、［ D ］である。

①　時速 40 キロメートル	②　時速 50 キロメートル
③　時速 60 キロメートル	④　時速 80 キロメートル
⑤　時速 100 キロメートル	

★

問 16　貨物自動車に係る道路交通法に定める乗車、積載及び過積載（車両に積載をする積載物の重量が法令による制限に係る重量を超える場合における当該積載。以下同じ。）等についての次の記述のうち、誤っているものを 1 つ選び、解答用紙の該当する欄にマークしなさい。なお、解答にあたっては、各選択肢に記載されている事項以外は考慮しないものとする。

1．自動車の使用者は、その者の業務に関し、自動車の運転者に対し、道路交通法第 57 条（乗車又は積載の制限等）第 1 項の規定に違反して政令で定める積載物の重量、大きさ又は積載の方法の制限を超えて積載をして運転することを命じ、又は自動車の運転者がこれらの行為をすることを容認してはならない。

2．車両（軽車両を除く。）の運転者は、当該車両について政令で定める乗車人員又は積載物の重量、大きさ若しくは積載の方法の制限を超えて乗車をさせ、又は積載をして車両を運転してはならない。ただし、当該車両の出発地を管轄する警察署長による許可を受けてもっぱら貨物を運搬する構造の自動車の荷台に乗車させる場合にあっては、当該制限を超える乗車をさせて運転することができる。

3．警察署長は、荷主が自動車の運転者に対し、過積載をして自動車を運転することを要求するという違反行為を行った場合において、当該荷主が当該違反行為を反復して行うおそれがあると認めるときは、内閣府令で定めるところにより、当該自動車の運転者に対し、当該過積載による運転をしてはならない旨を命ずることができる。

4．積載物の長さは、自動車（大型自動二輪車及び普通自動二輪車を除く。以下同じ。）の長さにその長さの 10 分の 1 の長さを加えたものを超えてはならず、積載の方法は、自動車の車体の前後から自動車の長さの 10 分の 1 の長さを超えてはみ出してはならない。

問 17　道路交通法に定める運転者及び使用者の義務等についての次の記述のうち、正しいものを２つ選び、解答用紙の該当する欄にマークしなさい。なお、解答にあたっては、各選択肢に記載されている事項以外は考慮しないものとする。

1．車両等の運転者は、児童、幼児等の乗降のため、道路運送車両の保安基準に関する規定に定める非常点滅表示灯をつけて停車している通学通園バスの側方を通過するときは、徐行して安全を確認しなければならない。

2．車両等の運転者は、高齢の歩行者でその通行に支障のあるものが通行しているときは、一時停止し、又は徐行して、その通行を妨げないようにしなければならない。

3．車両等に積載している物が道路に転落し、又は飛散したときは、必ず道路管理者に通報するものとし、当該道路管理者からの指示があるまでは、転落し、又は飛散した物を除去してはならない。

4．自動車の運転者は、故障その他の理由により高速自動車国道等の本線車道若しくはこれに接する加速車線、減速車線若しくは登坂車線（以下「本線車道等」という。）において当該自動車を運転することができなくなったときは、政令で定めるところにより、当該自動車が故障その他の理由により停止しているものであることを表示しなければならない。ただし、本線車道等に接する路肩若しくは路側帯においては、この限りでない。

4．労働基準法関係

問 18　労働基準法（以下「法」という。）の定めに関する次の記述のうち、誤っているものを１つ選び、解答用紙の該当する欄にマークしなさい。なお、解答にあたっては、各選択肢に記載されている事項以外は考慮しないものとする。

1．平均賃金とは、これを算定すべき事由の発生した日以前３ヵ月間にその労働者に対し支払われた賃金の総額を、その期間の総日数で除した金額をいう。

2．法で定める労働条件の基準は最低のものであるから、労働関係の当事者は、当事者間の合意がある場合を除き、この基準を理由として労働条件を低下させてはならないことはもとより、その向上を図るように努めなければならない。

3．労働者が、退職の場合において、使用期間、業務の種類、その事業における地位、賃金又は退職の事由（退職の事由が解雇の場合にあっては、その理由を含む。）について証明書を請求した場合においては、使用者は、遅滞なくこれを交付しなければならない。

4．使用者は、労働者の国籍、信条又は社会的身分を理由として、賃金、労働時間その他の労働条件について、差別的取扱をしてはならない。

問 19　労働基準法（以下「法」という。）に定める労働時間及び休日等に関する次の記述のうち、誤っているものを１つ選び、解答用紙の該当する欄にマークしなさい。なお、解答にあたっては、各選択肢に記載されている事項以外は考慮しないものとする。

1．使用者は、当該事業場に、労働者の過半数で組織する労働組合がある場合においてはその労働組合、労働者の過半数で組織する労働組合がない場合においては労働者の過半数を代表する者との書面による協定をし、これを行政官庁に届け出た場合においては、法定労働時間又は法定休日に関する規定にかかわらず、その協定で定めるところによって労働時間を延長し、又は休日に労働させることができる。

2．使用者は、災害その他避けることのできない事由によって、臨時の必要がある場合においては、行政官庁の許可を受けて、その必要の限度において法に定める労働時間を延長し、又は休日に労働させることができる。ただし、事態急迫のために行政官庁の許可を受ける暇がない場合においては、事後に遅滞なく届け出なければならない。

3．使用者は、2週間を通じ4日以上の休日を与える場合を除き、労働者に対して、毎週少なくとも2回の休日を与えなければならない。

4．使用者が、法の規定により労働時間を延長し、又は休日に労働させた場合においては、その時間又はその日の労働については、通常の労働時間又は労働日の賃金の計算額の2割5分以上5割以下の範囲内でそれぞれ政令で定める率以上の率で計算した割増賃金を支払わなければならない。

▼★

問 20　**「自動車運転者の労働時間等の改善のための基準」（以下「改善基準告示」という。）に定める貨物自動車運送事業に従事する自動車運転者(以下「トラック運転者」という。)の拘束時間等についての次の文中、A、B、C、D に入るべき字句としていずれか正しいものを 1 つ選び、解答用紙の該当する欄にマークしなさい。（一部改題）**

1. 労使当事者は、時間外労働協定においてトラック運転者に係る一定期間についての延長時間について協定するに当たっては、当該一定期間は、［ A ］及び［ B ］以内の一定の期間とするものとする。
2. 使用者は、トラック運転者に休日に労働させる場合は、当該労働させる休日は［ C ］について［ D ］を超えないものとし、当該休日の労働によって改善基準告示第 4 条第 1 項に定める拘束時間及び最大拘束時間の限度を超えないものとする。

A　①　2 週間　　②　4 週間
B　①　1 ヵ月以上 3 ヵ月　　②　3 ヵ月以上 6 ヵ月
C　①　2 週間　　②　4 週間
D　①　1 回　　②　2 回

▼

問 21　「自動車運転者の労働時間等の改善のための基準」（以下「改善基準告示」という。）に定める貨物自動車運送事業に従事する自動車運転者（以下「トラック運転者」という。）の拘束時間等に関する次の記述のうち、正しいものを２つ選び、解答用紙の該当する欄にマークしなさい。なお、解答にあたっては、各選択肢に記載されている事項以外は考慮しないものとする。（一部改題）

1. 拘束時間とは、始業時間から終業時間までの時間で、休憩時間を除く労働時間の合計をいう。
2. 使用者は、トラック運転者の休息期間については、当該トラック運転者の住所地における休息期間がそれ以外の場所における休息期間より長くなるように努めるものとする。
3. 連続運転時間（1 回がおおむね連続 10 分以上で、かつ、合計が 30 分以上の運転の中断をすることなく連続して運転する時間をいう。）は、4 時間を超えないものとする。
4. 業務の必要上、勤務の終了後継続 9 時間（改善基準告示第 4 条第 1 項第 3 号但書に該当する場合は継続 8 時間）以上の休息期間を与えることが困難な場合には、当分の間、一定期間（1 ヵ月程度を限度とする。）における全勤務回数の 2 分の 1 を限度に、休息期間を拘束時間の途中及び拘束時間の経過直後に分割して与えることができるものとし、1 日において、2 分割の場合は合計 8 時間以上、3 分割の場合は合計 10 時間以上の休息期間を与えなければならない。

▼

問 22　下図は、貨物自動車運送事業に従事する自動車運転者の１週間の勤務状況の例を示したものであるが、「自動車運転者の労働時間等の改善のための基準」（以下「改善基準告示」という。）に定める拘束時間等に関する次の記述のうち、誤っているものを１つ選び、解答用紙の該当する欄にマークしなさい。なお、解答にあたっては、下図に示された内容及び各選択肢に記載されている事項以外は考慮しないものとする。（一部改題）

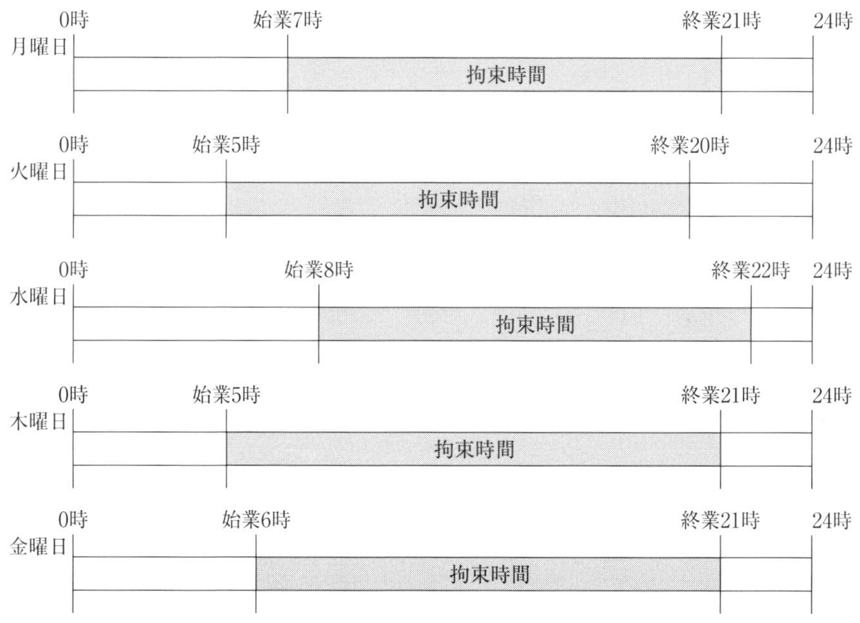

注）土曜日及び日曜日は休日とする。

1．１日についての拘束時間が改善基準告示に定める最大拘束時間に違反する勤務がある。

2．勤務終了後の休息期間が改善基準告示に違反するものがある。

3．運転者が休日に労働する回数は、改善基準告示に違反していない。

4．木曜日に始まる勤務の１日についての拘束時間は、この１週間の勤務の中で１日についての拘束時間が最も長い。

問23　下表は、貨物自動車運送事業に従事する自動車運転者の５日間の運転時間の例を示したものであるが、５日間すべての日を特定日とした２日を平均し１日当たりの運転時間が「自動車運転者の労働時間等の改善のための基準」に違反しているものをすべて選び、解答用紙の該当する欄にマークしなさい。

1．

	休日	1日目	2日目	3日目	4日目	5日目	休日
運転時間	—	10時間	7時間	11時間	10時間	8時間	—

2．

	休日	1日目	2日目	3日目	4日目	5日目	休日
運転時間	—	7時間	8時間	9時間	10時間	9時間	—

3．

	休日	1日目	2日目	3日目	4日目	5日目	休日
運転時間	—	8時間	9時間	10時間	9時間	8時間	—

4．

	休日	1日目	2日目	3日目	4日目	5日目	休日
運転時間	—	10時間	9時間	9時間	9時間	10時間	—

5．実務上の知識及び能力

▼

問 24　貨物自動車運送事業の事業用自動車の運転者等に対する点呼の実施等に関する次の記述のうち、適切なものには解答用紙の「適」の欄に、適切でないものには解答用紙の「不適」の欄にマークしなさい。なお、解答にあたっては、各選択肢に記載されている事項以外は考慮しないものとする。（一部改題）

1．運行管理者は、業務前及び業務終了後の運転者等に対し、対面により、又は対面による点呼と同等の効果を有するものとして国土交通大臣が定める方法で点呼を実施しなければならないが、遠隔地で業務が開始又は終了する場合、車庫と営業所が離れている場合、又は運転者等の出庫・帰庫が早朝・深夜であり、点呼を行う運行管理者が営業所に出勤していない場合等、運行上やむを得ないときには、電話、その他の方法で行っている。

2．3 日間にわたる事業用トラックの運行で、2 日目は業務前及び業務後の点呼を対面で行うことができない業務のため、携帯電話による業務前及び業務後の点呼を実施するほか、携帯電話による中間点呼を 1 回実施した。

3．同一の事業者内の輸送の安全の確保に関する取組が優良であると認められる営業所において、A 営業所と B 営業所間で国土交通大臣が定めた機器を用いて実施する IT 点呼については、1 営業日のうち連続する 18 時間以内としている。

4．業務前の点呼においてアルコール検知器を使用するのは、身体に保有している酒気帯びの有無を確認するためのものであり、道路交通法施行令で定める呼気中のアルコール濃度 1 リットル当たり 0.15 ミリグラム以上であるか否かを判定するためのものではない。

問 25　一般貨物自動車運送事業者が事業用自動車の運転者に対して行う指導・監督に関する次の記述のうち、適切なものをすべて選び、解答用紙の該当する欄にマークしなさい。なお、解答にあたっては、各選択肢に記載されている事項以外は考慮しないものとする。

1．自動車が追越しをするときは、前の自動車の走行速度に応じた追越し距離、追越し時間が必要になるため、前の自動車と追越しをする自動車の速度差が大きい場合には追越しに長い時間と距離が必要になることから、無理な追越しをしないよう指導した。

2．ある運転者が、昨年今年と連続で追突事故を起こしたので、運行管理者は、ドライブレコーダーの映像等をもとに事故の原因を究明するため、専門的な知識及び技術を有する外部機関に事故分析を依頼し、その結果に基づき指導した。

3．1人ひとりの運転者が行う日常点検や運転行動、または固縛作業は、慣れとともに、各動作を漫然と行ってしまうことがある。その行動や作業を確実に実施させるために、「指差呼称」や「安全呼称」を習慣化することで事故防止に有効であるという意識を根付かせるよう指導した。

4．平成30年中に発生した事業用トラックによる人身事故のうち、追突事故が最も多く全体の約5割を占めており、このうち昼間の時間での追突事故が多く発生している。追突事故を防止するために、適正な車間距離の確保や前方不注意の危険性等に関し指導した。

問 26　事業用自動車の運転者の健康管理に関する次の記述のうち、適切なものには解答用紙の「適」の欄に、適切でないものには解答用紙の「不適」の欄にマークしなさい。なお、解答にあたっては、各選択肢に記載されている事項以外は考慮しないものとする。

1．事業者は、深夜業（22時～5時）を含む業務に常時従事する運転者に対し、法令に定める定期健康診断を6ヵ月以内ごとに1回、必ず、定期的に受診させるようにしている。

2．一部の運転者から、事業者が指定する医師による定期健康診断ではなく他の医師による当該健康診断に相当する健康診断を受診し、その結果を証明する書面を提出したい旨の申し出があったが、事業者はこの申し出を認めなかった。

3．事業者は、脳血管疾患の予防のため、運転者の健康状態や疾患につながる生活習慣の適切な把握・管理に努めるとともに、法令により義務づけられている定期健康診断において脳血管疾患を容易に発見することができることから、運転者に確実に受診させている。

4．事業者は、運転者が軽症度の睡眠時無呼吸症候群（SAS）と診断された場合は、残業を控えるなど業務上での負荷の軽減や、睡眠時間を多く取る、過度な飲酒を控えるなどの生活習慣の改善によって、業務が可能な場合があるので、医師と相談して慎重に対応している。

問 27　交通事故防止対策に関する次の記述のうち、適切なものには解答用紙の「適」の欄に、適切でないものには解答用紙の「不適」の欄にマークしなさい。なお、解答にあたっては、各選択肢に記載されている事項以外は考慮しないものとする。

1．交通事故は、そのほとんどが運転者等のヒューマンエラーにより発生するものである。したがって、事故惹起運転者の社内処分及び再教育に特化した対策を講ずることが、交通事故の再発を未然に防止するには最も有効である。そのためには、発生した事故の要因の調査・分析を行うことなく、事故惹起運転者及び運行管理者に対する特別講習を確実に受講させる等、ヒューマンエラーの再発防止を中心とした対策に努めるべきである。

2．ドライブレコーダーは、事故時の映像だけでなく、運転者のブレーキ操作やハンドル操作などの運転状況を記録し、解析することにより運転のクセ等を読み取ることができるものがあり、運行管理者が行う運転者の安全運転の指導に活用されている。

3．いわゆる「ヒヤリ・ハット」とは、運転者が運転中に他の自動車等と衝突又は接触するおそれなどがあったと認識した状態をいい、1件の重大な事故（死亡・重傷事故等）が発生する背景には多くのヒヤリ・ハットがあるとされており、このヒヤリ・ハットを調査し減少させていくことは、交通事故防止対策に有効な手段となっている。

4．適性診断は、運転者の運転能力、運転態度及び性格等を客観的に把握し、運転の適性を判定することにより、運転に適さない者を運転者として選任しないようにするためのものであり、ヒューマンエラーによる交通事故の発生を未然に防止するための有効な手段となっている。

正答・解説　別冊 P.58

問 28　自動車の運転の際に車に働く自然の力等に関する次の文中、A、B、C に入るべき字句としていずれか正しいものを 1 つ選び、解答用紙の該当する欄にマークしなさい。

1．同一速度で走行する場合、カーブの半径が［　A　］ほど遠心力は大きくなる。

2．まがり角やカーブでハンドルを切った場合、自動車の速度が 2 倍になると遠心力は［　B　］になる。

3．自動車が衝突するときの衝撃力は、車両総重量が 2 倍になると［　C　］になる。

A　①　小さい　　②　大きい
B　①　2 倍　　②　4 倍
C　①　2 倍　　②　4 倍

問 29　荷主から下の運送依頼を受けて、A 営業所の運行管理者が次のとおり運行の計画を立てた。この計画に関するア～イについて解答しなさい。なお、解答にあたっては、＜運行の計画＞及び各選択肢に記載されている事項以外は考慮しないものとする。

＜荷主からの運送依頼＞

B工場で重量が3,000キログラムの電化製品を積み、各拠点(F地点、H地点)の配送先まで運送する。

＜運行の計画＞

○　次の運行経路図に示された経路に従い運行する。

○　道路標識等により最高速度が指定されていない高速自動車国道（高速自動車国道法に規定する道路。以下「高速道路」という。）のC料金所とD料金所間（走行距離 135 キロメートル）を、運転の中断をすることなく1時間 30 分で走行する。

○　F 地点と G 地点間の道路にはが、G 地点と H 地点間の道路にはの道路標識が設置されているので、これらを勘案して通行可能な事業用自動車を配置する。

(道路標識は、「文字及び記号を青色、斜めの帯及び枠を赤色、縁及び地を白色とする。」)

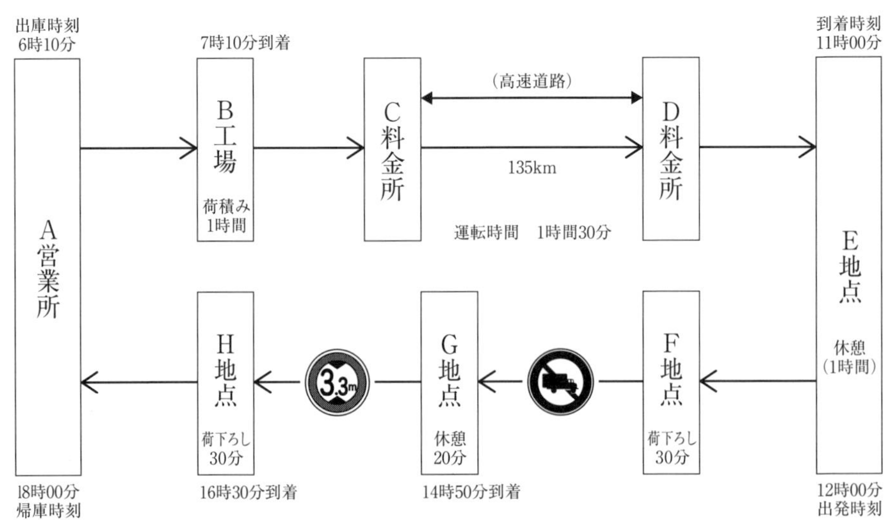

ア　当該運行に適した車両として、次の１～３の事業用自動車の中から正しいものを１つ選び、解答用紙の該当する欄にマークしなさい。

事業用自動車	乗車定員（人）	車両重量（kg）	最大積載量（kg）	車両総重量（kg）	自動車の大きさ（m）		
					長さ	幅	高さ
1	2	8,600	11,200	19,910	11.99	2.49	3.14
2	2	4,270	6,300	10,680	8.18	2.45	3.07
3	2	3,760	3,500	7,370	7.16	2.43	3.00

イ　高速道路のＣ料金所とＤ料金所間の運転時間を１時間 30 分としたことについて、次の１～２の中から正しいものを１つ選び、解答用紙の該当する欄にマークしなさい。

1．適切
2．不適切

▼

問 30　貨物自動車運送事業者の運行管理者は複数の荷主からの運送依頼を受けて、下のとおり４日にわたる運行計画を立てた。この運行に関する、次の１～３の運行管理者の判断について、正しいものをすべて選び、解答用紙の該当する欄にマークしなさい。なお、解答にあたっては、<4 日にわたる運行計画>及び各選択肢に記載されている事項以外は考慮しないものとする。（一部改題）

＜4日にわたる運行計画＞

前日　当該運行の前日は、この運行を担当する運転者は、休日とする。

1日目　始業時刻 5時00分　出庫時刻 5時30分　到着時刻 21時45分　終業時刻 22時00分

業務前点呼等	運転	荷積み	運転	フェリー乗船	運転	休憩	運転	荷下ろし	運転	業務後点呼等	宿泊所
30分	1時間	1時間	3時間	4時間	3時間	30分	2時間	45分	1時間	15分	

2日目　始業時刻 4時00分　出庫時刻 4時30分　到着時刻 17時15分　終業時刻 17時30分

業務前点呼等	運転	荷積み	運転	休憩	運転	中間点呼休憩	運転	荷下ろし	運転	業務後点呼等	宿泊所
30分	1時間	1時間	2時間	15分	2時間30分	1時間	2時間30分	1時間	1時間30分	15分	

3日目　始業時刻 4時00分　出庫時刻 4時30分　到着時刻 17時15分　終業時刻 17時30分

業務前点呼等	運転	荷積み	運転	休憩	運転	中間点呼休憩	運転	荷下ろし	運転	業務後点呼等	宿泊所
30分	1時間	1時間	2時間	15分	2時間30分	1時間	2時間30分	1時間	1時間30分	15分	

4日目　始業時刻 6時00分　出庫時刻 6時30分　到着時刻 18時45分　終業時刻 19時00分

業務前点呼等	運転	荷積み	運転	休憩	運転	休憩	運転	荷下ろし	運転	業務後点呼等
30分	1時間	1時間	3時間	1時間	2時間	15分	2時間	1時間	1時間	15分

翌日　当該運行の翌日は、この運行を担当する運転者は、休日とする。

1．1人乗務とした場合、1日についての最大拘束時間及び休息期間が「自動車運転者の労働時間等の改善のための基準」（以下「改善基準告示」という。）に違反すると判断して、当該運行には交替運転者を配置する。

2．1人乗務とした場合、すべての日を特定の日とした場合の2日を平均して1日当たりの運転時間が改善基準告示に違反すると判断して、当該運行には交替運転者を配置する。

3．1人乗務とした場合、連続運転時間が改善基準告示に違反すると判断して、当該運行には交替運転者を配置する。

令和２年度　第１回

運行管理者試験問題〈貨物〉

●試験時間　制限時間 90 分

● P. 292 の解答用紙をコピーしてお使いください。
答え合わせに便利な正答一覧は別冊 P. 126

		受験者数（人）	合格者数（人）	合格率（%）
	令和４年度　第２回	23,759	8,209	34.6
	令和４年度　第１回	28,804	11,051	38.4
	令和３年度　第２回	27,982	9,028	32.3
	令和３年度　第１回	34,164	10,164	29.8
	令和２年度　第２回	32,575	14,295	43.9
★	令和２年度　第１回	39,630	12,166	30.7
	令和元年度　第１回	36,530	11,584	31.7
	平成 30 年度　第２回	29,709	9,743	32.8
	平成 30 年度　第１回	35,619	10,220	28.7

1．貨物自動車運送事業法関係

問１　一般貨物自動車運送事業に関する次の記述のうち、正しいものを１つ選び、解答用紙の該当する欄にマークしなさい。なお、解答にあたっては、各選択肢に記載されている事項以外は考慮しないものとする。

1．一般貨物自動車運送事業を経営しようとする者は、国土交通大臣の認可を受けなければならない。

2．貨物自動車利用運送とは、一般貨物自動車運送事業、特定貨物自動車運送事業又は貨物軽自動車運送事業を経営する者が他の一般貨物自動車運送事業、特定貨物自動車運送事業又は貨物軽自動車運送事業を経営する者の行う運送（自動車を使用して行う貨物の運送に係るものに限る。）を利用してする貨物の運送をいう。

3．特別積合せ貨物運送とは、特定の者の需要に応じて有償で自動車を使用し、営業所その他の事業場（以下「事業場」という。）において、限定された貨物の集貨を行い、集貨された貨物を積み合わせて他の事業場に運送し、当該他の事業場において運送された貨物の配達に必要な仕分を行うものであって、これらの事業場の間における当該積合せ貨物の運送を定期的に行うものをいう。

4．国土交通大臣が標準運送約款を定めて公示した場合（これを変更して公示した場合を含む。）において、一般貨物自動車運送事業者が、標準運送約款と同一の運送約款を定め、又は現に定めている運送約款を標準運送約款と同一のものに変更したときは、その運送約款については、国土交通大臣の認可を受けたものとみなす。

▼

問２　一般貨物自動車運送事業者（以下「事業者」という。）の過労運転等の防止等についての法令の定めに関する次の記述のうち、正しいものを２つ選び、解答用紙の該当する欄にマークしなさい。なお、解答にあたっては、各選択肢に記載されている事項以外は考慮しないものとする。（一部改題）

1．事業者は、事業計画に従い業務を行うに必要な員数の事業用自動車の運転者（以下「運転者」という。）又は特定自動運行保安員を常時選任しておかなければならず、この場合、選任する運転者及び特定自動運行保安員は、日々雇い入れられる者、3ヵ月以内の期間を定めて使用される者又は試みの使用期間中の者（14日を超えて引き続き使用されるに至った者を除く。）であってはならない。

2．事業者は、運転者、特定自動運行保安員及び事業用自動車の運行の業務の補助に従事する従業員（以下「乗務員等」という。）が有効に利用することができるように、休憩に必要な施設を整備し、及び乗務員等に睡眠を与える必要がある場合にあっては睡眠に必要な施設を整備し、並びにこれらの施設を適切に管理し、及び保守しなければならない。

3．事業者は、運転者が長距離運転又は夜間の運転に従事する場合であって、疲労等により安全な運転を継続することができないおそれがあるときは、あらかじめ、当該運転者と交替するための運転者を配置しておかなければならない。

4．運転者等の業務について、当該事業用自動車の瞬間速度、運行距離及び運行時間を運行記録計により記録しなければならない車両は、車両総重量が8トン以上又は最大積載量が5トン以上の普通自動車である。

問３　一般貨物自動車運送事業者（以下「事業者」という。）の安全管理規程等及び輸送の安全に係る情報の公表についての次の記述のうち、誤っているものを１つ選び、解答用紙の該当する欄にマークしなさい。なお、解答にあたっては、各選択肢に記載されている事項以外は考慮しないものとする。

1．貨物自動車運送事業法（以下「法」という。）第16条第1項の規定により安全管理規程を定めなければならない事業者は、安全統括管理者を選任したときは、国土交通省令で定めるところにより、遅滞なく、その旨を国土交通大臣に届け出なければならない。

2．事業用自動車（被けん引自動車を除く。）の保有車両数が100両以上の事業者は、安全管理規程を定めて国土交通大臣に届け出なければならない。これを変更しようとするときも、同様とする。

3．事業者は、毎事業年度の経過後100日以内に、輸送の安全に関する基本的な方針その他の輸送の安全に係る情報であって国土交通大臣が告示で定める①輸送の安全に関する基本的な方針、②輸送の安全に関する目標及びその達成状況、③自動車事故報告規則第2条に規定する事故に関する統計について、インターネットの利用その他の適切な方法により公表しなければならない。

4．事業者は、法第23条（輸送の安全確保の命令）、法第26条（事業改善の命令）又は法第33条（許可の取消し等）の規定による処分（輸送の安全に係るものに限る。）を受けたときは、遅滞なく、当該処分の内容並びに当該処分に基づき講じた措置及び講じようとする措置の内容をインターネットの利用その他の適切な方法により公表しなければならない。

▼

問４　貨物自動車運送事業の事業用自動車の運転者等に対する点呼についての法令等の定めに関する次の記述のうち、誤っているものを１つ選び、解答用紙の該当する欄にマークしなさい。なお、解答にあたっては、各選択肢に記載されている事項以外は考慮しないものとする。（一部改題）

1．次のいずれにも該当する一般貨物自動車運送事業者の営業所にあっては、当該営業所と当該営業所の車庫間で行う点呼に限り、対面による点呼と同等の効果を有するものとして国土交通大臣が定めた機器を用いた点呼（以下「IT 点呼」という。）を行うことができる。

① 開設されてから３年を経過していること。

② 過去３年間所属する貨物自動車運送事業の用に供する事業用自動車の運転者が自らの責に帰する自動車事故報告規則第２条に規定する事故を発生させていないこと。

③ 過去３年間点呼の違反に係る行政処分又は警告を受けていないこと。

④ 貨物自動車運送適正化事業実施機関が行った直近の巡回指導において、総合評価が「D、E」以外であり、点呼の項目の判定が「適」であること。

2．同一事業者内の全国貨物自動車運送適正化事業実施機関が認定している安全性優良事業所（G マーク営業所）間で IT 点呼を実施した場合、点呼簿に記録する内容を、IT 点呼を行う営業所及び IT 点呼を受ける運転者が所属する営業所の双方で記録し、保存すること。

3．貨物自動車運送事業者は、点呼に用いるアルコール検知器を常時有効に保持しなければならない。このため、確実に酒気を帯びていない者が当該アルコール検知器を使用した場合に、アルコールを検知しないこと及び洗口液等アルコールを含有する液体又はこれを希釈したものをスプレー等により口内に噴霧した上で、当該アルコール検知器を使用した場合にアルコールを検知すること等により、定期的に故障の有無を確認しなければならない。

4．運行管理者の業務を補助させるために選任された補助者に対し、点呼の一部を行わせる場合にあっても、当該営業所において選任されている運行管理者が行う点呼は、点呼を行うべき総回数の少なくとも2分の1以上でなければならない。

問5　一般貨物自動車運送事業者の自動車事故報告規則に基づく自動車事故報告書の提出等に関する次の記述のうち、正しいものを2つ選び、解答用紙の該当する欄にマークしなさい。なお、解答にあたっては、各選択肢に記載されている事項以外は考慮しないものとする。

1．事業用自動車が鉄道車両（軌道車両を含む。）と接触する事故を起こした場合には、当該事故のあった日から15日以内に、自動車事故報告規則に定める自動車事故報告書（以下「事故報告書」という。）を当該事業用自動車の使用の本拠の位置を管轄する運輸支局長等を経由して、国土交通大臣に提出しなければならない。

2．事業用自動車の運転者が、運転中に胸に強い痛みを感じたので、直近の駐車場に駐車し、その後の運行を中止した。当該運転者は狭心症と診断された。この場合、事故報告書を国土交通大臣に提出しなければならない。

3．事業用自動車が高速自動車国道法に定める高速自動車国道において、路肩に停車中の車両に追突したため、後続車6台が衝突する多重事故が発生し、この事故により6人が重傷、4人が軽傷を負った。この場合、24時間以内においてできる限り速やかに、その事故の概要を運輸支局長等に速報することにより、国土交通大臣への事故報告書の提出を省略することができる。

4．自動車の装置（道路運送車両法第41条各号に掲げる装置をいう。）の故障により、事業用自動車が運行できなくなった場合には、国土交通大臣に提出する事故報告書に当該事業用自動車の自動車検査証の有効期間、使用開始後の総走行距離等所定の事項を記載した書面及び故障の状況を示す略図又は写真を添付しなければならない。

▼

問６　次の記述のうち、一般貨物自動車運送事業の運行管理者が行わなければならない業務として、正しいものを２つ選び、解答用紙の該当する欄にマークしなさい。なお、解答にあたっては、各選択肢に記載されている事項以外は考慮しないものとする。（一部改題）

1．自動車事故報告規則第５条（事故警報）の規定により定められた事故防止対策に基づき、事業用自動車の運行の安全の確保について、事故を発生させた運転者に限り、指導及び監督を行うこと。

2．法令の規定により、運転者として常時選任するため新たに雇い入れた者であって当該貨物自動車運送事業者において初めて事業用自動車に乗務する前３年間に初任診断（初任運転者のための適性診断として国土交通大臣が認定したもの）を受診したことがない者に対して、当該診断を受診させること。

3．従業員に対し、効果的かつ適切に指導及び監督を行うため、輸送の安全に関する基本的な方針を策定し、かつ、これに基づき指導及び監督を行うこと。

4．法令の規定により、運行指示書を作成し、及びその写しに変更の内容を記載し、運転者等に対し適切な指示を行い、運行指示書を事業用自動車の運転者等に携行させ、及び変更の内容を記載させ、並びに運行指示書及びその写しの保存をすること。

問７　一般貨物自動車運送事業者の事業用自動車の運行の安全を確保するために、事業者が行う国土交通省告示で定める特定の運転者に対する特別な指導の指針に関する次の文中、A、B、Cに入るべき字句としていずれか正しいものを１つ選び、解答用紙の該当する欄にマークしなさい。

1．軽傷者（法令で定める傷害を受けた者）を生じた交通事故を引き起こし、かつ、当該事故前の［ A ］間に交通事故を引き起こしたことがある運転者に対し、国土交通大臣が告示で定める適性診断であって国土交通大臣の認定を受けたものを受診させなければならない。

2．運転者として常時選任するために新たに雇い入れた者（当該貨物自動車運送事業者において初めて事業用自動車に乗務する前［ B ］間に他の一般貨物自動車運送事業者等によって運転者として常時選任されたことがある者を除く。）に対して、特別な指導を行わなければならない。

この指導の時期については、当該貨物自動車運送事業者において初めて事業用自動車に乗務する前に実施する。ただし、やむを得ない事情がある場合には、乗務を開始した後［ C ］以内に実施する。

A　①　1年　　②　3年
B　①　1年　　②　3年
C　①　1ヵ月　②　3ヵ月

▼

問８ 一般貨物自動車運送事業者が運転者等に記録させる業務の記録についての次の記述のうち、誤っているものを１つ選び、解答用紙の該当する欄にマークしなさい。なお、解答にあたっては、各選択肢に記載されている事項以外は考慮しないものとする。（一部改題）

1．事業用自動車に係る運転者等の業務について、休憩又は睡眠をした場合にあっては、その地点及び日時を、当該業務を行った運転者等ごとに「業務の記録」（法令に規定する運行記録計に記録する場合は除く。以下同じ。）に記録させなければならない。ただし、10分未満の休憩については、その記録を省略しても差しつかえない。

2．事業用自動車に係る運転者等の業務について、道路交通法に規定する交通事故若しくは自動車事故報告規則に規定する事故又は著しい運行の遅延その他の異常な事態が発生した場合にあっては、その概要及び原因について、当該業務を行った運転者等ごとに「業務の記録」に記録をさせなければならない。

3．事業用自動車に係る運転者等の業務について、車両総重量が８トン以上又は最大積載量が５トン以上の普通自動車である事業用自動車の運行の業務に従事した場合にあって、荷主の都合により集貨又は配達を行った地点（以下「集貨地点等」という。）で30分以上待機したときは、①集貨地点等、②集貨地点等に到着した日時、③集貨地点等における積込み又は取卸しの開始及び終了の日時、④集貨地点等から出発した日時等を、当該業務を行った運転者等ごとに「業務の記録」に記録させなければならない。

4．事業用自動車に係る運転者等の業務について、車両総重量が８トン以上又は最大積載量が５トン以上の普通自動車である事業用自動車の運行の業務に従事した場合にあっては、「貨物の積載状況」を「業務の記録」に記録させなければならない。ただし、当該業務において、法令の規定に基づき作成された運行指示書に「貨物の積載状況」が記載されているときは、「業務の記録」への当該事項の記録を省略することができる。

2. 道路運送車両法関係

問9　自動車の登録等についての次の記述のうち、誤っているものを1つ選び、解答用紙の該当する欄にマークしなさい。なお、解答にあたっては、各選択肢に記載されている事項以外は考慮しないものとする。

1. 一時抹消登録を受けた自動車（国土交通省令で定めるものを除く。）の所有者は、自動車の用途を廃止したときには、その事由があった日から15日以内に、国土交通省令で定めるところにより、その旨を国土交通大臣に届け出なければならない。
2. 臨時運行の許可を受けた者は、臨時運行許可証の有効期間が満了したときは、その日から15日以内に、当該臨時運行許可証及び臨時運行許可番号標を行政庁に返納しなければならない。
3. 登録自動車の使用者は、当該自動車が滅失し、解体し（整備又は改造のために解体する場合を除く。）、又は自動車の用途を廃止したときは、その事由があった日（使用済自動車の解体である場合には解体報告記録がなされたことを知った日）から15日以内に、当該自動車検査証を国土交通大臣に返納しなければならない。
4. 自動車の所有者は、当該自動車の使用の本拠の位置に変更があったときは、道路運送車両法で定める場合を除き、その事由があった日から15日以内に、国土交通大臣の行う変更登録の申請をしなければならない。

問 10　自動車の検査等についての次の記述のうち、誤っているものを 1 つ選び、解答用紙の該当する欄にマークしなさい。なお、解答にあたっては、各選択肢に記載されている事項以外は考慮しないものとする。

1．自動車は、指定自動車整備事業者が継続検査の際に交付した有効な保安基準適合標章を表示しているときは、自動車検査証を備え付けていなくても、運行の用に供することができる。

2．初めて自動車検査証の交付を受ける車両総重量 7,990 キログラムの貨物の運送の用に供する自動車については、当該自動車検査証の有効期間は 1 年である。

3．自動車の使用者は、自動車検査証又は検査標章が滅失し、き損し、又はその識別が困難となった場合には、その再交付を受けることができる。

4．検査標章は、自動車検査証がその効力を失ったとき、又は継続検査、臨時検査若しくは構造等変更検査の結果、当該自動車検査証の返付を受けることができなかったときは、当該自動車に表示してはならない。

▼

問 11　道路運送車両法に定める検査等についての次の文中、A、B、C、Dに入るべき字句を下の枠内の選択肢（①〜⑥）から選び、解答用紙の該当する欄にマークしなさい。（一部改題）

1．登録を受けていない道路運送車両法第４条に規定する自動車又は同法第60条第１項の規定による車両番号の指定を受けていない検査対象軽自動車若しくは二輪の小型自動車を運行の用に供しようとするときは、当該自動車の使用者は、当該自動車を提示して、国土交通大臣の行う［ A ］を受けなければならない。

2．登録自動車又は車両番号の指定を受けた検査対象軽自動車若しくは二輪の小型自動車の使用者は、自動車検査証の有効期間の満了後も当該自動車を使用しようとするときは、当該自動車を提示して、国土交通大臣の行う［ B ］を受けなければならない。この場合において、当該自動車の使用者は、当該自動車検査証を国土交通大臣に提出しなければならない。

3．自動車の使用者は、自動車検査証記録事項について変更があったときは、法令で定める場合を除き、その事由があった日から［ C ］以内に、当該変更について、国土交通大臣が行う自動車検査証の変更記録を受けなければならない。

4．国土交通大臣は、一定の地域に使用の本拠の位置を有する自動車の使用者が、天災その他やむを得ない事由により、［ D ］を受けることができないと認めるときは、当該地域に使用の本拠の位置を有する自動車の自動車検査証の有効期間を、期間を定めて伸長する旨を公示することができる。

①　新規検査	②　継続検査	③　構造等変更検査
④　予備検査	⑤　15日	⑥　30日

正答・解説　別冊 P.66 ～ P.67

問 12　道路運送車両の保安基準及びその細目を定める告示についての次の記述のうち、誤っているものを１つ選び、解答用紙の該当する欄にマークしなさい。なお、解答にあたっては、各選択肢に記載されている事項以外は考慮しないものとする。

1．自動車の前面ガラス及び側面ガラス（告示で定める部分を除く。）は、フィルムが貼り付けられた場合、当該フィルムが貼り付けられた状態においても、透明であり、かつ、運転者が交通状況を確認するために必要な視野の範囲に係る部分における可視光線の透過率が 60％以上であることが確保できるものでなければならない。

2．貨物の運送の用に供する普通自動車であって、車両総重量が８トン以上又は最大積載量が５トン以上のものの原動機には、自動車が時速 90 キロメートルを超えて走行しないよう燃料の供給を調整し、かつ、自動車の速度の制御を円滑に行うことができるものとして、告示で定める基準に適合する速度抑制装置を備えなければならない。

3．自動車の後面には、夜間にその後方 150 メートルの距離から走行用前照灯で照射した場合にその反射光を照射位置から確認できる赤色の後部反射器を備えなければならない。

4．自動車は、告示で定める方法により測定した場合において、長さ（セミトレーラにあっては、連結装置中心から当該セミトレーラの後端までの水平距離）12 メートル（セミトレーラのうち告示で定めるものにあっては、13 メートル）、幅 2.5 メートル、高さ 3.8 メートルを超えてはならない。

3．道路交通法関係

問 13　道路交通法に定める車両の交通方法等についての次の記述のうち、誤っているものを１つ選び、解答用紙の該当する欄にマークしなさい。なお、解答にあたっては、各選択肢に記載されている事項以外は考慮しないものとする。

1．車両は、車両通行帯の設けられた道路においては、道路の左側端から数えて1番目の車両通行帯を通行しなければならない。ただし、自動車(小型特殊自動車及び道路標識等によって指定された自動車を除く。)は、当該道路の左側部分（当該道路が一方通行となっているときは、当該道路）に3以上の車両通行帯が設けられているときは、政令で定めるところにより、その速度に応じ、その最も右側の車両通行帯以外の車両通行帯を通行することができる。

2．車両等は、踏切を通過しようとするときは、踏切の直前（道路標識等による停止線が設けられているときは、その停止線の直前。以下同じ。）で停止し、かつ、安全であることを確認した後でなければ進行してはならない。ただし、信号機の表示する信号に従うときは、踏切の直前で停止しないで進行することができる。

3．車両は、道路外の施設又は場所に出入するためやむを得ない場合において歩道等を横断するとき、又は法令の規定により歩道等で停車し、若しくは駐車するため必要な限度において歩道等を通行するときは、徐行しなければならない。

4．貨物自動車運送事業の用に供する車両総重量8,500キログラムの自動車は、法令の規定によりその速度を減ずる場合及び危険を防止するためやむを得ない場合を除き、道路標識等により自動車の最低速度が指定されていない区間の高速自動車国道の本線車道（政令で定めるものを除く。）における最低速度は、時速50キロメートルである。

▼

問 14　道路交通法に定める追越し等についての次の記述のうち、誤っているものを 1 つ選び、解答用紙の該当する欄にマークしなさい。なお、解答にあたっては、各選択肢に記載されている事項以外は考慮しないものとする。（一部改題）

1. 車両は、他の車両を追い越そうとするときは、その追い越されようとする車両（以下「前車」という。）の右側を通行しなければならない。ただし、法令の規定により追越しを禁止されていない場所において、前車が法令の規定により右折をするため道路の中央又は右側端に寄って通行しているときは、その左側を通行しなければならない。
2. 車両は、法令の規定若しくは警察官の命令により、又は危険を防止するため、停止し、若しくは停止しようとして徐行している車両等に追いついたときは、その前方にある車両等の側方を通過して当該車両等の前方に割り込み、又はその前方を横切ってはならない。
3. 車両は、法令に規定する優先道路を通行している場合における当該優先道路にある交差点を除き、交差点の手前の側端から前に 30 メートル以内の部分においては、他の車両（特定小型原動機付自転車等を除く。）を追い越そうとするときは、速やかに進路を変更しなければならない。
4. 車両は、進路を変更した場合にその変更した後の進路と同一の進路を後方から進行してくる車両等の速度又は方向を急に変更させることとなるおそれがあるときは、進路を変更してはならない。

問 15　道路交通法及び道路交通法施行令に定める酒気帯び運転等の禁止等に関する次の文中、A、B、C に入るべき字句としていずれか正しいものを 1 つ選び、解答用紙の該当する欄にマークしなさい。

⑴　何人も、酒気を帯びて車両等を運転してはならない。

⑵　何人も、酒気を帯びている者で、⑴の規定に違反して車両等を運転することとなるおそれがあるものに対し、［ A ］してはならない。

⑶　何人も、⑴の規定に違反して車両等を運転することとなるおそれがある者に対し、酒類を提供し、又は飲酒をすすめてはならない。

⑷　何人も、車両（トロリーバス及び旅客自動車運送事業の用に供する自動車で当該業務に従事中のものその他の政令で定める自動車を除く。）の運転者が酒気を帯びていることを知りながら、当該運転者に対し、当該車両を運転して自己を運送することを要求し、又は依頼して、当該運転者が⑴の規定に違反して運転する［ B ］してはならない。

⑸　⑴の規定に違反して車両等（軽車両を除く。）を運転した者で、その運転をした場合において身体に血液 1 ミリリットルにつき 0.3 ミリグラム又は呼気 1 リットルにつき［ C ］ミリグラム以上にアルコールを保有する状態にあったものは、3 年以下の懲役又は 50 万円以下の罰金に処する。

A　①　運転を指示　　②　車両等を提供

B　①　車両に同乗　　②　機会を提供

C　①　0.15　　②　0.25

問 16　道路交通法に定める交差点等における通行方法についての次の記述のうち、誤っているものを１つ選び、解答用紙の該当する欄にマークしなさい。なお、解答にあたっては、各選択肢に記載されている事項以外は考慮しないものとする。

1．車両等（優先道路を通行している車両等を除く。）は、交通整理の行われていない交差点に入ろうとする場合において、交差道路が優先道路であるとき、又はその通行している道路の幅員よりも交差道路の幅員が明らかに広いものであるときは、その前方に出る前に必ず一時停止しなければならない。

2．車両等は、交差点に入ろうとし、及び交差点内を通行するときは、当該交差点の状況に応じ、交差道路を通行する車両等、反対方向から進行してきて右折する車両等及び当該交差点又はその直近で道路を横断する歩行者に特に注意し、かつ、できる限り安全な速度と方法で進行しなければならない。

3．車両は、左折するときは、あらかじめその前からできる限り道路の左側端に寄り、かつ、できる限り道路の左側端に沿って（道路標識等により通行すべき部分が指定されているときは、その指定された部分を通行して）徐行しなければならない。

4．左折又は右折しようとする車両が、法令の規定により、それぞれ道路の左側端、中央又は右側端に寄ろうとして手又は方向指示器による合図をした場合においては、その後方にある車両は、その速度又は方向を急に変更しなければならないこととなる場合を除き、当該合図をした車両の進路の変更を妨げてはならない。

問 17　道路交通法に定める運転者及び使用者の義務等についての次の記述のうち、正しいものを２つ選び、解答用紙の該当する欄にマークしなさい。なお、解答にあたっては、各選択肢に記載されている事項以外は考慮しないものとする。

1. 免許を受けた者が自動車等を運転することが著しく道路における交通の危険を生じさせるおそれがあるときは、その者の住所地を管轄する公安委員会は、点数制度による処分に至らない場合であっても運転免許の停止処分を行うことができる。
2. 免許証の更新を受けようとする者で更新期間が満了する日における年齢が 70 歳以上のもの（当該講習を受ける必要がないものとして法令で定める者を除く。）は、更新期間が満了する日前６ヵ月以内にその者の住所地を管轄する公安委員会が行った「高齢者講習」を受けていなければならない。
3. 車両等は、横断歩道等に接近する場合には、当該横断歩道等によりその進路の前方を横断し、又は横断しようとする歩行者等があるときは、当該歩行者等の直前で停止することができるような速度で進行し、かつ、その通行を妨げないようにしなければならない。
4. 下の道路標識は、「車両は、8 時から 20 時までの間は停車してはならない。」ことを示している。

「道路標識、区画線及び道路標識に関する命令」に定める様式
斜めの帯及び枠を赤色、文字及び縁を白色、地を青色とする。

4．労働基準法関係

問 18　労働基準法の定めに関する次の記述のうち、正しいものを２つ選び、解答用紙の該当する欄にマークしなさい。なお、解答にあたっては、各選択肢に記載されている事項以外は考慮しないものとする。

1．使用者は、労働者名簿、賃金台帳及び雇入、解雇、災害補償、賃金その他労働関係に関する重要な書類を１年間保存しなければならない。

2．使用者は、労働者に、休憩時間を除き１週間について 40 時間を超えて、労働させてはならない。また、１週間の各日については、労働者に、休憩時間を除き１日について８時間を超えて、労働させてはならない。

3．使用者は、労働時間が６時間を超える場合においては少くとも 45 分、８時間を超える場合においては少くとも１時間の休憩時間を労働時間の途中に与えなければならない。

4．労働契約は、期間の定めのないものを除き、一定の事業の完了に必要な期間を定めるもののほかは、１年を超える期間について締結してはならない。

問19　労働基準法及び労働安全衛生法の定める健康診断に関する次の記述のうち、誤っているものを１つ選び、解答用紙の該当する欄にマークしなさい。なお、解答にあたっては、各選択肢に記載されている事項以外は考慮しないものとする。

1．事業者は、常時使用する労働者を雇い入れるときは、当該労働者に対し、労働安全衛生規則に定める既往歴及び業務歴の調査等の項目について医師による健康診断を行わなければならない。ただし、医師による健康診断を受けた後、3ヵ月を経過しない者を雇い入れる場合において、その者が当該健康診断の結果を証明する書面を提出したときは、当該健康診断の項目に相当する項目については、この限りでない。

2．事業者は、事業者が行う健康診断を受けた労働者に対し、遅滞なく、当該健康診断の結果を通知しなければならない。

3．事業者は、深夜業を含む業務等に常時従事する労働者に対し、当該業務への配置替えの際及び6ヵ月以内ごとに1回、定期に、労働安全衛生規則に定める所定の項目について医師による健康診断を行わなければならない。

4．事業者は、労働安全衛生規則で定めるところにより、深夜業に従事する労働者が、自ら受けた健康診断の結果を証明する書面を事業者に提出した場合において、その健康診断の結果（当該健康診断の項目に異常の所見があると診断された労働者に係るものに限る。）に基づく医師からの意見聴取は、当該健康診断の結果を証明する書面が事業者に提出された日から4ヵ月以内に行わなければならない。

★

問 20　「自動車運転者の労働時間等の改善のための基準」に定める目的等についての次の文中、A、B、C、D に入るべき字句としていずれか正しいものを 1 つ選び、解答用紙の該当する欄にマークしなさい。

1. この基準は、自動車運転者（労働基準法（以下「法」という。）第9条に規定する労働者であって、四輪以上の自動車の運転の業務（厚生労働省労働基準局長が定めるものを除く。）に主として従事する者をいう。以下同じ。）の労働時間等の改善のための基準を定めることにより、自動車運転者の［ A ］等の労働条件の向上を図ることを目的とする。
2. ［ B ］は、この基準を理由として自動車運転者の労働条件を低下させてはならないことはもとより、その［ C ］に努めなければならない。
3. 使用者は、［ D ］その他の事情により、法第36条第1項の規定に基づき臨時に労働時間を延長し、又は休日に労働させる場合においても、その時間数又は日数を少なくするように努めるものとする。

A　①　労働時間　　②　運転時間
B　①　使用者　　②　労働関係の当事者
C　①　維持　　②　向上
D　①　運転者不足　　②　季節的繁忙

▼

問 21　「自動車運転者の労働時間等の改善のための基準」（以下「改善基準告示」という。）に関する次の記述のうち、正しいものを２つ選び、解答用紙の該当する欄にマークしなさい。なお、解答にあたっては、各選択肢に記載されている事項以外は考慮しないものとする。（一部改題）

1．使用者は、貨物自動車運送事業に従事する自動車運転者（以下「トラック運転者」という。）の拘束時間については１ヵ月について 284 時間を超えず、かつ、１年について 3,300 時間を超えないものとすること。ただし、労使協定により、１年について６ヵ月までは、１ヵ月について、310 時間まで延長することができ、かつ、１年について 3,400 時間まで延長することができるものとする。

2．使用者は、１日についての拘束時間は、13 時間を超えないものとし、当該拘束時間を延長する場合であっても、最大拘束時間は 15 時間とすること。ただし、貨物自動車運送事業に従事する自動車運転者に係る１週間における運行が全て長距離貨物運送であり、かつ、一の運行における休息期間が、当該自動車運転者の住所地以外の場所におけるものである場合においては、当該２週間について３回に限り最大拘束時間を 16 時間とすることができる。

3．使用者は、業務の必要上やむを得ない場合には、当分の間、２暦日についての拘束時間が 21 時間を超えず、かつ、勤務終了後、継続 20 時間以上の休息期間を与える場合に限り、自動車運転者を隔日勤務に就かせることができる。

4．業務の必要上、勤務の終了後継続９時間（改善基準告示第４条第１項第３号但書に該当する場合は継続８時間）以上の休息期間を与えることが困難な場合、当分の間、一定期間（1 箇月程度を限度とする。）における全勤務回数の２分の１を限度に、休息期間を拘束時間の途中及び拘束時間の経過直後に分割して与えることができるものとし、１日において、２分割の場合は合計８時間以上、３分割の場合は合計 10 時間以上の休息期間を与えなければならない。

▼

問 22　下図は、貨物自動車運送事業に従事する自動車運転者の３日間の勤務状況の例を示したものであるが、「自動車運転者の労働時間等の改善のための基準」（以下「改善基準告示」という。）に定める拘束時間及び連続運転時間に関する次の記述のうち、正しいものを２つ選び、解答用紙の該当する欄にマークしなさい。（一部改題）

前日：休日

1日目　始業時刻 6:30（営業所）　終業時刻 18:40（営業所）

業務前点呼	運転	休憩	運転	荷積み	運転	休憩	荷下ろし	運転	休憩	運転	休憩	運転	業務後点呼
20分	2時間	15分	1時間	20分	1時間30分	1時間	20分	2時間30分	10分	1時間	15分	1時間	30分

2日目　始業時刻 5:00（営業所）　終業時刻 17:05（営業所）

業務前点呼	運転	荷積み	運転	休憩	運転	荷下ろし	運転	休憩	荷積み	運転	休憩	運転	業務後点呼
20分	1時間	20分	1時間	15分	1時間30分	20分	1時間	1時間	30分	3時間	10分	1時間10分	30分

3日目　始業時刻 5:30（営業所）　終業時刻 17:50（営業所）

業務前点呼	運転	休憩	荷下ろし	運転	休憩	運転	休憩	運転	荷積み	運転	休憩	運転	業務後点呼
20分	2時間	15分	20分	2時間	30分	1時間	1時間	2時間	20分	1時間	5分	1時間	30分

翌日：休日

1．各日の拘束時間は、1日目は12時間10分、2日目は12時間5分、3日目は12時間20分である。

2．各日の拘束時間は、1日目は13時間40分、2日目は12時間5分、3日目は12時間20分である。

3．連続運転時間が改善基準告示に違反している勤務日は、1日目及び3日目であり、2日目は違反していない。

4．連続運転時間が改善基準告示に違反している勤務日は、1日目及び2日目であり、3日目は違反していない。

▼

問 23　下表は、貨物自動車運送事業に従事する自動車運転者の１ヵ月の勤務状況の例を示したものであるが、「自動車運転者の労働時間等の改善のための基準」に定める拘束時間及び運転時間等に照らし、次の１～４の中から違反している事項をすべて選び、解答用紙の該当する欄にマークしなさい。なお、１人乗務とし、「１ヵ月についての拘束時間の延長に関する労使協定」があり、下表の１ヵ月は、当該協定により１ヵ月についての拘束時間を延長することができる月に該当するものとする。（一部改題）

（起算日）

		1日	2日	3日	4日	5日	6日	7日	週の合計時間
第1週	各日の運転時間	7	6	8	6	7	9	休日	43
	各日の拘束時間	12	10	12	10	12	13		69

		8日	9日	10日	11日	12日	13日	14日	週の合計時間
第2週	各日の運転時間	9	10	9	5	7	5	休日	45
	各日の拘束時間	13	15	13	9	11	9		70

		15日	16日	17日	18日	19日	20日	21日	週の合計時間
第3週	各日の運転時間	9	5	10	6	9	5	休日	44
	各日の拘束時間	15	9	14	10	14	9		71

		22日	23日	24日	25日	26日	27日	28日	週の合計時間
第4週	各日の運転時間	6	7	5	9	9	8	休日	44
	各日の拘束時間	10	10	9	15	14	13		71

		29日	30日	31日	週の合計時間
第5週	各日の運転時間	8	7	8	23
	各日の拘束時間	12	11	12	35

1ヵ月(第1週～第5週)の合計時間
199
319

(注1) 2週間の起算日は1日とする。
(注2) 各労働日の始業時刻は午前8時とする。

1．1日についての最大拘束時間

2．当該5週間のすべての日を特定日とした2日を平均した1日当たりの運転時間

3．1日を起算日とし、2週間を平均した1週間当たりの運転時間

4．1日についての拘束時間を既定の上限まで延長することができる1週間の回数

5．実務上の知識及び能力

▼

問 24　運行管理者の日常業務の記録等に関する次の記述のうち、適切なものには解答用紙の「適」の欄に、適切でないものには解答用紙の「不適」の欄にマークしなさい。なお、解答にあたっては、各選択肢に記載されている事項以外は考慮しないものとする。（一部改題）

1．運行管理者は、事業用自動車の運転者が他の営業所に転出し当該営業所の運転者でなくなったときは、直ちに、運転者等台帳に運転者でなくなった年月日及び理由を記載して１年間保存している。

2．運行管理者は、運行記録計により記録される「瞬間速度」、「運行距離」及び「運行時間」等により運転者等の運行の実態や車両の運行の実態を分析し、運転者等の日常の業務を把握し、過労運転等の防止及び運行の適正化を図る資料として活用しており、この運行記録計の記録を１年間保存している。

3．運行管理者は、事業用自動車の運転者に対し、事業用自動車の構造上の特性、貨物の正しい積載方法など事業用自動車の運行の安全を確保するために必要な運転の技術及び自動車の運転に関して遵守すべき事項等について、適切に指導を行うとともに、その内容等について記録し、かつ、その記録を営業所において１年間保存している。

4．運行管理者は、事業用自動車の運転者に対する業務前点呼において、酒気帯びの有無については、目視等で確認するほか、アルコール検知器を用いて確認するとともに、点呼を行った旨並びに報告及び指示の内容等を記録し、かつ、その記録を１年間保存している。

▼

問 25　一般貨物自動車運送事業者が事業用自動車の運転者等に対して行う指導・監督に関する次の記述のうち、適切なものをすべて選び、解答用紙の該当する欄にマークしなさい。なお、解答にあたっては、各選択肢に記載されている事項以外は考慮しないものとする。（一部改題）

1．車長が長い自動車は、①内輪差が大きく、左折時に左側方のバイクや歩行者を巻き込んでしまう、②狭い道路への左折時には、車体がふくらみ、センターラインをはみ出してしまう、③右折時には、車体後部のオーバーハング部が隣接する車線へはみ出して車体後部が後続車に接触する、などの事故の要因となり得る危険性を有していることを運転者に対し指導している。

2．鉄道車両など関係法令の制限を超えた積載物を運搬する場合は、関係当局から発行された許可証を携行するとともに、許可の際に付された通行経路・通行時間等の条件を遵守し、運送するよう指導している。また、運行前には、必ず、通行経路の事前情報を入手し、許可された経路の道路状況を確認するよう指導している。

3．国土交通大臣が認定する適性診断（以下「適性診断」という。）を受診した運転者の診断結果において、「感情の安定性」の項目で、「すぐかっとなるなどの衝動的な傾向」との判定が出た。適性診断は、性格等を客観的に把握し、運転の適性を判定することにより、運転業務に適さない者を選任しないようにするためのものであるため、運行管理者は、当該運転者は運転業務に適さないと判断し、他の業務へ配置替えを行った。

4．飲酒により体内に摂取されたアルコールを処理するために必要な時間の目安については、個人差はあるが、例えばチューハイ 350 ミリリットル（アルコール 7%）の場合、概ね 2 時間とされている。事業者は、これらを参考に、社内教育の中で酒気帯び運転防止の観点から飲酒が運転に及ぼす影響等について指導している。

★

問 26　事業用自動車の運転者の健康管理及び就業における判断・対処に関する次の記述のうち、適切なものには解答用紙の「適」の欄に、適切でないものには解答用紙の「不適」の欄にマークしなさい。なお、解答にあたっては、各選択肢に記載されている事項以外は考慮しないものとする。

1．自動車の運転中に、心臓疾患（心筋梗塞、心不全等）や、大血管疾患（急性大動脈解離、大動脈瘤破裂等）が起こると、ショック状態、意識障害、心停止等を生じ、運転者が事故を回避するための行動をとることができなくなり、重大事故を引き起こすおそれがある。そのため、健康起因事故を防止するためにも発症する前の早期発見や予防が重要となってくる。

2．事業者は、業務に従事する運転者に対し法令で定める健康診断を受診させ、その結果に基づいて健康診断個人票を作成して5年間保存している。また、運転者が自ら受けた健康診断の結果を提出したものについても同様に保存している。

3．自動車事故報告規則に基づく平成29年中のすべての事業用自動車の乗務員に起因する重大事故報告件数約2,000件の中で、健康起因による事故件数は約300件を占めている。そのうち運転者が死亡に至った事案は60件あり、原因病名別にみると、心臓疾患が半数以上を占めている。

4．睡眠時無呼吸症候群（SAS）は、大きないびきや昼間の強い眠気など容易に自覚症状を感じやすいので、事業者は、自覚症状を感じていると自己申告をした運転者に限定して、SASスクリーニング検査を実施している。

正答・解説　別冊 P.73

問 27　自動車の運転に関する次の記述のうち、適切なものには解答用紙の「適」の欄に、適切でないものには解答用紙の「不適」の欄にマークしなさい。なお、解答にあたっては、各選択肢に記載されている事項以外は考慮しないものとする。

1．四輪車を運転する場合、二輪車との衝突事故を防止するための注意点として、①二輪車は死角に入りやすいため、その存在に気づきにくく、また、②二輪車は速度が実際より速く感じたり、距離が近くに見えたりする特性がある。したがって、運転者に対してこのような点に注意するよう指導する必要がある。

2．アンチロック・ブレーキシステム（ABS）は、急ブレーキをかけた時などにタイヤがロック（回転が止まること）するのを防ぐことにより、車両の進行方向の安定性を保ち、また、ハンドル操作で障害物を回避できる可能性を高める装置である。ABS を効果的に作動させるためには、できるだけ強くブレーキペダルを踏み続けることが重要であり、この点を運転者に指導する必要がある。

3．バン型トラックの後方は、ほとんど死角となって見えない状態となることから、後退時の事故の要因となることがある。その対策として、バックアイカメラを装着して、死角を大きく減少させることができるが、その使用にあたっては、バックアイカメラにも限界があり、過信しないよう運転者に指導する必要がある。

4．車両の重量が重い自動車は、スピードを出すことにより、カーブでの遠心力が大きくなるため横転などの危険性が高くなり、また、制動距離が長くなるため追突の危険性も高くなる。このため、法定速度を遵守し、十分な車間距離を保つことを運転者に指導する必要がある。

問 28　高速自動車国道において、A 自動車（車両総重量 8 トンの事業用トラック）が前方の B 自動車とともにほぼ同じ速度で 50 メートルの車間距離を保ちながら B 自動車に追従して走行していたところ、突然、前方の B 自動車が急ブレーキをかけたのを認め、A 自動車も直ちに急ブレーキをかけ、A 自動車、B 自動車とも停止した。A 自動車、B 自動車とも安全を確認した後、走行を開始した。この運行に関する次のア〜ウについて解答しなさい。

なお、下図は、A 自動車に備えられたデジタル式運行記録計で上記運行に関して記録された 6 分間記録図表の一部を示す。

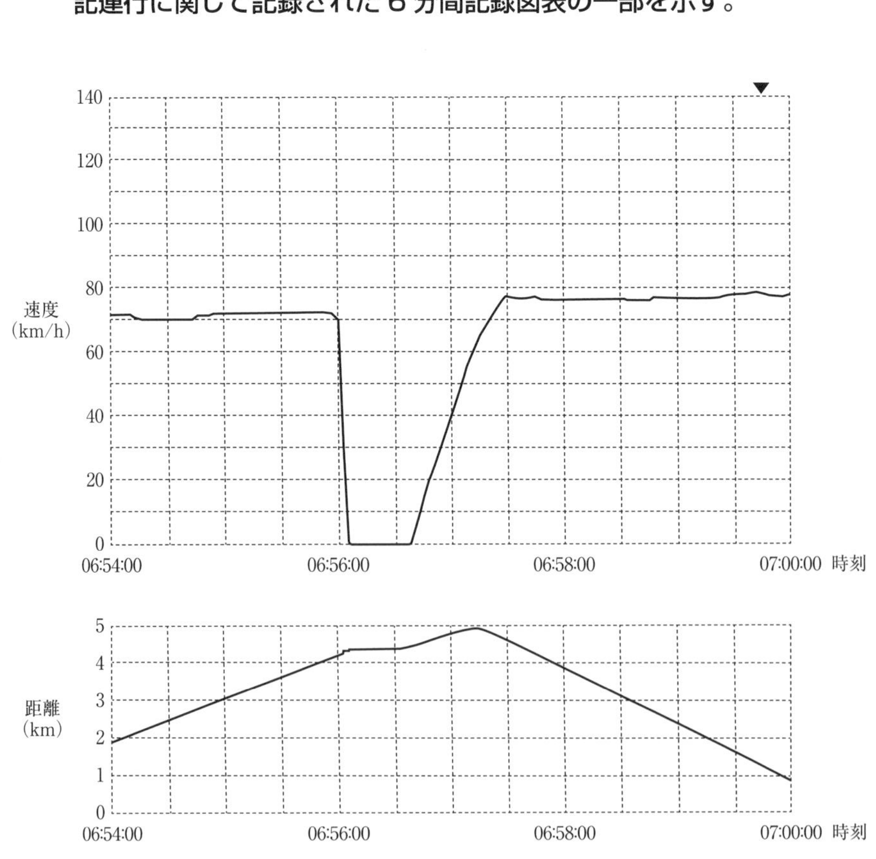

ア　左の記録図表からA自動車の急ブレーキを操作する直前の速度を読み取ったうえで、当該速度における空走距離（危険認知から、その状況を判断してブレーキを操作するという動作に至る間（空走時間）に自動車が走行した距離）を求めるとおよそ何メートルか。次の①～②の中から正しいものを1つ選び、解答用紙の該当する欄にマークしなさい。なお、この場合の空走時間は1秒間とする。

①　15メートル　　②　20メートル

イ　A自動車の急ブレーキを操作する直前の速度における制動距離（ブレーキが実際に効き始めてから止まるまでに走行した距離）を40メートルとした場合、A自動車が危険を認知してから停止するまでに走行した距離は、およそ何メートルか。次の①～②の中から正しいものを1つ選び、解答用紙の該当する欄にマークしなさい。なお、この場合の空走時間は1秒間とする。

①　55メートル　　②　60メートル

ウ　B自動車が急ブレーキをかけA自動車、B自動車とも停止した際の、A自動車とB自動車の車間距離は、およそ何メートルか。次の①～②の中から正しいものを1つ選び、解答用紙の該当する欄にマークしなさい。なお、この場合において、A自動車の制動距離及び空走時間は上記イに示すとおりであり、また、B自動車の制動距離は35メートルとする。

①　25メートル　　②　30メートル

▼

問 29　荷主から貨物自動車運送事業者に対し、往路と復路において、それぞれ荷積みと荷下ろしを行うよう運送の依頼があった。これを受けて、運行管理者は次に示す「当日の運行計画」を立てた。

この事業用自動車の運行に関する次のア～ウについて解答しなさい。なお、解答にあたっては、「当日の運行計画」及び各選択肢に記載されている事項以外は考慮しないものとし、本問では、荷積み・荷下ろしについては運行の中断とする特段の事情があるものとする。（一部改題）

「当日の運行計画」

往路

○　A 営業所を出庫し、30 キロメートル離れた B 地点まで平均時速 30 キロメートルで走行する。

○　B 地点にて 20 分間の荷積みを行う。

○　B 地点から 165 キロメートル離れた C 地点までの間、一部高速自動車国道を利用し、平均時速 55 キロメートルで走行して、C 地点に 12 時に到着する。20 分間の荷下ろし後、1 時間の休憩をとる。

復路

○　C 地点にて 20 分間の荷積みを行い、13 時 40 分に出発し、60 キロメートル離れた D 地点まで平均時速 30 キロメートルで走行する。D 地点で 20 分間の休憩をとる。

○　休憩後、D 地点から E 地点まで平均時速 25 キロメートルで走行して、E 地点に 18 時に到着し、20 分間の荷下ろしを行う。

○　E 地点から 20 キロメートル離れた A 営業所まで平均時速 30 キロメートルで走行し、19 時に帰庫する。

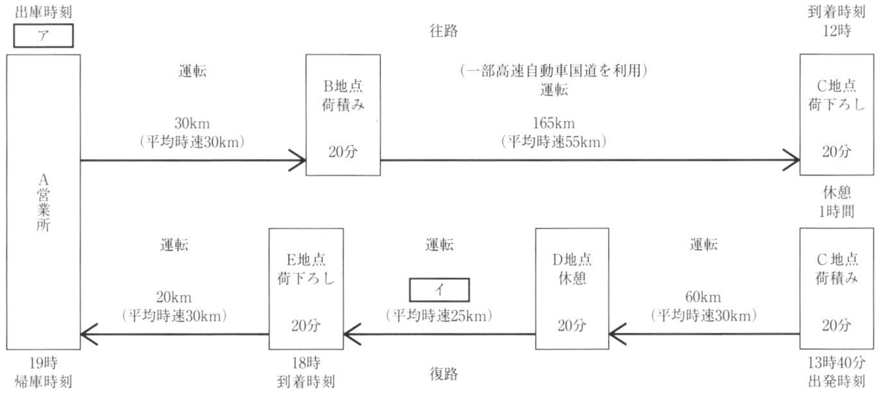

ア　C地点に12時に到着させるためにふさわしいA営業所の出庫時刻 ア について、次の①～④の中から<u>正しいものを1つ</u>選び、解答用紙の該当する欄にマークしなさい。

①　7時00分　②　7時20分　③　7時40分　④　8時00分

イ　D地点とE地点間の距離 イ について、次の①～④の中から<u>正しいものを1つ</u>選び、解答用紙の該当する欄にマークしなさい。

①　45キロメートル　②　50キロメートル

③　55キロメートル　④　60キロメートル

ウ　当日の全運行において、連続運転時間は「自動車運転者の労働時間等の改善のための基準」に照らし、違反しているか否かについて、次の①～②の中から<u>正しいものを1つ</u>選び、解答用紙の該当する欄にマークしなさい。

①　違反していない　②　違反している

問 30　平成 28 年中のトラック（最大積載量 5 トン以上）による死亡・重傷事故について、事業用自動車の交通事故統計及び自動車事故報告規則により提出された事故報告書に基づき、下記のとおり、事故の特徴やその要因についての分析結果が導かれた。この分析結果をもとに、【事業者及び運行管理者が実施すべき事故低減対策のポイント】の中から【事故防止のための指導】として、A、B、C に当てはまる<u>最も直接的に有効と考えられる組合せを下の枠内の選択肢（①～⑧）からそれぞれ 1 つ</u>選び、解答用紙の該当する欄にマークしなさい。なお、解答にあたっては、下記に記載されている事項以外は考慮しないものとする。

【死亡・重傷事故の特徴】

平成 28 年中の最大積載量 5 トン以上のトラックによる死亡・重傷事故 381 件について、車両の走行等の態様別にみると、直進時が 73%、右折時が 13%、左折時が 9% となっている。		
直進時の事故	右折時の事故	左折時の事故
・直進時の事故のうち 72% が他の車両等との事故で、このうち高速道路等での追突事故が一番多い。 ・一般道路での歩行者等との事故は夜間が多い。	右折時の事故は、歩行者等と他の車両等との事故がそれぞれ約半数となっている。	左折時の事故のうち 70% が自転車との事故で、バス・タクシーと比べて巻き込み事故が多い。

【事故の主な要因】

(高速道路等での事故) ・故障車両などの停止車両への追突 ・たばこや携帯電話の操作 (一般道路での事故) ・飲酒運転 ・動静不注意 ・伝票の整理によるわき見運転	・対向車から譲られた時の安全確認不足 ・二輪自動車等の対向車のスピードの誤認 ・対向車の後方の安全確認不足	・徐行・一時停止の不履行、目視不履行 ・左折前の確認のみで、左折時の再度の確認の不履行 ・前方車両への追従 ・大回りで左折する際の対向車等への意識傾注 ・車体が大きく死角が多い

【事故防止のための指導】

A	B	C

【事業者及び運行管理者が実施すべき事故低減対策のポイント】

ア　右折するときは、対向車に注意して徐行するとともに、右折したその先の状況にも十分注意を払い走行するよう運転者に対し指導する。

イ　運転中は前方不注視となるのを防ぐため、喫煙や携帯電話の使用などは停車してから行うよう運転者に対し指導する。

ウ　右折するときは、対向車の速度が遅い場合などは自車の速度を落とさず交差点をすばやく右折するよう運転者に対し指導する。

エ　大型車などは、内輪差が大きく、左側方の自転車や歩行者を巻き込んでしまう危険があることから、慎重に安全を確認してから左折するよう運転者に対し指導する。

オ　右折時に対向車が接近しているときは、その通過を待つとともに、対向車の後方にも車がいるかもしれないと予測して、対向車の通過後に必ずその後方の状況を確認してから右折するよう運転者に対し指導する。

カ　運転者の飲酒習慣を把握し、必要と考えられる運転者に対し、運転者の画像が確認できるアルコールチェッカーを運行時に携帯させ、随時運転者の飲酒状況をチェックできるようにする。

キ　衝突被害軽減ブレーキを装着したトラックの運転者に対しては、当該装置は、いかなる走行条件においても、前方の車両等に衝突する危険性が生じた場合には、確実にレーダー等で検知したうえで自動的にブレーキが作動し、衝突を確実に回避できるものであることを十分理解させる。

ク　二輪自動車は車体が小さいため速度を誤認しやすいことから、右折の際は、対向する二輪自動車との距離などに十分注意するよう運転者に対し指導する。

ケ　左折するときは、あらかじめ交差点の手前からできる限り道路の左側端に寄り、かつ、できる限り道路の左側端に沿って徐行するよう運転者に対し指導する。

コ　伝票等の確認は、走行中はわき見が原因で事故につながる可能性が高いことから、安全な場所に移動し停止した後に行うよう運転者に対し指導する。

サ　交差点を左折するときに、その進路の前方にある横断歩道を横断しようとする歩行者がいる場合は、当該横断歩道を徐行し、かつ、できる限り安全な速度と方法で進行するよう運転者に対し指導する。

シ　左折する際は、左折前の確認に加えて、左折時にも再度歩行者や自転車等がいないかをミラーや直視で十分確認するように運転者に対し指導する。

①　アウオ	②　アウク	③　アオク	④　イカキ
⑤　イカコ	⑥　イカサ	⑦　エケサ	⑧　エケシ

令和元年度　第２回

運行管理者試験
〈貨物〉
中止

※令和元年度第２回運行管理者試験は、
新型コロナウイルスの感染拡大に伴い、
中止となりました。

memo

令和元年度　第１回

運行管理者試験問題〈貨物〉

●試験時間　制限時間 90 分

● P. 293 の解答用紙をコピーしてお使いください。
答え合わせに便利な正答一覧は別冊 P. 127

	受験者数(人)	合格者数(人)	合格率(%)
令和４年度　第２回	23,759	8,209	34.6
令和４年度　第１回	28,804	11,051	38.4
令和３年度　第２回	27,982	9,028	32.3
令和３年度　第１回	34,164	10,164	29.8
令和２年度　第２回	32,575	14,295	43.9
令和２年度　第１回	39,630	12,166	30.7
★ 令和元年度　第１回	36,530	11,584	31.7
平成 30 年度　第２回	29,709	9,743	32.8
平成 30 年度　第１回	35,619	10,220	28.7

1. 貨物自動車運送事業法関係

▼

問１ 貨物自動車運送事業に関する次の記述のうち、正しいものを２つ選び、解答用紙の該当する欄にマークしなさい。なお、解答にあたっては、各選択肢に記載されている事項以外は考慮しないものとする。

1. 一般貨物自動車運送事業とは、他人の需要に応じ、有償で、自動車（三輪以上の軽自動車及び二輪の自動車を除く。）を使用して貨物を運送する事業であって、特定貨物自動車運送事業以外のものをいう。
2. 貨物自動車運送事業とは、一般貨物自動車運送事業、特定貨物自動車運送事業、貨物軽自動車運送事業及び貨物自動車利用運送事業をいう。
3. 一般貨物自動車運送事業者は、「自動車車庫の位置及び収容能力」の事業計画の変更をするときは、あらかじめその旨を、国土交通大臣に届け出なければならない。
4. 一般貨物自動車運送事業者は、「事業用自動車の運転者、特定自動運行保安員及び運行の業務の補助に従事する従業員の休憩又は睡眠のための施設の位置及び収容能力」の事業計画の変更をしようとするときは、国土交通大臣の認可を受けなければならない。

▼

問 2　次の記述のうち、貨物自動車運送事業の運行管理者が行わなければならない業務として正しいものを 2 つ選び、解答用紙の該当する欄にマークしなさい。なお、解答にあたっては、各選択肢に記載されている事項以外は考慮しないものとする。（一部改題）

1．運転者が長距離運転又は夜間の運転に従事する場合であって、疲労等により安全な運転を継続することができないおそれがあるときは、あらかじめ、当該運転者と交替するための運転者を配置すること。

2．車両総重量が 7 トン以上又は最大積載量が 4 トン以上の普通自動車である事業用自動車について、法令に規定する運行記録計により記録することのできないものを運行の用に供さないこと。

3．法令の規定により、運転者等に対して点呼を行い、報告を求め、確認を行い、及び指示を与え、並びに記録し、及びその記録を保存し、並びに運転者に対して使用するアルコール検知器を備え置くこと。

4．適齢診断（高齢運転者のための適性診断として国土交通大臣が認定したものをいう。）を運転者が 60 歳に達した日以後 1 年以内（60 歳以上の者を新たに運転者として選任した場合は、選任の日から 1 年以内）に 1 回受診させ、その後 3 年以内ごとに 1 回受診させること。

問３　貨物自動車運送事業法に定める一般貨物自動車運送事業者（以下「事業者」という。）の輸送の安全等についての次の記述のうち、誤っているものを１つ選び、解答用紙の該当する欄にマークしなさい。なお、解答にあたっては、各選択肢に記載されている事項以外は考慮しないものとする。

1．事業者は、過積載による運送の引受け、過積載による運送を前提とする事業用自動車の運行計画の作成及び事業用自動車の運転者その他の従業員に対する過積載による運送の指示をしてはならない。

2．事業者は、事業用自動車の運転者が疾病により安全な運転ができないおそれがある状態で事業用自動車を運転することを防止するために必要な医学的知見に基づく措置を講じなければならない。

3．事業者は、運行管理者に対し、国土交通省令で定める業務を行うため必要な権限を与えなければならない。また、事業者及び事業用自動車の運転者その他の従業員は、運行管理者がその業務として行う助言又は指導があった場合は、これを尊重しなければならない。

4．事業者は、運送条件が明確でない運送の引受け、運送の直前若しくは開始以降の運送条件の変更、荷主の都合による集貨地点等における待機又は運送契約によらない附帯業務の実施に起因する運転者の過労運転又は過積載による運送その他の輸送の安全を阻害する行為を防止するため、荷主と密接に連絡し、及び協力して、適正な取引の確保に努めなければならない。

▼

問４　貨物自動車運送事業の事業用自動車の運転者に対し、各点呼の際に報告を求め、及び確認を行わなければならない事項として、A、B、C に入るべき字句を下の枠内の選択肢（1 ～ 6）から選び、解答用紙の該当する欄にマークしなさい。（一部改題）

【業務前点呼】

(1) 酒気帯びの有無

(2) ［ A ］

(3) 道路運送車両法の規定による点検の実施又はその確認

【業務後点呼】

(1) 業務に係る事業用自動車、道路及び運行の状況

(2) ［ B ］

(3) 酒気帯びの有無

【中間点呼】

(1) ［ C ］

(2) 疾病、疲労、睡眠不足その他の理由により安全な運転をすることができないおそれの有無

1．道路運送車両法の規定による点検の実施又はその確認
2．業務に係る事業用自動車、道路及び運行の状況
3．貨物の積載状況
4．疾病、疲労、睡眠不足その他の理由により安全な運転をすることができないおそれの有無
5．酒気帯びの有無
6．他の運転者と交替した場合にあっては法令の規定による通告

問５　自動車事故に関する次の記述のうち、一般貨物自動車運送事業者が自動車事故報告規則に基づき運輸支局長等に速報を要するものを２つ選び、解答用紙の該当する欄にマークしなさい。なお、解答にあたっては、各選択肢に記載されている事項以外は考慮しないものとする。

1．事業用自動車が交差点に停車していた貨物自動車に気づくのが遅れ、当該事業用自動車がこの貨物自動車に追突し、さらに後続の自家用乗用自動車３台が関係する玉突き事故となり、この事故により３人が重傷、５人が軽傷を負った。

2．事業用自動車が交差点において乗用車と出会い頭の衝突事故を起こした。双方の運転者は共に軽傷であったが、当該事業用自動車の運転者が事故を警察官に報告した際、その運転者が道路交通法に規定する酒気帯び運転をしていたことが発覚した。

3．事業用自動車が走行中、鉄道施設である高架橋の下を通過しようとしたところ、積載していた建設用機械の上部が橋桁に衝突した。この影響で、２時間にわたり本線において鉄道車両の運転を休止させた。

4．事業用自動車の運転者が高速自動車国道を走行中、ハンドル操作を誤り、道路の中央分離帯に衝突したことにより、当該事業用自動車に積載していた消防法に規定する危険物の灯油がタンクから一部漏えいした。この事故により当該自動車の運転者が軽傷を負った。

▼

問6　一般貨物自動車運送事業者（以下「事業者」という。）の過労運転等の防止等についての法令の定めに関する次の記述のうち、正しいものをすべて選び、解答用紙の該当する欄にマークしなさい。なお、解答にあたっては、各選択肢に記載されている事項以外は考慮しないものとする。（一部改題）

1．事業者は、乗務員等が有効に利用することができるように、休憩に必要な施設を整備し、乗務員等に睡眠を与える必要がある場合にあっては睡眠に必要な施設を整備しなければならない。ただし、寝具等必要な設備が整えられていない施設は、有効に利用することができる施設には該当しない。

2．事業者は、運行指示書の作成を要する運行の途中において、運行の開始及び終了の地点及び日時に変更が生じた場合には、運行指示書の写しに当該変更の内容を記載し、これにより運転者等に対し電話その他の方法により、当該変更の内容について適切な指示を行わなければならない。この場合、当該運転者等が携行している運行指示書については、当該変更の内容を記載させることを要しない。

3．運転者が一の運行における最初の勤務を開始してから最後の勤務を終了するまでの時間（ただし、「自動車運転者の労働時間等の改善のための基準」の規定において厚生労働省労働基準局長が定めることとされている自動車運転者がフェリーに乗船する場合における休息期間を除く。）は、144時間を超えてはならない。

4．特別積合せ貨物運送を行う事業者は、当該特別積合せ貨物運送に係る運行系統であって起点から終点までの距離が150キロメートルを超えるものごとに、所定の事項について事業用自動車の運行の業務に関する基準を定め、かつ、当該基準の遵守について乗務員等に対する適切な指導及び監督を行わなければならない。

問７　一般貨物自動車運送事業者（以下「事業者」という。）の事業用自動車の運行の安全を確保するために、国土交通省告示等に基づき運転者に対して行わなければならない指導監督及び特定の運転者に対して行わなければならない特別な指導に関する次の記述のうち、誤っているものを１つ選び、解答用紙の該当する欄にマークしなさい。なお、解答にあたっては、各選択肢に記載されている事項以外は考慮しないものとする。

1．事業者は、事故惹起運転者に対する特別な指導については、当該交通事故を引き起こした後、再度事業用自動車に乗務する前に実施すること。ただし、やむを得ない事情がある場合には、再度乗務を開始した後１ヵ月以内に実施すること。なお、外部の専門的機関における指導講習を受講する予定である場合は、この限りでない。

2．運転者は、乗務を終了して他の運転者と交替するときは、交替する運転者に対し、当該乗務に係る事業用自動車、道路及び運行の状況について通告すること。この場合において、交替して乗務する運転者は、当該通告を受け、当該事業用自動車の制動装置、走行装置その他の重要な装置の機能について点検の必要性があると認められる場合には、これを点検すること。

3．事業者は、初任運転者に対する特別な指導について、当該事業者において初めて事業用自動車に乗務する前に実施すること。ただし、やむを得ない事情がある場合は、乗務を開始した後１ヵ月以内に実施すること。

4．事業者は、法令に基づき事業用自動車の運転者として常時選任するために新たに雇い入れた場合には、当該運転者について、自動車安全運転センターが交付する無事故・無違反証明書又は運転記録証明書等により、事故歴を把握し、事故惹起運転者に該当するか否かを確認すること。また、確認の結果、当該運転者が事故惹起運転者に該当した場合であって、特別な指導を受けていない場合には、特別な指導を実施すること。

問８　一般貨物自動車運送事業者（以下「事業者」という。）の運行管理者の選任等に関する次の記述のうち、誤っているものを１つ選び、解答用紙の該当する欄にマークしなさい。なお、解答にあたっては、各選択肢に記載されている事項以外は考慮しないものとする。

1．事業者は、事業用自動車（被けん引自動車を除く。）70 両を管理する営業所においては、3 人以上の運行管理者を選任しなければならない。

2．事業者は、法令に規定する運行管理者資格者証を有する者又は国土交通大臣の認定を受けた基礎講習を修了した者のうちから、運行管理者の業務を補助させるための者（補助者）を選任することができる。

3．運行管理者の補助者が行う補助業務は、運行管理者の指導及び監督のもと行われるものであり、補助者が行う点呼において、疾病、疲労、睡眠不足等により安全な運転をすることができないおそれがあることが確認された場合には、直ちに運行管理者に報告を行い、運行の可否の決定等について指示を仰ぎ、その結果に基づき運転者に対し指示を行わなければならない。

4．事業者は、新たに選任した運行管理者に、選任届出をした日の属する年度（やむを得ない理由がある場合にあっては、当該年度の翌年度）に基礎講習又は一般講習を受講させなければならない。ただし、他の事業者において運行管理者として選任されていた者にあっては、この限りでない。

2. 道路運送車両法関係

問９　自動車の登録等についての次の記述のうち、誤っているものを１つ選び、解答用紙の該当する欄にマークしなさい。なお、解答にあたっては、各選択肢に記載されている事項以外は考慮しないものとする。

1. 登録自動車の所有者は、当該自動車の使用者が道路運送車両法の規定により自動車の使用の停止を命ぜられ、同法の規定により自動車検査証を返納したときは、その事由があった日から30日以内に、当該自動車登録番号標及び封印を取りはずし、自動車登録番号標について国土交通大臣に届け出なければならない。
2. 自動車は、自動車登録番号標を国土交通省令で定める位置に、かつ、被覆しないことその他当該自動車登録番号標に記載された自動車登録番号の識別に支障が生じないものとして国土交通省令で定める方法により表示しなければ、運行の用に供してはならない。
3. 道路運送車両法に規定する自動車の種別は、自動車の大きさ及び構造並びに原動機の種類及び総排気量又は定格出力を基準として定められ、その別は、普通自動車、小型自動車、軽自動車、大型特殊自動車、小型特殊自動車である。
4. 登録自動車について所有者の変更があったときは、新所有者は、その事由があった日から15日以内に、国土交通大臣の行う移転登録の申請をしなければならない。

▼

問 10　自動車の検査等についての次の記述のうち、正しいものを 2 つ選び、解答用紙の該当する欄にマークしなさい。なお、解答にあたっては、各選択肢に記載されている事項以外は考慮しないものとする。（一部改題）

1．自動車に表示されている検査標章には、当該自動車の自動車検査証の有効期間の満了する時期が表示されている。

2．自動車の使用者は、自動車の長さ、幅又は高さを変更したときは、道路運送車両法で定める場合を除き、その事由があった日から 30 日以内に、当該変更について、国土交通大臣が行う自動車検査証の変更記録を受けなければならない。

3．自動車検査証の有効期間の起算日については、自動車検査証の有効期間が満了する日の 2 ヵ月前（離島に使用の本拠の位置を有する自動車を除く。）から当該期間が満了する日までの間に継続検査を行い、当該自動車検査証に有効期間を記録する場合は、当該自動車検査証の有効期間が満了する日の翌日とする。

4．車両総重量 8 トン以上又は乗車定員 30 人以上の自動車の使用者は、スペアタイヤの取付状態等について、3 ヵ月ごとに国土交通省令で定める技術上の基準により自動車を点検しなければならない。

問 11　道路運送車両法に定める自動車の点検整備等に関する次の文中、A、B、C、Dに入るべき字句としていずれか正しいものを１つ選び、解答用紙の該当する欄にマークしなさい。

1．自動車運送事業の用に供する自動車の使用者又は当該自動車を運行する者は、［ A ］、その運行の開始前において、国土交通省令で定める技術上の基準により、自動車を点検しなければならない。

2．自動車運送事業の用に供する自動車の使用者は、［ B ］ごとに国土交通省令で定める技術上の基準により、自動車を点検しなければならない。

3．自動車の使用者は、自動車の点検及び整備等に関する事項を処理させるため、車両総重量８トン以上の自動車その他の国土交通省令で定める自動車であって国土交通省令で定める台数以上のものの使用の本拠ごとに、自動車の点検及び整備に関する実務の経験その他について国土交通省令で定める一定の要件を備える者のうちから、［ C ］を選任しなければならない。

4．地方運輸局長は、自動車の使用者が道路運送車両法第54条(整備命令等)の規定による命令又は指示に従わない場合において、当該自動車が道路運送車両の保安基準に適合しない状態にあるときは、当該自動車の［ D ］することができる。

A　1．1日1回　　　2．必要に応じて

B　1．3ヵ月　　　2．6ヵ月

C　1．安全運転管理者　　2．整備管理者

D　1．経路を制限　　2．使用を停止

問 12　道路運送車両の保安基準及びその細目を定める告示についての次の記述のうち、誤っているものを 1 つ選び、解答用紙の該当する欄にマークしなさい。なお、解答にあたっては、各選択肢に記載されている事項以外は考慮しないものとする。

1. 路線を定めて定期に運行する一般乗合旅客自動車運送事業用自動車に備える旅客が乗降中であることを後方に表示する電光表示器には、点滅する灯火又は光度が増減する灯火を備えることができる。
2. 自動車に備えなければならない後写鏡は、取付部付近の自動車の最外側より突出している部分の最下部が地上 2.0 メートル以下のものは、当該部分が歩行者等に接触した場合に衝撃を緩衝できる構造でなければならない。
3. 自動車に備えなければならない非常信号用具は、夜間 200 メートルの距離から確認できる赤色の灯光を発するものでなければならない。
4. 自動車（大型特殊自動車、小型特殊自動車を除く。以下同じ。）の車体の外形その他自動車の形状については、鋭い突起がないこと、回転部分が突出していないこと等他の交通の安全を妨げるおそれがないものとして、告示で定める基準に適合するものでなければならない。

3. 道路交通法関係

問 13　道路交通法に照らし、次の記述のうち、正しいものを１つ選び、解答用紙の該当する欄にマークしなさい。なお、解答にあたっては、各選択肢に記載されている事項以外は考慮しないものとする。

1. 路側帯とは、歩行者及び自転車の通行の用に供するため、歩道の設けられていない道路又は道路の歩道の設けられていない側の路端寄りに設けられた帯状の道路の部分で、道路標示によって区画されたものをいう。
2. 車両は、道路の中央から左の部分の幅員が6メートルに満たない道路において、他の車両を追い越そうとするとき（道路の中央から右の部分を見とおすことができ、かつ、反対の方向からの交通を妨げるおそれがない場合に限るものとし、道路標識等により追越しのため道路の中央から右の部分にはみ出して通行することが禁止されている場合を除く。）は、道路の中央から右の部分にその全部又は一部をはみ出して通行することができる。
3. 自動車を運転する場合において、下図の標識が表示されている自動車は、肢体不自由である者が運転していることを示しているので、危険防止のためやむを得ない場合を除き、進行している当該表示自動車の側方に幅寄せをしてはならない。

道路交通法施行規則で定める様式
縁の色彩は白色
マークの色彩は黄色
地の部分の色彩は緑色

4. 高齢運転者等専用時間制限駐車区間においては、高齢運転者等標章自動車以外の車両であっても、空いている場合は駐車できる。

▼

問 14　道路交通法に定める停車及び駐車を禁止する場所についての次の文中、A、B、C、D に入るべき字句を下の枠内の選択肢（①～③）から選び、解答用紙の該当する欄にマークしなさい。なお、各選択肢は、法令の規定若しくは警察官の命令により、又は危険を防止するため一時停止する場合には当たらないものとする。また、解答にあたっては、各選択肢に記載されている事項以外は考慮しないものとする。（一部改題）

1．車両は、交差点の側端又は道路の曲がり角から［　A　］以内の道路の部分においては、停車し、又は駐車してはならない。

2．車両は、横断歩道又は自転車横断帯の前後の側端からそれぞれ前後に［　B　］以内の道路の部分においては、停車し、又は駐車してはならない。

3．車両は、安全地帯が設けられている道路の当該安全地帯の左側の部分及び当該部分の前後の側端からそれぞれ前後に［　C　］以内の道路の部分においては、停車し、又は駐車してはならない。

4．車両は、踏切の前後の側端からそれぞれ前後に［　D　］以内の部分においては、停車し、又は駐車してはならない。

①3 メートル	②5 メートル	③10 メートル

問 15　道路交通法に定める第一種免許の自動車免許の自動車の種類等について、次の記述のうち、正しいものを２つ選び、解答用紙の該当する欄にマークしなさい。なお、解答にあたっては、各選択肢に記載されている事項以外は考慮しないものとする。

1．大型免許を受けた者であって、21 歳以上かつ普通免許を受けていた期間（当該免許の効力が停止されていた期間を除く。）が通算して 3 年以上のものは、車両総重量が 11,000 キログラム以上のもの、最大積載量が 6,500 キログラム以上のもの又は乗車定員が 30 人以上の大型自動車を運転することができる。

2．準中型免許を受けた者であって、21 歳以上かつ普通免許を受けていた期間（当該免許の効力が停止されていた期間を除く。）が通算して 3 年以上のものは、車両総重量が 7,500 キログラム以上 11,000 キログラム未満のもの、最大積載量が 4,500 キログラム以上 6,500 キログラム未満の準中型自動車を運転することができる。

3．運転免許証の有効期間の更新期間は、道路交通法第 101 条の 2 第 1 項に規定する場合を除き、更新を受けようとする者の当該免許証の有効期間が満了する日の直前のその者の誕生日の 1 ヵ月前から当該免許証の有効期間が満了する日までの間である。

4．普通自動車免許を平成 30 年 4 月 10 日に初めて取得し、その後令和元年 5 月 21 日に準中型免許を取得したが、令和元年 8 月 25 日に準中型自動車を運転する場合、初心運転者標識の表示義務はない。

問 16　道路交通法に定める徐行及び一時停止についての次の記述のうち、誤っているものを１つ選び、解答用紙の該当する欄にマークしなさい。なお、解答にあたっては、各選択肢に記載されている事項以外は考慮しないものとする。

1. 交差点又はその附近において、緊急自動車が接近してきたときは、車両（緊急自動車を除く。）は、交差点を避け、かつ、道路の左側（一方通行となっている道路においてその左側に寄ることが緊急自動車の進行を妨げることとなる場合にあっては、道路の右側）に寄って一時停止しなければならない。
2. 車両等は、道路のまがりかど附近、上り坂の頂上附近又は勾配の急な上り坂及び下り坂を通行するときは、徐行しなければならない。
3. 車両等は、横断歩道に接近する場合には、当該横断歩道を通過する際に当該横断歩道によりその進路の前方を横断しようとする歩行者又は自転車がないことが明らかな場合を除き、当該横断歩道の直前で停止することができるような速度で進行しなければならない。
4. 車両は、環状交差点において左折し、又は右折するときは、あらかじめその前からできる限り道路の左側端に寄り、かつ、できる限り環状交差点の側端に沿って（道路標識等により通行すべき部分が指定されているときは、その指定された部分を通行して）徐行しなければならない。

▼

問 17　道路交通法に定める自動車の運転者の遵守事項及び故障等の場合の措置に関する次の記述のうち、正しいものを２つ選び、解答用紙の該当する欄にマークしなさい。なお、解答にあたっては、各選択肢に記載されている事項以外は考慮しないものとする。（一部改題）

1．車両等の運転者は、児童、幼児等の乗降のため、道路運送車両の保安基準に関する規定に定める非常点滅表示灯をつけて停車している通学通園バスの側方を通過するときは、できる限り安全な速度と方法で進行しなければならない。

2．自動車の運転者は、故障その他の理由により高速自動車国道等の本線車道若しくはこれに接する加速車線、減速車線若しくは登坂車線又はこれらに接する路肩若しくは路側帯において当該自動車を運転することができなくなったときは、道路交通法施行令で定めるところにより、停止表示器材を後方から進行してくる自動車の運転者が見やすい位置に置いて、当該自動車が故障その他の理由により停止しているものであることを表示しなければならない。

3．運転免許（仮運転免許を除く。）を受けた者が自動車等の運転に関し、当該自動車等の交通による人の死傷があった場合において、道路交通法第 72 条第 1 項前段の規定（交通事故があったときは、直ちに車両等の運転を停止して、負傷者を救護し、道路における危険を防止する等必要な措置を講じなければならない。）に違反したときは、その者が当該違反をしたときにおけるその者の住所地を管轄する都道府県公安委員会は、その者の運転免許を取り消すことができる。

4．車両等の運転者は、身体障害者用の車が通行しているときは、その側方を離れて走行し、車の通行を妨げないようにしなければならない。

4. 労働基準法関係

問 18　労働基準法（以下「法」という。）に定める労働契約に関する次の記述のうち、正しいものを２つ選び、解答用紙の該当する欄にマークしなさい。なお、解答にあたっては、各選択肢に記載されている事項以外は考慮しないものとする。

1. 使用者は、労働者を解雇しようとする場合においては、少くとも 30 日前にその予告をしなければならない。30 日前に予告をしない使用者は、30 日分以上の平均賃金を支払わなければならない。ただし、天災事変その他やむを得ない事由のために事業の継続が不可能となった場合又は労働者の責に帰すべき事由に基いて解雇する場合においては、この限りでない。
2. 試の使用期間中の者に該当する労働者については、法第 20 条の解雇の予告の規定は適用しない。ただし、当該者が 1 ヵ月を超えて引き続き使用されるに至った場合においては、この限りでない。
3. 労働契約は、期間の定めのないものを除き、一定の事業の完了に必要な期間を定めるもののほかは、3 年（法第 14 条（契約期間等）第 1 項各号のいずれかに該当する労働契約にあっては、5 年）を超える期間について締結してはならない。
4. 労働者は、労働契約の締結に際し使用者から明示された賃金、労働時間その他の労働条件が事実と相違する場合においては、少くとも 30 日前に使用者に予告したうえで、当該労働契約を解除することができる。

問 19　労働基準法に定める労働時間及び休日等に関する次の記述のうち、誤っているものを１つ選び、解答用紙の該当する欄にマークしなさい。なお、解答にあたっては、各選択肢に記載されている事項以外は考慮しないものとする。

1．労働時間は、事業場を異にする場合においても、労働時間に関する規定の適用については通算する。

2．使用者は、労働時間が6時間を超える場合においては少くとも30分、8時間を超える場合においては少くとも45分の休憩時間を労働時間の途中に与えなければならない。

3．使用者は、労働者に対して、毎週少くとも1回の休日を与えなければならない。ただし、この規定は、4週間を通じ4日以上の休日を与える使用者については適用しない。

4．使用者は、その雇入れの日から起算して6ヵ月間継続勤務し全労働日の8割以上出勤した労働者に対して、継続し、又は分割した10労働日の有給休暇を与えなければならない。

▼

問 20　「自動車運転者の労働時間等の改善のための基準」（以下「改善基準告示」という。）に定める貨物自動車運送事業に従事する自動車運転者（以下「トラック運転者」という。）の休息期間及び休日の労働に関する次の文中、A、B、C に入るべき字句としていずれか正しいものを 1 つ選び、解答用紙の該当する欄にマークしなさい。（一部改題）

1．使用者は、トラック運転者の休息期間については、当該自動車運転者の［ A ］における休息期間がそれ以外の場所における休息期間より長くなるように努めるものとする。

2．使用者は、トラック運転者に休日に労働させる場合は、当該労働させる休日は［ B ］について［ C ］を超えないものとし、当該休日の労働によって改善基準告示第4条第1項に定める拘束時間及び最大拘束時間を超えないものとする。

A　1．住所地　　2．勤務地
B　1．2週間　　2．4週間
C　1．1回　　2．2回

▼

問21　「自動車運転者の労働時間等の改善のための基準」（以下「改善基準告示」という。）に関する次の記述のうち、正しいものを2つ選び、解答用紙の該当する欄にマークしなさい。なお、解答にあたっては、各選択肢に記載されている事項以外は考慮しないものとする。（一部改題）

1．使用者は、貨物自動車運送事業に従事する自動車運転者（以下「トラック運転者」という。）の運転時間は、2日（始業時刻から起算して48時間をいう。）を平均し1日当たり9時間、2週間を平均し1週間当たり44時間を超えないものとする。

2．業務の必要上、勤務の終了後継続9時間（改善基準告示第4条第1項第3号但書に該当する場合は継続8時間）以上の休息期間を与えることが困難な場合、当分の間、一定期間（1ヵ月程度を限度とする。）における全勤務回数の3分の2を限度に、休息期間を拘束時間の途中及び拘束時間の経過直後に分割して与えることができるものとし、1日において、2分割の場合は合計10時間以上、3分割の場合は合計12時間以上の休息期間を与えなければならない。

3．使用者は、トラック運転者（隔日勤務に就く運転者以外のもの。）が同時に1台の事業用自動車に2人以上乗務する場合（車両内に身体を伸ばして休息することができる設備がある場合に限る。）においては、1日についての最大拘束時間を20時間まで延長することができる。

4．使用者は、業務の必要上やむを得ない場合には、当分の間、トラック運転者を隔日勤務に就かせることができる。この場合、2暦日における拘束時間は、26時間を超えないものとする。

問 22　下図は、貨物自動車運送事業に従事する自動車運転者（1 人乗務で隔日勤務に就く運転者以外のもの。）の 5 日間の勤務状況の例を示したものであるが、次の 1 ～ 4 の拘束時間のうち、「自動車運転者の労働時間等の改善のための基準」における 1 日についての拘束時間として、正しいものを 1 つ選び、解答用紙の該当する欄にマークしなさい。

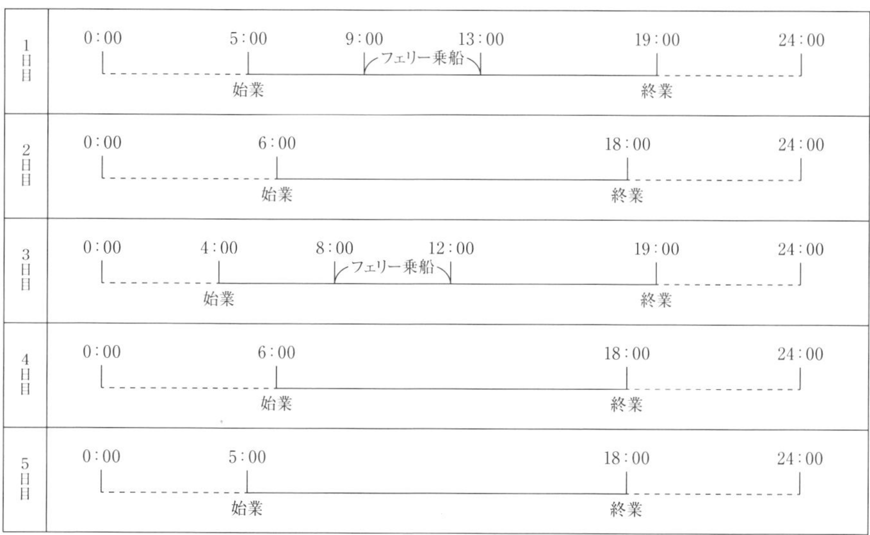

1．1 日目：14 時間　2 日目：12 時間　3 日目：15 時間　4 日目：12 時間
2．1 日目：10 時間　2 日目：12 時間　3 日目：11 時間　4 日目：12 時間
3．1 日目：10 時間　2 日目：14 時間　3 日目：11 時間　4 日目：13 時間
4．1 日目：14 時間　2 日目：14 時間　3 日目：15 時間　4 日目：13 時間

▼

問 23　下表は、貨物自動車運送事業に従事する自動車運転者（隔日勤務に就く運転者以外のもの。）の 1 年間における各月の拘束時間の例を示したものであるが、このうち、「自動車運転者の労働時間等の改善のための基準」に適合するものを 1 つ選び、解答用紙の該当する欄にマークしなさい。ただし、「1 ヵ月についての拘束時間の延長に関する労使協定」及び「1 年についての拘束時間の延長に関する労使協定」があるものとする。（一部改題）

1．

	4月	5月	6月	7月	8月	9月	10月	11月	12月	1月	2月	3月	1年間合計
拘束時間	267	279	295	275	309	285	270	259	312	285	290	273	3,399

2．

	4月	5月	6月	7月	8月	9月	10月	11月	12月	1月	2月	3月	1年間合計
拘束時間	283	279	283	294	295	285	260	290	281	293	274	293	3,410

3．

	4月	5月	6月	7月	8月	9月	10月	11月	12月	1月	2月	3月	1年間合計
拘束時間	286	270	285	280	289	285	273	270	286	287	290	281	3,382

4．

	4月	5月	6月	7月	8月	9月	10月	11月	12月	1月	2月	3月	1年間合計
拘束時間	275	278	283	285	297	275	274	259	310	294	285	280	3,395

5. 実務上の知識及び能力

▼

問 24　点呼の実施等に関する次の記述のうち、適切なものには解答用紙の「適」の欄に、適切でないものには解答用紙の「不適」の欄にマークしなさい。なお、解答にあたっては、各選択肢に記載されている事項以外は考慮しないものとする。（一部改題）

1. A 営業所においては、運行管理者は昼間のみの勤務体制となっている。しかし、運行管理者が不在となる時間帯の点呼が当該営業所における点呼の総回数の７割を超えていることから、その時間帯における点呼については、事業者が選任した複数の運行管理者の補助者に実施させている。
2. 運行管理者は、業務前及び業務終了後の運転者等に対し、対面により、又は対面による点呼と同等の効果を有するものとして国土交通大臣が定める方法で点呼を実施しなければならないが、遠隔地で業務が開始又は終了する場合、車庫と営業所が離れている場合、又は運転者等の出庫・帰庫が早朝・深夜であり、点呼を行う運行管理者が営業所に出勤していない場合等、運行上やむを得ないときには、電話、その他の方法で行っている。
3. 業務後の点呼において、業務を終了した運転者等からの当該業務に係る事業用自動車、道路及び運行の状況についての報告は、特に異常がない場合には運転者等から求めないこととしており、点呼記録表に「異常なし」と記録している。
4. 業務前の点呼においてアルコール検知器を使用するのは、身体に保有している酒気帯びの有無を確認するためのものであり、道路交通法施行令で定める呼気中のアルコール濃度１リットル当たり 0.15 ミリグラム以上であるか否かを判定するためのものではない。

問 25　一般貨物自動車運送事業者が事業用自動車の運転者に対して行う指導・監督に関する次の記述のうち、適切なものをすべて選び、解答用紙の該当する欄にマークしなさい。なお、解答にあたっては、各選択肢に記載されている事項以外は考慮しないものとする。

1. 他の自動車に追従して走行するときは、常に「秒」の意識をもって自車の速度と制動距離（ブレーキが効きはじめてから止まるまでに走った距離）に留意し、前車への追突の危険が発生した場合でも安全に停止できるよう、制動距離と同程度の車間距離を保って運転するよう指導している。
2. 運転者は貨物の積載を確実に行い、積載物の転落防止や、転落させたときに危険を防止するために必要な措置をとることが遵守事項として法令で定められている。出発前に、スペアタイヤや車両に備えられている工具箱等も含め、車両に積載されているものが転落のおそれがないことを確認しなければならないことを指導している。
3. 運転者の目は、車の速度が速いほど、周辺の景色が視界から消え、物の形を正確に捉えることができなくなるため、周辺の危険要因の発見が遅れ、事故につながるおそれが高まることを理解させるよう指導している。
4. 飲酒により体内に摂取されたアルコールを処理するために必要な時間の目安については、個人差はあるが、例えばビール500ミリリットル（アルコール5%）の場合、概ね4時間とされている。事業者は、これらを参考に、社内教育の中で酒気帯び運転防止の観点から飲酒が運転に及ぼす影響等について指導を行っている。

問 26　事業用自動車の運転者の健康管理に関する次の記述のうち、適切なものには解答用紙の「適」の欄に、適切でないものには解答用紙の「不適」の欄にマークしなさい。なお、解答にあたっては、各選択肢に記載されている事項以外は考慮しないものとする。

1．事業者は、脳血管疾患の予防のため、運転者の健康状態や疾患につながる生活習慣の適切な把握・管理に努めるとともに、脳血管疾患は法令により義務づけられている定期健康診断において容易に発見することができることから、運転者に確実に受診させている。

2．事業者は、日頃から運転者の健康状態を把握し、点呼において、意識の異常、目の異常、めまい、頭痛、言葉の異常、手足の異常等の申告又はその症状が見られたら、脳血管疾患の初期症状とも考えられるためすぐに専門医療機関で受診させるよう対応する。

3．事業者は、深夜業（22 時～ 5 時）を含む業務に常時従事する運転者に対し、法令に定める定期健康診断を 6 ヵ月以内ごとに 1 回、必ず、定期的に受診させるようにしている。

4．平成 29 年中のすべての事業用自動車の乗務員に起因する重大事故報告件数は約 2,000 件であり、このうち、運転者の健康状態に起因する事故件数は約 300 件となっている。病名別に見てみると、心筋梗塞等の心臓疾患と脳血管疾患等の脳疾患が多く発生している。

問 27　交通事故防止対策に関する次の記述のうち、適切なものには解答用紙の「適」の欄に、適切でないものには解答用紙の「不適」の欄にマークしなさい。なお、解答にあたっては、各選択肢に記載されている事項以外は考慮しないものとする。

1．交通事故は、そのほとんどが運転者等のヒューマンエラーにより発生するものである。したがって、事故惹起運転者の社内処分及び再教育に特化した対策を講ずることが、交通事故の再発を未然に防止するには最も有効である。そのためには、発生した事故の調査や事故原因の分析よりも、事故惹起運転者及び運行管理者に対する特別講習を確実に受講させる等、ヒューマンエラーの再発防止を中心とした対策に努めるべきである。

2．ドライブレコーダーは、事故時の映像だけでなく、運転者のブレーキ操作やハンドル操作などの運転状況を記録し、解析することにより運転のクセ等を読み取ることができるものがあり、運行管理者が行う運転者の安全運転の指導に活用されている。

3．いわゆるヒヤリ・ハットとは、運転者が運転中に他の自動車等と衝突又は接触するおそれなどがあったと認識した状態をいい、1件の重大な事故（死亡・重傷事故等）が発生する背景には多くのヒヤリ・ハットがあるとされており、このヒヤリ・ハットを調査し減少させていくことは、交通事故防止対策に有効な手段となっている。

4．平成29年中に発生した事業用トラックによる人身事故は、追突事故が最も多く全体の約5割を占めており、このうち昼間の時間での追突事故が多く発生している。追突事故を防止するためには、適正な車間距離の確保や前方不注意の危険性等に関する指導を徹底することが重要である。

問28　交通事故及び緊急事態が発生した場合における事業用自動車の運行管理者又は運転者の措置に関する次の記述のうち、適切なものには解答用紙の「適」の欄に、適切でないものには解答用紙の「不適」の欄にマークしなさい。なお、解答にあたっては、各選択肢に記載されている事項以外は考慮しないものとする。

1．大型トラックに荷物を積載して運送中の運転者から、営業所の運行管理者に対し、「現在走行している地域の天候が急変し、集中豪雨のため、視界も悪くなってきたので、一時運転を中断している。」との連絡があった。連絡を受けた運行管理者は、「営業所では判断できないので、運行する経路を運転者自ら判断し、また、運行することが困難な状況に至った場合は、適当な待避場所を見つけて運転者自らの判断で運送の中断等を行うこと」を指示した。

2．運転者は、中型トラックで高速道路を走行中、大地震が発生したのに気づき当該トラックを路側帯に停車させ様子を見ていた。この地震により高速道路の車両通行が困難となったので、当該運転者は、運行管理者に連絡したうえで、エンジンキーを持ってドアをロックして当該トラックを置いて避難した。

3．運転者は、交通事故を起こしたので、二次的な事故を防ぐため、事故車両を安全な場所に移動させるとともに、ハザードランプの点灯、発炎筒の着火、停止表示器材の設置により他の自動車に事故の発生を知らせるなど、安全に留意しながら道路における危険防止の措置をとった。

4．運転者が中型トラックを運転して踏切にさしかかりその直前で一旦停止した。踏切を渡った先の道路は混んでいるが、前の車両が前進すれば通過できると判断し踏切に進入したところ、車両の後方部分を踏切内に残し停車した。その後、踏切の警報機が鳴り、遮断機が下り始めたが、前方車両が動き出したため遮断機と接触することなく通過することができた。

▼

問 29　運行管理者は、荷主からの運送依頼を受けて、次のとおり運行の計画を立てた。この計画を立てた運行管理者の判断に関する次の１～３の記述のうち、適切なものには解答用紙の「適」の欄に、適切でないものには解答用紙の「不適」の欄にマークしなさい。なお、解答にあたっては、<運行の計画>及び各選択肢に記載されている事項以外は考慮しないものとする。（一部改題）

（荷主の依頼事項）

A 地点から、重量が 5,500 キログラムの荷物を 11 時 30 分までに D 地点に運び、その後戻りの便にて、E 地点から 5,250 キログラムの荷物を 18 時 30 分までに A 地点に運ぶ。

<運行の計画>

ア　乗車定員 2 名で最大積載量 6,250 キログラム、車両総重量 10,930 キログラムの中型貨物自動車を使用する。当該運行は、運転者 1 人乗務とする。

イ　当日の当該運転者の始業時刻は 6 時 00 分とし、業務前点呼後 6 時 30 分に営業所を出庫して荷主先の A 地点に向かう。A 地点にて荷積み後、A 地点を出発し、一般道を走行した後、B 料金所から高速自動車国道（法令による最低速度を定めない本線車道に該当しないもの。以下「高速道路」という。）に乗り、途中 10 分の休憩をはさみ、2 時間 40 分運転した後、C 料金所にて高速道路を降りる。（B 料金所と C 料金所の間の距離は 240 キロメートル）その後、一般道を経由し、D 地点には 11 時 00 分に到着する。荷下ろし後、休憩施設に向かい、当該施設において 11 時 50 分から 13 時 00 分まで休憩をとる。

ウ　13 時 00 分に休憩施設を出発して E 地点に向かい、荷積みを行う。その後、13 時 50 分に E 地点を出発し、一般道を経由し往路と同じ高速道路を走行し、その後、一般道を経由し、荷主先の A 地点に 18 時 10 分に到着する。荷下ろし後、営業所に 18 時 50 分に帰庫する。営業所において業務後点呼を受け、19 時 00 分に終業する。

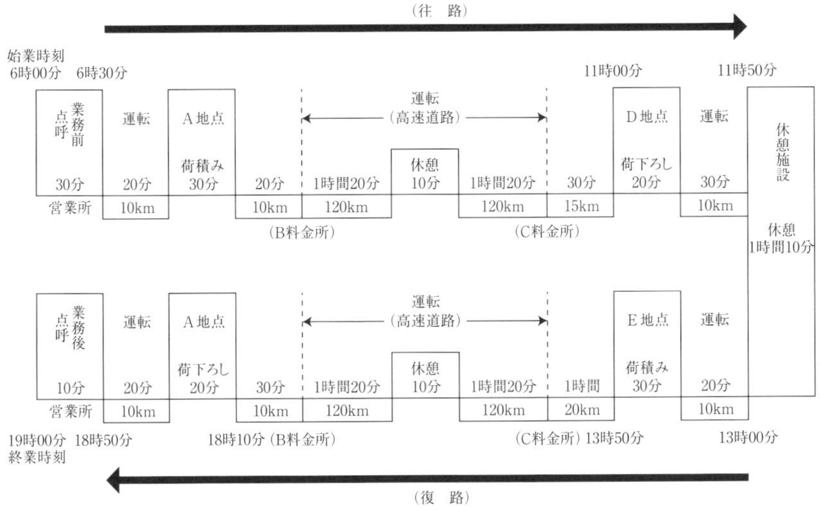

1．B 料金所から C 料金所までの間の高速道路の運転時間を、制限速度を考慮して 2 時間 40 分と設定したこと。

2．当該運転者は前日の運転時間が 9 時間 00 分であり、また、当該運転者の翌日の運転時間を 8 時間 50 分とし、当日を特定の日とした場合の 2 日を平均して 1 日当たりの運転時間が改善基準告示に違反していないと判断したこと。

3．当日の運行における連続運転時間の中断方法は改善基準告示に違反していないと判断したこと。

問 30　運行管理者が運転者に対して実施する危険予知訓練に関する次の記述において、問題に示す【交通場面の状況等】を前提に、危険要因などを記載した表中の A、B に最もふさわしいものを【運転者が予知すべき危険要因の例】の①〜⑤の中から、また、C、D に最もふさわしいものを【通行管理者による指導事項】の⑥〜⑩の中からそれぞれ１つ選び、解答用紙の該当する欄にマークしなさい。

【交通場面の状況等】

・信号機のある交差点を右折しようとしている。 ・右折先の道路に駐車車両があり、その陰に歩行者が見える。 ・対向直進車が接近している。	・制限速度：時速 60 キロ ・路　　面：乾燥 ・天　　候：晴 ・車　　両：4 トン車 ・運 転 者：年齢 48 歳 ・運転経験：17 年

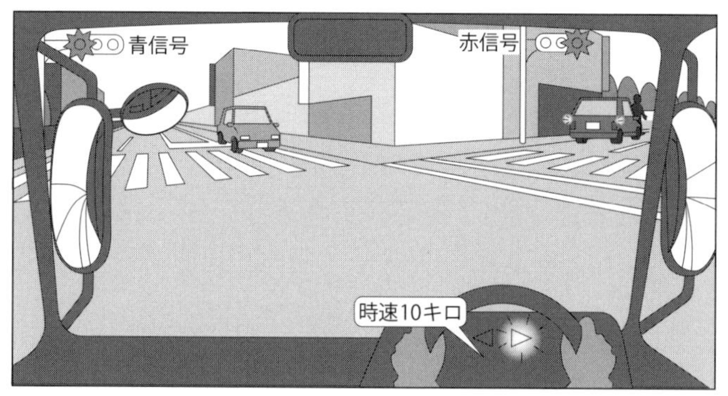

運転者が予知すべき危険要因の例		運行管理者による指導事項
対向車が交差点に接近しており、このまま右折をしていくと対向車と衝突する危険がある。	➡	C
A	➡	右折の際は、横断歩道の状況を確認し、特に横断歩道の右側から渡ってくる自転車等を見落としやすいので意識して確認をすること。
右折していく道路の先に駐車車両の陰に歩行者が見えるが、この歩行者が横断してくるとはねる危険がある。	➡	D
B	➡	対向車が通過後、対向車の後方から走行してくる二輪車等と衝突する危険があるため、周辺の交通状況をよく見て安全を確認してから右折すること。

【運転者が予知すべき危険要因の例】

① 右折時の内輪差による二輪車・原動機付自転車などの巻き込みの危険がある。

② 横断歩道の右側から自転車又は歩行者が横断歩道を渡ってくることが考えられ、このまま右折をしていくと衝突する危険がある。

③ 車幅が広いため、右折する交差点で対向車線へはみ出して衝突する危険がある。

④ 右折時に対向車の死角に隠れた二輪車・原動機付自転車を見落とし、対向車が通過直後に右折すると衝突する危険がある。

⑤ 急停止すると後続車に追突される危険がある。

【運行管理者による指導事項】

⑥ 対向車の速度が遅い時などは、交差点をすばやく右折し、自転車横断帯の自転車との衝突の危険を避けること。

⑦ スピードを十分落として交差点に進入すること。

⑧ 対向車があるときは無理をせず、対向車の通過を待ち、左右の安全を確

認してから右折をすること。

⑨　交差点に接近したときは、特に前車との車間距離を十分にとり、信号や前車の動向に注意しながら走行すること。

⑩　交差点内だけでなく、交差点の右折した先の状況にも十分注意を払い走行すること。

平成 30 年度　第 2 回

運行管理者試験問題〈貨物〉

●試験時間　制限時間 90 分

● P. 294 の解答用紙をコピーしてお使いください。
答え合わせに便利な正答一覧は別冊 P. 128

		受験者数(人)	合格者数(人)	合格率(%)
	令和 4 年度　第 2 回	23,759	8,209	34.6
	令和 4 年度　第 1 回	28,804	11,051	38.4
	令和 3 年度　第 2 回	27,982	9,028	32.3
	令和 3 年度　第 1 回	34,164	10,164	29.8
	令和 2 年度　第 2 回	32,575	14,295	43.9
	令和 2 年度　第 1 回	39,630	12,166	30.7
	令和元年度　第 1 回	36,530	11,584	31.7
★	平成 30 年度　第 2 回	29,709	9,743	32.8
	平成 30 年度　第 1 回	35,619	10,220	28.7

1．貨物自動車運送事業法関係

問１　一般貨物自動車運送事業に関する次の記述のうち、誤っているものを１つ選び、解答用紙の該当する欄にマークしなさい。なお、解答にあたっては、各選択肢に記載されている事項以外は考慮しないものとする。

1．国土交通大臣は、一般貨物自動車運送事業の許可の申請において、その事業の計画が過労運転の防止その他輸送の安全を確保するため適切なものであること等、法令で定める許可の基準に適合していると認めるときでなければ、その許可をしてはならない。

2．一般貨物自動車運送事業者は、運賃及び料金（個人（事業として又は事業のために運送契約の当事者となる場合におけるものを除く。）を対象とするものに限る。）、運送約款その他国土交通省令で定める事項を主たる事務所その他の営業所において公衆に見やすいように掲示しなければならない。

3．一般貨物自動車運送事業者は、運送約款を定め、又はこれを変更しようとするときは、あらかじめその旨を、国土交通大臣に届け出なければならない。

4．一般貨物自動車運送事業者（その事業の規模が国土交通省令で定める規模未満であるものを除く。）は、安全管理規程を定め、国土交通省令で定めるところにより、国土交通大臣に届け出なければならない。これを変更しようとするときも、同様とする。

▼

問2　貨物自動車運送事業法に定める一般貨物自動車運送事業者の輸送の安全についての次の文中、A、B、C、Dに入るべき字句としていずれか正しいものを1つ選び、解答用紙の該当する欄にマークしなさい。(一部改題)

1．一般貨物自動車運送事業者は、事業用自動車の数、荷役その他の事業用自動車の運転に附帯する作業の状況等に応じて［ A ］運転者及びその他の従業員の確保、事業用自動車の運転者がその休憩又は睡眠のために利用することができる施設の整備及び管理、事業用自動車の運転者の適切な勤務時間及び［ B ］の設定その他事業用自動車の運転者の過労運転を防止するために必要な事項に関し国土交通省令で定める基準を遵守しなければならない。

2．一般貨物自動車運送事業者は、事業用自動車の運転者が疾病により安全な運転ができないおそれがある状態で事業用自動車を運転することを防止するために必要な［ C ］に基づく措置を講じなければならない。

3．一般貨物自動車運送事業者は、事業用自動車の最大積載量を超える積載をすることとなる運送（以下「過積載による運送」という。）の引受け、過積載による運送を前提とする事業用自動車の運行計画の作成及び事業用自動車の運転者その他の従業員に対する過積載による［ D ］をしてはならない。

A　1．必要となる員数の　　2．必要な資格を有する
B　1．乗務時間　　2．休息期間
C　1．運行管理規程　　2．医学的知見
D　1．運送の指示　　2．輸送の阻害

▼

問３　次の記述のうち、一般貨物自動車運送事業者（以下「事業者」という。）の運行管理者が行わなければならない業務として、正しいものを２つ選び、解答用紙の該当する欄にマークしなさい。なお、解答にあたっては、各選択肢に記載されている事項以外は考慮しないものとする。（一部改題）

1．事業者に対し、事業用自動車の運行の安全の確保に関して緊急を要する事項に限り、遅滞なく、助言を行うこと。

2．運転者等に対し、業務に従事しようとするとき、法令に規定する業務の途中及び業務を終了したときは、法令の規定により、点呼を受け、事業者に報告をしなければならないことについて、指導及び監督を行うこと。

3．法令に規定する運行管理者資格者証を有する者又は国土交通大臣が告示で定める運行の管理に関する講習であって国土交通大臣の認定を受けたもの（基礎講習）を修了した者のうちから、運行管理者の業務を補助させるための者（補助者）を選任すること並びにその者に対する指導及び監督を行うこと。

4．法令の規定により、運転者として常時選任するため新たに雇い入れた者であって当該事業者において初めて事業用自動車に乗務する前３年間に初任診断（初任運転者のための適性診断として国土交通大臣が認定したもの。）を受診したことがない者に対して、当該診断を受診させること。

正答・解説　別冊 P.92

▼

問4　貨物自動車運送事業の事業用自動車の運転者等に対する点呼に関する次の記述のうち、正しいものをすべて選び、解答用紙の該当する欄にマークしなさい。なお、解答にあたっては、各選択肢に記載されている事項以外は考慮しないものとする。（一部改題）

1．業務前の点呼は、対面により、又は対面による点呼と同等の効果を有するものとして国土交通大臣が定める方法（運行上やむを得ない場合は電話その他の方法）により行い、運転者に対しては、①酒気帯びの有無及び②疾病、疲労、睡眠不足その他の理由により安全な運転をすることができないおそれの有無、運転者等に対しては、③道路運送車両法の規定による定期点検の実施又はその確認、特定自動運行保安員に対しては、④特定自動運行事業用自動車による運送を行うために必要な自動運行装置の設定の状況に関する確認について報告を求め、及び確認を行い、並びに事業用自動車の運行の安全を確保するために必要な指示を与えなければならない。

2．運行の業務を終了した運転者等に対する点呼は、対面により、又は対面による点呼と同等の効果を有するものとして国土交通大臣が定める方法により行い、当該業務に係る事業用自動車、道路及び運行の状況について報告を求め、かつ、運転者に対しては酒気帯びの有無について確認を行わなければならない。

3．業務前及び業務終了後の点呼のいずれも対面により、又は対面による点呼と同等の効果を有するものとして国土交通大臣が定める方法で行うことができない業務を行う運転者等に対しては、当該点呼のほかに、当該業務の途中において少なくとも1回電話その他の方法により点呼を行わなければならない。当該点呼においては、運転者に対し、①酒気帯びの有無、②疾病、疲労、睡眠不足その他の理由により安全な運転をすることができないおそれの有無について報告を求め、及び確認を行い、並びに事業用自動車の運行の安全を確保するために必要な指示をしなければならない。

（選択肢4は次ページ）

4．業務終了後の点呼における運転者の酒気帯びの有無については、当該運転者からの報告と目視等による確認で酒気を帯びていないと判断できる場合は、アルコール検知器を用いての確認は実施する必要はない。

問５　次の自動車事故に関する記述のうち、一般貨物自動車運送事業者が自動車事故報告規則に基づく国土交通大臣への報告を要するものを２つ選び、解答用紙の該当する欄にマークしなさい。なお、解答にあたっては、各選択肢に記載されている事項以外は考慮しないものとする。

1．事業用自動車の運転者がハンドル操作を誤り、当該自動車が車道と歩道の区別がない道路を逸脱し、当該道路との落差が0.3メートルの畑に転落した。

2．事業用自動車の運転者が走行中に意識がもうろうとしてきたので直近の駐車場に駐車させ、その後の運行を中止した。後日、当該運転者は脳梗塞と診断された。

3．事業用自動車が走行中、アクセルを踏んでいるものの速度が徐々に落ち、しばらく走行したところでエンジンが停止して走行が不能となった。再度エンジンを始動させようとしたが、燃料装置の故障によりエンジンを再始動させることができず、運行ができなくなった。

4．事業用自動車が左折したところ、左後方から走行してきた自転車を巻き込む事故を起こした。この事故で、当該自転車に乗車していた者に通院による40日間の医師の治療を要する傷害を生じさせた。

▼

問６　一般貨物自動車運送事業者（以下「事業者」という。）の過労運転等の防止等についての法令の定めに関する次の記述のうち、誤っているものを１つ選び、解答用紙の該当する欄にマークしなさい。なお、解答にあたっては、各選択肢に記載されている事項以外は考慮しないものとする。（一部改題）

1．事業用自動車の運転者（以下「運転者」という。）は、酒気を帯びた状態にあるとき、又は疾病、疲労、睡眠不足その他の理由により安全な運転をすることができないおそれがあるときは、その旨を事業者に申し出なければならない。

2．事業者は、運転者が長距離運転又は夜間の運転に従事する場合であって、疲労等により安全な運転を継続することができないおそれがあるときは、あらかじめ、当該運転者と交替するための運転者を配置しておかなければならない。

3．事業者は、事業計画に従い業務を行うに必要な員数の運転者又は特定自動運行保安員を常時選任しておかなければならず、この場合、選任する運転者及び特定自動運行保安員は、日々雇い入れられる者、２ヵ月以内の期間を定めて使用される者又は試みの使用期間中の者（14日を超えて引き続き使用されるに至った者を除く。）であってはならない。

4．事業者は、休憩又は睡眠のための時間及び勤務が終了した後の休息のための時間が十分に確保されるように、国土交通大臣が告示で定める基準に従って、運転者の勤務日数及び乗務距離を定め、当該運転者にこれらを遵守させなければならない。

問７　一般貨物自動車運送事業者（以下「事業者」という。）の事業用自動車の運行の安全を確保するために、国土交通省告示に基づき運転者に対して行わなければならない指導監督及び特定の運転者に対して行わなければならない特別な指導に関する次の記述のうち、誤っているものを１つ選び、解答用紙の該当する欄にマークしなさい。なお、解答にあたっては、各選択肢に記載されている事項以外は考慮しないものとする。

1．事業者は、事業用自動車の運行の安全を確保するために必要な運転の技術及び法令に基づき自動車の運転に関して遵守すべき事項について、運転者に対する適切な指導及び監督をすること。この場合においては、その日時、場所及び内容並びに指導及び監督を行った者及び受けた者を記録し、かつ、その記録を営業所において３年間保存すること。

2．事業者は、軽傷者（法令で定める傷害を受けた者）を生じた交通事故を引き起こし、かつ、当該事故前の１年間に交通事故を引き起こした運転者に対し、国土交通大臣が告示で定める適性診断であって国土交通大臣の認定を受けたものを受診させること。

3．事業者が行う初任運転者に対する特別な指導は、法令に基づき運転者が遵守すべき事項、事業用自動車の運行の安全を確保するために必要な運転に関する事項などについて、15時間以上実施するとともに、安全運転の実技について、20時間以上実施すること。

4．事業者は、適齢診断（高齢運転者のための適性診断として国土交通大臣が認定したもの。）を運転者が65才に達した日以後１年以内に１回受診させ、その後３年以内ごとに１回受診させること。

▼

問8　一般貨物自動車運送事業者（以下「事業者」という。）の貨物の積載等に関する次の記述のうち、誤っているものを１つ選び、解答用紙の該当する欄にマークしなさい。なお、解答にあたっては、各選択肢に記載されている事項以外は考慮しないものとする。（一部改題）

1．事業者は、道路法第 47 条第２項の規定（車両でその幅、重量、高さ、長さ又は最小回転半径が政令で定める最高限度を超えるものは、道路を通行させてはならない。）に違反し、又は政令で定める最高限度を超える車両の通行に関し道路管理者が付した条件（通行経路、通行時間等）に違反して事業用自動車を通行させることを防止するため、運転者等に対する適切な指導及び監督を怠ってはならない。

2．事業者は、事業用自動車（車両総重量が８トン以上又は最大積載量が５トン以上のものに限る。）に、貨物を積載するときは、偏荷重が生じないように積載するとともに、運搬中に荷崩れ等により事業用自動車から落下することを防止するため、貨物にロープ又はシートを掛けること等必要な措置を講じなければならない。

3．事業者は、車両総重量が７トン以上又は最大積載量が４トン以上の普通自動車である事業用自動車に係る運転者等の業務について、当該事業用自動車の瞬間速度、運行距離及び運行時間を運行記録計により記録し、かつ、その記録を１年間保存しなければならない。

4．事業者は、車両総重量が８トン以上又は最大積載量が５トン以上の普通自動車である事業用自動車の運行の業務に従事した場合にあっては、貨物の積載状況を当該業務を行った運転者等ごとに業務の記録をさせなければならない。

２．道路運送車両法関係

問９　自動車の登録等についての次の記述のうち、正しいものを２つ選び、解答用紙の該当する欄にマークしなさい。なお、解答にあたっては、各選択肢に記載されている事項以外は考慮しないものとする。

1．自動車の所有者は、当該自動車の使用の本拠の位置に変更があったときは、道路運送車両法で定める場合を除き、その事由があった日から30日以内に、国土交通大臣の行う変更登録の申請をしなければならない。

2．臨時運行の許可を受けた者は、臨時運行許可証の有効期間が満了したときは、その日から15日以内に、当該臨時運行許可証及び臨時運行許可番号標を行政庁に返納しなければならない。

3．登録自動車の所有者は、当該自動車が滅失し、解体し（整備又は改造のために解体する場合を除く。）、又は自動車の用途を廃止したときは、その事由があった日（使用済自動車の解体である場合には解体報告記録がなされたことを知った日）から15日以内に、永久抹消登録の申請をしなければならない。

4．登録自動車の所有者は、当該自動車の自動車登録番号標の封印が滅失した場合には、国土交通大臣又は封印取付受託者の行う封印の取付けを受けなければならない。

▼

問 10　自動車の検査等についての次の記述のうち、誤っているものを１つ選び、解答用紙の該当する欄にマークしなさい。なお、解答にあたっては、各選択肢に記載されている事項以外は考慮しないものとする。（一部改題）

1．自動車は、指定自動車整備事業者が継続検査の際に交付した有効な保安基準適合標章を表示している場合であっても、自動車検査証を備え付けなければ、運行の用に供してはならない。

2．自動車の使用者は、継続検査を申請する場合において、道路運送車両法第 67 条（自動車検査証記録事項の変更及び構造等変更検査）の規定による自動車検査証の変更記録の申請をすべき事由があるときは、あらかじめ、その申請をしなければならない。

3．国土交通大臣は、一定の地域に使用の本拠の位置を有する自動車の使用者が、天災その他やむを得ない事由により、継続検査を受けることができないと認めるときは、当該地域に使用の本拠の位置を有する自動車の自動車検査証の有効期間を、期間を定めて伸長する旨を公示することができる。

4．初めて自動車検査証の交付を受ける車両総重量 8,990 キログラムの貨物の運送の用に供する自動車については、当該自動車検査証の有効期間は１年である。

問 11　道路運送車両法に定める自動車の点検整備等に関する次のア、イ、ウの文中、A、B、C、D に入るべき字句としていずれか正しいものを１つ選び、解答用紙の該当する欄にマークしなさい。

ア　自動車の［ A ］は、自動車の点検をし、及び必要に応じ整備をすることにより、当該自動車を道路運送車両の保安基準に適合するように維持しなければならない。

イ　自動車運送事業の用に供する自動車の使用者又は当該自動車を［ B ］する者は、［ C ］、その運行の開始前において、国土交通省令で定める技術上の基準により、自動車を点検しなければならない。

ウ　自動車運送事業の用に供する自動車の使用者は、［ D ］ごとに国土交通省令で定める技術上の基準により、自動車を点検しなければならない。

A　1．所有者　　2．使用者
B　1．運行　　2．管理
C　1．必要に応じて　　2．1日1回
D　1．3ヵ月　　2．6ヵ月

問 12　道路運送車両の保安基準及びその細目を定める告示についての次の記述のうち、誤っているものを１つ選び、解答用紙の該当する欄にマークしなさい。なお、解答にあたっては、各選択肢に記載されている事項以外は考慮しないものとする。

1．停止表示器材は、夜間 200 メートルの距離から走行用前照灯で照射した場合にその反射光を照射位置から確認できるものであることなど告示で定める基準に適合するものでなければならない。

2．自動車（被けん引自動車を除く。）には、警音器の警報音発生装置の音が、連続するものであり、かつ、音の大きさ及び音色が一定なものである警音器を備えなければならない。

3．自動車（二輪自動車等を除く。）の空気入ゴムタイヤの接地部は滑り止めを施したものであり、滑り止めの溝は、空気入ゴムタイヤの接地部の全幅にわたり滑り止めのために施されている凹部（サイピング、プラットフォーム及びウエア・インジケータの部分を除く。）のいずれの部分においても 1.6 ミリメートル以上の深さを有すること。

4．貨物の運送の用に供する普通自動車であって、車両総重量が８トン以上又は最大積載量が５トン以上のものの原動機には、自動車が時速 100 キロメートルを超えて走行しないよう燃料の供給を調整し、かつ、自動車の速度の制御を円滑に行うことができるものとして、告示で定める基準に適合する速度抑制装置を備えなければならない。

3．道路交通法関係

問 13　道路交通法に定める合図等についての次の記述のうち、正しいものを２つ選び、解答用紙の該当する欄にマークしなさい。なお、解答にあたっては、各選択肢に記載されている事項以外は考慮しないものとする。

1．停留所において乗客の乗降のため停車していた乗合自動車が発進するため進路を変更しようとして手又は方向指示器により合図をした場合においては、その後方にある車両は、その速度を急に変更しなければならないこととなる場合にあっても、当該合図をした乗合自動車の進路の変更を妨げてはならない。

2．車両（自転車以外の軽車両を除く。以下同じ。）の運転者は、左折し、右折し、転回し、徐行し、停止し、後退し、又は同一方向に進行しながら進路を変えるときは、手、方向指示器又は灯火により合図をし、かつ、これらの行為が終わるまで当該合図を継続しなければならない。（環状交差点における場合を除く。）

3．車両の運転者が同一方向に進行しながら進路を左方又は右方に変えるときの合図を行う時期は、その行為をしようとする地点から 30 メートル手前の地点に達したときである。

4．車両の運転者が左折又は右折するときの合図を行う時期は、その行為をしようとする地点（交差点においてその行為をする場合にあっては、当該交差点の手前の側端）から 30 メートル手前の地点に達したときである。（環状交差点における場合を除く。）

▼

問 14　道路交通法に定める停車及び駐車等についての次の記述のうち、正しいものを２つ選び、解答用紙の該当する欄にマークしなさい。なお、解答にあたっては、各選択肢に記載されている事項以外は考慮しないものとする。（一部改題）

1．車両は、交差点の側端又は道路の曲がり角から５メートル以内の道路の部分においては、法令の規定若しくは警察官の命令により、又は危険を防止するため一時停止する場合のほか、停車し、又は駐車してはならない。

2．車両は、人の乗降、貨物の積卸し、駐車又は自動車の格納若しくは修理のため道路外に設けられた施設又は場所の道路に接する自動車用の出入口から５メートル以内の道路の部分においては、駐車してはならない。

3．車両は、消防用機械器具の置場若しくは消防用防火水槽の側端又はこれらの道路に接する出入口から５メートル以内の道路の部分においては、駐車してはならない。

4．車両は、火災報知機から５メートル以内の道路の部分においては、駐車してはならない。

問 15　道路交通法に定める交通事故の場合の措置についての次の文中、A、B、C、D に入るべき字句としていずれか正しいものを１つ選び、解答用紙の該当する欄にマークしなさい。

交通事故があったときは、当該交通事故に係る車両等の運転者その他の乗務員は、直ちに車両等の運転を停止して、［ A ］し、道路における［ B ］する等必要な措置を講じなければならない。この場合において、当該車両等の運転者（運転者が死亡し、又は負傷したためやむを得ないときは、その他の乗務員）は、警察官が現場にいるときは当該警察官に、警察官が現場にいないときは直ちに最寄りの警察署の警察官に当該交通事故が発生した日時及び場所、当該交通事故における［ C ］及び負傷者の負傷の程度並びに損壊した物及びその損壊の程度、当該交通事故に係る車両等の積載物並びに［ D ］を報告しなければならない。

A　1．事故状況を確認　　2．負傷者を救護

B　1．危険を防止　　2．安全な駐車位置を確保

C　1．死傷者の数　　2．事故車両の数

D　1．当該交通事故について講じた措置　　2．運転者の健康状態

問 16　道路交通法に定める自動車の法定速度についての次の記述のうち、誤っているものを１つ選び、解答用紙の該当する欄にマークしなさい。なお、解答にあたっては、各選択肢に記載されている事項以外は考慮しないものとする。

1．貨物自動車運送事業の用に供する車両総重量 5,995 キログラムの自動車の最高速度は、道路標識等により最高速度が指定されていない片側一車線の一般道路においては、時速 60 キロメートルである。

2．貨物自動車運送事業の用に供する車両総重量 7,520 キログラムの自動車は、法令の規定によりその速度を減ずる場合及び危険を防止するためやむを得ない場合を除き、道路標識等により自動車の最低速度が指定されていない区間の高速自動車国道の本線車道（政令で定めるものを除く。）における最低速度は、時速 50 キロメートルである。

3．貨物自動車運送事業の用に供する車両総重量 7,950 キログラム、最大積載量 4,500 キログラムであって乗車定員２名の自動車の最高速度は、道路標識等により最高速度が指定されていない高速自動車国道の本線車道（政令で定めるものを除く。）においては、時速 80 キロメートルである。

4．貨物自動車運送事業の用に供する車両総重量が 4,995 キログラムの自動車が、故障した車両総重量 1,500 キログラムの普通自動車をロープでけん引する場合の最高速度は、道路標識等により最高速度が指定されていない一般道路においては、時速 40 キロメートルである。

問 17　貨物自動車に係る道路交通法に定める乗車、積載及び過積載（車両に積載をする積載物の重量が法令による制限に係る重量を超える場合における当該積載。以下同じ。）等についての次の記述のうち、誤っているものを１つ選び、解答用紙の該当する欄にマークしなさい。なお、解答にあたっては、各選択肢に記載されている事項以外は考慮しないものとする。

1．積載物の高さは、3.8 メートル（公安委員会が道路又は交通の状況により支障がないと認めて定めるものにあっては 3.8 メートル以上 4.1 メートルを超えない範囲内において公安委員会が定める高さ）からその自動車の積載をする場所の高さを減じたものを超えてはならない。

2．車両（軽車両を除く。）の運転者は、当該車両について政令で定める乗車人員又は積載物の重量、大きさ若しくは積載の方法の制限を超えて乗車をさせ、又は積載をして車両を運転してはならない。ただし、当該車両の出発地を管轄する警察署長による許可を受けてもっぱら貨物を運搬する構造の自動車の荷台に乗車させる場合にあっては、当該制限を超える乗車をさせて運転することができる。

3．警察署長は、荷主が自動車の運転者に対し、過積載をして自動車を運転することを要求するという違反行為を行った場合において、当該荷主が当該違反行為を反復して行うおそれがあると認めるときは、内閣府令で定めるところにより、当該自動車の運転者に対し、当該過積載による運転をしてはならない旨を命ずることができる。

4．準中型自動車とは、大型自動車、中型自動車、大型特殊自動車、大型自動二輪車、普通自動二輪車及び小型特殊自動車以外の自動車で、車両総重量 3,500 キログラム以上、7,500 キログラム未満のもの又は最大積載量 2,000 キログラム以上 4,500 キログラム未満のものをいう。

正答・解説　別冊 P.98 ～ P.99

4．労働基準法関係

問 18　労働基準法（以下「法」という。）に定める労働契約等についての次の記述のうち、誤っているものを１つ選び、解答用紙の該当する欄にマークしなさい。なお、解答にあたっては、各選択肢に記載されている事項以外は考慮しないものとする。

1．使用者は、労働者名簿、賃金台帳及び雇入、解雇、災害補償、賃金その他労働関係に関する重要な書類を３年間保存しなければならない。

2．使用者は、労働者が業務上負傷し、又は疾病にかかり療養のために休業する期間及びその後 30 日間並びに産前産後の女性が法第 65 条（産前産後）の規定によって休業する期間及びその後 30 日間は、解雇してはならない。

3．法第 20 条（解雇の予告）の規定は、法に定める期間を超えない限りにおいて、「日日雇い入れられる者」、「３ヵ月以内の期間を定めて使用される者」、「季節的業務に６ヵ月以内の期間を定めて使用される者」又は「試の使用期間中の者」のいずれかに該当する労働者については適用しない。

4．使用者は、労働契約の締結に際し、労働者に対して賃金、労働時間その他の労働条件を明示しなければならない。この明示された労働条件が事実と相違する場合においては、労働者は、即時に労働契約を解除することができる。

問19　労働基準法（以下「法」という。）に定める労働時間及び休日等に関する次の記述のうち、誤っているものを１つ選び、解答用紙の該当する欄にマークしなさい。なお、解答にあたっては、各選択肢に記載されている事項以外は考慮しないものとする。

1．使用者は、労働者に、休憩時間を除き１週間について40時間を超えて、労働させてはならない。また、１週間の各日については、労働者に、休憩時間を除き１日について８時間を超えて、労働させてはならない。

2．使用者は、法令に定める時間外、休日労働の協定をする場合には、時間外又は休日の労働をさせる必要のある具体的事由、業務の種類、労働者の数並びに１日及び１日を超える一定の期間についての延長することができる時間又は労働させることができる休日について、協定しなければならない。

3．使用者は、災害その他避けることのできない事由によって、臨時の必要がある場合においては、行政官庁の許可を受けて、その必要の限度において法に定める労働時間を延長し、又は休日に労働させることができる。ただし、事態急迫のために行政官庁の許可を受ける暇がない場合においては、事後に遅滞なく届け出なければならない。

4．使用者は、４週間を通じ８日以上の休日を与える場合を除き、労働者に対して、毎週少なくとも２回の休日を与えなければならない。

問 20　「自動車運転者の労働時間等の改善のための基準」に定める目的等についての次の文中、A、B、C、D に入るべき字句としていずれか正しいものを１つ選び、解答用紙の該当する欄にマークしなさい。

1．この基準は、自動車運転者（労働基準法（以下「法」という。）第9条に規定する労働者であって、［ A ］の運転の業務（厚生労働省労働基準局長が定めるものを除く。）に主として従事する者をいう。以下同じ。）の労働時間等の改善のための基準を定めることにより、自動車運転者の労働時間等の［ B ］を図ることを目的とする。

2．労働関係の当事者は、この基準を理由として自動車運転者の労働条件を低下させてはならないことはもとより、その［ C ］に努めなければならない。

3．使用者は、季節的繁忙期その他の事情により、法第36条第1項の規定に基づき臨時に［ D ］、又は休日に労働させる場合においても、その時間数又は日数を少なくするように努めるものとする。

A	1．四輪以上の自動車	2．二輪以上の自動車
B	1．労働契約の遵守	2．労働条件の向上
C	1．維持	2．向上
D	1．休息時間を短縮し	2．労働時間を延長し

▼

問 21　「自動車運転者の労働時間等の改善のための基準」（以下「改善基準告示」という。）において定める貨物自動車運送事業に従事する自動車運転者（以下「トラック運転者」という。）の拘束時間及び運転時間等に関する次の記述のうち、正しいものを２つ選び、解答用紙の該当する欄にマークしなさい。ただし、１人乗務で、隔日勤務には就いていない場合とする。なお、解答にあたっては、各選択肢に記載されている事項以外は考慮しないものとする。（一部改題）

1．使用者は、1日についての拘束時間は、13時間を超えないものとし、当該拘束時間を延長する場合であっても、最大拘束時間は16時間とすること。ただし、貨物自動車運送事業に従事する自動車運転者に係る1週間における運行が全て長距離貨物運送であり、かつ、一の運行における休息期間が、当該自動車運転者の住所地以外の場所におけるものである場合においては、当該1週間について2回に限り最大拘束時間を17時間とすることができる。

2．使用者は、トラック運転者の休息期間については、当該トラック運転者の住所地における休息期間がそれ以外の場所における休息期間より長くなるように努めるものとする。

3．使用者は、トラック運転者に休日に労働させる場合は、当該労働させる休日は2週間について1回を超えないものとし、当該休日の労働によって改善基準告示第4条第1項に定める拘束時間及び最大拘束時間を超えないものとする。

4．使用者は、トラック運転者の連続運転時間（1回がおおむね連続5分以上で、かつ、合計が30分以上の運転の中断をすることなく連続して運転する時間をいう。）は、4時間を超えないものとすること。

▼

問 22　下図は、貨物自動車運送事業に従事する自動車運転者の運転時間及び休憩時間の例を示したものであるが、このうち、連続運転の中断方法として「自動車運転者の労働時間等の改善のための基準」に適合しているものを2つ選び、解答用紙の該当する欄にマークしなさい。（一部改題）

1.

業務開始	運転	休憩	運転	休憩	運転	休憩	運転	休憩	運転	休憩	運転	休憩	運転	業務終了
	30分	10分	2時間	15分	30分	10分	1時間30分	1時間	2時間	15分	1時間30分	10分	1時間	

2.

業務開始	運転	休憩	運転	休憩	運転	休憩	運転	休憩	運転	休憩	運転	休憩	運転	業務終了
	1時間	15分	2時間	10分	1時間	15分	1時間	1時間	1時間30分	10分	1時間	5分	30分	

3.

業務開始	運転	休憩	運転	休憩	運転	休憩	運転	休憩	運転	休憩	運転	休憩	運転	業務終了
	2時間	10分	1時間30分	10分	30分	10分	1時間	1時間	1時間	10分	1時間	10分	2時間	

4.

業務開始	運転	休憩	運転	休憩	運転	休憩	運転	休憩	運転	休憩	運転	休憩	運転	業務終了
	1時間	10分	1時間30分	15分	30分	5分	1時間30分	1時間	2時間	10分	1時間30分	10分	30分	

▼

問23　下図は、貨物自動車運送事業に従事する自動車運転者の１週間の勤務状況の例を示したものであるが、「自動車運転者の労働時間等の改善のための基準」（以下「改善基準告示」という。）に定める拘束時間等に関する次の記述のうち、誤っているものを１つ選び、解答用紙の該当する欄にマークしなさい。

ただし、１週間における運行が全て長距離貨物運送であり、かつ、一の運行における休息期間が、当該自動車運転者の住所地以外の場所におけるものであるとする。なお、解答にあたっては、下図に示された内容及び各選択肢に記載されている事項以外は考慮しないものとする。（一部改題）

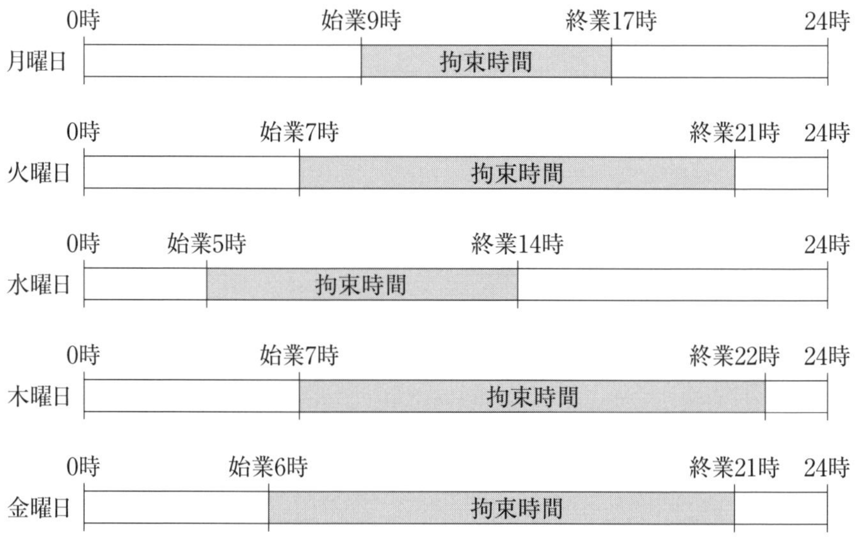

（注）土曜日及び日曜日は休日とする。

1．１週間における１日についての拘束時間が改善基準告示に定める最大拘束時間に違反する勤務はない。

2．１日についての拘束時間を規定の上限まで延長することができる１週間についての回数は、改善基準告示に違反している。

3．勤務終了後の休息期間は、改善基準告示に違反しているものはない。

4．水曜日に始まる勤務の1日についての拘束時間は、この1週間の勤務の中で1日についての拘束時間が最も短い。

5．実務上の知識及び能力

▼

問24　運行管理の意義、運行管理者の役割等に関する次の記述のうち、適切なものには解答用紙の「適」の欄に、適切でないものには解答用紙の「不適」の欄にマークしなさい。なお、解答にあたっては、各選択肢に記載されている事項以外は考慮しないものとする。（一部改題）

1．運行管理者は、仮に事故が発生していない場合でも、同業他社の事故防止の取組事例などを参考にしながら、現状の事故防止対策を分析・評価することなどにより、絶えず運行管理業務の改善に向けて努力していくことも重要な役割である。

2．事業用自動車の点検及び整備に関する車両管理については、整備管理者の責務において行うこととされていることから、運転者等が整備管理者に報告した場合にあっては、点呼において運行管理者は事業用自動車の日常点検の実施について確認する必要はない。

3．運行管理者は、運転者の指導教育を実施していく際、運転者一人ひとりの個性に応じた助言･指導（カウンセリング）を行うことも重要である。そのためには、日頃から運転者の性格や能力、事故歴のほか、場合によっては個人的な事情についても把握し、そして、これらに基づいて助言・指導を積み重ねることによって事故防止を図ることも重要な役割である。

4．事業者が、事業用自動車の定期点検を怠ったことが原因で重大事故を起こしたことにより、行政処分を受けることになった場合、当該重大事故を含む運行管理業務上に一切問題がなくても、運行管理者は事業者に代わって事業用自動車の運行管理を行っていることから、事業者が行政処分を受ける際に、運行管理者が運行管理者資格者証の返納を命じられる。

問 25　一般貨物自動車運送事業者が事業用自動車の運転者に対して行う指導・監督に関する次の記述のうち、適切なものをすべて選び、解答用紙の該当する欄にマークしなさい。なお、解答にあたっては、各選択肢に記載されている事項以外は考慮しないものとする。

1．自動車が追越しをするときは、前の自動車の走行速度に応じた追越し距離、追越し時間が必要になる。前の自動車と追越しをする自動車の速度差が小さい場合には追越しに長い時間と距離が必要になることから、無理な追越しをしないよう運転者に対し指導する必要がある。

2．雪道への対応の遅れは、雪道でのチェーンの未装着のため自動車が登り坂を登れないこと等により後続車両が滞留し大規模な立ち往生を発生させることにもつながる。このことから運行管理者は、状況に応じて早めのチェーン装着等を運転者に対し指導する必要がある。

3．運転中の携帯電話・スマートフォンの使用などは運転への注意力を著しく低下させ、事故につながる危険性が高くなる。このような運転中の携帯電話等の操作は法令違反であることはもとより、いかに危険な行為であるかを運行管理者は運転者に対し理解させて、運転中の使用の禁止を徹底する必要がある。

4．平成 28 年中の事業用貨物自動車が第 1 当事者となった人身事故の類型別発生状況をみると、「出会い頭衝突」が最も多く、全体の約半分を占めており、続いて「追突」の順となっている。このため、運転者に対し、特に、交差点における一時停止の確実な履行と安全確認の徹底を指導する必要がある。

▼

問 26　事業用自動車の運転者の健康管理及び就業における判断・対処に関する次の記述のうち、適切なものには解答用紙の「適」の欄に、適切でないものには解答用紙の「不適」の欄にマークしなさい。なお、解答にあたっては、各選択肢に記載されている事項以外は考慮しないものとする。（一部改題）

1．事業者は、業務に従事する運転者に対し法令で定める健康診断を受診させ、その結果に基づいて健康診断個人票を作成し３年間保存としている。また、運転者が自ら受けた健康診断の結果を提出したものについても同様に保存している。

2．事業者は、法令により定められた健康診断を実施することが義務づけられているが、運転者が自ら受けた健康診断（人間ドックなど）であっても法令で必要な定期健康診断の項目を充足している場合は、法定健診として代用することができる。

3．配送業務である早朝の業務前点呼において、これから運行の業務に従事する運転者の目が赤く眠そうな顔つきであったため、本人に報告を求めたところ、連日、就寝が深夜２時頃と遅く寝不足気味ではあるが、何とか業務は可能であるとの申告があった。このため運行管理者は、当該運転者に対し途中で眠気等があったときには、自らの判断で適宜、休憩をとるなどして運行するよう指示し、出庫させた。

4．事業者は、ある高齢運転者が夜間運転業務において加齢に伴う視覚機能の低下が原因と思われる軽微な接触事故が多く見られたため、昼間の運転業務に配置替えをした。しかし、繁忙期であったことから、運行管理者の判断で点呼において当該運転者の健康状態を確認しつつ、以前の夜間運転業務に短期間従事させた。

問 27　自動車の走行時に生じる諸現象とその主な対策に関する次の文中、A、B、C、Dに入るべき字句としていずれか正しいものを１つ選び、解答用紙の該当する欄にマークしなさい。

ア　[A]とは、路面が水でおおわれているときに高速で走行するとタイヤの排水作用が悪くなり、水上を滑走する状態になって操縦不能になることをいう。これを防ぐため、日頃よりスピードを抑えた走行に努めるべきことや、タイヤの空気圧及び溝の深さが適当であることを日常点検で確認することの重要性を、運転者に対し指導する必要がある。

1．ハイドロプレーニング現象　　2．ウェットスキッド現象

イ　[B]とは、自動車の夜間の走行時において、自車のライトと対向車のライトで、お互いの光が反射し合い、その間にいる歩行者や自転車が見えなくなることをいう。この状況は暗い道路で特に起こりやすいので、夜間の走行の際には十分注意するよう運転者に対し指導する必要がある。

1．クリープ現象　　2．蒸発現象

ウ　[C]とは、フット・ブレーキを使い過ぎると、ブレーキ・ドラムやブレーキ・ライニングなどが摩擦のため過熱してその熱がブレーキ液に伝わり、液内に気泡が発生することによりブレーキが正常に作用しなくなり効きが低下することをいう。これを防ぐため、長い下り坂などでは、エンジン・ブレーキ等を使用し、フット・ブレーキのみの使用を避けるよう運転者に対し指導する必要がある。

1．ベーパー・ロック現象　　2．スタンディングウェーブ現象

エ　[D]とは、運転者が走行中に危険を認知して判断し、ブレーキ操作に至るまでの間に自動車が走り続けた距離をいう。自動車を運転するとき、特に他の自動車に追従して走行するときは、危険が発生した場合でも安全に停止できるような速度又は車間距離を保って運転するよう運転者に対し指導する必要がある。

1．制動距離　　2．空走距離

問 28　自動車運送事業者において最近普及の進んできたデジタル式運行記録計を活用した運転者指導の取組等に関する次の記述のうち、適切なものには解答用紙の「適」の欄に、適切でないものには解答用紙の「不適」の欄にマークしなさい。なお、解答にあたっては、各選択肢に記載されている事項以外は考慮しないものとする。

1. 運行管理者は、デジタル式運行記録計の記録図表（24 時間記録図表や 12 分間記録図表）等を用いて、最高速度記録の▼マークなどを確認することにより最高速度超過はないか、また、急発進、急減速の有無についても確認し、その記録データを基に運転者に対し安全運転、経済運転の指導を行う。

2. 運行管理者は、大型トラックに装着された運行記録計により記録される「瞬間速度」、「運行距離」及び「運行時間」等により運行の実態を分析して安全運転等の指導を図る資料として活用しており、この運行記録計の記録を 6 ヵ月間保存している。

3. デジタル式運行記録計は、自動車の運行中、交通事故や急ブレーキ、急ハンドルなどにより当該自動車が一定以上の衝撃を受けると、衝突前と衝突後の前後 10 数秒間の映像などを記録する装置であり、事故防止対策の有効な手段の一つとして活用されている。

4. 衝突被害軽減ブレーキは、いかなる走行条件においても前方の車両等に衝突する危険性が生じた場合に確実にレーダー等で検知したうえで自動的にブレーキが作動し、衝突を確実に回避できるものである。当該ブレーキが備えられている自動車に乗務する運転者に対しては、当該ブレーキ装置の故障を検知し表示による警告があった場合の対応を指導する必要がある。

▼

問29　貨物自動車運送事業者の運行管理者は複数の荷主からの運送依頼を受けて、下のとおり４日にわたる２人乗務による運行計画を立てた。この２人乗務を必要とした根拠についての次の１～３の下線部の運行管理者の判断について、正しいものをすべて選び、解答用紙の該当する欄にマークしなさい。なお、１週間における運行が全て長距離貨物運送であり、かつ、一の運行における休息期間が、当該自動車運転者の住所地以外の場所におけるものであるとする。また、解答にあたっては、＜４日にわたる運行計画＞及び各選択肢に記載されている事項以外は考慮しないものとする。（一部改題）

＜４日にわたる運行計画＞

前日　当該運行の前日は、この運行を担当する運転者は、休日とする。

1日目　始業時刻 6時00分　出庫時刻 6時30分　到着時刻 19時45分　終業時刻 20時00分

業務前点呼（営業所）	運転	荷積み	運転	休憩	運転	休憩	運転	荷下ろし	運転	業務後点呼	宿泊所
	1時間	1時間	3時間	1時間	2時間	15分	3時間	1時間	1時間		

2日目　始業時刻 4時00分　出庫時刻 4時30分　到着時刻 16時45分　終業時刻 17時00分

業務前点呼	運転	荷積み	運転	休憩	運転	中間点呼 休憩	運転	荷下ろし	運転	業務後点呼	宿泊所
	1時間	1時間	1時間30分	15分	2時間30分	1時間	3時間	1時間	1時間		

3日目　始業時刻 4時00分　出庫時刻 4時30分　到着時刻 16時45分　終業時刻 17時00分

業務前点呼	運転	荷積み	運転	中間点呼 休憩	運転	休憩	運転	荷下ろし	運転	業務後点呼	宿泊所
	1時間	1時間	3時間	1時間	2時間	15分	2時間	1時間	1時間		

4日目　始業時刻 5時00分　出庫時刻 5時30分　到着時刻 21時30分　終業時刻 22時00分

業務前点呼	運転	荷積み	運転	フェリー乗船	運転	休憩	運転	荷下ろし	運転	業務後点呼（営業所）
	1時間30分	1時間	2時間	3時間	2時間	1時間	3時間	1時間	1時間30分	

翌日　当該運行の翌日は、この運行を担当する運転者は、休日とする。

1．１人乗務とした場合、1日についての最大拘束時間及び休息期間が「自動車運転者の労働時間等の改善のための基準」（以下「改善基準告示」という。）に違反すると判断して、当該運行には交替運転者を配置した。

2．１人乗務とした場合、すべての日を特定の日とした場合の２日を平均して１日当たりの運転時間が改善基準告示に違反すると判断して、当該運行には交替運転者を配置した。

3．１人乗務とした場合、<u>連続運転時間が改善基準告示に違反する</u>と判断して、当該運行には交替運転者を配置した。

問 30　運行管理者が次の事業用大型トラックの事故報告に基づき、この事故の要因分析を行ったうえで、同種事故の再発を防止するための対策として、<u>最も直接的に有効と考えられる組合せを、下の枠内の選択肢（１～８）から１つ</u>選び、解答用紙の該当する欄にマークしなさい。なお、解答にあたっては、【事故の概要】及び【事故の推定原因・事故の要因】に記載されている事項以外は考慮しないものとする。

【事故の概要】

当該運転者は、当日早朝に出勤し運行管理者の電話点呼を受けたのち、貨物の納入先へ向け運行中、信号機のない交差点に差しかかり、前方の普通トラックが当該交差点から約 10 メートル先の踏切で安全確認のため一時停止したため、それに続いて当該交差点の横断歩道上に停止した。その後前方のトラックが発進したことをうけ、車両前方を母子が横断していることに気付かず発進し、母子と接触し転倒させた。この事故により、母親とベビーカーの子供が重傷を負った。

なお、当該車両にはフロントガラス下部を覆う高さ約 30 センチメートルの装飾板が取り付けられていた。

・事故発生：午前 10 時 20 分
・天候　　：晴れ
・道路　　：幅員 8.0 メートル
・運転者　：45 歳　運転歴 14 年

（イラストは次ページに掲載）

【事故の推定原因・事故の要因】

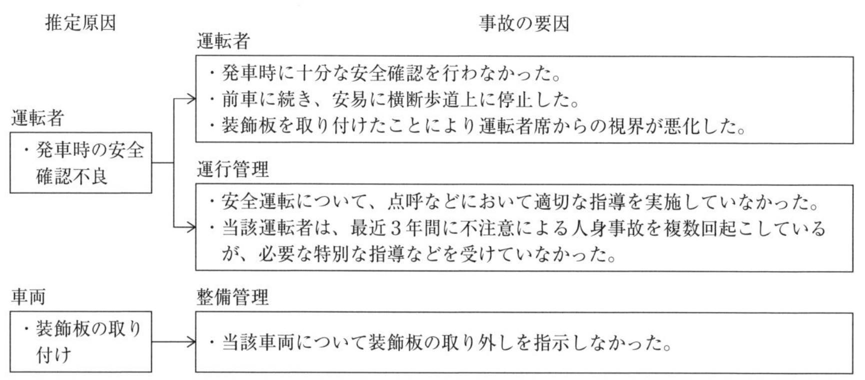

推定原因
事故の要因
運転者
・発車時の安全確認不良
運転者
・発車時に十分な安全確認を行わなかった。
・前車に続き、安易に横断歩道上に停止した。
・装飾板を取り付けたことにより運転者席からの視界が悪化した。
運行管理
・安全運転について、点呼などにおいて適切な指導を実施していなかった。
・当該運転者は、最近３年間に不注意による人身事故を複数回起こしているが、必要な特別な指導などを受けていなかった。
車両
・装飾板の取り付け
整備管理
・当該車両について装飾板の取り外しを指示しなかった。

【事故の再発防止対策】

ア　対面による点呼が行えるよう要員の配置を整備する。

イ　装飾板等により運転者の視界を妨げるものについては、確実に取り外させるとともに、装飾板等取り付けが運転者の死角要因となることを運転者に対して、適切な指導を実施する。

ウ　運転者に対して、交通事故を惹起した場合の社会的影響の大きさや過労が運転に及ぼす危険性を認識させ、疲労や眠気を感じた場合は直ちに運転を中止し、休憩するよう指導を徹底する。

エ　事故惹起運転者に対して､安全運転のための特別な指導を行うとともに、適性診断結果を活用して、運転上の弱点について助言・指導を徹底することにより、安全運転のための基本動作を励行させる。

オ　運転者に対して、運行開始前に直接見ることができない箇所について後写鏡やアンダーミラー等により適切な視野の確保を図ったうえで、発車時には十分な安全確認を行うよう徹底する。

カ　過労運転等の防止を図るため、自動車運転者の労働時間等の改善のための基準に違反しない乗務計画を作成し、運転者に対する適切な運行指示を徹底する。

キ　安全運転教育において、横断歩道、交差点などの部分で停止しないよう徹底するとともに、横断歩道に接近する場合及び通過する際に、横断しようとする者がいないことを確実に確認するよう徹底する。

ク　運転者に対して、疾病が交通事故の要因となるおそれがあることを正しく理解させ、定期的な健康診断結果に基づき、自ら生活習慣の改善を図るなど、適切な心身の健康管理を行うことの重要性を理解させる。

1．ア・イ・オ・ク	2．ア・イ・カ・キ
3．ア・オ・キ・ク	4．ア・ウ・オ・キ
5．イ・ウ・エ・カ	6．イ・エ・オ・キ
7．ウ・エ・キ・ク	8．ウ・エ・オ・カ

memo

平成30年度　第1回

運行管理者試験問題〈貨物〉

●試験時間　制限時間90分

●P. 295の解答用紙をコピーしてお使いください。
答え合わせに便利な正答一覧は別冊P. 129

	受験者数（人）	合格者数（人）	合格率（%）
令和4年度　第2回	23,759	8,209	34.6
令和4年度　第1回	28,804	11,051	38.4
令和3年度　第2回	27,982	9,028	32.3
令和3年度　第1回	34,164	10,164	29.8
令和2年度　第2回	32,575	14,295	43.9
令和2年度　第1回	39,630	12,166	30.7
令和元年度　第1回	36,530	11,584	31.7
平成30年度　第2回	29,709	9,743	32.8
★ 平成30年度　第1回	35,619	10,220	28.7

1．貨物自動車運送事業法関係

▼

問１　一般貨物自動車運送事業者（以下「事業者」という。）の事業計画の変更に関する次の記述のうち、誤っているものを１つ選び、解答用紙の該当する欄にマークしなさい。なお、解答にあたっては、各選択肢に記載されている事項以外は考慮しないものとする。

1．事業者は、「自動車車庫の位置及び収容能力」の事業計画の変更をしようとするときは、国土交通大臣の認可を受けなければならない。

2．事業者は、「各営業所に配置する事業用自動車の種別ごとの数」の事業計画の変更をするときは、あらかじめその旨を、国土交通大臣に届け出なければならない。

3．事業者は、「主たる事務所の名称及び位置」の事業計画の変更をしたときは、遅滞なくその旨を、国土交通大臣に届け出なければならない。

4．事業者は、「事業用自動車の運転者、特定自動運行保安員及び運行の業務の補助に従事する従業員の休憩又は睡眠のための施設の位置及び収容能力」の事業計画の変更をするときは、あらかじめその旨を、国土交通大臣に届け出なければならない。

正答・解説　別冊 P.107

問２　貨物自動車運送事業法に定める運行管理者等の義務についての次の文中、A、B、C、D に入るべき字句を下の枠内の選択肢（1 ～ 8）から選び、解答用紙の該当する欄にマークしなさい。

1．運行管理者は、［　A　］にその業務を行わなければならない。

2．一般貨物自動車運送事業者は、運行管理者に対し、法令で定める業務を行うため必要な［　B　］を与えなければならない。

3．一般貨物自動車運送事業者は、運行管理者がその業務として行う助言を［　C　］しなければならず、事業用自動車の運転者その他の従業員は、運行管理者がその業務として行う［　D　］に従わなければならない。

1．指導	2．考慮	3．誠実	4．権限
5．適切	6．地位	7．尊重	8．勧告

▼

問３　次の記述のうち、貨物自動車運送事業の運行管理者の行わなければならない業務として、正しいものを２つ選び、解答用紙の該当する欄にマークしなさい。なお、解答にあたっては、各選択肢に記載されている事項以外は考慮しないものとする。（一部改題）

1．事業計画に従い業務を行うに必要な員数の事業用自動車の運転者又は特定自動運行保安員を常時選任しておくこと。

2．異常気象その他の理由により輸送の安全の確保に支障を生ずるおそれがあるときは、乗務員等に対する適切な指示その他輸送の安全を確保するために必要な措置を講ずること。

3．法令の規定により、死者又は負傷者（法令に掲げる傷害を受けた者）が生じた事故を引き起こした者等特定の運転者に対し、国土交通大臣が告示で定める適性診断であって国土交通大臣の認定を受けたものを受けさせること。

4．乗務員等が有効に利用することができるように、休憩に必要な施設を整備し、及び乗務員等に睡眠を与える必要がある場合にあっては睡眠に必要な施設を整備し、並びにこれらの施設を適切に管理し、及び保守すること。

▼

問４　貨物自動車運送事業の事業用自動車の運転者等に対する点呼に関する次の記述のうち、正しいものをすべて選び、解答用紙の該当する欄にマークしなさい。なお、解答にあたっては、各選択肢に記載されている事項以外は考慮しないものとする。（一部改題）

1．貨物自動車運送事業者は、事業用自動車の運行の業務に従事しようとする運転者等に対して対面により、又は対面による点呼と同等の効果を有するものとして国土交通大臣が定める方法（運行上やむを得ない場合は電話その他の方法。）により点呼を行い、所定の事項について報告を求め、及び確認を行い、並びに事業用自動車の運行の安全を確保するために必要な指示を与えなければならない。

2．業務終了後の点呼においては、「道路運送車両法第 47 条の 2 第 1 項及び第 2 項の規定による点検（日常点検）の実施又はその確認」について報告を求め、及び確認を行う。

3．運行管理者の業務を補助させるために選任された補助者に対し、点呼の一部を行わせる場合にあっても、当該営業所において選任されている運行管理者が行う点呼は、点呼を行うべき総回数の 3 分の 1 以上でなければならない。

4．運転者が所属する営業所において、アルコール検知器により酒気帯びの有無について確認を行う場合には、当該営業所に備えられたアルコール検知器を用いて行わなければならないが、当該アルコール検知器が故障等により使用できない場合は、当該アルコール検知器と同等の性能を有したものであれば、当該営業所に備えられたものでなくてもこれを使用して確認することができる。

問５　次の自動車事故に関する記述のうち、一般貨物自動車運送事業者が自動車事故報告規則に基づく国土交通大臣への報告を要するものを２つ選び、解答用紙の該当する欄にマークしなさい。なお、解答にあたっては、各選択肢に記載されている事項以外は考慮しないものとする。

1．事業用自動車の運転者が運転操作を誤り、当該事業用自動車が道路の側壁に衝突した後、運転席側を下にして横転した状態で道路上に停車した。この事故で、当該運転者が10日間の医師の治療を要する傷害を負った。

2．事業用自動車が雨天時に緩い下り坂の道路を走行中、前を走行していた自動車が速度超過によりカーブを曲がりきれずにガードレールに衝突する事故を起こした。そこに当該事業用自動車が追突し、さらに後続の自動車も次々と衝突する事故となり、9台の自動車が衝突し10名の負傷者が生じた。

3．事業用自動車が右折の際、原動機付自転車と接触し、当該原動機付自転車が転倒した。この事故で、原動機付自転車の運転者に通院による30日間の医師の治療を要する傷害を生じさせた。

4．事業用自動車が、高速自動車国道法に定める高速自動車国道を走行中、前方に事故で停車していた乗用車の発見が遅れたため、当該乗用車に追突した。そこに当該事業用自動車の後続車5台が次々と衝突する多重事故となった。この事故で、当該高速自動車国道が2時間にわたり自動車の通行が禁止となった。

▼

問6　一般貨物自動車運送事業者（以下「事業者」という。）の過労運転等の防止等に関する貨物自動車運送事業輸送安全規則等の規定についての次の記述のうち、正しいものを１つ選び、解答用紙の該当する欄にマークしなさい。（一部改題）

1．事業者は、事業計画に従い業務を行うに必要な員数の事業用自動車の運転者（以下「運転者」という。）又は特定自動運行保安員を常時選任しておかなければならず、この場合、選任する運転者及び特定自動運行保安員は、日々雇い入れられる者、3ヵ月以内の期間を定めて使用される者又は試みの使用期間中の者（14日を超えて引き続き使用されるに至った者を除く。）であってはならない。

2．運転者が一の運行における最初の勤務を開始してから最後の勤務を終了するまでの時間（ただし、「自動車運転者の労働時間等の改善のための基準」（労働省告示）の規定において厚生労働省労働基準局長が定めることとされている自動車運転者がフェリーに乗船する場合における休息期間を除く。）は、168時間を超えてはならない。

3．事業者は、乗務員等の身体に保有するアルコールの程度が、道路交通法施行令第44条の3（アルコールの程度）に規定する呼気中のアルコール濃度1リットルにつき0.15ミリグラム以下であれば事業用自動車の運行の業務に従事させてもよい。

4．特別積合せ貨物運送を行う事業者は、当該特別積合せ貨物運送に係る運行系統であって起点から終点までの距離が100キロメートルを超えるものごとに、所定の事項について事業用自動車の運行の業務に関する基準を定め、かつ、当該基準の遵守について乗務員等に対する適切な指導及び監督を行わなければならない。

▼

問７　次の記述のうち、一般貨物自動車運送事業者の運転者（以下「運転者」という。）が遵守しなければならない事項として誤っているものを１つ選び、解答用紙の該当する欄にマークしなさい。なお、解答にあたっては、各選択肢に記載されている事項以外は考慮しないものとする。（一部改題）

1．運転者は、乗務を開始しようとするとき、乗務前及び乗務後の点呼のいずれも対面で行うことができない乗務の途中及び乗務を終了したときは、法令に規定する点呼を受け、事業者に所定の事項について報告をすること。

2．法令の定めにより運行指示書の作成を要する運行の途中において、運行の経路並びに主な経過地における発車及び到着の日時に変更が生じた場合に、運転者は携行している運行指示書に当該変更の内容を記載すること。

3．運転者は、事業用自動車の運行の業務に従事したときは、①運転者が従事した運行の業務に係る事業用自動車の自動車登録番号その他の当該事業用自動車を識別できる表示、②業務の開始及び終了の地点及び日時並びに主な経過地点及び業務に従事した距離等所定の事項を「業務の記録」（法令に規定する運行記録計に記録する場合は除く。）に記録すること。

4．運転者は、乗務を終了して他の運転者と交替するときは、交替する運転者に対し、当該乗務に係る事業用自動車、道路及び運行の状況について通告すること。この場合において、交替して乗務する運転者は、当該通告を受け、当該事業用自動車の制動装置、走行装置その他の重要な装置の機能について点検の必要性があると認められる場合には、これを点検すること。

▼

問８　一般貨物自動車運送事業者（以下「事業者」という。）の事業用自動車の運行に係る記録等に関する次の記述のうち、正しいものを２つ選び、解答用紙の該当する欄にマークしなさい。なお、解答にあたっては、各選択肢に記載されている事項以外は考慮しないものとする。（一部改題）

1．事業者は、運転者が転任、退職その他の理由により運転者でなくなった場合には、直ちに、当該運転者に係る法令に基づき作成した運転者等台帳に運転者でなくなった年月日及び理由を記載し、これを２年間保存しなければならない。

2．事業者は、法令の規定により点呼を行い、報告を求め、確認を行い、及び指示をしたときは、運転者等ごとに点呼を行った旨、報告、確認及び指示の内容並びに法令で定める所定の事項を記録し、かつ、その記録を１年間保存しなければならない。

3．事業者は、法令の規定により運行指示書を作成した場合には、当該運行指示書及びその写しを、運行の終了の日から１年間保存しなければならない。

4．事業者は、事業用自動車に係る事故が発生した場合には、事故の発生日時等所定の事項を記録し、その記録を当該事業用自動車の運行を管理する営業所において２年間保存しなければならない。

2．道路運送車両法関係

問９　道路運送車両法の自動車の登録等についての次の記述のうち、誤っているものを１つ選び、解答用紙の該当する欄にマークしなさい。なお、解答にあたっては、各選択肢に記載されている事項以外は考慮しないものとする。

1．登録自動車の所有者は、当該自動車の使用者が道路運送車両法の規定により自動車の使用の停止を命ぜられ、自動車検査証を返納したときは、遅滞なく、当該自動車登録番号標及び封印を取りはずし、自動車登録番号標について国土交通大臣の領置を受けなければならない。

2．自動車登録番号標及びこれに記載された自動車登録番号の表示は、国土交通省令で定めるところにより、自動車登録番号標を自動車の前面及び後面の任意の位置に確実に取り付けることによって行うものとする。

3．自動車の所有者は、当該自動車の使用の本拠の位置に変更があったときは、道路運送車両法で定める場合を除き、その事由があった日から15日以内に、国土交通大臣の行う変更登録の申請をしなければならない。

4．道路運送車両法に規定する自動車の種別は、自動車の大きさ及び構造並びに原動機の種類及び総排気量又は定格出力を基準として定められ、その別は、普通自動車、小型自動車、軽自動車、大型特殊自動車、小型特殊自動車である。

▼

問 10　自動車の検査等についての次の記述のうち、正しいものを 2 つ選び、解答用紙の該当する欄にマークしなさい。なお、解答にあたっては、各選択肢に記載されている事項以外は考慮しないものとする。（一部改題）

1．国土交通大臣の行う自動車（検査対象外軽自動車及び小型特殊自動車を除く。以下同じ。）の検査は、新規検査、継続検査、臨時検査、構造等変更検査及び予備検査の 5 種類である。

2．自動車検査証の有効期間の起算日については、自動車検査証の有効期間が満了する日の 2 ヵ月前（離島に使用の本拠の位置を有する自動車を除く。）から当該期間が満了する日までの間に継続検査を行い、当該自動車検査証に有効期間を記録する場合は、当該自動車検査証の有効期間が満了する日の翌日とする。

3．自動車運送事業の用に供する自動車は、自動車検査証を当該自動車又は当該自動車の所属する営業所に備え付けなければ、運行の用に供してはならない。

4．初めて自動車検査証の交付を受ける車両総重量 7,990 キログラムの貨物の運送の用に供する自動車については、当該自動車検査証の有効期間は 2 年である。

問 11　道路運送車両法に定める自動車の整備命令等についての次の文中、A、B、C に入るべき字句としていずれか正しいものを 1 つ選び、解答用紙の該当する欄にマークしなさい。

地方運輸局長は、自動車が保安基準に適合しなくなるおそれがある状態又は適合しない状態にあるとき（同法第 54 条の 2 第 1 項に規定するときを除く。）は、当該自動車の［A］に対し、保安基準に適合しなくなるおそれをなくするため、又は保安基準に適合させるために必要な整備を行うべきことを［B］ことができる。この場合において、地方運輸局長は、保安基準に適合しない状態にある当該自動車の［A］に対し、当該自動車が保安基準に適合するに至るまでの間の運行に関し、当該自動車の使用の方法又は［C］その他の保安上又は公害防止その他の環境保全上必要な指示をすることができる。

A　1．使用者　　　2．所有者
B　1．命ずる　　　2．勧告する
C　1．使用の制限　2．経路の制限

正答・解説　別冊 P.111

問 12　道路運送車両の保安基準及びその細目を定める告示についての次の記述のうち、正しいものを２つ選び、解答用紙の該当する欄にマークしなさい。なお、解答にあたっては、各選択肢に記載されている事項以外は考慮しないものとする。

1．火薬類（省令に掲げる数量以下のものを除く。）を運送する自動車、指定数量以上の高圧ガス（可燃性ガス及び酸素に限る。）を運送する自動車及び危険物の規制に関する政令に掲げる指定数量以上の危険物を運送する自動車には、消火器を備えなければならない。（被牽引自動車の場合を除く。）

2．自動車に備えなければならない後写鏡は、取付部付近の自動車の最外側より突出している部分の最下部が地上 2.0 メートル以下のものは、当該部分が歩行者等に接触した場合に衝撃を緩衝できる構造でなければならない。

3．自動車の後面には、夜間にその後方 150 メートルの距離から走行用前照灯で照射した場合にその反射光を照射位置から確認できる赤色の後部反射器を備えなければならない。

4．自動車は、告示で定める方法により測定した場合において、長さ（セミトレーラにあっては、連結装置中心から当該セミトレーラの後端までの水平距離）12 メートル、幅 2.5 メートル、高さ 4.1 メートルを超えてはならない。

３．道路交通法関係

問 13　道路交通法に定める車両通行帯等についての次の記述のうち、誤っているものを１つ選び、解答用紙の該当する欄にマークしなさい。なお、解答にあたっては、各選択肢に記載されている事項以外は考慮しないものとする。

1．車両は、車両通行帯の設けられた道路においては、道路の左側端から数えて１番目の車両通行帯を通行しなければならない。ただし、自動車（小型特殊自動車及び道路標識等によって指定された自動車を除く。）は、当該道路の左側部分（当該道路が一方通行となっているときは、当該道路）に３以上の車両通行帯が設けられているときは、政令で定めるところにより、その速度に応じ、その最も右側の車両通行帯以外の車両通行帯を通行することができる。

2．一般乗合旅客自動車運送事業者による路線定期運行の用に供する自動車（以下「路線バス等」という。）の優先通行帯であることが道路標識等により表示されている車両通行帯が設けられている道路においては、自動車（路線バス等を除く。）は、路線バス等が後方から接近してきた場合に当該道路における交通の混雑のため当該車両通行帯から出ることができないこととなるときであっても、路線バス等が実際に接近してくるまでの間は、当該車両通行帯を通行することができる。

3．車両（トロリーバスを除く。）は、車両通行帯の設けられた道路を通行する場合を除き、自動車は道路の左側に寄って、当該道路を通行しなければならない。ただし、追越しをするとき、法令の規定により道路の中央若しくは右側端に寄るとき、又は道路の状況その他の事情によりやむを得ないときは、この限りでない。

4．車両は、道路の中央から左の部分の幅員が６メートルに満たない道路において、他の車両を追い越そうとするとき（道路の中央から右の部分を見とおすことができ、かつ、反対の方向からの交通を妨げるおそれがない場合に限るものとし、道路標識等により追越しのため右側部分にはみ出して通行することが禁止されている場合を除く。）は、法令の規定にかかわらず、道路の中央から右の部分にその全部又は一部をはみ出して通行することができる。

問 14　道路交通法に定める追越し等についての次の記述のうち、正しいものを２つ選び、解答用紙の該当する欄にマークしなさい。なお、解答にあたっては、各選択肢に記載されている事項以外は考慮しないものとする。

1．車両は、トンネル内の車両通行帯が設けられている道路の部分（道路標識等により追越しが禁止されているものを除く。）においては、他の車両を追い越すことができる。

2．車両は、他の車両を追い越そうとするときは、その追い越されようとする車両（以下「前車」という。）の右側を通行しなければならない。ただし、前車が法令の規定により右折をするため道路の中央又は右側端に寄って通行しているときは、前車を追越してはならない。

3．車両は、法令の規定若しくは警察官の命令により、又は危険を防止するため、停止し、若しくは停止しようとして徐行している車両等に追いついたときは、その前方にある車両等の側方を通過して当該車両等の前方に割り込み、又はその前方を横切ってはならない。

4．車両は、進路を変更した場合にその変更した後の進路と同一の進路を後方から進行してくる車両等の速度又は方向を急に変更させることとなるおそれがあるときは、速やかに進路を変更しなければならない。

▼

問 15　道路交通法に定める停車及び駐車等についての次の記述のうち、誤っているものを１つ選び、解答用紙の該当する欄にマークしなさい。なお、解答にあたっては、各選択肢に記載されている事項以外は考慮しないものとする。（一部改題）

1．車両は、交差点の側端又は道路の曲がり角から５メートル以内の道路の部分においては、法令の規定若しくは警察官の命令により、又は危険を防止するため一時停止する場合のほか、停車し、又は駐車してはならない。

2．車両は、法令の規定により駐車しようとする場合には、当該車両の右側の道路上に３メートル（道路標識等により距離が指定されているときは、その距離）以上の余地があれば駐車してもよい。

3．車両は、踏切の前後の側端からそれぞれ前後に 10 メートル以内の道路の部分においては、法令の規定若しくは警察官の命令により、又は危険を防止するため一時停止する場合のほか、停車し、又は駐車してはならない。

4．交通整理の行われている交差点に入ろうとする車両等は、その進行しようとする進路の前方の車両等の状況により、交差点に入った場合においては当該交差点内で停止することとなり、よって交差道路における車両等の通行の妨害となるおそれがあるときは、当該交差点に入ってはならない。

問16　道路交通法に定める運転者及び使用者の義務等についての次の記述のうち、正しいものを２つ選び、解答用紙の該当する欄にマークしなさい。なお、解答にあたっては、各選択肢に記載されている事項以外は考慮しないものとする。

1．自動車の使用者等が法令の規定に違反し、当該違反により自動車の運転者が道路交通法第66条（過労運転等の禁止）に掲げる行為をした場合において、自動車の使用者がその者の業務に関し自動車を使用することが著しく道路における交通の危険を生じさせるおそれがあると認めるときは、当該違反に係る自動車の使用の本拠の位置を管轄する都道府県公安委員会は、当該自動車の使用者に対し、6ヵ月を超えない範囲内で期間を定めて、当該違反に係る自動車を運転してはならない旨を命ずることができる。

2．自動車を運転する場合においては、当該自動車が停止しているときを除き、携帯電話用装置、自動車電話用装置その他の無線通話装置（その全部又は一部を手で保持しなければ送信及び受信のいずれをも行うことができないものに限る。）を通話（傷病者の救護等のため当該自動車の走行中に緊急やむを得ずに行うものを除く。）のために使用してはならない。

3．車両等に積載している物が道路に転落し、又は飛散したときは、必ず道路管理者に通報するものとし、当該道路管理者からの指示があるまでは、転落し、又は飛散した物を除去してはならない。

4．自動車の運転者は、故障その他の理由により高速自動車国道等の本線車道若しくはこれに接する加速車線、減速車線若しくは登坂車線（以下「本線車道等」という。）において当該自動車を運転することができなくなったときは、政令で定めるところにより、当該自動車が故障その他の理由により停止しているものであることを表示しなければならないが、本線車道等に接する路肩若しくは路側帯においては、この限りではない。

問 17　車両等の運転者が道路交通法に定める規定に違反した場合等の措置についての次の文中、A、B、C に入るべき字句としていずれか正しいものを 1 つ選び、解答用紙の該当する欄にマークしなさい。

車両等の運転者が道路交通法若しくは同法に基づく命令の規定又は同法の規定に基づく［ A ］した場合において、当該違反が当該違反に係る車両等の［ B ］の業務に関してなされたものであると認めるときは、都道府県公安委員会は、内閣府令で定めるところにより、当該車両等の使用者が道路運送法の規定による自動車運送事業者、貨物利用運送事業法の規定による第二種貨物利用運送事業を経営する者であるときは当該事業者及び当該事業を監督する行政庁に対し、当該車両等の使用者がこれらの事業者以外の者であるときは当該車両等の使用者に対し、当該［ C ］を通知するものとする。

A　1．処分に違反　　2．指示に違反
B　1．運行管理者　　2．使用者
C　1．違反の内容　　2．指示の内容

4．労働基準法関係

問 18　労働基準法（以下「法」という。）の定めに関する次の記述のうち、正しいものを２つ選び、解答用紙の該当する欄にマークしなさい。なお、解答にあたっては、各選択肢に記載されている事項以外は考慮しないものとする。

1．法で定める労働条件の基準は最低のものであるから、労働関係の当事者は、当事者間の合意がある場合を除き、この基準を理由として労働条件を低下させてはならないことはもとより、その向上を図るように努めなければならない。

2．労働契約は、期間の定めのないものを除き、一定の事業の完了に必要な期間を定めるもののほかは、3 年（法第 14 条（契約期間等）第 1 項各号のいずれかに該当する労働契約にあっては、5 年）を超える期間について締結してはならない。

3．労働者は、労働契約の締結に際し使用者から明示された賃金、労働時間その他の労働条件が事実と相違する場合においては、少なくとも 30 日前に使用者に予告したうえで、当該労働契約を解除することができる。

4．法第 106 条に基づき使用者は、この法律及びこれに基づく命令の要旨、就業規則、時間外労働・休日労働に関する協定等を、常時各作業場の見やすい場所へ掲示し、又は備え付けること、書面を交付することその他の厚生労働省令で定める方法によって、労働者に周知させなければならない。

問 19　労働基準法に定める就業規則についての次の記述のうち、誤っているものを１つ選び、解答用紙の該当する欄にマークしなさい。なお、解答にあたっては、各選択肢に記載されている事項以外は考慮しないものとする。

1．常時 10 人以上の労働者を使用する使用者は、始業及び終業の時刻、休憩時間、休日、休暇等法令に定める事項について就業規則を作成し、行政官庁に届け出なければならない。

2．就業規則で、労働者に対して減給の制裁を定める場合においては、その減給は、1 回の額が平均賃金の 1 日分の半額を超え、総額が一賃金支払期における賃金の総額の 10 分の 1 を超えてはならない。

3．使用者は、就業規則の作成又は変更について、当該事業場に、労働者の過半数で組織する労働組合がある場合においてはその労働組合、労働者の過半数で組織する労働組合がない場合においては労働者の過半数を代表する者と協議し、その内容について同意を得なければならない。

4．就業規則は、法令又は当該事業場について適用される労働協約に反してはならない。また、行政官庁は、法令又は労働協約に抵触する就業規則の変更を命ずることができる。

▼

問 20　「自動車運転者の労働時間等の改善のための基準」（以下「改善基準」という。）等に定める貨物自動車運送事業に従事する自動車運転者の拘束時間及び休息期間についての次の文中、A、B、C、D に入るべき字句を下の枠内の選択肢（1 ～ 8）から選び、解答用紙の該当する欄にマークしなさい。ただし、1 人乗務で、フェリーには乗船しないものとし、また、隔日勤務に就く場合には該当しないものとする。（一部改題）

(1) 1 日についての拘束時間は、［ A ］を超えないものとし、当該拘束時間を延長する場合であっても、最大拘束時間は［ B ］とすること。ただし、貨物自動車運送事業に従事する自動車運転者に係る 1 週間における運行が全て長距離貨物運送であり、かつ、一の運行における休息期間が、当該自動車運転者の住所地以外の場所におけるものである場合においては、当該 1 週間について 2 回に限り最大拘束時間を 16 時間とすることができる。

(2) 業務の必要上、勤務の終了後継続 9 時間（改善基準第 4 条第 1 項第 3 号但書に該当する場合は継続 8 時間）以上の休息期間を与えることが困難な場合、当分の間、一定期間（1 箇月程度を限度とする。）における全勤務回数の 2 分の 1 を限度に、休息期間を拘束時間の途中及び拘束時間の経過直後に分割して与えることができるものとする。この場合において、分割された休息期間は、1 回当たり継続 3 時間以上とし、2 分割又は 3 分割とすること。また、1 日において、2 分割の場合は合計［ C ］以上、3 分割の場合は合計［ D ］以上の休息期間を与えなければならず、休息期間を 3 分割とする日が連続しないよう努めるものとする。

1．10時間	2．5時間	3．8時間	4．12時間
5．13時間	6．4時間	7．14時間	8．15時間

平成30年1回

▼

問 21　貨物自動車運送事業の「自動車運転者の労働時間等の改善のための基準」（以下「改善基準」という。）に関する次の記述のうち、誤っているものを１つ選び、解答用紙の該当する欄にマークしなさい。なお、解答にあたっては、各選択肢に記載されている事項以外は考慮しないものとする。（一部改題）

1．休息期間とは、勤務と次の勤務との間にあって、休息期間の直前の拘束時間における疲労の回復を図るとともに、睡眠時間を含む労働者の生活時間として、その処分は労働者の全く自由な判断にゆだねられる時間をいう。

2．労使当事者は、時間外労働協定において貨物自動車運送事業に従事する自動車の運転者（以下「トラック運転者」という。）に係る一定期間についての延長時間について協定するに当たっては、当該一定期間は、２週間及び１ヵ月以上６ヵ月以内の一定の期間とするものとする。

3．トラック運転者がフェリーに乗船している時間は、原則として休息期間とし、規定により与えるべき休息期間から当該時間を除くことができる。ただし、当該時間を除いた後の休息期間については、所定の場合を除き、フェリーを下船した時刻から終業の時刻までの時間の２分の１を下回ってはならない。

4．使用者は、トラック運転者の休息期間については、当該トラック運転者の住所地における休息期間がそれ以外の場所における休息期間より長くなるように努めるものとする。

▼

問 22　下表の 1 ～ 3 は、貨物自動車運送事業に従事する自動車運転者（隔日勤務に就く運転者以外のもの。）の 1 年間における各月の拘束時間の例を示したものである。下表の空欄 A、B、C について、次の選択肢ア～ウの拘束時間の組み合わせをあてはめた場合、「自動車運転者の労働時間等の改善のための基準」に適合するものを 1 つ選び、解答用紙の該当する欄にマークしなさい。なお、「1 ヵ月についての拘束時間の延長に関する労使協定」があるものとする。（一部改題）

1.

	4月	5月	6月	7月	8月	9月	10月	11月	12月	1月	2月	3月	Aを除く11ヵ月の拘束時間の合計
拘束時間（時間）	281	283	A	292	260	268	279	284	289	287	262	282	3067

2.

	4月	5月	6月	7月	8月	9月	10月	11月	12月	1月	2月	3月	Bを除く11ヵ月の拘束時間の合計
拘束時間（時間）	278	283	300	290	B	277	284	283	296	273	259	282	3105

3.

	4月	5月	6月	7月	8月	9月	10月	11月	12月	1月	2月	3月	Cを除く11ヵ月の拘束時間の合計
拘束時間（時間）	266	289	294	290	283	262	273	C	298	275	278	288	3096

選択肢		A	B	C
	ア	311	290	298
	イ	305	296	290
	ウ	302	292	294

▼

問 23　下表は、貨物自動車運送事業に従事する自動車運転者の１ヵ月の勤務状況の例を示したものであるが、「自動車運転者の労働時間等の改善のための基準」に定める拘束時間及び運転時間等に照らし、次の１～４の中から<u>違反している事項を１つ</u>選び、解答用紙の該当する欄にマークしなさい。なお、１人乗務とし、「１ヵ月についての拘束時間の延長に関する労使協定」があり、下表の１ヵ月は、当該協定により１ヵ月についての拘束時間を延長することができる月に該当するものとする。また、「時間外労働及び休日労働に関する労使協定」があるものとする。（一部改題）

（起算日）

第１週		1日	2日	3日	4日	5日	6日	7日	週の合計時間
	各日の運転時間	6	7	5	7	9	8	休日	42
	各日の拘束時間	9	13	10	10	13	13		68

第２週		8日	9日	10日	11日	12日	13日	14日 休日労働	週の合計時間
	各日の運転時間	5	4	5	8	10	8	6	46
	各日の拘束時間	8	7	7	14	15	10	8	69

第３週		15日	16日	17日	18日	19日	20日	21日	週の合計時間
	各日の運転時間	4	5	4	9	10	9	休日	41
	各日の拘束時間	8	8	8	11	15	11		61

第４週		22日	23日	24日	25日	26日	27日	28日 休日労働	週の合計時間
	各日の運転時間	9	8	5	4	5	6	4	41
	各日の拘束時間	13	12	9	10	12	11	10	77

第５週		29日	30日	31日	週の合計時間
	各日の運転時間	8	6	7	21
	各日の拘束時間	12	10	13	35

１ヵ月（第１週～第５週）の合計時間
191
310

（注 1）7 日、14 日、21 日及び 28 日は法定休日とする。
（注 2）法定休日労働に係る 2 週間及び運転時間に係る 2 週間の起算日は 1 日とする。
（注 3）各労働日の始業時刻は午前 8 時とする。

1．1 日の最大拘束時間

2．当該 5 週間のすべての日を特定日とした 2 日を平均した 1 日当たりの運転時間

3．2週間を平均した1週間当たりの運転時間
4．2週間における休日に労働させる回数

5．実務上の知識及び能力

▼

問 24　運行管理者の日常業務の記録等に関する次の記述のうち、適切なものには解答用紙の「適」の欄に、適切でないものには解答用紙の「不適」の欄にマークしなさい。なお、解答にあたっては、各選択肢に記載されている事項以外は考慮しないものとする。（一部改題）

1．運行管理者は、選任された運転者等ごとに採用時に提出させた履歴書が、法令で定める運転者等台帳の記載事項の内容を概ね網羅していることから、これを当該台帳として使用し、索引簿なども作成のうえ、営業所に備え管理している。

2．運行管理者は、事業者が定めた勤務時間及び乗務時間の範囲内で、運転者が過労とならないよう十分考慮しながら、天候や道路状況などを勘案しつつ、乗務割を作成している。なお、乗務については、早めに運転者に知らせるため、事前に予定を示すことにしている。

3．運行管理者は、事業用自動車の運行中に暴風雪等に遭遇した場合、運転者から迅速に状況を報告させるとともに、その状況に応じて、運行休止を含めた具体的な指示を行うこととしている。また、報告を受けた事項や指示した内容については、異常気象時等の措置として、詳細に記録している。

4．運行管理者は、運転者等に法令に基づく運行指示書を携行させ、運行させている途中において、自然災害により運行経路の変更を余儀なくされた。このため、当該運行管理者は、営業所に保管する当該運行指示書の写しにその変更した内容を記載するとともに、当該運転者等に対して電話等により変更の指示を行ったが、携行させている運行指示書については帰庫後提出させ、運行管理者自ら当該変更内容を記載のうえ保管し、

運行の安全確保を図った。

問 25　一般貨物自動車運送事業者が事業用自動車の運転者に対して行う指導・監督に関する次の記述のうち、適切なものをすべて選び、解答用紙の該当する欄にマークしなさい。なお、解答にあたっては、各選択肢に記載されている事項以外は考慮しないものとする。

1．飲酒は、速度感覚の麻痺、視力の低下、反応時間の遅れ、眠気が生じるなど自動車の運転に極めて深刻な影響を及ぼす。個人差はあるものの、体内に入ったビール 500 ミリリットル（アルコール 5%）が分解処理されるのに概ね 2 時間が目安とされていることから、乗務前日の飲酒・酒量については、運転に影響のないよう十分気をつけることを運転者に指導している。

2．他の自動車に追従して走行するときは、常に「秒」の意識をもって自車の速度と制動距離（ブレーキが効きはじめてから止まるまでに走った距離）に留意し、前車への追突の危険が発生した場合でも安全に停止できるよう、制動距離と同程度の車間距離を保って運転するよう指導している。

3．平成 28 年中の事業用貨物自動車が第 1 当事者となった人身事故の類型別発生状況をみると、「追突」が全体の約半分を占めており、最多となっている。この事実を踏まえ、運転者に対しては日頃より、適正な車間距離の確保や前方への注意を怠らないことを指導している。

4．平成 28 年における交通事故統計によれば、人口 10 万人当たり死者数については、65 歳以上の高齢者層は全年齢層の約 2 倍となっており、高齢者が事故により死亡するリスクが特に高いので、運行する際に、歩道や路肩に高齢歩行者を発見したときは、その動静に注意をはらって、運転を行うよう運転者に指導している。

正答・解説　別冊 P.117～P.118

問 26　事業用自動車の運転者の健康管理に関する次の記述のうち、適切なものには解答用紙の「適」の欄に、適切でないものには解答用紙の「不適」の欄にマークしなさい。なお、解答にあたっては、各選択肢に記載されている事項以外は考慮しないものとする。

1．事業者は、業務に従事する運転者に対し法令で定める健康診断を受診させ、その結果に基づいて健康診断個人票を作成して5年間保存している。また、運転者が自ら受けた健康診断の結果を提出したものについても同様に保存している。

2．事業者や運行管理者は、点呼等の際に、運転者が意識や言葉に異常な症状があり普段と様子が違うときには、すぐに専門医療機関で受診させている。また、運転者に対し、脳血管疾患の症状について理解させ、そうした症状があった際にすぐに申告させるように努めている。

3．事業者は、深夜（夜11時出庫）を中心とした業務に常時従事する運転者に対し、法令に定める定期健康診断を1年に1回、必ず、定期的に受診させるようにしている。

4．事業者は、脳血管疾患の予防のため、運転者の健康状態や疾患につながる生活習慣の適切な把握・管理に努めるとともに、これらの疾患は定期健康診断において容易に発見することができることから、運転者に確実に受診させている。

問 27　自動車の運転に関する次の記述のうち、適切なものには解答用紙の「適」の欄に、適切でないものには解答用紙の「不適」の欄にマークしなさい。なお、解答にあたっては、各選択肢に記載されている事項以外は考慮しないものとする。

1. 四輪車を運転する場合、二輪車との衝突事故を防止するための注意点として、①二輪車は死角に入りやすいため、その存在に気づきにくく、また、②二輪車は速度が実際より速く感じたり、距離が近くに見えたりする特性がある。したがって、運転者に対してこのような点に注意するよう指導する必要がある。

2. 前方の自動車を大型車と乗用車から同じ距離で見た場合、それぞれの視界や見え方が異なり、大型車の場合には運転席が高いため、車間距離をつめてもあまり危険に感じない傾向となるので、この点に注意して常に適正な車間距離をとるよう運転者を指導する必要がある。

3. 夜間等の運転において、①見えにくい時間帯に自車の存在を知らせるため早めの前照灯の点灯、②より広範囲を照射する走行用前照灯（ハイビーム）の積極的な活用、③他の道路利用者をげん惑させないよう適切なすれ違い用前照灯（ロービーム）への切替えの励行、を運転者に対し指導する必要がある。

4. 衝突被害軽減ブレーキについては、同装置が正常に作動していても、走行時の周囲の環境によっては障害物を正しく認識できないことや、衝突を回避できないことがあるため、当該装置が備えられている自動車の運転者に対し、当該装置を過信せず、細心の注意をはらって運転するよう指導する必要がある。

正答・解説　別冊 P.118～P.119

問 28　交通事故防止対策に関する次の記述のうち、適切なものには解答用紙の「適」の欄に、適切でないものには解答用紙の「不適」の欄にマークしなさい。なお、解答にあたっては、各選択肢に記載されている事項以外は考慮しないものとする。

1．適性診断は、運転者の運転能力、運転態度及び性格等を客観的に把握し、運転の適性を判定することにより、運転に適さない者を運転者として選任しないようにするためのものであり、ヒューマンエラーによる交通事故の発生を未然に防止するための有効な手段となっている。

2．ドライブレコーダーは、事故時の映像だけでなく、運転者のブレーキ操作やハンドル操作などの運転状況を記録し、解析することにより運転のクセ等を読み取ることができるものがあり、運行管理者が行う運転者の安全運転の指導に活用されている。

3．平成 28 年中の自動車乗車中死者の状況をみると、シートベルト非着用時の致死率は、着用時の致死率の 10 倍以上となっている。他方、自動車乗車中死者のシートベルト非着用者の割合は、全体の約 40%を占めていることから、シートベルトの確実な着用は死亡事故防止の有効な手段となっている。

4．交通事故の多くは、見かけ上運転者の運転操作ミスや交通違反等の人的要因によって発生しているが、その背景には、運転操作を誤ったり、交通違反せざるを得なかったりすることに繋がる背景要因が潜んでいることが少なくない。したがって、事業用自動車による事故防止を着実に推進するためには、事故の背景にある運行管理その他の要因を総合的に調査・分析することが重要である。

▼

問29　荷主から貨物自動車運送事業者に対し、往路と復路において、それぞれ荷積みと荷下ろしを行うよう運送の依頼があった。これを受けて、運行管理者として運転者に対し当該運送の指示をするため、次に示す「当日の運行計画」を立てた。

この運行に関する次のア～ウについて解答しなさい。なお、解答にあたっては、「当日の運行計画」及び各選択肢に記載されている事項以外は考慮しないものとし、本問では、荷積み・荷下ろしについては運行の中断とする特段の事情があるものとする。（一部改題）

「当日の運行計画」

往路

○　A営業所を7時30分に出庫し、20キロメートル離れたB地点まで平均時速30キロメートルで走行する。

○　B地点において30分間の荷積みを行う。

○　B地点から150キロメートル離れたC地点までの間、一部高速自動車国道を利用し、平均時速45キロメートルで走行して、C地点に12時00分に到着する。

○　C地点において20分間の荷下ろし後、1時間の休憩をとる。

復路

○　休憩後、C地点を13時20分に出発し、荷積みのため30キロメートル離れたD地点まで平均時速30キロメートルで走行する。

○　D地点において30分間の荷積みを行う。

○　荷下ろしのため90キロメートル離れたE地点まで平均時速30キロメートルで走行し、E地点にて20分間の荷下ろしを行う。

○　荷下ろし後、帰庫のためE地点から40キロメートル離れたA営業所まで平均時速30キロメートルで走行し、A営業所には19時30分に帰庫する。

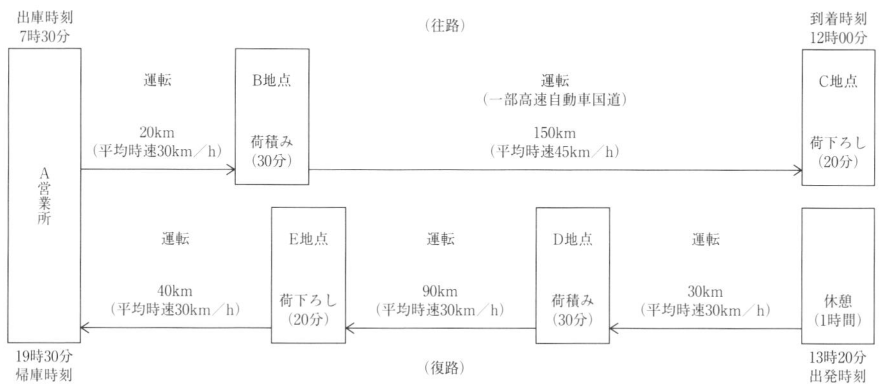

ア　B地点とC地点の間の運転時間について、次の1～3の中から正しいものを1つ選び、解答用紙にマークしなさい。

1．2時間40分

2．3時間20分

3．4時間

イ　当該運転者の前日の運転時間は9時間であり、また、当該運転者の翌日の運転時間は8時間50分と予定した。当日を特定日とした場合の2日を平均した1日当たりの運転時間は、「自動車運転者の労働時間等の改善のための基準」(以下「改善基準」という。)に照らし、違反しているか否かについて、次の1～2の中から正しいものを1つ選び、解答用紙にマークしなさい。

1．違反している

2．違反していない

ウ　当日の全運行において、連続運転時間は「改善基準」に照らし、違反しているか否かについて、次の1～2の中から正しいものを1つ選び、解答用紙にマークしなさい。

1．違反している

2．違反していない

▼

問 30　運行管理者が次の事業用普通トラックの事故報告に基づき、この事故の要因分析を行ったうえで、同種事故の再発を防止するための対策として、最も直接的に有効と考えられる組合せを、下の枠内の選択肢（1～8）から１つ選び、解答用紙の該当する欄にマークしなさい。なお、解答にあたっては、<事故の概要>及び<事故関連情報>に記載されている事項以外は考慮しないものとする。（一部改題）

<事故の概要>

当該トラックは、17 時頃、霧で見通しの悪い高速道路を走行中、居眠り運転により渋滞車列の最後尾にいた乗用車に追突した。当該トラックは当該乗用車を中央分離帯に押し出したのち、前方の乗用車３台に次々と追突し、通行帯上に停止した。

この事故により、最初に追突された乗用車に乗車していた３人が死亡し、当該トラックの運転者を含む７人が重軽傷を負った。当時霧のため当該道路の最高速度は時速 50 キロメートルに制限されていたが、当該トラックは追突直前には時速 80 キロメートルで走行していた。

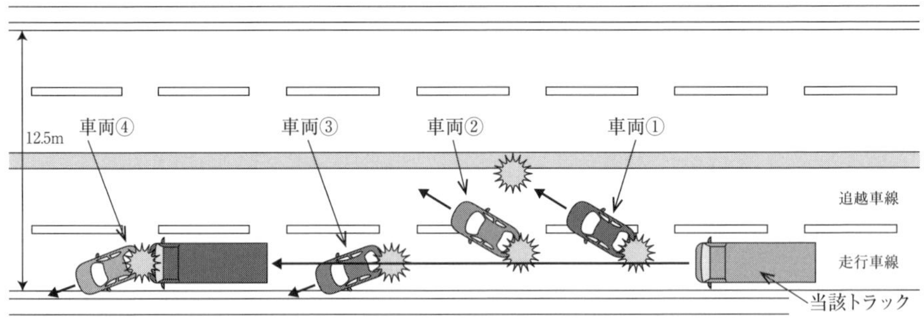

<事故関連情報>

○　当該運転者は、事故日前日運行先に積雪があり、帰庫時間が５時間程度遅くなって業務を早朝５時に終了した。その後、事故当日の正午に業務前点呼を受け出庫した。

○　当該運転者は、事故日前１ヵ月間の勤務において、拘束時間及び休息期間について複数回の「自動車運転者の労働時間等の改善のための基準」

違反があった。

○　当該運転者に対する業務前点呼はアルコール検知器を使用し対面で行われていた。また、この営業所においては、営業所長が運行管理者として選任されていたが補助者の選任がされておらず、運行管理者が不在のときは点呼が実施されていなかった。

○　当該営業所では、年度ごとの教育計画に基づき、所長自ら月１回ミーティングを実施していたが、交通事故を惹起した場合の社会的影響の大きさや、疲労などの生理的要因による交通事故の危険性などについて理解させる指導・教育が不足していた。

○　当該運転者は、採用後２年が経過していたが、初任運転者に対する適性診断を受診していなかった。

○　当該事業者は、年２回の定期健康診断の実施計画に基づき実施しており、当該運転者は、これらの定期健康診断を受診していた。

○　当該トラックは、法令で定められた日常点検及び定期点検を実施していた。また、速度抑制装置（スピードリミッター）が取り付けられていた。

＜事故の再発防止対策＞

ア　運行管理者は、運転者に対して、交通事故を惹起した場合の社会的影響の大きさや過労が運転に及ぼす危険性を認識させ、疲労や眠気を感じた場合は直ちに運転を中止し、休憩するよう指導を徹底する。

イ　運行管理者は、関係法令及び自動車運転者の労働時間等の改善のための基準に違反しないよう、日頃から運転者の運行状況を確実に把握し、適切な乗務割を作成する。また、運転者に対しては、点呼の際適切な運行指示を行う。

ウ　事業者は、点呼の際に点呼実施者が不在にならないよう、適正な数の運行管理者又は補助者を配置するなど、運行管理を適切に実施するための体制を整備する。

エ　運行管理者は、法に定められた適性診断を、運転者に確実に受診させるとともに、その結果を活用し、個々の運転者の特性に応じた指導を行う。

オ　事業者は、運転者に対して、疾病が交通事故の要因となるおそれがあることを正しく理解させ、定期的な健康診断結果に基づき、自ら生活習慣の改善を図るなど、適切な心身の健康管理を行うことの重要性を理解させる。

カ　事業者は、自社の事業用自動車に衝突被害軽減ブレーキ装置の導入を促進する。その際、運転者に対し、当該装置の性能限界を正しく理解させ、装置に頼り過ぎた運転とならないように指導を行う。

キ　運行管理者は、点呼を実施する際、運転者の体調や疲労の蓄積などをきちんと確認し、疲労等により安全な運転を継続することができないおそれがあるときは、当該運転者を交替させる措置をとる。

ク　法令で定められた日常点検及び定期点検整備を確実に実施する。その際、速度抑制装置の正常な作動についても、警告灯により確認する。

1．ア・イ・エ・オ	2．ア・イ・カ・キ
3．ア・ウ・キ・ク	4．ア・ウ・カ・ク
5．イ・エ・オ・カ	6．イ・エ・オ・キ
7．ウ・エ・キ・ク	8．ウ・オ・カ・ク

memo

令和４年度 CBT 試験出題例　解答用紙

貨物自動車運送事業法関係	／８問	労働基準法関係	／６問
道路運送車両法関係	／４問	実務上の知識及び能力	／７問
道路交通法関係	／５問	正解数	／30 問

原則として、正解数が30問中18問以上、かつ、各分野1問（実務上の知識及び能力は2問）以上で合格!

問題	1	2	3	4	5	6	7			8	9	10
							A	B	C			
解答欄	① ② ③ ④	① ② ③ ④	① ② ③ ④	① ② ③ ④	① ② ③ ④	① ② ③ ④	① ②	① ②	① ②	① ② ③ ④	① ② ③ ④	① ② ③ ④

問題	11				12	13	14	15			16	17	18	19	20			
	A	B	C	D				A	B	C					A	B	C	D
解答欄	① ②	① ②	① ②	① ②	① ② ③ ④	① ② ③ ④	① ② ③ ④	① ②	① ②	① ②	① ② ③ ④	① ② ③ ④	① ② ③ ④	① ② ③ ④	① ②	① ②	① ②	① ②

問題	21	22	23	24	25	26	27	28	29			30
									1	2	3	
解答欄	① ② ③ ④	① ② ③ ④	㋐ ㋑ ㋒	① ② ③ ④	① ② ③ ④	① ② ③ ④	① ② ③ ④	① ② ③ ④	① ②	① ②	① ②	① ② ③ ④ ⑤ ⑥

答え合わせに便利な正答一覧は、別冊 p.122

令和３年度 CBT 試験出題例　解答用紙

貨物自動車運送事業法関係	／８問	労働基準法関係	／６問
道路運送車両法関係	／４問	実務上の知識及び能力	／７問
道路交通法関係	／５問	正解数	／30問

原則として、正解数が30問中18問以上、かつ、各分野１問（実務上の知識及び能力は2問）以上で合格!

問題	1	2				3	4	5	6	7	8	9	10
		A	B	C	D								
解答欄	①②③④	①②③④⑤⑥⑦⑧	①②③④⑤⑥⑦⑧	①②③④⑤⑥⑦⑧	①②③④⑤⑥⑦⑧	①②③④	①②③④	①②③④	①②③④	①②③④	①②③④	①②③④	①②③④

問題	11				12	13	14	15			16	17	18	19	20			
	A	B	C	D				A	B	C					A	B	C	D
解答欄	①②	①②	①②	①②	①②③④	①②③④	①②③④	①②	①②	①②	①②③④	①②③④	①②③④	①②③④	①②	①②	①②	①②

問題	21	22	23	24			25	26	27	28				29			30
				A	B	C				A	B	C	D	1	2	3	
解答欄	①②③④	①②③④	①②③④	①②③④⑤⑥⑦⑧	①②③④⑤⑥⑦⑧	①②③④⑤⑥⑦⑧	①②③④	①②③④	①②③④	①②	①②	①②	①②	①②	①②	①②	①②③④⑤⑥⑦⑧

答え合わせに便利な正答一覧は、別冊 p.123

令和２年度 CBT 試験出題例　解答用紙

貨物自動車運送事業法関係	／８問	労働基準法関係	／６問
道路運送車両法関係	／４問	実務上の知識及び能力	／７問
道路交通法関係	／５問	正解数	／30 問

原則として、正解数が30問中18問以上、かつ、各分野1問（実務上の知識及び能力は2問）以上で合格!

問題	1	2			3	4	5	6	7	8	9	10	11			
		A	B	C									A	B	C	D
解答欄	① ② ③ ④	① ②	① ②	① ②	① ② ③ ④	① ② ③ ④	① ② ③ ④	① ② ③ ④	① ② ③ ④	① ② ③ ④	① ② ③ ④	① ② ③ ④	① ②	① ②	① ②	① ②

問題	12	13	14	15			16	17	18	19	20				21	22
				A	B	C					A	B	C	D		
解答欄	① ② ③ ④	① ② ③ ④	① ② ③ ④	① ②	① ②	① ②	① ② ③ ④	① ② ③ ④	① ② ③ ④	① ② ③ ④	① ②	① ②	① ②	① ②	① ② ③ ④	① ② ③ ④

問題	23	24	25	26	27	28	29			30	
							1	2	3		
解答欄	① ② ③ ④	① ② ③ ④	① ② ③ ④	① ② ③ ④	① ② ③ ④	① ② ③ ④	① ② ③	① ②	① ②	① ② ③ ④ ⑤	⑥ ⑦ ⑧ ⑨ ⑩

答え合わせに便利な正答一覧は、別冊 p.124

令和２年度第２回　解答用紙

貨物自動車運送事業法関係	／8問	労働基準法関係	／6問
道路運送車両法関係	／4問	実務上の知識及び能力	／7問
道路交通法関係	／5問	正解数	／30問

原則として、正解数が30問中18問以上、かつ、各分野1問（実務上の知識及び能力は2問）以上で合格!

問題	1	2	3		4	5	6	7	8	9	10	11		12	13	14
			A	B								A	B			
解答欄	①②③④	①②③④	①②	①②	①②③④	①②③④	①②③④	①②③④	①②③④	①②③④	①②③④	①②	①②	①②③④	①②③④	①②③④
			C	D								C	D			
			①②	①②								①②	①②			

問題	15				16	17	18	19	20		21	22	23	24		25
	A	B	C	D					A	B				適	不適	
解答欄	①②③④⑤	①②③④⑤	①②③④⑤	①②③④⑤	①②③④	①②③④	①②③④	①②③④	①②	①②	①②③④	①②③④	①②③④	①②③④	①②③④	①②③④
									C	D						
									①②	①②						

問題	26		27		28			29		30
	適	不適	適	不適	A	B	C	ア	イ	
解答欄	①②③④	①②③④	①②③④	①②③④	①②	①②	①②	①②③	①②	①②③

答え合わせに便利な正答一覧は、別冊 p.125

令和２年度第１回　解答用紙

貨物自動車運送事業法関係	／８問	労働基準法関係	／６問
道路運送車両法関係	／４問	実務上の知識及び能力	／７問
道路交通法関係	／５問	正解数	／30問

原則として、正解数が30問中18問以上、かつ、各分野1問（実務上の知識及び能力は2問）以上で合格!

問題	1	2	3	4	5	6	7			8	9	10	11			
							A	B	C				A	B	C	D
解答欄	①②③④	①②③④	①②③④	①②③④	①②③④	①②③④	①②	①②	①②	①②③④	①②③④	①②③④	①②③④⑤⑥	①②③④⑤⑥	①②③④⑤⑥	①②③④⑤⑥

問題	12	13	14	15			16	17	18	19	20		21	22	23
				A	B	C					A	B			
解答欄	①②③④	①②③④	①②③④	①②	①②	①②	①②③④	①②③④	①②③④	①②③④	①②	①②	①②③④	①②③④	①②③④
											C	D			
											①②	①②			

問題	24		25	26		27		28			29			30		
	適	不適		適	不適	適	不適	ア	イ	ウ	ア	イ	ウ	A	B	C
解答欄	①②③④	①②③④	①②③④	①②③④	①②③④	①②③④	①②③④	①②	①②	①②	①②③④	①②③④	①②	①②③④⑤⑥⑦⑧	①②③④⑤⑥⑦⑧	①②③④⑤⑥⑦⑧

答え合わせに便利な正答一覧は、別冊 p.126

令和元年度第１回　解答用紙

貨物自動車運送事業法関係	／8問	労働基準法関係	／6問
道路運送車両法関係	／4問	実務上の知識及び能力	／7問
道路交通法関係	／5問	正解数	／30問

原則として、正解数が30問中18問以上、かつ、各分野1問（実務上の知識及び能力は2問）以上で合格!

問題	1	2	3	4			5	6	7	8	9	10	11		12	13
				A	B	C							A	B		
解答欄	①②③④	①②③④	①②③④	①②③④⑤⑥	①②③④⑤⑥	①②③④⑤⑥	①②③④	①②③④	①②③④	①②③④	①②③④	①②③④	①②	①②	①②③④	①②③④
													C	D		
													①②	①②		

問題	14		15	16	17	18	19	20			21	22	23	24		25
	A	B						A	B	C				適	不適	
解答欄	①②③	①②③	①②③④	①②③④	①②③④	①②③④	①②③④	①②	①②	①②	①②③④	①②③④	①②③④	①②③④	①②③④	①②③④
	C	D														
	①②③	①②③														

問題	26		27		28		29		30			
	適	不適	適	不適	適	不適	適	不適	A	B	C	D
解答欄	①②③④	①②③④	①②③④	①②③④	①②③④	①②③④	①②③	①②③	①②③④⑤	①②③④⑤	⑥⑦⑧⑨⑩	⑥⑦⑧⑨⑩

答え合わせに便利な正答一覧は、別冊 p.127

平成30年度第2回　解答用紙

貨物自動車運送事業法関係	／8問	労働基準法関係	／6問
道路運送車両法関係	／4問	実務上の知識及び能力	／7問
道路交通法関係	／5問	正解数	／30問

原則として、正解数が30問中18問以上、かつ、各分野1問（実務上の知識及び能力は2問）以上で合格！

問題	1	2				3	4	5	6	7	8	9	10	11		12
		A	B	C	D									A	B	
解答欄	①②③④	①②	①②	①②	①②	①②③④	①②③④	①②③④	①②③④	①②③④	①②③④	①②③④	①②③④	①②	①②	①②③④
														C	D	
														①②	①②	

問題	13	14	15		16	17	18	19	20				21	22	23
			A	B					A	B	C	D			
解答欄	①②③④	①②③④	①②	①②	①②③④	①②③④	①②③④	①②③④	①②	①②	①②	①②	①②③④	①②③④	①②③④
			C	D											
			①②	①②											

問題	24		25	26		27				28		29	30
	適	不適		適	不適	A	B	C	D	適	不適		
解答欄	①②③④	①②③④	①②③④	①②③④	①②③④	①②	①②	①②	①②	①②③④	①②③④	①②③	①②③④⑤⑥⑦⑧

答え合わせに便利な正答一覧は、別冊 p.128

平成 30 年度第 1 回　解答用紙

貨物自動車運送事業法関係	／8問	労働基準法関係	／6問
道路運送車両法関係	／4問	実務上の知識及び能力	／7問
道路交通法関係	／5問	正解数	／30問

原則として、正解数が30問中18問以上、かつ、各分野1問（実務上の知識及び能力は2問）以上で合格!

問題	1	2				3	4	5	6	7	8	9	10	11		
		A	B	C	D									A	B	C
解答欄	①②③④	①②③④⑤⑥⑦⑧	①②③④⑤⑥⑦⑧	①②③④⑤⑥⑦⑧	①②③④⑤⑥⑦⑧	①②③④	①②③④	①②③④	①②③④	①②③④	①②③④	①②③④	①②③④	①②	①②	①②

問題	12	13	14	15	16	17			18	19	20				21	22
						A	B	C			A	B	C	D		
解答欄	①②③④	①②③④	①②③④	①②③④	①②③④	①②	①②	①②	①②③④	①②③④	①②③④⑤⑥⑦⑧	①②③④⑤⑥⑦⑧	①②③④⑤⑥⑦⑧	①②③④⑤⑥⑦⑧	①②③④	㋐㋑㋒

問題	23	24		25	26		27		28		29			30
		適	不適		適	不適	適	不適	適	不適	ア	イ	ウ	
解答欄	①②③④	①②③④	①②③④	①②③④	①②③④	①②③④	①②③④	①②③④	①②③④	①②③④	①②③	①②	①②	①②③④⑤⑥⑦⑧

答え合わせに便利な正答一覧は、別冊 p.129

本書の正誤情報や、本書編集時点から令和６年度第２回試験の出題法令基準日（試験期間初日の６か月前予定）までに施行される法改正情報等は、下記のアドレスでご確認ください。

http://www.s-henshu.info/ukkkm2405/

上記掲載以外の箇所で正誤についてお気づきの場合は，**書名・発行日・質問事項（該当ページ・行数・問題番号**などと**誤りだと思う理由**）**・氏名・連絡先**を明記のうえ，お問い合わせください。

・web からのお問い合わせ：上記アドレス内【正誤情報】へ
・郵便または FAX でのお問い合わせ：下記住所または FAX 番号へ

※電話でのお問い合わせはお受けできません。

［宛先］コンデックス情報研究所
『詳解　運行管理者〈貨物〉　過去問題集 '24－'25年版』係
住　　所：〒359-0042　所沢市並木3-1-9
FAX 番号：04-2995-4362（10:00～17:00　土日祝日を除く）

※本書の正誤以外に関するご質問にはお答えいたしかねます。また、受験指導などは行っておりません。
※ご質問の受付期限は、令和6年度実施の各試験日の10日前必着といたします。
※回答日時の指定はできません。また、ご質問の内容によっては回答まで10日前後お時間をいただく場合があります。
あらかじめご了承ください。

編著：コンデックス情報研究所
1990 年 6 月設立。法律・福祉・技術・教育分野において，書籍の企画・執筆・編集，大学および通信教育機関との共同教材開発を行っている研究者・実務家・編集者のグループ

詳解 運行管理者〈貨物〉過去問題集 '24-'25年版

2024年７月20日発行

編　著　コンデックス情報研究所

発行者　深見公子

発行所　成美堂出版
〒162-8445　東京都新宿区新小川町1-7
電話(03)5206-8151　FAX(03)5206-8159

印　刷　大盛印刷株式会社

ISBN978-4-415-23871-5
落丁･乱丁などの不良本はお取り替えします
定価はカバーに表示してあります

詳解 '24-'25年版
運行管理者
〈貨物〉過去問題集

別冊

正答・解説編

※矢印の方向に引くと
正答・解説編が取り外せます。

■改善基準の改正（令和6年4月1日施行）について■
令和6年度第1回試験より、改正後の改善基準告示をもとに出題される旨が試験センターより公表されました。本書では改正後の改善基準告示に基づき解説しています。

成美堂出版

目　次

略語一覧

貨物自動車運送事業法…………………………………… 貨運法
貨物自動車運送事業報告規則………………………… 報告規則
貨物自動車運送事業輸送安全規則…………………… 安全規則
自動車運転者の労働時間等の改善のための基準
　（平成元年労働省告示第７号） …………………… 改善基準
自動車事故報告規則…………………………………… 事故報告規則
道路運送車両の保安基準……………………………… 保安基準
貨物自動車運送事業者が事業用自動車の運転者に
対して行う指導及び監督の指針
　（平成 13 年国土交通省告示第 1366 号）……… 監督指針
道路運送車両の保安基準の細目を定める告示
　（平成 14 年国土交通省告示第 619 号）………… 細目告示
道路運送車両法………………………………………… 車両法
道路交通法……………………………………………… 道交法
労働基準法……………………………………………… 労基法

【本書ご利用上の注意点】
①法令等改正により、選択肢の内容の正誤が変わり正答となる肢がなくなるなど、問題として成立しないもの → 問題編の問題番号に★をつけ、正答は出題当時のものを掲載し、解説は出題当時の法令等に基づいた解説をしたのち、※以下に、現在の法令等に照らした解説を加えました。②法令等改正により、正答の選択肢の文言の一部が変更、追加、削除されたもの → 問題編の問題番号に▼をつけ、問題文に「(一部改題)」と記しました。解説は改題（改正後）の内容に沿って説明しています。

本書は令和６年度第１回試験の出題法令基準日である令和６年２月２日現在で施行されている法令等に基づいて作成しております。ただし、令和６年４月１日施行の改善基準については、改正後の改善基準告示をもとに出題されることから、改正を反映して改題しております。
令和６年度第２回試験の出題法令基準日（試験期間初日の６か月前予定）までの法改正等については、問題編の最終ページに記載してある本書専用ブログアドレスから閲覧してください。

正答解説
令和4年度 CBT 試験出題例

1．貨物自動車運送事業法関係

問1	正答1、3
貨物自動車運送事業	

1．○　貨運法第9条第1項により正しい。

2．×　貨運法第2条第1項によると、貨物自動車運送事業とは、一般貨物自動車運送事業、特定貨物自動車運送事業及び貨物軽自動車運送事業をいうとされている。**貨物自動車利用運送事業は含まれない**ので誤り。

3．○　貨運法第10条第1項により正しい。

一般貨物自動車運送事業者		国土交通大臣
経営	→	許可
運送約款の規定・変更	→	認可

4．×　貨運法第5条第2号によると、一般貨物自動車運送事業の許可の取消しを受けた者は、その取消しの日から**5年**を経過しなければ、新たに一般貨物自動車運送事業の許可を受けることができない。「2年」ではないので誤り。

問2	正答3
運行管理者の義務及び選任	

1．○　安全規則第18条第1項により正しい。

2．○　貨運法第22条第3項により正しい。

3．×　通達「貨物自動車運送事業輸送安全規則の解釈及び運用について」第18条3によると、**補助者**の選任については、運行管理者の履行補助として**業務に支障が生じない場合に限り**、同一事業者の他の営業所の補助者又は事業者が道路運送法第4条の一般旅客自動車運送事業の許可又は同法第43条の特定旅客自動車運送事業の許可を受けている場合については、旅客自動車運送事業の用に供する事業用自動車の運行を管理する営業所の旅客自動車運送事業の補助者を**兼務しても差し支えない**とされている。

4．○　貨運法第22条第2項により正しい。

問3	正答3、4
運行管理者の業務	

1．×　安全規則第3条第3項によると、設問にあるような乗務員等の休憩・睡眠施設の整備、これらの施設の管理・保守は、**事業者の義務**である。運行管理者の業務は、休憩・睡眠施設の適切な管理にとどまる（同規則第20条第1項第2号）。

2．×　安全規則第21条第1項によると、運行管理規程を定める義務を負っているのは**事業者等**である。運行管理者ではないので誤り。

3．○　安全規則第20条第1項第14号及び第10条第4項により正しい。

4. ○　安全規則第20条第1項第13号及び第9条の5により正しい。

問4	正答1、2
点呼	

令和4年4月1日より、3つの要件(①使用する機器・システムの要件、②実施する施設・環境の要件、③運用上の遵守事項）を満たす営業所において、営業所の優良制にかかわらず、遠隔点呼が実施できるようになった。また、令和5年1月1日から、点呼機器により、自動で点呼を行う認定制度が創設され、業務終了後の運転者に対する点呼を自動で実施(「業務後自動点呼」）できるようになった。

1. ○　安全規則第7条第1項により正しい。

2. ○　安全規則第7条第3項によると、事業者は業務前点呼及び業務後の点呼のいずれも対面により、又は対面による点呼と同等の効果を有するものとして国土交通大臣が定める方法で行うことができない業務を行う運転者等に対し、当該点呼のほかに、当該業務の途中において少なくとも1回電話その他の方法により点呼（中間点呼）を行わなければならない。本肢の場合、1日目の業務前の点呼及び2日目の業務後の点呼はいずれも対面で行うことができるため、中間点呼を行う必要はない。

3. ×　通達「貨物自動車運送事業輸送安全規則の解釈及び運用について」第7条1（5）①ウにより、IT点呼の実施は、1営業日のうち連続する16時間以内とされているが、**営業所と当該営業所の車庫間**のIT点呼については、その**例外**とされている。

4. ×　安全規則第20条第1項第8号及び第7条によると、運行管理者は、業務前及び業務終了後の運転者に対し、原則として対面で点呼を実施しなければならない。ただし、運行上やむを得ない場合は電話その他の方法により点呼を行うことができる。そして、通達「貨物自動車運送事業輸送安全規則の解釈及び運用について」第7条1（1）によると、「運行上やむを得ない場合」とは、遠隔地で業務を開始又は終了するため、業務前点呼又は業務後点呼を当該運転者が所属する営業所において対面で実施できない場合等をいい、**車庫と営業所が離れている場合**及び早朝・深夜等において点呼執行者が営業所に出勤していない場合等は**「運行上やむを得ない場合」には該当しない**とされている。

問5	正答2、3
事故の報告	

1. **報告を要しない**　事故報告規則第2条第3号及び第3条第1項、自動車損害賠償保障法施行令第5条第3号ニによると、「**病院に入院すること**を要する傷害で、**医師の治療を要する期間が30日以上**のもの」は報告が必要である。本肢の「通院による30日間の医師の治療を要する傷害」はこれにあたらない。

2. **報告を要する**　事故報告規則第2条

第1号及び第3条第1項によると、**自動車の転覆事故**は報告を要する。本肢の「運転者席側を下にして横転した状態」は、転覆にあたる。

3. **報告を要する**　事故報告規則第3条第1項及び第2条第5号イにより、消防法第2条第7項に規定する**危険物を漏えいした事故**は国土交通大臣への報告を要する。

4. **報告を要しない**　事故報告規則第3条第1項及び第2条第4号によると、自動車事故により**10人以上**の負傷者が生じた場合には、国土交通大臣への報告を要する。本肢においては、負傷者が8人なので報告を要しない。

問6	**正答 1**
過労運転等の防止等	

1. ×　安全規則第3条第4項及び国土交通省告示第1365号によると、運転者が一の運行における最初の勤務を開始してから最後の勤務を終了するまでの時間は、**144時間**を超えてはならない。
2. ○　安全規則第3条第4項により正しい。
3. ○　安全規則第3条第1項及び第2項により正しい。
4. ○　安全規則第3条第8項により正しい。

問7	**正答 A② B① C①**
運行の安全の確保	

1. 監督指針第2章4（3）によると、事業者は、適齢診断（高齢運転者のための適性診断として国土交通大臣が認定したものをいう。）を65才に達した日以後1年以内（65才以上の者を新たに運転者として選任した場合には、選任の日から1年以内）に1回受診させ、その後**3年**以内ごとに1回受診させることとされている。

　よって、Aには「② 3年」が入る。

2. 監督指針第2章3（1）②によると、事業者は、初任運転者に対する特別な指導は、当該貨物自動車運送事業者において初めて事業用自動車に乗務する前に実施することとされている。ただし、やむを得ない事情がある場合には、乗務を開始した後**1ヵ月**以内に実施することとされている。

　よって、Bには「① 1ヵ月」が入る。

3. 監督指針第2章2（2）によると、事業者が行う初任運転者に対する特別な指導は、法令に基づき運転者が遵守すべき事項、事業用自動車の運行の安全を確保するために必要な運転に関する事項等について15時間以上実施するとともに、安全運転の実技について、**20時間**以上実施することとされている。

　よって、Cには「① 20時間」が入る。

問8	**正答 1、3**
貨物の積載方法等	

1. ○　監督指針第1章2（6）により正しい。
2. ×　安全規則第5条によると、「偏荷重が生じないように積載すること」「貨物が運搬中に荷崩れ等により事業用自動車から落下することを防止するため、貨物にロープ又はシートを

◀◀**問題**◀問題編 p.17～21

掛けること」は、車両総重量8トン以上又は最大積載量5トン以上の事業用自動車に限らず、**すべての事業用自動車**に貨物を積載する場合に必要とされている。

3. ○　安全規則第5条の2第1号により正しい。

4. ×　安全規則第8条第1項第6号イによると、一般貨物自動車運送事業者は、事業用自動車に係る運転者等の業務について、運転者等が車両総重量が8トン以上又は最大積載量が5トン以上の普通自動車である事業用自動車の運行の業務に従事した場合にあっては、「貨物の積載状況」を「業務の記録」に記録させなければならない。また、同条第2項によると、一般貨物自動車運送事業者は、同条第1項の規定により記録すべき事項について、運転者等ごとに記録させることに代え、保安基準第48条の2第2項の規定に適合する運行記録計により記録することができる。本肢のように、**運行指示書への記載によって「業務の記録」への記録を省略することができるという規定はない**ので、誤り。

2. 道路運送車両法関係

問9	正答1
自動車の登録等	

1. ×　車両法第20条第2項によると、登録自動車の所有者は、当該自動車の使用者が道路運送車両法の規定により自動車の使用の停止を命ぜられ、同法の規定により自動車検査証を返納したときは、**遅滞なく**、当該自動車登録番号標及び封印を取りはずし、自動車登録番号標について国土交通大臣の**領置を受けなければならない**。本肢においては、「その事由があった日から30日以内に」と「(国土交通大臣)に届け出なければならない」の部分が誤っている。

2. ○　車両法第19条により正しい。

3. ○　車両法第3条により正しい。

4. ○　車両法第13条第1項により正しい。

問10	正答2、3
自動車の検査等	

1. ×　車両法第66条第1項により、原則として、自動車検査証を備え付けなければ、自動車を運行の用に供してはならない。しかし、指定自動車整備事業者（いわゆる民間車検場）が交付した**有効な保安基準適合標章を表示しているときは、自動車検査証を備え付けていなくても、例外的に**自動車を運行の用に供することができる（同法第94条の5第11項）。

■自動車検査証の代用■

自動車検査証
国しか発行できない。

保安基準適合標章
民間車検場で車検を行った場合、国から左の発行を受けるまで、代わりとして一定期間の使用ができる。

2. ○　車両法第62条第5項により正し

い。

なお、令和5年1月1日施行の車両法の改正により、第67条の「自動車検査証の記載事項」とされていた部分が「自動車検査証記録事項」に、第62条第5項の自動車検査証の「記入」とされていた部分が「変更記録」となった。

3. ○　車両法第62条第1項によると、登録自動車等の使用者は、自動車検査証の有効期間の満了後も当該自動車を使用しようとするときは、**原則**として当該自動車を提示し、国土交通大臣の行う**継続検査**を受けなければならない。ただし、一定の地域に使用の本拠の位置を有する自動車の使用者が、天災その他やむを得ない事由により、継続検査を受けることができないと認めるときは、国土交通大臣は、当該地域に使用の本拠の位置を有する自動車の自動車検査証の有効期間を、期間を定めて伸長する旨を公示することができる（同法第61条の2第1項）。

4. ×　車両法第66条第3項により検査標章には自動車検査証の有効期間の**満了時期**を表示しなければならないが、有効期間の「起算日」を表示しなければならないという定めはない。

問11　　正答 A① B② C② D②
自動車の点検整備等

1. 自動車検査証の有効期間は、**貨物の運送の用に供する自動車**であって、**検査対象軽自動車以外のものは1年**、その他の自動車は2年とされる（車両法第61条第1項）。ただし、この自動車検査証の有効期間を1年とされる自動車のうち車両総重量8トン未満の貨物の運送の用に供する自動車の自動車検査証の有効期間は2年とされている（同条第2項第1号）。本肢の自動車の車両総重量は8トン以上なので、自動車検査証の有効期間は1年である。

よって、Aには「① 1年」が入る。

貨物の運送の用に供する自動車
（検査対象軽自動車以外）は1年

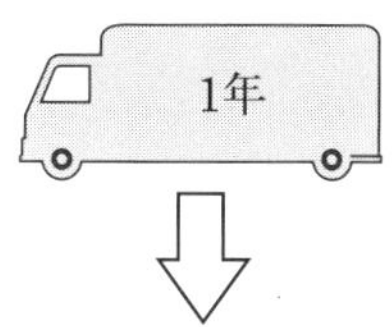

ただし、車両総重量8トン未満
だと2年となる。

2. 車両法第47条の2第1項及び自動車点検基準別表第1によると、車両総重量**8トン**以上又は乗車定員30人以上の自動車は、日常点検において「ディスク・ホイールの取付状態が不良でないこと。」について点検しなければならない。

よって、Bには「② 8トン」が入る。

3. 車両法第50条第2項、同法施行規則第32条第1項第2号、第3号によると、事業用自動車の日常点検の結果に基づく運行可否の決定は、自動車の使用者より与えられた権限に基づき、**整備管理者**が行わなければならない。

よって、Cには「② 整備管理者」が入る。

4. 車両法第47条の2第3項によると、自動車の使用者は、点検の結果、当該自動車が保安基準に適合しなくなるおそれがある状態又は適合しない状態にあるときは、保安基準に適合しなくなるおそれをなくするため、又は保安基準に適合させるために当該自動車について必要な**整備**をしなければならない。

よって、Dには「② 整備」が入る。

問12	**正答2**
保安基準及び細目告示	

1. ○　細目告示第62条第6項第17号により正しい。
2. ×　保安基準第44条第1項及び第2項、細目告示第224条第2項第2号によると、後写鏡は取付部付近の自動車の最外側より突出している部分の最下部が**地上1.8メートル以下**のものは、当該部分が歩行者等に接触した場合に衝撃を緩衝できる構造でなければならない。
3. ○　保安基準第43条の2本文及び細目告示第220条第1項第1号により正しい。
4. ○　保安基準第18条第1項第2号により正しい。

3．道路交通法関係

問13	**正答1**
用語の定義等	

1. ×　道交法第2条第1項第3号の4によると、路側帯とは**歩行者の通行の用に供し**、又は車道の効用を保つため、歩道の設けられていない道路又は道路の歩道の設けられていない側の路端寄りに設けられた帯状の道路の部分で、道路標示によって区画されたものをいう。したがって、「自転車の通行の用に供する」ことは路側帯の目的に含まれていないので、誤っている。
2. ○　道交法第2条第1項第6号により正しい。
3. ○　道交法第2条第1項第8号により正しい。
4. ○　道交法第2条第1項第9号により正しい。

問14	**正答1、4**
灯火及び合図等	

1. ○　道交法第52条第1項及び同法施行令第18条第1項により正しい。
2. ×　道交法第31条の2によると、停留所において乗客の乗降のため停車していた乗合自動車が発進するため進路を変更しようとして手又は方向指示器により合図をした場合においては、その後方にある車両は、その**速度又は方向を急に変更しなければならないこととなる場合を除き**、当該合図をした乗合自動車の進路の変更を妨げてはならない。
3. ×　道交法第54条第1項第1号によると、車両等の運転者は、左右の見とおしのきかない交差点、見とおしのきかない道路のまがりかど又は見とおしのきかない上り坂の頂上で道路標識等により指定された場所を通行しようとするときにおいては、警音器を鳴らさなければならないとされている。**道路標識等により指定された区間以外では、警音器を鳴らさなくても良い**ので誤り。

4. ○　道交法施行令第21条第1項により正しい。

問 15　　　　正答 A② B① C①

酒気帯び運転等の禁止等

本問の(1)～(4)は、道交法第65条第1項から第4項の規定である。

(1) 何人も、酒気を帯びて車両等を運転してはならない。

(2) 何人も、酒気を帯びている者で、前項の規定に違反して車両等を運転することとなるおそれがあるものに対し、**車両等を提供**してはならない。

よって、Aには「②車両等を提供」が入る。

(3) 何人も、第1項の規定に違反して車両等を運転することとなるおそれがある者に対し、酒類を提供し、又は飲酒をすすめてはならない。

(4) 何人も、車両（トロリーバス及び旅客自動車運送事業の用に供する自動車で当該業務に従事中のものその他の政令で定める自動車を除く。）の運転者が酒気を帯びていることを知りながら、当該運転者に対し、当該車両を運転して自己を運送することを要求し、又は依頼して、当該運転者が第1項の規定に違反して運転する**車両に同乗**してはならない。

よって、Bには「①車両に同乗」が入る。

また、(5)は、以下に挙げるように、道交法第117条の2の2第1項第3号及び道交法施行令第44条の3の規定である。

(5) 前記(1)の規定に違反して車両等（軽車両を除く。）を運転した者で、その運転をした場合において身体に血液1ミリリットルにつき0.3ミリグラム又は呼気1リットルにつき**0.15**ミリグラム以上にアルコールを保有する状態にあったものは、3年以下の懲役又は50万円以下の罰金に処する。

したがって、Cには「① 0.15」が入る。

問 16　　　　正答 2

法定速度

1. ○　道交法第22条第1項及び同法施行令第11条により正しい。

2. ×　道交法施行令第27条第1項によると、本肢のような場合、最高速度は**80キロメートル毎時**である。
なお、改正により、令和6年4月1日から最高速度は90キロメートル毎時となった。**令和6年度第2回試験より**試験範囲に含まれる。

3. ○　道交法施行令第12条第1項第1号によると、高速自動車国道の本線車道又はこれに接する加速車線若しくは減速車線以外の道路において、**車両総重量が2,000キログラム以下の車両をその車両の車両総重量の3倍以上の車両総重量の自動車で牽引**する場合、最高速度は40km/hである。本肢はこのケースにあたるので正しい。

4. ○　道交法第75条の4、同法施行令第27条の2、第27条の3により正しい。

◀◀**問題**◀問題編 p.25～29

問 17　　正答 3
運転者の遵守事項等

1. ○　道交法第71条第2号、第71条第2号の2により正しい。
2. ○　道交法第71条第5号の4により正しい。
3. ×　道交法第38条の2によると、車両等は、交差点又はその直近で横断歩道の設けられていない場所において歩行者が道路を横断しているときは、その**歩行者の通行を妨げてはならない**。
4. ○　道交法第71条第2号の3により正しい。

4．労働基準法関係

問 18　　正答 2、3
労働契約等

1. ×　労基法第16条によると、使用者は、労働契約の不履行について**違約金**を定め、又は**損害賠償額**を予定する契約を**してはならない**。
2. ○　労基法第25条により正しい。
3. ○　労基法第3条により正しい。

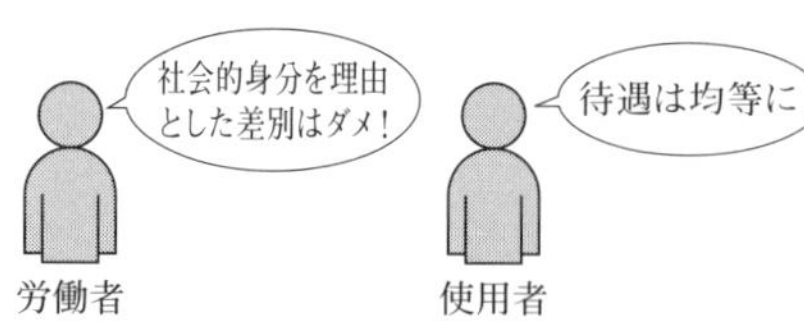

社会的身分を理由
とした差別はダメ！
待遇は均等に
労働者
使用者

4. ×　労基法第21条によると、同法第20条（解雇の予告）の規定は、法に定める期間を超えない限りにおいて、「日日雇い入れられる者」、「**2ヵ月**以内の期間を定めて使用される者」、「季節的業務に**4ヵ月**以内の期間を定めて使用される者」、「試の使用期間中の者」のいずれかに該当する労働者については適用しないものとされている。

問 19　　正答 2
労働時間及び休日等

1. ○　労基法第33条第1項により正しい。
2. ×　労基法第34条第1項によると、使用者は、労働時間が6時間を超える場合においては少なくとも**45分**、8時間を超える場合においては少なくとも**1時間**の休憩時間を労働時間の途中に与えなければならない。
3. ○　労基法第35条により正しい。
4. ○　労基法第36条第1項により正しい。

問 20　　正答 A① B① C② D②
拘束時間等

1. 改善基準第4条第1項第1号によると、拘束時間は、1ヵ月について**284時間**を超えず、かつ、1年について**3,300時間**を超えないものとすることとされている。ただし、労使協定により、1年について6ヵ月までは、1ヵ月について**310時間**まで延長することができ、かつ、1年について3,400時間まで延長することができるものとされている。

   よって、Aには「① 284時間」、Bには「① 3,300時間」、Cには「② 310時間」が入る。
2. 改善基準第4条第1項第3号によると、1日についての拘束時間は、13時間を超えないものとし、当該拘束時間を延長する場合であっても、最大拘束時間は**15時間**とすることとされている。

よって、Dには「② 15時間」が入る。

問21	**正答1、3**
拘束時間等	

1. ○　改善基準第4条第2項により正しい。
2. ×　改善基準第4条第4項第3号によると、使用者は、業務の必要上やむを得ない場合には、当分の間、2暦日についての拘束時間が**21時間**を超えず、かつ、勤務終了後、継続20時間以上の休息期間を与える場合に限り、トラック運転者を隔日勤務に就かせることができる。
3. ○　出題時の旧改善基準第4条第4項によると、労使当事者は、時間外労働協定において貨物自動車運送事業に従事する自動車運転者に係る一定期間についての延長時間について協定するに当たっては、当該一定期間は、2週間及び1ヵ月以上3ヵ月以内の一定の期間とするものとされている。

※改善基準の改正（令和6年4月1日施行）により、旧改善基準第4条第4項の規定は**削除**されたため、**現在では本肢は成立せず、本問自体も成立しない。**

4. ×　改善基準第4条第4項第4号によると、トラック運転者がフェリーに乗船している時間は、原則として休息期間とし、改善基準の規定により与えるべき休息期間から当該時間を除くことができる。ただし、当該時間を除いた後の休息期間については、改善基準所定の場合を除き、フェリーを下船した時刻から終業の時刻までの時間の**2分の1**を下回ってはならない。

問22	**正答2、4**
運転時間及び休憩等	

本問においては、「連続運転時間が改善基準に違反していないか」及び「2日を平均し1日当たりの運転時間」が問われている。以下、これらを順に考察する。

連続運転時間が改善基準に違反していないか

連続運転時間が改善基準に違反しているかどうかは、**運転開始後4時間以内又は4時間経過直後に、30分以上の「運転の中断」**をしているかどうかで判断する。なお、この30 分以上の「運転の中断」については、少なくとも**1回につき10分以上（10分未満の場合、運転の中断時間としてカウントされない）とした上で分割することもできる。**

以上を前提に問題の4日間を検討する。

まず、**1日目**について。ポイントは、**運転の中断時間が30分に満たない場合、中断時間の合計が30分になるまでの運転時間を合計して、4時間を超えてはならない**ということである。この点を踏まえて1日目の勤務状況を見てみると、1時間の大休憩を挟んだ後の運転中断時間が合計25分（休憩10分＋休憩15分）しかないにもかかわらず、運転時間が4時間10分（1時間30分＋1時間40分＋1時間）と4時間を超えているため、**基準に違反している**。

次に、**2日目**について。こちらについては、上述した判断基準に照らすと、**基準に違反している箇所は見られない**。

次に、**3日目**について。こちらについても、上述した判断基準に照らすと、**基準に違反している箇所は見られない**。

最後に、**4日目**について。こちらについても、ポイントは、1日目と同様、**運転の中断時間が30分に満たない場合、中断時間の合計が30分になるまでの運転時間を合計して、4時間を超えてはならない**ということである。この点を踏まえて1日の勤務状況を見てみると、1時間の大休憩を挟んだ後の運転中断時間が合計25分（休憩10分＋休憩15分）しかないにもかかわらず、運転時間が4時間40分（1時間20分＋1時間＋2時間20分）と4時間を超えているため、**基準に違反している**。

以上より、選択肢2が正しいことが分かる。

2日を平均し1日当たりの運転時間

改善基準第4条第1項第6号によると、運転時間は、2日（始業時刻から起算して48時間をいう）を平均し1日当たり9時間を超えないこととされている。そして、1日の運転時間の計算に当たっては、**「特定日の前日と特定日の運転時間の平均」と「特定日と特定日の翌日の運転時間の平均」を算出し、どちらも9時間を超える場合は基準違反と判断される**。

以上を前提に本問の4日間を検討すると、2日目を特定日とした場合、「特定日の前日（1日目）と特定日（2日目）の運転時間の平均」、「特定日（2日目）と特定日の翌日（3日目）の運転時間の平均」は、ともに**9.5時間**であり、**基準に違反している**。

ちなみに、3日目を特定日とした場合においても、「特定日の前日（2日目）と特定日（3日目）の運転時間の平均」、「特定日（3日目）と特定日の翌日（4日目）の運転時間の平均」は、ともに**9.5時間**であり、やはり**基準に違反している**。

以上より、選択肢4が正しいことが分かる。

問23	**正答ウ**
拘束時間	

改善基準第4条第1項第1号により、貨物自動車運送事業に従事する自動車運転者の拘束時間は、1ヵ月について**284時間**を超えず、かつ、1年について3,300時間を超えないものとすることとされている。ただし、労使協定により、1年について**6ヵ月までは**、1ヵ月について**310時間**まで延長することができ、かつ、1年について**3,400時間**まで延長することができるものとされている。また、同条同項第2号によると、拘束時間を延長する場合でも、1ヵ月の拘束時間が**284時間**を超える月が**3ヵ月を超えて連続しない**ようにする必要がある。以上を前提に、各選択肢を検討する。

まずは、選択肢イについて。注目す

べきはAの312時間である。上述したように、労使協定がある場合でも拘束時間の延長は**310時間**までなので、この点が基準に違反している。

次に、選択肢アについて。注目すべきはBの286時間である。Bに286時間を入れると、「1ヵ月の拘束時間」が**284時間**を超える月が**7ヵ月**(4月、7月、8月、11月、12月、1月、2月）になり、基準に違反することとなる。なお、この場合、1年間についての拘束時間も3,116＋286＝**3,402時間**となり、やはり基準に違反することとなる。加えて、1ヵ月の拘束時間が284時間を超える月が**4ヵ月連続**(11月、12月、1月、2月）となるため、この点においても基準に違反することとなる。

最後に、選択肢ウについて。Aに279時間、Bに277時間、Cに295時間を入れた場合、上述した基準に違反している項目はない。よって、**選択肢ウが正解となる**。

5．実務上の知識及び能力

問24	**正答2、3、4**
日常業務の記録等	

1. **不適**　安全規則第9条の5第2項によると、運転者が転任、退職その他の理由により運転者でなくなった場合には、**直ちに、運転者等台帳に運転者でなくなった年月日及び理由を記載し**、これを**3年間保存**しなければならない。
2. **適**　運行記録計には、瞬間速度、運行距離、運行時間のほか、急発進、急ブレーキ、速度超過時間等の運行データが記録される。これらのデータを分析して、運転者等の日常の業務を把握し、過労運転等防止及び運行適正化の資料として活用することは、適切である。また、安全規則第9条によると、運行記録計の保存期間は**1年間**であり、この点も適切である。
3. **適**　安全規則第10条第1項及び監督指針第1章2に照らし、本肢における運行管理者の措置は適切である。
4. **適**　安全規則第3条第4項により、事業者は運転者の勤務時間及び乗務時間を定めることとされている。そして、同規則第20条第1項第3号により運行管理者は、この勤務時間及び乗務時間の範囲内において乗務割を作成することとされているが、その際、**運転者が過労とならないよう十分考慮**するほか、**天候や道路状況などをあわせて考える**ことは、事故防止のために適切な対応である。また、**乗務割の予定を運転者に事前に示す**ことも、予定を早めに立てることができるため、適切である。

問25	**正答2、4**
運転者に対して行う指導・監督	

1. **不適**　**空走距離**とは、危険を認知してからブレーキが効き始めるまでの距離であり、**制動距離**とは、ブレーキを踏んでから停止するまでの走行距離である。そして、停止距離とは、運転者が危険を認知してから車が停止するまでに走行した距離であり、**空走距離と制動距離の和**で求められ

る。

以上の知識を前提に、本問を検討する。まず、36km/h を秒速に直すと、1時間は3,600秒だから、自動車の速さは36,000 ÷ 3,600 = 10メートル/秒である。そして、空走時間は1秒間であるから、その間の自動車の空走距離は10 × 1 = 10メートルである。また、制動距離は8メートルであるから、停止距離は10 + 8 = 18メートルである。

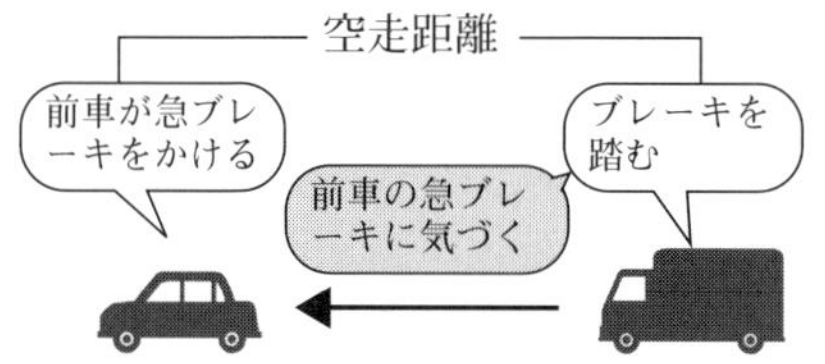

2. **適**　本肢の記述のとおりであり、適切である。

3. **不適**　安全規則第11条により、事業者は、異常気象その他の理由により輸送の安全の確保に支障を生ずるおそれがあるときは、**乗務員等に対する適切な指示その他輸送の安全を確保するために必要な措置を講じなければならない**。本肢の場合、「事業用自動車の運行の中断、待避所の確保、徐行運転等の運転に関わることについてはすべて運転者の判断に任せ（中略）ている」という事業者の対応は上記規定に違反しており、適切でない。

4. **適**　本肢の記述のとおりであり、適切である。

問26	**正答1、2、4**
運転者の健康管理	

1. **適**　労働安全衛生規則第51条によると、事業者は、労働者が受診した健康診断の結果に基づき、健康診断個人票を作成して、これを**5年間**保存しなければならない。また、当該「健康診断」には、法令で定めるものに加え、労働者が自ら受診したものも含まれる。よって、本肢の対応は適切である。

2. **適**　本肢の記述のとおりであり、適切である。

3. **不適**　運転者は運行中に体調不良等の異常を感じた場合は、周囲の安全に配慮しつつ直ちに車両を安全な場所に停車し、**運行管理者に報告し、指示を受ける**こととされている。また、事業者は、運転者が、自身の健康状態等について、運行中も含め気軽に相談・申告できる職場環境づくりに努めることとされている（国土交通省通知「運転者が体調不良等を生じた場合における適切な運行管理の徹底について」）。

4. **適**　本肢の記述のとおりであり、適切である。

問27	**正答2、3**
交通事故防止対策	

1. **不適**　たしかに、交通事故のほとんどは運転者等のヒューマンエラーが直接の原因となっているが、そうしたヒューマンエラーの背後には、トラック車両の構造上の問題、天候や道路などの走行環境、会社の運行管理上

の問題などが伏在している可能性がある。有効な交通事故防止対策のためにはそうした**伏在する原因の追究も必要**であり、ヒューマンエラーの再発防止ばかりに注力するのは適切ではない。

2. **適**　本肢の記述のとおりであり、適切である。

3. **適**　本肢の記述のとおりであり、適切である。

4. **不適**　適性診断の目的は、「運転に適さない者を運転者として選任しない」ことではなく、**運転者に自分の運転の傾向や事故を起こす危険性を客観的に知ってもらうことで、安全な運転を目指すようその自覚を促す**ことにある。

問 28	**正答 2、4**
自動車の運転等	

1. **不適**　自動車の夜間の走行時において、自車のライトと対向車のライトで、お互いの光が反射し合い、その間にいる歩行者や自転車が見えなくなることを**蒸発現象**という。

2. **適**　本肢の記述のとおりであり、適切である。

3. **不適**　遠心力は速度の2乗に比例して大きくなる。よって、自動車の重量及びカーブの半径が同一の場合に、自動車の速度を2分の1に落として走行すると遠心力の大きさは**4分の1**になる。

4. **適**　衝撃力は、重量に比例して大きくなる。よって、自動車が衝突するときの衝撃力は、車両総重量が2倍になると**2倍**になる。

問 29	**正答 1 ① 2 ② 3 ②**
運行計画	

1. 道交法施行規則第2条によると、中型自動車とは、大型自動車、大型特殊自動車、大型自動二輪車、普通自動二輪車及び小型特殊自動車以外の自動車で、車両総重量が7,500キログラム以上11,000キログラム未満のもの、最大積載量が4,500キログラム以上6,500キログラム未満のもの又は乗車定員が11人以上29人以下のものをいう。**本問の自動車**は**最大積載量が6,000キログラム**なので、**中型自動車**に該当する。また、道交法第22条第1項及び道交法施行令第27条第1項第1号ロによると、中型自動車のうち、専ら人を運搬する構造のもの又は車両総重量が8,000キログラム未満、最大積載重量が5,000キログラム未満及び乗車定員が10人以下のものの最高速度は、道路標識等により最高速度が指定されていない高速自動車国道の本線車道（政令で定めるものを除く。）においては、時速100キロメートルである。しかし、本問の自動車は道交法施行令第27条第1項第1号ロの要件を満たしていない。

よって、道交法第22条第1項及び道交法施行令第27条第1項第2号により、本問の自動車の**最高速度**は、**時速80キロメートル**である。また、道交法第75条の4及び道交法施行令第27条の3によると、自動車の**最低速度**は、法令の規定によりその速度を減ず

◀◀**問題**◀問題編 p.39 ～ 42

る場合及び危険を防止するためやむを得ない場合を除き、道路標識等により自動車の最低速度が指定されていない区間の高速自動車国道の本線車道（政令で定めるものを除く。）においては、**時速50キロメートル**である。

以上より、本問の自動車は、E料金所からF料金所までの間の高速自動車国道及びG料金所からH料金所までの間の高速自動車国道をそれぞれ**時速50キロメートルから時速80キロメートル**の間の速さで走行する必要がある。ここで、両区間における距離と走行時間を見てみると、E料金所からF料金所までの距離は140キロメートル、走行時間が2時間なので、速さは140（キロメートル）÷2（時間）＝**時速70キロメートル**となる。また、G料金所からH料金所までの距離は175キロメートル、走行時間が2時間30分なので、速さは175（キロメートル）÷2.5（時間）＝**時速70キロメートル**となる。よって、時速50キロメートルから時速80キロメートルの間の速さに収まっているため、本問における運転時間は、道路交通法令に定める制限時速に照らし**適切**である。

なお、改正により、令和6年4月1日から最高速度は90キロメートル毎時となった。**令和6年度第2回試験より**試験範囲に含まれる。

2. 改善基準第4条第1項第6号によると、運転時間は、**2日を平均し、1日当たり9時間**を超えないこととされている。また、2日を平均した1日の運転時間の計算に当たっては、「特定日の前日と特定日の運転時間の平均」と「特定日と特定日の翌日の運転時間の平均」を算出し、**どちらも9時間を超える場合は基準違反と判断される。**
   以上を前提に、本問を検討する。

本問における**当日の運転時間**は、往路が5時間30分（30分+1時間+2時間+1時間+1時間）であり、復路が4時間40分（50分+2時間30分+50分+30分）であるため、合計で**10時間10分**となる。また、**前日の運転時間が8時間30分、翌日の予定運転時間が8時間30分**であることから、特定日を当日とすると、「特定日の前日と特定日の運転時間の平均」、「特定日と特定日の翌日の運転時間の平均」は、ともに**9時間20分**で9時間を超えている。よって、**改善基準に違反している。**

3. 改善基準第4条第1項第7号によると、**連続運転時間**（1回がおおむね連続10分以上で、かつ、合計が30分以上の運転の中断をすることなく連続して運転する時間をいう。）は、**4時間を超えない**ものとすることとされている。以上を前提に、本問を検討する。

本問のタイムスケジュールを整理すると、次のようになる。

業務前点呼20分→運転30分→荷積み1時間→運転（一般道）1時間→運転（高速自動車国道）2時間→休憩15分→運転1時間→荷下し40分→運転1時間→休憩1時間→荷積み1時間→運転（一般道）50分→運転（高速自動車国道）2時間30分→休憩15分→運転50分→荷下し40分→運転30分→業務後点呼20分

ここで注目すべきは、復路における**「運転（一般道）50分→運転（高速自動車国道）2時間30分→休憩15分→運転50分」**の箇所である。この箇所においては、**運転中断時間が15分しかないにもかかわらず、連続運転時間が4時間を超えている**。よって、**改善基準に違反している**。

問30	正答①、③、⑤
事故再発防止対策	

① **直接的に有効**　本問の場合、運転者が所属する営業所においては、**交通事故を惹起した場合の社会的影響の大きさや、疲労などの生理的要因による交通事故の危険性などについて理解させる**指導・教育が不足していた。また、本問における事故は、運転者の**居眠り運転**が原因の一つであると考えられる。したがって、本肢は、同種事故の再発防止策として直接的に有効といえる。

② **直接的に有効ではない**　本問の場合、運転者は、事業者が行う定期健康診断において、特に指摘はなかった。また、**運転者が疾病を患っていたという事実は記載されていない**。したがって、本肢は同種事故の再発防止対策としては直接的に有効とはいえない。

③ **直接的に有効**　本問の場合、運転者は、事故日前1ヵ月間の勤務において、拘束時間及び休息期間について複数回の「自動車運転者の労働時間等の改善のための基準」違反があった。そして、事故当日においても、**休息期間を7時間しかとらない状態で運転**をしており、改善基準違反がみられる。したがって、本肢は、同種事故の再発防止策として直接的に有効といえる。

④ **直接的に有効ではない**　適齢診断を受診すべき運転者は、少なくとも**65歳以上**の者である。本問の場合、運転者は**35歳**であるため、適齢診断の受診義務はない。したがって、本肢は同種事故の再発防止対策としては直接的に有効とはいえない。

⑤ **直接的に有効**　本問の場合、運転者は、事故日前日運行先に積雪があり、帰庫時間が5時間程度遅くなって業務を早朝5時に終了し、事故当日の正午に業務前点呼を受け出庫している。このことから、**運転者には疲労が蓄積しており、安全な運転を継続することができないおそれがあった**と予想される。また、**業務前点呼**の際、本来であれば確認が必要となる、**睡眠不足等の運転者の体調確認が行われていなかった**。したがって、本肢の措置は、同種事故の再発防止策として直接的に有効といえる。

⑥ **直接的に有効ではない**　本問の場合、**法令で定められた日常点検及び定期点検を実施していなかった**という事実や、**速度抑制装置が正常に作動しなかった**という事実は**記載されていない**。したがって、本肢は同種事故の再発防止対策としては直接的に有効とはいえない。

以上より、直接的に有効と考えられる選択肢は、①、③、⑤となる。

◀◀**問題**◀問題編 p.44

正答解説

令和3年度 CBT試験出題例

1．貨物自動車運送事業法関係

問1	正答2、3
事業計画の変更	

1．× 貨運法第9条第1項によると、事業者は、「自動車車庫の位置及び収容能力」の事業計画の変更をするときは、国土交通大臣の**認可**を受けなければならない。

2．○ 貨運法第9条第3項及び同法施行規則第6条第1項第1号により正しい。

3．○ 貨運法第9条第1項により正しい。

4．× 貨運法第9条第3項及び同法施行規則第7条第1項第1号によると、事業者は、主たる事務所の名称及び位置に関する事業計画の変更をしたときは、**遅滞なく**その旨を、国土交通大臣に**届け出**なければならない。

変更内容	
事業用自動車の種別ごとの数の変更 ⇒	あらかじめ
主たる事務所の名称及び位置の変更 ⇒	遅滞なく

問2	正答 A⑧ B③ C⑤ D①
運行管理者等の義務	

1．貨運法第22条第1項によると、運行管理者は**誠実**にその業務を行わなければならない。

したがって、Aには「⑧誠実」が入る。

2．貨運法第22条第2項によると、一般貨物自動車運送事業者は、運行管理者に対し、同法第18条第2項の国土交通省令で定める業務を行うため必要な**権限**を与えなければならない。

したがって、Bには「③権限」が入る。

3．貨運法第22条第3項によると、一般貨物自動車運送事業者は、運行管理者がその業務として行う**助言**を尊重しなければならず、事業用自動車の運転者その他の従業員は、運行管理者がその業務として行う**指導**に従わなければならない。

したがって、Cには「⑤助言」、Dには「①指導」が入る。

問3	正答2、4
運行管理者の業務	

1．× 安全規則第3条第3項によると、設問にあるような乗務員等の休憩・睡眠施設の整備、これらの施設の管理・保守は、**事業者の義務**である。運行管理者の業務は、休憩・睡眠施設の適切な管理にとどまる（同規則第20条第1項第2号）。

2．○ 安全規則第20条第1項第14号の2及び第10条第2項により正しい。

3．× 安全規則第7条第4項によると、国土交通大臣が告示で定めるアルコール検知器を備え置くのは**事業者の義務**である。運行管理者の業務は運転者に対して使用するアルコール検知器を**常時有効に保持**することである（同規則第20条第1項第8号）。

4．○ 安全規則第20条第1項第12号

の2により正しい。

問4　　正答1、2
点呼

令和4年4月1日より、3つの要件(①使用する機器・システムの要件、②実施する施設・環境の要件、③運用上の遵守事項)を満たす営業所において、営業所の優良制にかかわらず、遠隔点呼が実施できるようになった。また、令和5年1月1日から、点呼機器により、自動で点呼を行う認定制度が創設され、業務終了後の運転者に対する点呼を自動で実施(「業務後自動点呼」)できるようになった。

1. ○　安全規則第7条第3項により正しい。
2. ○　安全規則第7条第2項本文により正しい。
3. ×　通達「貨物自動車運送事業輸送安全規則の解釈及び運用について」第7条1.(4)によると、Gマーク営業所以外であっても、①開設されてから3年を経過していること。②過去**3年間**点呼の違反に係る行政処分又は警告を受けていないことなどに該当する一般貨物自動車運送事業者等の営業所にあっては、当該営業所と当該営業所の車庫間で行う点呼に限り、IT点呼を実施できる。
4. ×　通達「貨物自動車運送事業輸送安全規則の解釈及び運用について」第7条1.(5)①ウによると、点呼は対面により行うことが原則であることから、IT点呼の実施は、1営業日のうち連続する**16時間以内**とするとされている。

問5　　正答2、4
事故の報告

1. **報告を要しない**　事故報告規則第2条第3号及び第3条第1項、自動車損害賠償保障法施行令第5条第3号ニによると、「**病院に入院**することを要する傷害で、**医師の治療を要する期間が30日以上**のもの」は報告が必要である。本肢の「通院による40日間の医師の治療を要する傷害」はこれにあたらない。
2. **報告を要する**　事故報告規則第2条第11号及び第3条第1項によると、**自動車の装置の故障**により、自動車が運行できなくなった事故は報告を要するとされている。
3. **報告を要しない**　事故報告規則第2条第1号及び第3条第1項により、自動車の転落事故は国土交通大臣への報告を要する。ここでいう「転落」とは、自動車が道路外に転落し、その落差が**0.5メートル以上**の場合である。本肢では道路と畑の落差が0.3メートルなので、報告を要する「転落」にあたらない。
4. **報告を要する**　事故報告規則第3条第1項及び第2条第5号イにより、消防法第2条第7項に規定する**危険物が漏えいした事故**は国土交通大臣への報告を要する。

問6　　正答2
過労運転等の防止等

1.○　安全規則第3条第1項及び第2項により正しい。

2.×　安全規則第9条第1号によると、運転者等の業務について、当該事業用自動車の瞬間速度、運行距離及び運行時間を運行記録計により記録しなければならない車両は、**車両総重量が7トン以上又は最大積載量が4トン以上**の普通自動車である事業用自動車である。

3.○　安全規則第3条第6項により正しい。

4.○　安全規則第3条第7項により正しい。

問7　　正答4
運転者に対する指導監督等

1.○　監督指針第2章3（1）①により正しい。

2.○　安全規則第17条第5号により正しい。

3.○　監督指針第2章3（1）②により正しい。

4.×　監督指針第2章2（2）によると、事業者が行う初任運転者に対する特別な指導は、法令に基づき運転者が遵守すべき事項、事業用自動車の運行の安全を確保するために必要な運転に関する事項などについて、**15時間以上**実施するとともに、安全運転の実技について、**20時間以上**実施することとされている。

問8　　正答1、2
運行に係る記録等

1.○　通達「貨物自動車運送事業輸送安全規則の解釈及び運用について」第7条1.（5）②アにより正しい。

2.○　安全規則第8条第1項第6号イにより正しい。

3.×　安全規則第9条の3第4項によると、事業者は、法令の規定により運行指示書を作成した場合には、当該運行指示書を、**運行の終了の日**から1年間保存しなければならない。

4.×　安全規則第9条の5第2項によると、事業者は、運転者が転任、退職その他の理由により運転者でなくなった場合には、直ちに、当該運転者に係る法令に基づき作成した運転者等台帳に運転者でなくなった年月日及び理由を記載し、これを**3年間**保存しなければならない。

2．道路運送車両法関係

問9　　正答2、4
自動車の登録等

1.×　車両法第13条第1項によると、登録自動車について所有者の変更があったときは、新所有者は、その事由があった日から**15日**以内に、国土交通大臣の行う移転登録の申請をしなければならない。

2.○　車両法第15条第1項第1号により正しい。

3.×　車両法第35条第6項によると、臨時運行許可証の有効期間が満了したときは、その日から**5日以内**に、当該臨時運行許可証及び臨時運行許可番号標を行政庁に返納しなければならない。

4. ○　車両法第3条により正しい。

問 10	正答 4
自動車の検査等	

1. ○　車両法第62条第1項によると、登録自動車等の使用者は、自動車検査証の有効期間の満了後も当該自動車を使用しようとするときは、原則として当該自動車を提示し、国土交通大臣の行う**継続検査**を受けなければならない。ただし、一定の地域に使用の本拠の位置を有する自動車の使用者が、天災その他やむを得ない事由により、継続検査を受けることができないと認めるときは、国土交通大臣は、当該地域に使用の本拠の位置を有する自動車の自動車検査証の有効期間を、期間を定めて伸長する旨を公示することができる（同法第61条の2第1項）。

2. ○　車両法第67条第1項本文及び同法施行規則第35条の3第1項第6号により正しい。

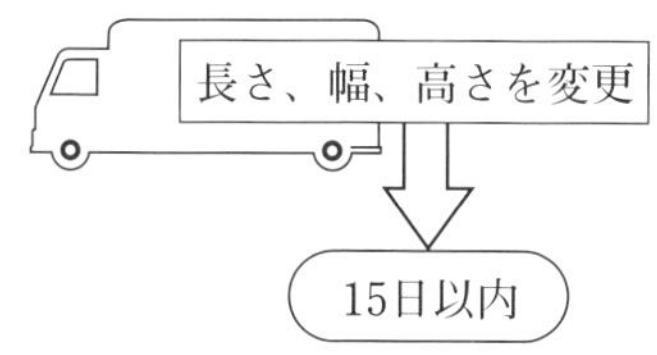

自動車検査証の変更記録

なお、令和5年1月1日施行の車両法の改正により、自動車検査証の「記入」とされていた部分が「変更記録」となった。

3. ○　車両法第99条の2により正しい。

4. ×　車両法第48条第1項第1号及び自動車点検基準別表第3によると、車両総重量8トン以上又は乗車定員30人以上の自動車の使用者は、スペアタイヤの取付状態等について、**3ヵ月**ごとに国土交通省令で定める技術上の基準により自動車を点検しなければならない。

問 11	正答 A① B② C② D①
自動車の点検整備等	

1. 車両法第48条第1項第1号によると、自動車運送事業の用に供する自動車の使用者は、**3ヵ月**ごとに、国土交通省令で定める技術上の基準により自動車を点検しなければならない。

したがって、Aには「① 3ヵ月」が入る。

2. 車両法第50条第1項によると、自動車の使用者は、自動車の点検及び整備並びに自動車車庫の管理に関する事項を処理させるため、車両総重量8トン以上の自動車その他の国土交通省令で定める自動車であって国土交通省令で定める台数以上のものの使用の本拠ごとに、自動車の点検及び整備に関する実務の経験その他について国土交通省令で定める一定の要件を備える者のうちから、**整備管理者**を選任しなければならない。

したがって、Bには「② 整備管理者」が入る。

3. 車両法第54条第1項によると、地方運輸局長は、保安基準に適合しない状態にある当該自動車の使用者に対し、当該自動車が保安基準に適合するに至るまでの間の運行に関し、当該自動車の使用の方法又は経路の制限その他の保安上又は**公害防止**その他の環境保全上必要な指示をすることができる。

したがって、Cには「② 公害防止」が入る。

4．車両法第47条の2第2項によると、自動車運送事業の用に供する自動車の使用者又は当該自動車を運行する者は、1日1回、その運行の開始前において、国土交通省令で定める技術上の基準により、自動車を**点検**しなければならない。

したがって、Dには「① 点検」が入る。

問12	正答3
保安基準及び細目告示	

1．○　保安基準第43条の4第1項及び細目告示第222条第1項第2号により、停止表示器材は**夜間200メートル**の距離から走行用前照灯で照射した場合にその反射光を照射位置から確認できるものなど告示で定める基準に適合しなければならない。

2．○　保安基準第43条第2項及び細目告示第141条第1項により正しい。

3．×　保安基準第9条第2項及び細目告示第89条第4項第2号によると、自動車（二輪自動車等を除く。）の空気入ゴムタイヤの接地部は滑り止めを施したものであり、滑り止めの溝は、空気入ゴムタイヤの接地部の全幅にわたり滑り止めのために施されている凹部（サイピング、プラットフォーム及びウエア・インジケータの部分を除く。）のいずれの部分においても**1.6ミリメートル以上**の深さを有することとされている。

4．○　保安基準第43条の7により正しい。

3．道路交通法関係

問13	正答1
自動車の種類	

1．×　道交法施行規則第2条によると、**大型自動車**とは、大型特殊自動車、大型自動二輪車、普通自動二輪車及び小型特殊自動車以外の自動車で、車両総重量が**11,000キログラム**以上のもの、最大積載量が**6,500キログラム**以上のもの又は乗車定員が**30人**以上のものをいう。本問の自動車は乗車定員が2人、最大積載量が6,250キログラム、及び車両総重量10,110キログラムなので、大型自動車には該当しない。

2．○　道交法施行規則第2条によると、**中型自動車**とは、大型自動車、大型特殊自動車、大型自動二輪車、普通自動二輪車及び小型特殊自動車以外の自動車で、車両総重量が**7,500キログラム**以上**11,000キログラム**未満のもの、最大積載量が**4,500キログラム**以上**6,500キログラム**未満のもの又は乗車定員が**11人**以上**29人**以下のものをいう。本問の自動車は乗車定員が2人、最大積載量が4,750キログラム、及び車両総重量8,160キログラムなので、中型自動車に該当する。

3. ○　道交法施行規則第2条によると、**準中型自動車**とは、大型自動車、中型自動車、大型特殊自動車、大型自動二輪車、普通自動二輪車及び小型特殊自動車以外の自動車で、車両総重量が**3,500キログラム**以上**7,500キログラム**未満のもの又は最大積載量が**2,000キログラム**以上**4,500キログラム**未満のものをいう。本問の自動車は乗車定員が3人、最大積載量が3,000キログラム、及び車両総重量5,955キログラムなので、準中型自動車に該当する。

4. ○　道交法施行規則第2条によると、**普通自動車**とは、車体の大きさ等が、大型自動車、中型自動車、準中型自動車、大型特殊自動車、大型自動二輪車、普通自動二輪車又は小型特殊自動車について定められた車体の大きさ等のいずれにも該当しない自動車をいう。具体的には、車両総重量が**3,500キログラム**未満のものであり、最大積載量が**2,000キログラム**未満のものであって、乗車定員が**10人**以下のものである。本問の自動車は乗車定員が2人、最大積載量が1,750キログラム、及び車両総重量3,490キログラムなので、普通自動車に該当する。

問14	**正答3、4**
車両の交通方法等	

1. ×　車両の運転者が、同一方向に進行しながら進路を左方又は右方に変える場合の合図を行う時期は、その行為をしようとする時の**3秒前**である（道交法施行令第21条第1項）。したがって、「30メートル手前の地点に達したとき」という部分が誤っている。

2. ×　道交法第17条第5項第4号によると、車両は、道路の中央から左の部分の幅員が**6メートル**に満たない道路において、他の車両を追い越そうとするとき（当該道路の右側部分を見とおすことができ、かつ、反対の方向からの交通を妨げるおそれがない場合に限るものとし、道路標識等により追越しのため右側部分にはみ出して通行することが禁止されている場合を除く。）は、道路の中央から右の部分にその全部又は一部をはみ出して通行することができる。

3. ○　道交法第17条第1項及び第2項により正しい。

4. ○　道交法第20条の2第1項により正しい。

問15	**正答A① B② C①**
酒気帯び運転等の禁止等	

本問の（1）～（4）は、以下に挙げるように、道交法第65条第1項から第4項の規定を記したものである。

（1）何人も、酒気を帯びて車両等を運転してはならない。

（2）何人も、酒気を帯びている者で、前項の規定に違反して車両等を運転することとなるおそれがあるものに対し、**車両等を提供**してはならない。

したがって、Aには「① 車両等を提供」が入る。

(3) 何人も、第1項の規定に違反して車両等を運転することとなるおそれがある者に対し、酒類を提供し、又は飲酒をすすめてはならない。

(4) 何人も、車両（トロリーバス及び旅客自動車運送事業の用に供する自動車で当該業務に従事中のものその他の政令で定める自動車を除く。）の運転者が酒気を帯びていることを知りながら、当該運転者に対し、当該車両を運転して自己を運送することを要求し、又は依頼して、当該運転者が第1項の規定に違反して運転する**車両に同乗**してはならない。

したがって、Bには「②車両に同乗」がそれぞれ入る。

(5) は、以下の道交法第117条の2の2第1項第3号及び道交法施行令第44条の3の規定を記したものである。

(5) 道交法第65条第1項の規定に違反して車両等（軽車両を除く。）を運転した者で、その運転をした場合において身体に血液1ミリリットルにつき0.3ミリグラム又は呼気1リットルにつき**0.15**ミリグラム以上にアルコールを保有する状態にあったものは、3年以下の懲役又は50万円以下の罰金に処する。

したがって、Cには「① 0.15」が入る。

問16	正答2、4
標識	

1．× **車両横断禁止**の標識である。なお、指定方向外進行禁止の標識はp.38を参照。

2．○ 道交法施行令第2条第2項により正しい。

3．× 大型貨物自動車等通行止めの標識である。対象となる貨物自動車は、**車両総重量が8,000キログラム以上又は最大積載量が5,000キログラム以上**のものである。本肢の車両総重量7,980キログラムで最大積載量4,000キログラムの自動車は通行禁止の対象とならない。

4．○ 本問の道路標識は、特定の種類の車両（大型貨物自動車、特定中型自動車及び大型特殊自動車）の通行区分を示す標識である。この標識より先においては、大型貨物自動車、特定中型貨物自動車及び大型特殊自動車は、最も**左側**の車両通行帯（車線）を通行しなければならない。

問17	正答4
運転者の遵守事項等	

1．○ 道交法第71条第2号の3により正しい。

2．○ 道交法第75条の11第1項により正しい。

3．○ 道交法第103条第2項第4号により正しい。

4．× 道交法第71条第2号によると、車両等の運転者は、身体障害者用の車が通行しているときは、**一時停止**し**又は徐行**して、その通行又は歩行を妨げないようにしなければならない。

4. 労働基準法関係

問 18　　正答 1、2
労働契約等

1. ○　労基法第16条により正しい。
2. ○　労基法第21条により正しい。
3. ×　労基法第12条第1項柱書によると、「平均賃金」とは、これを算定すべき事由の発生した日以前3ヵ月間にその労働者に対し支払われた賃金の総額を、その期間の**総日数**で除した金額をいう。
4. ×　労基法第27条によると、出来高払制その他の請負制で使用する労働者については、使用者は、**労働時間に応じ**一定額の賃金の保障をしなければならない。「労働時間にかかわらず」という点が誤っている。

問 19　　正答 1
労働時間及び休日等

1. ×　労基法第36条第1項によると、労働者の過半数で組織する労働組合がない場合においては**労働者の過半数を代表する者**との書面による協定が必要である。
2. ○　労基法第67条第1項により正しい。
3. ○　労基法第35 条により正しい。
4. ○　労基法第37条第1項本文により正しい。

問 20　　正答 A① B① C① D②
拘束時間等

1. 改善基準第4条第1項第1号によると、拘束時間は、1ヵ月について**284時間**を超えず、かつ、1年について3,300時間を超えないものとすることとされている。ただし、労使協定により、1年について6ヵ月までは、1ヵ月について**310時間**まで延長することができ、かつ、1年について**3,400時間**まで延長することができるものとされている（同号但書）。
したがって、Aには「①284時間」、Bには「①310時間」、Cには「①3,400時間」が入る。
2. 改善基準第4条第4項第4号前段によると、自動車運転者がフェリーに乗船している時間は、原則として**休息期間**とし、この条の規定により与えるべき**休息期間**から当該時間を除くことができることとされている。
したがって、Dには「②休息期間」が入る。

問 21　　正答 1、2
拘束時間等

1. ○　改善基準第4条第4項第3号により正しい。
2. ○　改善基準第4条第1項第6号により正しい。
3. ×　改善基準第4条第1項第3号によると、使用者は、1日についての拘束時間は、13時間を超えないものとし、当該拘束時間を延長する場合であっても、最大拘束時間は、**15時間**とすることとされている。ただし、貨物自動車運送事業に従事する自動車運転者に係る1週間における運行が全て長距離貨物運送であり、かつ、一の運行における休息期間が、当該自動車運転者の住所地以外の場所におけるものである場合においては、当該1週間について2回に限り最大拘束時間を**16時間**とすることができるとされている（同号但書）。

4．× 改善基準第4条第4項第1号によると、業務の必要上、勤務の終了後継続9時間（改善基準第4条第1項第3号但書に該当する場合は継続8時間）以上の休息期間を与えることが困難な場合、次に掲げる要件を満たすものに限り、当分の間、一定期間（1ヵ月程度を限度とする。）における全勤務回数の2分の1を限度に、休息期間を拘束時間の途中及び拘束時間の経過直後に分割して与えることができるものとする。

イ 分割された休息期間は、1回当たり継続3時間以上とし、2分割又は3分割とすること。

ロ 1日において、2分割の場合は合計**10時間**以上、3分割の場合は合計**12時間**以上の休息期間を与えなければならないこと。

ハ 休息期間を3分割とする日が連続しないよう努めるものとする。

問22	正答1、2
連続運転の中断方法	

改善基準第4条第1項第7号によると、**連続運転時間**（1回がおおむね連続**10分**以上で、かつ、合計が**30分**以上の運転の中断をすることなく連続して運転する時間をいう。）は、原則として**4時間を超えない**ものとすることとされている。

以上を前提に、各肢を検討する。

1．**適合している** 本肢の場合、1回目から3回目までの休憩時間の合計は30分（10分＋10分＋10分）であり、その時点での運転時間は4時間（30分＋3時間＋30分）である。その後、1時間の運転と30分の休憩を挟み、合計4時間の運転（1時間30分＋2時間＋30分）を行っている。以上により、連続運転時間が4時間を超えている箇所はないため、基準に適合している。

2．**適合している** 本肢の場合、1回目と2回目の休憩時間の合計は30分（10分＋20分）であり、その時点での運転時間は3時間30分（2時間＋1時間30分）である。また、3回目から5回目までの休憩時間の合計は30分（10分＋10分＋10分）であり、その時点での運転時間は4時間（1時間＋2時間＋1時間）である。そして、その後、合計3時間の運転（1時間＋2時間）を行っている。以上により、連続運転時間が4時間を超えている箇所はないため、基準に適合している。

3．**適合していない** **休憩時間が30分に満たない場合、休憩時間の合計が30分になるまでの運転時間を合計して、4時間を超えてはならない**。本肢の場合、5回目と6回目の休憩時間が合計20分（10分＋10分）しかないにもかかわらず、運転時間が4時間30分（1時間＋1時間30分＋2時間）と4時間を超えているため、基準に適合していない。

4．**適合していない** 改善基準第4条第1項第7号においては、**10分に満たな**

い休憩時間は、有効な休憩時間とは認められない。本肢の場合、3回目の休憩時間（5分）は有効な休憩時間とは認められないため、1回目と2回目の休憩時間が合計25分(10分＋15分)しかないにもかかわらず、運転時間が4時間30分（1時間＋1時間30分＋1時間＋1時間）と4時間を超えることとなり、基準に適合していない。

問 23	**正答 4**
改善基準	

改善基準第4条第1項第1号により、貨物自動車運送事業に従事する自動車運転者の拘束時間は、1ヵ月について**284時間**を超えず、かつ、1年について3,300時間を超えないものとすることとされている。ただし、労使協定により、1年について**6ヵ月までは**、1ヵ月について**310時間**まで延長することができ、かつ、1年について**3,400時間**まで延長することができるものとされている。また、同条同項第2号によると、拘束時間を延長する場合でも、1ヵ月の拘束時間が**284時間**を超える月が**3ヵ月を超えて連続しない**ようにする必要がある。以上を前提に、各選択肢を検討する。

1．**適合しない**　本肢の場合、1年間についての拘束時間が**3,409時間**となっており、**3,400時間を超過**している。したがって、改善基準に違反している。

2．**適合しない**　本肢の場合、12月の拘束時間が**312時間**となっており、**310時間を超過**している。したがって、改善基準に違反している。

3．**適合しない**　本肢の場合、5月、6月、7月、9月、12月、1月、3月の計**7ヵ月**において、**1ヵ月の拘束時間が284時間を超えている**。したがって、改善基準に違反している。

4．**適合する**　本肢の場合、1ヵ月の拘束時間が**284時間**を超えているのは5月、9月、10月、11月、1月、3月の**計6ヵ月**である。また、1ヵ月の拘束時間が**310時間**を超過している月もない。そして、1年間についての拘束時間は**3,389時間**である。加えて、1ヵ月の拘束時間が**284時間**を超える月は、最大でも**3ヵ月連続**に留まっている。以上より、改善基準に違反している点はないので、本肢は改善基準に適合する。

5．実務上の知識及び能力

問 24	**正答 A⑤ B⑦ C③**
点呼記録表	

安全規則第7条第1項によると、原則として、貨物自動車運送事業者は、事業用自動車の運行の業務に従事しようとする運転者等に対し、対面により、又は対面による点呼と同等の効果を有するものとして国土交通大臣が定める方法（運行上やむを得ない場合は電話その他の方法。）により点呼を行い、次の各号に掲げる事項について報告を求め、及び確認を行い、並びに事業用自動車の運行の安全を確保するために**必要な指示**を与えなければならないとされている。

1　運転者に対しては、酒気帯びの有無

2　運転者に対しては、疾病、疲労、睡眠不足その他の理由により安全な運転をすることができないおそれの有無

3　道路運送車両法第47条の2第1項及び第2項の規定による点検の実施又はその確認

4　特定自動運行保安員に対しては、特定自動運行事業用自動車による運送を行うために必要な自動運行装置（道路運送車両法第41条第1項第20号に規定する自動運行装置をいう。）の設定の状況に関する確認

まず注目すべきは、本問は「運転者」ごとに行う点呼の記録表についての出題であるという点である。そのため、「特定自動運行保安員」について規定した上記4は考慮する必要がない。次に、点呼記録表中、「業務前点呼」の欄に注目すると、上述の事項のうち「必要な指示」が欠損していることが分かる。よって、**Aには「⑤指示事項」が入る**。

安全規則第7条第3項によると、貨物自動車運送事業者は、第7条第1項及び第2項に規定する点呼のいずれも対面により、又は対面による点呼と同等の効果を有するものとして国土交通大臣が定める方法で行うことができない業務を行う運転者等に対し、当該点呼のほかに、当該業務の途中において少なくとも1回電話その他の方法により点呼を行い、**第7条第1項第1号及び第2号**に掲げる事項について報告を求め、及び確認を行い、並びに事業用自動車の運行の安全を確保するために必要な指示をしなければならないとされている。

なお、ここでいうところの「第7条第1項第1号及び第2号に掲げる事項」とは、上述の1（運転者に対する酒気帯びの有無）および2（運転者に対する**疾病、疲労、睡眠不足その他の理由により安全な運転をすることができないおそれの有無**）に相当するものである。以上を前提に、点呼記録表中、「中間点呼」の欄に注目すると、上述の事項のうち「第7条第1項第2号に掲げる事項」が欠損していることが分かる。よって、**Bには「⑦疾病・疲労・睡眠不足等の状況」が入る**。

安全規則第7条第2項によると、貨物自動車運送事業者は、事業用自動車の運行の業務を終了した運転者等に対し、対面により、又は対面による点呼と同等の効果を有するものとして国土交通大臣が定める方法により点呼を行い、当該業務に係る事業用自動車、道路及び運行の状況について報告を求め、かつ、運転者に対しては酒気帯びの有無について確認を行わなければならない。この場合において、当該運転者等が**他の運転者等と交替した場合にあっては、当該運転者等が交替した運転者等に対して行った第3条の2第4項第4号又は第17条第4号の規定による通告**についても報告を求めなければならないとされている。

ここで、点呼記録表中、「業務後点呼」の欄に注目すると、上述の事項のうち「他の運転者と交替した場合にあっては当該運転者等が交替した運転者等に

対して行った第3条の2第4項第4号又は第17条第4号の規定による通告」が欠損していることが分かる。よって、Cには「**③運転者交替時の通告内容**」が入る。

問25	正答3
運転者に対して行う指導・監督	

1. **不適**　道交法第72条第1項前段によると、運転者は交通事故があったときは、**まず最初に負傷者を救護し、道路における危険を防止する等必要な措置を講じなければならない**。運行管理者に連絡した後ではない。
2. **不適**　他の自動車に追従して走行するときに運転者が常に「秒」の意識をもって留意しなければならないのは、自車の速度と**停止距離**である。事業者及び運行管理者は運転者に対し、前車との追突等の危険が発生した場合でも安全に停止できるよう、少なくとも**停止距離と同程度の車間距離**を保って運転するように指導する必要がある。
   空走距離とは、危険を認知してからブレーキが効き始めるまでの距離であり、**制動距離**とは、ブレーキを踏んでから停止するまでの走行距離である。そして、**停止距離**とは、運転者が危険を認知してから車が停止するまでに走行した距離であり、**空走距離と制動距離の和**で求められる。

3. **適**　本肢の記述のとおりであり、適切である。
4. **不適**　個人差はあるものの、体内に入ったビール500ミリリットル（アルコール5%）が分解処理されるのにかかる時間は概ね**4時間**が目安とされている。

問26	正答2、3
運転者の健康管理	

1. **不適**　労働安全衛生規則第51条によると、事業者は、従業員に対し、法令で定める健康診断の結果に基づく健康診断個人票を作成し、**5年間**保存しなければならないとされている。
2. **適**　本肢の記述のとおりであり、適切である。
3. **適**　本肢の記述のとおりであり、適切である。
4. **不適**　安全規則第20条第1項第4号の2及び第3条第6項によると、運行管理者等は**疾病、疲労、睡眠不足その他の理由により安全に運行の業務を遂行し、又はその補助をすることができないおそれがある乗務員等を事業用自動車の運行の業務に従事させてはならない**。この規定を踏まえると、本肢前段における指導は適切である。しかし、本肢後段のように、運行再開の可否について、体調の状況を運転者が自ら判断して決定するよう指導することは、事故につながりかねないものであり、上記規定に反している。よって、本肢の対応は適切でない。

◀◀問題◀問題編 p.72～73

問27	正答1、2
交通事故防止対策	

1. **適**　本肢の記述のとおりであり、適切である。
2. **適**　運転席が高い位置にある**大型車の場合は車間距離に余裕があるように感じ**、乗用車の場合は車間距離に余裕がないように感じる。よって、運転者に対しては、この点に注意して常に適正な車間距離をとるよう指導する必要がある。

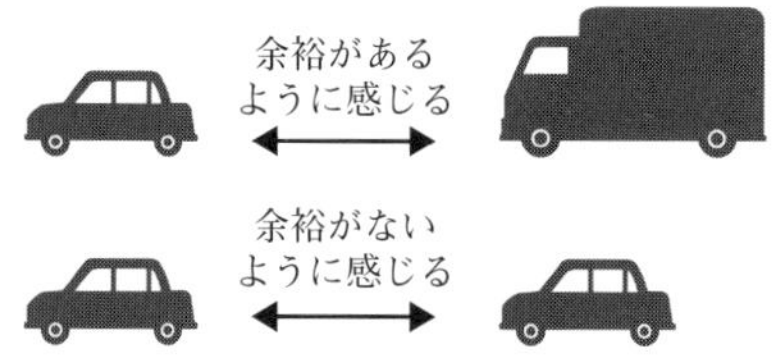

3. **不適**　二輪車に対する注意点のうち、②が誤り。二輪車は速度が**遅く**感じたり、距離が実際より**遠く**に見えたりする。
4. **不適**　**大型車ほど内輪差が大きくなり、左折時に巻き込み事故を起こす危険性が高い**。貨物トラックはそうした事故を起こしやすいので、運転者に対してはその点について十分注意するよう指導する。

問28	正答A① B① C② D①
自動車の運転	

1. 自動車の夜間の走行時において、自車のライトと対向車のライトで、お互いの光が反射し合い、その間にいる歩行者や自転車が見えなくなることを**蒸発現象**という。
したがって、**A**には「**①蒸発現象**」が入る。
2. 遠心力は速度の2乗に比例して大きくなる。よって、自動車の重量及びカーブの半径が同一の場合に、自動車の速度を2分の1に落として走行すると遠心力の大きさは**4分の1**になる。
したがって、**B**には「**①4分の1**」が入る。
3. 長い下り坂などでフット・ブレーキを使い過ぎるとブレーキ・ドラムやブレーキ・ライニングなどが摩擦のため過熱することによりドラムとライニングの間の摩擦力が減り、制動力が低下することを**フェード現象**という。
したがって、**C**には「**②フェード現象**」が入る。

4. 衝撃力は、重量に比例して大きくなる。よって、自動車が衝突するときの衝撃力は、車両総重量が2倍になると**2倍**になる。
したがって、**D**には「**① 2倍**」が入る。

問29	正答1② 2② 3①
運行計画	

1. 道交法施行規則第2条によると、中型自動車とは、大型自動車、大型特殊自動車、大型自動二輪車、普通自動二輪車及び小型特殊自動車以外の

自動車で、車両総重量が7,500キログラム以上11,000キログラム未満のもの、最大積載量が4,500キログラム以上6,500キログラム未満のもの又は乗車定員が11人以上29人以下のものをいう。**本問の自動車**は乗車定員が1人、**最大積載量が5,000キログラム**、及び**車両総重量が8,000キログラム**なので、**中型自動車**に該当する。また、道交法第22条第1項及び道交法施行令第27条第1項第1号ロによると、中型自動車のうち、専ら人を運搬する構造のもの又は車両総重量が8,000キログラム未満、最大積載重量が5,000キログラム未満及び乗車定員が10人以下のものの最高速度は、道路標識等により最高速度が指定されていない高速自動車国道の本線車道（政令で定めるものを除く。）においては、時速100キロメートルである。しかし、上述したように、本問の自動車は乗車定員が1人、最大積載量が5,000キログラム、及び車両総重量が8,000キログラムなので、道交法施行令第27条第1項第1号ロの要件を満たしていない。

よって、道交法第22条第1項及び道交法施行令第27条第1項第2号により、本問の自動車の**最高速度**は、道路標識等により最高速度が指定されていない高速自動車国道の本線車道（政令で定めるものを除く。）においては、**時速80キロメートル**である。また、道交法第75条の4及び道交法施行令第27条の3によると、自動車の**最低速度**は、法令の規定によりその速度を減ずる場合及び危険を防止するためやむを得ない場合を除き、道路標識等により自動車の最低速度が指定されていない区間の高速自動車国道の本線車道（政令で定めるものを除く。）においては、**時速50キロメートル**である。

以上より、本問の自動車は、C料金所からD料金所までの間の高速自動車国道を**時速50キロメートルから時速80キロメートル**の間の速さで走行する必要がある。ここで、同区間における距離と走行時間を見てみると、距離が180キロメートル、走行時間が2時間なので、速さは180（キロメートル）÷2(時間)＝**時速90キロメートル**となる。よって、時速80キロメートルを超えているため、本問における運転時間は、道路交通法令に定める制限時速に照らし**不適切**である。

令和6年4月1日より、最高速度が時速90キロメートルとなったため、**令和6年度第2回試験から**は試験範囲に含まれ、**本肢は適切となるので注意**すること。

2．改善基準第4条第1項第6号によると、運転時間は、**2日を平均し、1日当たり9時間**を超えないこととされている。また、2日を平均した1日の運転時間の計算に当たっては、「特定日の前日と特定日の運転時間の平均」と「特定日と特定日の翌日の運転時間の平均」を算出し、**どちらも9時間を超える場合は基準違反と判断される**。以上を前提に、本問を検討する。本問における**当日の運転時間**は、往路が3時間(40分+10分+2時間+10分)であり、復路が5時間20分(1時間+3時間+1時間20分)であるため、合計で**8時間20分**となる。また、**前日の運転時間が9時間20分、翌日の予定運転時間が9時間20分**であることから、特定日を当日とすると、「特定日の前日と特定日の運転時間の平均」、「特定日と特定日の翌日の運転時間の平均」は、ともに**8時間50分**で9時間を超えていない。よって、**改善基準に違反していない**。

3. 改善基準第4条第1項第7号によると、**連続運転時間**(1回がおおむね連続**10分**以上で、かつ、合計が**30分**以上の運転の中断をすることなく連続して運転する時間をいう。)は、原則として**4時間を超えない**ものとすることとされている。以上を前提に、本問を検討する。

本問のタイムスケジュールを整理すると、次のようになる。

出庫→運転40分→荷積み20 分→運転(一般道)10分→運転(高速自動車国道)2時間→運転(一般道)10分→荷卸し20分→休憩1時間→運転1時間→荷積み30分→運転3時間→荷卸し20分→運転1時間20分→帰庫

ここで注目すべきは、復路において、連続運転時間が6時間10分となり、**4時間を超えている**。よって、**改善基準に違反している**。なお、令和6年4月1日施行の改善基準告示の**改正により、原則として、荷積み・荷卸しの時間は運転の中断にカウントされなくなったので注意**すること。

問30　正答③

事故の再発防止対策

ア　**直接的に有効**　本問の場合、運転者が所属する営業所においては、**交通事故を惹起した場合の社会的影響の大きさや、疲労などの生理的要因による交通事故の危険性などについて理解させる**指導・教育が不足していた。また、本問における事故は、運転者の**居眠り運転**が原因の一つであると考えられる。したがって、本肢は、同種事故の再発防止策として直接的に有効といえる。

イ　**直接的に有効ではない**　本問の場合、事故当日の運転者に対する業務前点呼はアルコール検知器を使用し対面で行われていたとあるため、**点呼が適切に実施されていなかったわけではない**。したがって、本肢は同種事故の再発防止対策としては直接的に有効とはいえない。

ウ　**直接的に有効**　本問の場合、運転者は、事故日前1ヵ月間の勤務において、拘束時間及び休息期間について複数回の「自動車運転者の労働時間等の改善のための基準」違反があった。そして、事故当日においても、**休息期間を7時間しかとらない状態で運転**をしており、改善基準違反がみられる。したがって、本肢は、同種事故の再発防止策として直接的に有効といえる。

エ　**直接的に有効**　本問の場合、トラックには速度抑制装置(スピードリミッター)が取り付けられていた。しかし、事故当時の道路の最高速度が時速50キロメートルに制限されていたにもかかわらず、トラックは追突直前に時速80キロメートルで走行していた。これらの事実から、運転者には**装置に対する過度な信頼**があったことが推測される。また、本問の場合、トラックに**衝突被害軽減ブレーキ装置が取り付けられていたという事実は記載されていない**。したがって、本肢の措置は、同種事故の再発防止策として直接的に有効といえる。

オ　**直接的に有効ではない**　本問の場合、事業者は、年2回の定期健康診断を実施計画に基づき実施しており、運転者は、これらの定期健康診断を受診していた。また、**運転者が疾病を患っていたという事実は記載されていない**。したがって、本肢は同種事故の再発防止対策としては直接的に有効とはいえない。

カ　**直接的に有効ではない**　本問の場合、トラックは、**法令で定められた日常点検及び定期点検を実施していた**。また、速度抑制装置が正常に作動しなかったという事実も記載されていない。したがって、本肢は同種事故の再発防止対策としては直接的に有効とはいえない。

キ　**直接的に有効**　本問の場合、運転者は、事故日前日運行先に積雪があり、帰庫時間が5時間程度遅くなって業務を早朝5時に終了し、事故当日の正午に業務前点呼を受け出庫している。このことから、**運転者には疲労が蓄積しており、安全な運転を継続することができないおそれがあった**と予想される。また、**業務前点呼**の際、本来であれば確認が必要となる、**睡眠不足等の運転者の体調確認が行われていなかった**。したがって、本肢の措置は、同種事故の再発防止策として直接的に有効といえる。

ク　**直接的に有効ではない**　適性診断の対象となる「初任運転者」とは、運転者として常時選任するために新たに雇い入れた者で、当該事業者において初めてトラックに乗務する前**3年間**に運転者として常時選任されていない者を指す。本問の場合、運転者は、採用後2年が経過していたが、初任運転者に対する適性診断を受診していなかった。ただ、**採用前の1年間に運転者として常時選任されていた可能性は否定できず**、本問において明らかにされている事実のみをもって法に違反しているとはいえない。したがって、本肢は同種事故の再発防止対策としては直接的に有効とはいえない。

以上より、直接的に有効と考えられる組合せは、ア・ウ・エ・キであり、正解は③となる。

◀◀問題◀問題編 p.78

正答解説
令和2年度 CBT試験出題例

1．貨物自動車運送事業法関係

問1	正答1、3
貨物自動車運送事業	

1．○　貨運法第2条第1項により正しい。

2．×　貨運法第2条第2項によると、一般貨物自動車運送事業とは、**他人の需要**に応じ、有償で、自動車（三輪以上の軽自動車及び二輪の自動車を除く。）を使用して貨物を運送する事業であって、**特定貨物自動車運送事業以外のもの**をいう。

3．○　貨運法第2条第4項により正しい。

4．×　貨運法第2条第6項によると、特別積合せ貨物運送とは、**一般貨物自動車運送事業として行う運送**のうち、営業所その他の事業場（以下「事業場」という。）において集貨された貨物の**仕分**を行い、集貨された貨物を積み合わせて他の事業場に運送し、当該他の事業場において運送された貨物の配達に必要な仕分を行うものであって、これらの事業場の間における当該積合せ貨物の運送を定期的に行うものをいう。

問2	正答 A2 B1 C1
輸送の安全	

貨運法第17条第1項によると、一般貨物自動車運送事業者は、事業用自動車の**数**、荷役その他の事業用自動車の運転に附帯する作業の状況等に応じて必要となる員数の運転者及びその他の従業員の確保、事業用自動車の運転者がその休憩又は睡眠のために利用することができる施設の整備及び管理、事業用自動車の運転者の適切な勤務時間及び**乗務時間**の設定その他事業用自動車の運転者の過労運転を防止するために必要な事項に関し国土交通省令で定める基準を遵守しなければならない。

したがって、Aには「2. 数」、Bには「1. 乗務時間」が入る。

貨運法第17条第2項によると、一般貨物自動車運送事業者は、事業用自動車の運転者が疾病により安全な運転ができないおそれがある状態で事業用自動車を運転することを防止するために必要な**医学的知見**に基づく措置を講じなければならない。

したがって、Cには「1. 医学的知見」が入る。

問3	正答1
運行管理者の業務	

1．×　安全規則第3条第1項によると、事業計画に従い業務を行うに必要な員数の事業用自動車の運転者又は特定自動運行保安員を常時選任しておくことは**事業者の義務**である。

2．○　安全規則第20条第1項第8号及び第7条により正しい。

3．○　安全規則第20条第1項第14号の2及び第10条第2項により正しい。

4．○　安全規則第20条第1項第8号及

び第7条により正しい。

問4　　　　　　　　　正答1、2
運転者等に対する点呼

令和4年4月1日より、3つの要件（①使用する機器・システムの要件、②実施する施設・環境の要件、③運用上の遵守事項）を満たす営業所において、営業所の優良制にかかわらず、遠隔点呼が実施できるようになった。また、令和5年1月1日から、点呼機器により、自動で点呼を行う認定制度が創設され、業務終了後の運転者に対する点呼を自動で実施（「業務後自動点呼」）できるようになった。

1．○　安全規則第7条第1項により正しい。

2．○　安全規則第7条第2項本文により正しい。

3．×　通達「貨物自動車運送事業輸送安全規則の解釈及び運用について」第7条1.（5）②アによると、営業所間（営業所と他の営業所の車庫の間及び営業所の車庫と他の営業所の車庫間を含む。）においてIT点呼を実施した場合、点呼簿に記録する内容を、**IT点呼実施営業所**及び**被IT点呼実施営業所**の**双方**で記録し、保存することとされている。

4．×　通達「貨物自動車運送事業輸送安全規則の解釈及び運用について」第7条2.（3）によると、安全規則第7条第4項に規定する「アルコール検知器を営業所ごとに備え」の「アルコール検知器」とは、営業所若しくは営業所の車庫に設置され、営業所に備え置き（**携帯型アルコール検知器等**）又は営業所に属する事業用自動車に設置されているものをいうとされている。よって、携帯型アルコール検知器も安全規則第7条第4項に規定する「アルコール検知器」に含まれるので誤り。

問5　　　　　　　　　正答1、4
事故の報告

1．**報告を要する**　事故報告規則第3条第1項及び第2条第5号イにより、消防法第2条第7項に規定する**危険物を漏えいした事故**は国土交通大臣への報告を要する。

2．**報告を要しない**　事故報告規則第2条第3号及び第3条第1項、自動車損害賠償保障法施行令第5条第3号ニによると、「**病院に入院**することを要する傷害で、**医師の治療を要する期間が30日以上**のもの」は報告が必要である。本肢の「通院による30日間の医師の治療を要する傷害」はこれにあたらない。

3．**報告を要しない**　事故報告規則第3条第1項及び第2条第2号によると、**10台以上**の自動車の衝突又は接触を生じた事故は国土交通大臣への報告を要する。また、事故報告規則第3条第1項及び第2条第4号により、**10人以上**の負傷者を生じた事故は国土交通大臣への報告を要する。本問の場合、衝突した自動車は8台で、負傷者もいないため、国土交通大臣への報告を要しない。

4．**報告を要する**　事故報告規則第3条第1項及び第2条第12号によると、故障により、**被けん引自動車の分離**を生じた事故は国土交通大臣への報告を要する。

問6　　　　正答4
過労運転等の防止等

1．○　安全規則第3条第4項により正しい。
2．○　安全規則第3条第7項により正しい。
3．○　安全規則第9条の3第2項により正しい。
4．×　安全規則第3条第8項によると、特別積合せ貨物運送を行う事業者は、当該特別積合せ貨物運送に係る運行系統であって起点から終点までの距離が**100キロメートル**を超えるものごとに、所定の事項について事業用自動車の運行の業務に関する基準を定め、かつ、当該基準の遵守について乗務員等に対する適切な指導及び監督を行わなければならない。

問7　　　　正答2
指導監督及び特定の運転者に対する特別な指導

1．○　監督指針第2章3（1）②により正しい。
2．×　監督指針第2章2（2）によると、事業者が行う初任運転者に対する特別な指導は、法令に基づき運転者が遵守すべき事項、事業用自動車の運行の安全を確保するために必要な運転に関する事項などについて、**15時間**以上実施するとともに、安全運転の実技について、**20時間**以上実施することとされている。
3．○　安全規則第10条第1項により正しい。
4．○　監督指針第2章5（1）により正しい。

問8　　　　正答4
運行管理者の選任等

1．○　安全規則第18条第1項により正しい。
2．○　貨運法第20条及び第19条第2項第1号により正しい。
3．○　安全規則第18条第3項により正しい。
4．×　安全規則第23条によると、事業者は、新たに選任した運行管理者に、選任届出をした日の属する年度（やむを得ない理由がある場合にあっては、当該年度の翌年度）に基礎講習又は一般講習を受講させる必要がある。また、「貨物自動車運送事業輸送安全規則の解釈及び運用について」第23条2．によると、**他の事業者において運行管理者として選任されていた者であっても当該事業者において運行管理者として選任されたことがなければ新たに選任した運行管理者**とされる。よって、他の事業者において運行管理者として選任されていた者にも講習を受講させる必要があるので誤り。

2．道路運送車両法関係

問9	正答4
自動車の登録等	

1．○　車両法第19条により正しい。

2．○　車両法第35条第6項により正しい。

3．○　車両法第69条第1項第1号により正しい。

4．×　車両法第12条第1項によると、自動車の所有者は、当該自動車の使用の本拠の位置に変更があったときは、その事由があった日から**15日以内**に、国土交通大臣の行う変更登録の申請をしなければならない。「30日以内」ではないので、誤り。

問10	正答2、3
自動車の検査等	

1．×　車両法第66条第1項により、原則として、自動車検査証を備え付けなければ、自動車を運行の用に供してはならない。しかし、指定自動車整備事業者（いわゆる民間車検場）が交付した**有効な保安基準適合標章**を表示しているときは、自動車検査証を備え付けていなくても、例外的に自動車を運行の用に供することができる（同法第94条の5第11項）。

■自動車検査証の代用■

自動車検査証
国しか発行できない。

保安基準適合標章
民間車検場で車検を行った場合、国から左の発行を受けるまで代わりに一定期間使用可能

2．○　自動車検査証の有効期間は、**貨物の運送の用に供する自動車であって、検査対象軽自動車以外のものは1年**、その他の自動車は2年とされる（車両法第61条第1項）。ただし、この自動車検査証の有効期間を1年とされる自動車のうち**車両総重量8トン未満**の貨物の運送の用に供する自動車の自動車検査証の有効期間は**2年**とされている（同条第2項第1号）。本肢の自動車の車両総重量は8トン以上なので、自動車検査証の有効期間は1年である。

貨物の運送の用に供する自動車
（検査対象軽自動車以外）は1年

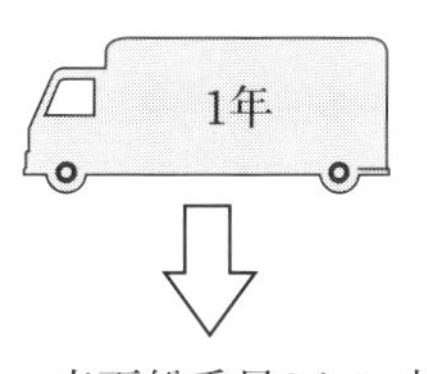

ただし、車両総重量8トン未満
だと2年となる。

3．○　車両法第62条第1項によると、登録自動車等の使用者は、自動車検査証の有効期間の満了後も当該自動車を使用しようとするときは、原則として当該自動車を提示し、国土交通大臣の行う継続検査を受けなければならない。ただし、一定の地域に使用の本拠の位置を有する自動車の使用者が、天災その他やむを得ない事由により、**継続検査**を受けることができないと認めるときは、国土交通大臣は、当該地域に使用の本拠の位

置を有する自動車の自動車検査証の有効期間を、期間を定めて伸長する旨を公示することができる（同法第61条の2第1項）。

4．× 車両法第67条第1項本文及び同法施行規則第35条の3第1項第6号によると、自動車の長さ、幅又は高さを変更したときは、原則として**15日以内**に当該変更について自動車検査証の変更記録を受けなければならない。なお、令和5年1月1日施行の車両法の改正により、自動車検査証の「記入」とされていた部分が「変更記録」となった。

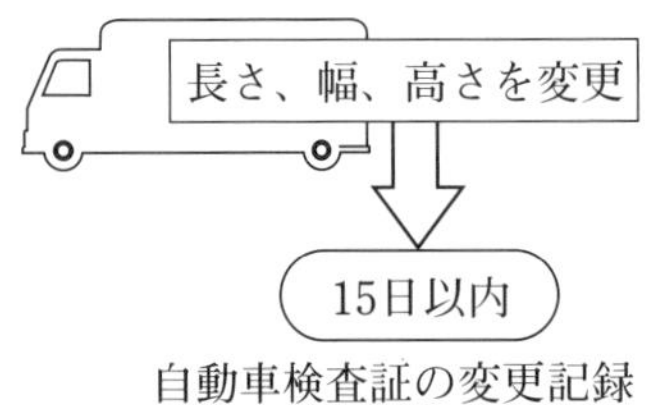

自動車検査証の変更記録

問11	正答 A① B① C② D②
自動車の点検整備等	

1．車両法第47条の2第1項及び第2項によると、自動車の使用者又は自動車を運行する者は、**1日1回**、その運行の開始前において、国土交通省令で定める技術上の基準により、自動車を点検しなければならない。

したがって、Aには「① 1日1回」が入る。

2．車両法第48条第1項第1号によると、自動車運送事業の用に供する自動車の使用者は、**3ヵ月**ごとに、国土交通省令で定める技術上の基準により自動車を点検しなければならない。

したがって、Bには「① 3ヵ月」が入る。

3．車両法第50条第1項によると、自動車の使用者は、自動車の点検及び整備並びに自動車車庫の管理に関する事項を処理させるため、車両総重量8トン以上の自動車その他の国土交通省令で定める自動車であって国土交通省令で定める台数以上のものの使用の本拠ごとに、自動車の点検及び整備に関する実務の経験その他について国土交通省令で定める一定の要件を備える者のうちから、**整備管理者**を選任しなければならない。

したがって、Cには「② 整備管理者」が入る。

4．車両法第54条第2項によると、地方運輸局長は、自動車の**使用者**が車両法第54条（整備命令等）の規定による命令又は指示に従わない場合において、当該自動車が保安基準に適合しない状態にあるときは、当該自動車の使用を停止することができる。

したがって、Dには「② 使用者」が入る。

問12	正答4
保安基準及び細目告示	

1．○ 保安基準第29条第3項及び細目告示第195条第3項により正しい。

2．○ 保安基準第38条の2第1項及び第2項により、貨物の運送の用に供する普通自動車で車両総重量が7トン以上のものの後面には、**所定の後部反射器を備えるほか、反射光の色、明るさ等に関し告示で定める基準に適**

合する**大型後部反射器**を備えなければならないので正しい。

3. ○　保安基準第18条の2第3項により正しい。

4. ×　保安基準第2条第1項によると、自動車は告示で定める方法により測定した場合において、長さ（セミトレーラにあっては、連結装置中心から当該セミトレーラの後端までの水平距離）12メートル、**幅2.5メートル**、高さ3.8メートルを超えてはならない。

3. 道路交通法関係

問13	正答2
交通方法等	

1. ○　道交法第53条第1項及び第2項により正しい。

2. ×　道交法第20条の2第1項によると、路線バス等の優先通行帯においては、自動車（路線バス等を除く。）は、当該道路における交通の混雑のため当該車両通行帯から出ることができなくなるときは、当該車両通行帯を**通行してはならず**、また、後方から路線バス等が接近してきたときは、その正常な運行に支障を及ぼさないように、**すみやかに当該車両通行帯の外に出なければならない**。

3. ○　道交法第17条第1項及び第2項により正しい。

4. ○　道交法第75条の4及び道交法施行令第27条の3により正しい。

問14	正答1、4
停車及び駐車等	

1. ○　道交法第45条第1項第2号により正しい。

2. ×　道交法第45条第1項第1号により、駐車してはならないのは、**3メートル以内**の道路の部分である。

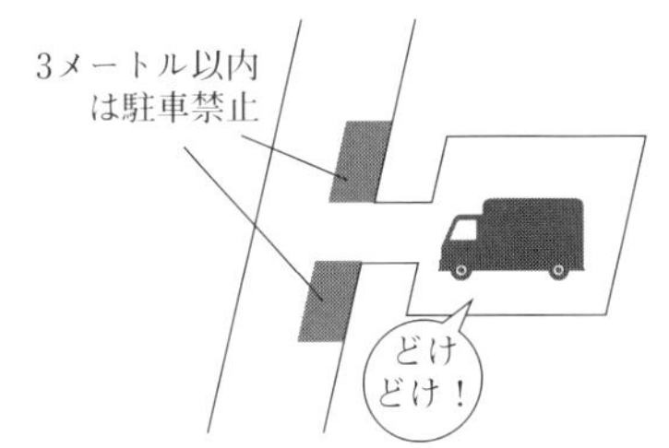

3. ×　道交法第45条第2項及び第3項によると、車両は、公安委員会が交通がひんぱんでないと認めて指定した区域を除き、法令の規定により駐車する場合に当該車両の右側の道路上に**3.5メートル**（道路標識等により距離が指定されているときは、その距離）以上の余地がないこととなる場所においては、駐車してはならない。

4. ○　道交法第45条第1項第3号により正しい。

問15	正答A② B① C①
交通事故の場合の措置	

道交法第72条第1項の交通事故の場合の措置の知識を問う問題である。同条項には「交通事故があったときは、当該交通事故に係る車両等の運転者そ

の他の乗務員は、直ちに車両等の運転を停止して、**負傷者を救護**し、道路における危険を防止する等必要な措置を講じなければならない。この場合において、当該車両等の運転者（運転者が死亡し、又は負傷したためやむを得ないときは、その他の乗務員）は、警察官が現場にいるときは当該警察官に、警察官が現場にいないときは直ちに最寄りの警察署（派出所又は駐在所を含む。）の警察官に当該交通事故が発生した日時及び場所、当該交通事故における**死傷者の数**及び負傷者の負傷の程度並びに損壊した物及びその損壊の程度、当該交通事故に係る車両等の積載物並びに**当該交通事故について講じた措置**を報告しなければならない。」と規定されている。

したがって、Aには「②負傷者を救護」、Bには「①死傷者の数」、Cには「①当該交通事故について講じた措置」が入る。

問 16	**正答 2**
標識	

1. ○　本問の道路標識は、特定の種類の車両（大型貨物自動車、特定中型貨物自動車及び大型特殊自動車）の通行区分を示す標識である。この標識より先においては、大型貨物自動車、特定中型貨物自動車及び大型特殊自動車は、最も**左側**の車両通行帯（車線）を通行しなければならない。
2. ×　**車両横断禁止の標識**なので、誤り。なお、指定方向外進行禁止の標識には次のようなものがある。

3. ○　道交法施行令第2条第2項により正しい。
4. ○　駐停車禁止の標識に、8時から20時までの間という時間制限が示されており、正しい。

問 17	**正答 3**
運転者の遵守事項等	

1. ○　道交法第71条第5号の5により正しい。
2. ○　道交法第101条の4第1項及び第108条の2第1項第12号により正しい。
3. ×　道交法第71条第4号の2によると、車両等の運転者は、当該車両等に積載している物が道路に転落し、又は飛散したときは、**速やかに転落し、又は飛散した物を除去する**等道路における危険を防止するため必要な措置を講じなければならない。また、道路管理者に通報するとの規定はない。
4. ○　道交法第75条の11第1項により正しい。

4．労働基準法関係

問 18	**正答 2、4**
労働契約	

1. ×　労基法第19条第1項本文によると、使用者は、労働者が業務上負傷し、又は疾病にかかり療養のために休業

する期間及びその後**30日間**並びに産前産後の女性が労基法第65条の規定によって休業する期間及びその後**30日間**は、解雇してはならない。

2. ○　労基法第22条第1項により正しい。

3. ×　労基法第20条第1項本文によると、使用者は、労働者を解雇しようとする場合においては、少くとも**30日**前にその予告をしなければならない。**30日**前に予告をしない使用者は、**30日**分以上の平均賃金を支払わなければならない。

4. ○　労基法第21条により正しい。

問19	正答2
労働時間及び休日等	

1. ○　労基法第38条第1項により正しい。

2. ×　労基法第34条第1項によると、使用者は、労働時間が6時間を超える場合においては少なくとも**45分**、8時間を超える場合においては少なくとも**1時間**の休憩時間を労働時間の途中に与えなければならない。

3. ○　労基法第35条により正しい。

4. ○　労基法第39条第1項により正しい。

問20	正答 A① B① C② D②
拘束時間等	

1. 改善基準第4条第1項第1号によると、拘束時間は、1ヵ月について**284時間**を超えず、かつ、1年について3,300時間を超えないものとすることとされている。ただし、労使協定により、1年について6ヵ月までは、1ヵ月について310時間まで延長することができ、かつ、1年について**3,400時間**まで延長することができるものとされている（同号但書）。

したがって、Aには「① 284時間」、Bには「① 3,400時間」が入る。

2. 改善基準第4条第1項第3号によると、使用者は、1日についての拘束時間は、13時間を超えないものとし、当該拘束時間を延長する場合であっても、最大拘束時間は、**15時間**とすることとされている。ただし、貨物自動車運送事業に従事する自動車運転者に係る1週間における運行が全て長距離貨物運送であり、かつ、一の運行における休息期間が、当該自動車運転者の住所地以外の場所におけるものである場合においては、当該1週間について2回に限り最大拘束時間を**16時間**とすることができるとされている（同号但書）。

したがって、Cには「② 15時間」、Dには「② 16時間」が入る。

問21	正答2、3
拘束時間等	

1. ×　改善基準第4条第4項第1号によると、業務の必要上、勤務の終了後継続9時間（改善基準第4条第1項第3号但書に該当する場合は継続8時間）以上の休息期間を与えることが困難な場合、次に掲げる要件を満たすものに限り、当分の間、一定期間（1箇月程度を限度とする。）における全勤務回数の**2分の1**を限度に、休息期

令和2年CBT

間を拘束時間の途中及び拘束時間の経過直後に分割して与えることができるものとする。

イ　分割された休息期間は、1回当たり継続3時間以上とし、2分割又は3分割とすること。

ロ　1日において、2分割の場合は合計10時間以上、3分割の場合は合計12時間以上の休息期間を与えなければならないこと。

ハ　休息期間を3分割とする日が連続しないよう努めるものとする。

2. ○　改善基準第4条第2項により正しい。

3. ○　改善基準第4条第5項により正しい。

4. ×　改善基準第4条第1項第7号によると、連続運転時間（1回がおおむね連続**10分**以上で、かつ、合計が30分以上の運転の中断をすることなく連続して運転する時間をいう。）は、原則として4時間を超えないものとすることとされている。

問22	正答3
拘束時間	

1日の拘束時間の計算の方法

①基本的には、終業時刻から始業時刻を引くだけでよい。

②ただし、注意しなければならないのは、**翌日の始業時刻が当日の始業時刻より早い場合**である。この場合には**その早い時間の分だけ、当日の拘束時間に加えること**を忘れない。

③フェリー乗船時間は、原則として休息期間とする。

以上を前提に問題の4日間を検討する。

1日目：(9時－5時）＋（19時－14時）＝**9時間**

2日目：(18時－6時）＋2時間＝**14時間**

3日目：(8時－4時）＋（19時－12時）＝**11時間**

4日目：(18時－6時）＋1時間＝**13時間**

2日目は翌日の始業時刻が2時間早く、4日目は翌日の始業時刻が1時間早いので、その分を加えることに注意。

以上より、正解は3となる。

問23	正答2
拘束時間等	

1. **違反していない**　改善基準第4条第1項第3号前段により、貨物自動車運送事業に従事する自動車運転者の1日についての拘束時間は、原則として13時間を超えてはならず、延長する場合でも**最大拘束時間は15時間が限度**とされている。以上を前提に本問を検討すると、拘束時間が最も長いのは19日の15時間であり、基準には違反していない。

2. **違反している**　改善基準第4条第1項第6号によると、運転時間は、2日（始業時刻から起算して48時間をいう）を平均し1日当たり9時間を超えないこととされている。そして、1日の運転時間の計算に当たっては、「**特定日の前日と特定日の運転時間の平均**」と「**特定日と特定日の翌日の運転時間の平均**」を算出し、どちらも9時間を超える場合は基準違反と判断される。以上を前提に本問を検討すると、19日を特定日とした場合、「特定日の前日（18日）と特定日（19日）の運転時間の平均」、「特定日（19日）と特定日の翌日（20日）の運転時間の平均」は、ともに9.5時間であり、基準に違反している。

3．**違反していない**　改善基準第4条第1項第6号によると、運転時間は、**2週間を平均し1週間当たり44時間を超えない**こととされている。以上を前提に本問を検討すると、1日～14日の運転時間は計88時間であり、1週間平均44時間なので、この点に関する違反はない。また、15日～28日の運転時間は計82時間であり、1週間平均41時間なので、ここでも違反はない。したがって、2週間を平均した1週間当たりの運転時間は基準に違反していない。

4．**違反していない**　改善基準第4条第1項第1号によると、拘束時間は、1ヵ月について284時間を超えず、かつ、1年について3,300時間を超えないものとすることとされている。ただし、労使協定により、1年について6ヵ月までは、1ヵ月について**310時間**まで延長することができ、かつ、1年について3,400時間まで延長することができるものとされている（同号但書）。本問の場合、1ヵ月の拘束時間は310時間なので、改善基準に違反していない。

5．実務上の知識及び能力

問24	正答2、4
運行管理者の役割等	

1．**不適　運行管理者と事業者の役割は同一ではない**ため、本肢に記載されているように「運行管理者は、事業者の代理人として事業用自動車の輸送の安全確保に関する業務全般を行い、交通事故を防止する役割を担っている」とはいえない。したがって、事故が発生した場合であっても、運行管理者は事業者に代わって責任を負うわけではない。

2．**適**　本肢の記述のとおりであり、適切である。

3．**不適**　安全規則第20条第1項第8号及び第7条によると、運行管理者は、業務前及び業務終了後の運転者等に対し、対面により、又は対面による点呼と同等の効果を有するものとして国土交通大臣が定める方法で点呼を実施しなければならない。ただし、運行上やむを得ない場合は電話その他の方法により点呼を行うことができる。そして、通達「貨物自動車運送事業輸送安全規則の解釈及び運用について」第7条1.（1）によると、「運行上やむを得ない場合」とは、遠隔地で業務が開始又は終了するため、業務前点呼又は業務後点呼を当該運転者が所属する営業所において対面で実施できない場合等をいい、**車庫と営業所が離れている場合及び早朝・深夜等において点呼執行者が営業所に出勤していない場合等は「運行上**

令和2年CBT

やむを得ない場合」には該当しないとされている。したがって、本肢における運行管理者の対応は不適切である。

「遠隔点呼」「業務後自動点呼」の制度については問4の解説を参照。

4. 適　本肢の記述のとおりであり、適切である。

問25	**正答2、3**
運転者に対する指導・監督	

1. 不適　**空走距離**とは、危険を認知してからブレーキが効き始めるまでの距離であり、**制動距離**とは、ブレーキを踏んでから停止するまでの走行距離である。そして、**停止距離**とは、運転者が危険を認知してから車が停止するまでに走行した距離であり、**空走距離と制動距離の和**で求められる。

以上の知識を前提に、本問を検討する。まず、36km/hを秒速に直すと、1時間は3,600秒だから、自動車の速さは36,000 ÷ 3,600 = 10メートル / 秒である。そして、空走時間は1秒間であるから、その間の自動車の空走距離は10 × 1 = 10メートルである。また、制動距離は8メートルであるから、停止距離は10 + 8 = 18メートルである。

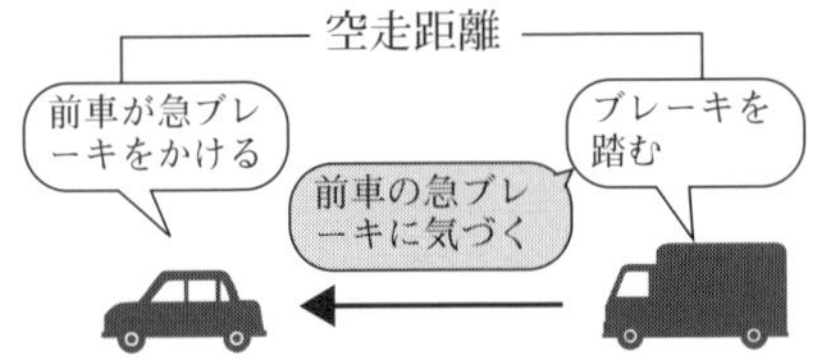

2. 適　道交法第71条第4号及び第4号の2、安全規則第5条等に照らすと、本肢における事業者の対応は適切である。

3. 適　本肢の記述のとおりであり、適切である。

4. 不適　社内教育で従業員に対し、適度な飲酒の目安や一般にアルコール処理に必要とされる時間を参考に、個人差も考慮しつつ、**飲酒が運転に及ぼす影響等について指導**を行うことは、酒気帯び運転防止の観点から適切な対応といえる。しかし、指導を行う際は、**全ての運転者を対象とする**ことが望ましい。したがって、本肢のように、「体質的にお酒に弱い運転者のみを対象」とすることは適切な対応とはいえない。

問26	**正答1、4**
運転者の健康管理	

1. 適　本肢の記述のとおりであり、適切である。

2. 不適　労働安全衛生法第66条第5項によると、労働者は、事業者が行う健康診断を受けなければならない。ただし、事業者の指定した医師又は歯科医師が行う健康診断を受けることを希望しない場合において、**他の医師又は歯科医師の行うこれらの規定による健康診断に相当する健康診断を受け、その結果を証明する書面を事業者に提出したときは、この限りでない**とされている。よって、運転者が自ら受けた健康診断（人間ドックなど）において、法令で必要な健康診断の項目を充足している場合には、法定健診として代用することができる。

3. **不適**　本肢の場合、事業者は、医師から出された**所見に従い**、運転者の**負担を軽減**させる必要がある。にもかかわらず、繁忙期であるとの理由で、運転者に対し従来と同様の業務を続けさせた事業者の判断は、適切でない。

4. **適**　本肢の記述のとおりであり、適切である。

※令和3年中では、乗務員に起因する重大事故報告件数は、1,468件である。よって、本肢は**現在では誤り**である。なお、うち健康起因による事故数は288件、原因病名別では心臓疾患が47件、脳疾患が49件と多くを占めている。

問27	**正答 1、3、4**
自動車の運転	

1. **適**　本肢の記述のとおりであり、適切である。

2. **不適**　遠心力は速度の2乗に比例して大きくなる。よって、自動車がカーブを走行するとき、自動車の重量及びカーブの半径が同一の場合には、速度が2倍になると遠心力の大きさは**4倍**になる。

3. **適**　本肢の記述のとおりであり、適切である。

4. **適**　本肢の記述のとおりであり、適切である。

問28	**正答 3**
交通事故防止対策	

1. **不適**　保安基準第8条第4項第1号及び第5項によると、大型トラックの原動機に備えなければならない「速度抑制装置」とは、当該トラックが時速**90キロメートル**を超えて走行しないよう燃料の供給を調整し、かつ、自動車の速度の制御を円滑に行うためのものである。

2. **不適**　指差呼称は、運転者の錯覚、誤判断、誤操作等を防止するための手段であり、信号や標識などを指で差し、その対象が持つ名称や状態を声に出して確認することをいい、安全確認に重要な運転者の意識レベルを高めるなど**交通事故防止対策に有効な手段の一つとして活用**されている。

3. **適**　本肢の記述のとおりであり、適切である。

4. **不適**　デジタル式運行記録計は、**瞬間速度、運行距離及び運行時間**の記録に加え、運行データの記録を電子情報として記録することにより、**急発進、急ブレーキ、速度超過時間**等の運行データの収集を可能にするものである。本肢の記述はドライブレコーダーについての説明なので、適切でない。

問29	**正答 1 ① 2 ① 3 ①**
運行計画	

1. 本問の場合、C地点には11時50分に到着することを予定しており、B地点からC地点までは245㎞の距離を平均時速70㎞で運転する予定である。したがって、B地点からC地点までの予定運転時間は245（㎞）÷70（㎞/

時）＝3.5時間（＝3時間30分）であり、途中10分間休憩することも考え合わせると、B地点を出発するのは、11時50分－3時間30分－10分＝8時10分の予定である。また、B地点では20分間の荷積みを行う予定であるため、**B地点に到着**するのは8時10分－20分＝**7時50分**の予定であることが分かる。そして、A営業所からB地点までの距離は10㎞であり、当該距離を平均時速30㎞で運転する予定であるため、**A営業所からB地点までの予定運転時間**は10（㎞）÷30（㎞/時）＝20分である。以上より、C地点に11時50分に到着させるためにふさわしい**A営業所の出庫時刻**は、7時50分－20分＝**7時30分**であり、**①が正答となる**。

2．改善基準第4条第1項第6号によると、運転時間は、2日（始業時刻から起算して48時間をいう）を平均し1日当たり9時間を超えないこととされている。1日の運転時間の計算に当たっては、**「特定日の前日と特定日の運転時間の平均」と「特定日と特定日の翌日の運転時間の平均」を算出し、どちらも9 時間を超える場合は基準違反と判断される**。以上を前提に、本肢を検討する。
本問の場合、当日の運転時間は8時間50分（20分＋3時間30分＋30分＋2時間＋2時間＋30分）である。また、問題文より、前日の運転時間は9時間10分、翌日の運転時間は9時間20分である。これらを基に、2日間を平均した1日当たりの運転時間を求めると、**前日と当日の平均は9時間、当日と翌日の平均は9時間5分**であり、**前者が9時間を超えていない**ため、改善基準には違反していない。したがって、**①が正答となる**。

3．連続運転時間が改善基準に違反しているかどうかは、**運転開始後4時間又は4時間経過直後に、30分以上の運転の中断をしているか**で判断する（本問では、荷積みや荷下ろしも運転の中断に含むものとする）。
本問のタイムスケジュールを整理すると、次のようになる。
運転20分→荷積み20分→運転1時間45分→休憩10分→運転1時間45分→荷下ろし20分→休憩1時間→運転30分→荷積み30分→運転2時間→休憩10分→運転2時間→荷下ろし30分→運転30分→帰庫
このタイムスケジュールを上記の判断基準に照らすと、改善基準に違反している箇所はない。**以上より、正答は① となる**。

問30	**正答4、6、9**
危険予知訓練	

本問の交通場面の状況においては、前方左側に、**二輪車が走行**している。そして、当該二輪車は、**駐車車両を避けるために、右に進路を変更**してくることが予測されるので、**このまま進行すると当該二輪車と衝突する**危険がある（選択肢②）。そのため、運行管理者は、運転者に対し、**二輪車は、後方の確認をしないまま進路を変更することがよくある**ので、このような状況下で

は、**二輪車を追い越そうとはせず先に行かせる**よう指導する必要がある（選択肢**オ**）。よって、まず、選択肢②と選択肢**オ**の組み合わせである**4が正答**となる。

また、本問の交通場面の状況においては、**前方右側の脇道から左折しようとしている車の影に、自転車が見える**。そして、当該**自転車が道路を横断してくると衝突する**危険があることが分かる（選択肢③）。そのため、運行管理者は、運転者に対し、右側の脇道から自転車が出ようとしているので、周辺の交通状況を確認のうえ、**脇道の自転車の動きに注意して走行**するよう指導する必要がある。また、併せて、**仮に自転車が出てきた場合は、先に自転車を行かせる**ように指導する必要もある（選択肢**エ**）。よって、選択肢③と選択肢**エ**の組み合わせである**6も正答となる**。

そして、本問の交通場面の状況においては、**駐車車両の先に歩行者が見え、当該歩行者が道路を横断してくるとはねる**危険がある（選択肢⑤）。そのため、運行管理者は、運転者に対し、**住宅街を走行する際に駐車車両があるとき**は、その**付近の歩行者の動きにも注意**し、**スピードを落として走行**するよう指導する必要がある（選択肢**ア**）。よって、選択肢⑤と選択肢**ア**の組み合わせである**9も正答となる**。

◀◀問題◀問題編 p.113

正答解説

令和２年度 第２回

１．貨物自動車運送事業法関係

問１	正答１、４
事業計画の変更	

1. ○　貨運法第9条第3項及び同法施行規則第7条第1項第1号により正しい。
2. ×　貨運法第9条第3項及び同法施行規則第6条第1項第1号によると、事業者は、「各営業所に配置する事業用自動車の種別ごとの数」の事業計画の変更をするときは、**あらかじめ**その旨を、国土交通大臣に届け出なければならない。
3. ×　貨運法第9条第1項によると、事業者は、「自動車車庫の位置及び収容能力」の事業計画の変更をするときは、国土交通大臣の**認可**を受けなければならない。
4. ○　貨運法第11条により正しい。

事業用自動車の種別ごとの数の変更 ⇒ あらかじめ

主たる事務所の名称及び位置の変更 ⇒ 遅滞なく

問２	正答４
運行管理者の業務	

1. ○　安全規則第20条第1項第8号及び第7条により正しい。
2. ○　安全規則第20条第1項第12号及び第9条の2により正しい。
3. ○　安全規則第20条第1項第14号及び第10条第4項により正しい。
4. ×　安全規則第3条第4項によると、休憩又は睡眠のための時間及び勤務が終了した後の休息のための時間が十分に確保されるように、国土交通大臣が告示で定める基準に従って、運転者の勤務時間及び乗務時間を定め、当該運転者にこれらを遵守させるのは**事業者**の義務である。

問３	正答 A② B② C② D①
過労運転等の防止	

1. 安全規則第3条第1項及び第2項によると、一般貨物自動車運送事業者等は、事業計画に従い業務を行うに必要な員数の事業用自動車の運転者（以下「運転者」という。）又は特定自動運行保安員を常時選任しておかなければならず、この場合、選任する運転者及び特定自動運行保安員は、日々雇い入れられる者、**2ヵ月**以内の期間を定めて使用される者又は試みの使用期間中の者（14日を超えて引き続き使用されるに至った者を除く。）であってはならない。

   したがって、Aには「② 2ヵ月」が入る。
2. 安全規則第3条第3項によると、貨物自動車運送事業者は、運転者、特定自動運行保安員及び事業用自動車の運行の業務の補助に従事する従業員（以下「乗務員等」という。）が有効に利用することができるように、休憩に必要な施設を整備し、及び乗務員等に睡眠を与える必要がある場合にあっては睡眠に必要な施設を整備し、並びにこれらの施設を**適切に管理し、及び保守**しなければならない。

したがって、Bには「② 適切に管理し、及び保守」が入る。

3．安全規則第3条第6項によると、貨物自動車運送事業者は、乗務員等の**健康状態の把握**に努め、疾病、疲労、睡眠不足その他の理由により安全に運行の業務を遂行し、又はその補助をすることができないおそれがある乗務員等を事業用自動車の運行の業務に従事させてはならない。

したがって、Cには「② 健康状態の把握」が入る。

4．安全規則第3条第7項によると、一般貨物自動車運送事業者等は、運転者が長距離運転又は夜間の運転に従事する場合であって、**疲労等**により安全な運転を継続することができないおそれがあるときは、あらかじめ、当該運転者と交替するための運転者を配置しておかなければならない。

したがって、Dには「① 疲労等」が入る。

問4	**正答1、2**
点呼	

◆令和4年4月1日より、3つの要件(①使用する機器・システムの要件、②実施する施設・環境の要件、③運用上の遵守事項）を満たす営業所において、営業所の優良性にかかわらず、遠隔点呼が実施できるようになった。また、令和5年1月1日から、点呼機器により、自動で点呼を行う認定制度が創設され、業務終了後の運転者に対する点呼を自動で実施（「業務後自動点呼」）できるようになった。

1．○　安全規則第7条第1項により正しい。

なお、2016（平成28）年7月1日より、一定の要件において、Gマーク営業所（全国貨物自動車運送適正化事業実施機関により安全性優良事業所であると認められた事業所）以外の営業所でもIT点呼が可能となった。また、「安全規則の解釈及び運用について」の改正（平成30年3月30日施行）により、Gマーク営業所と同等に扱われる営業所の要件やIT点呼の対象要件が緩和（拡大）された。

2．○　安全規則第7条第4項及び通達「貨物自動車運送事業輸送安全規則の解釈及び運用について」第7条2.(5)により正しい。

3．×　安全規則第7条第3項によると、事業者は業務前点呼及び業務後の点呼のいずれも対面により、又は対面による点呼と同等の効果を有するものとして国土交通大臣が定める方法で行うことができない業務を行う運転者等に対し、当該点呼のほかに、当該業務の途中において少なくとも1回電話その他の方法により点呼（中間点呼）を行わなければならない。本肢の場合、**1日目の業務前の点呼及び2日目の業務後の点呼はいずれも対面で行うことができる**ため、中間点呼を行う必要はない。

4. × 安全規則第7条第1項第3号によると、事業者は**業務前の点呼**において「道路運送車両法第47条の2第1項及び第2項の規定による点検（日常点検）の実施又はその確認」について報告を求め、及び確認を行わなければならない。

問5	正答3、4
事故の速報	

1. **速報を要しない** 自動車に積載されたコンテナが落下した事故は、国土交通大臣への報告対象にはなるものの（事故報告規則第2条第6号）、運輸支局長等への**速報の必要はない**（同規則第4条第1項参照）。
2. **速報を要しない** 事故報告規則第4条第1項第2号イによると、**2人以上の死者**を生じる事故が発生した場合は、運輸支局長等に速報することを要する。本肢の場合、死者は1人なので、速報を要しない。また、同条同項同号ロによると、**5人以上の重傷者**を生じる事故が発生した場合にも運輸支局長等に速報することを要するが、本肢の場合、このケースにも該当しないため、速報を要しない。
3. **速報を要する** 事故報告規則第4条第1項第2号ロによると、**5人以上の重傷者**を生じる事故が発生した場合には、運輸支局長等への速報を要する。
4. **速報を要する** 事故報告規則第4条第1項第4号及び第2条第5号によると、**自動車が転覆**し、消防法第2条第7項に規定する**危険物が漏えいする事故**が発生した場合には、運輸支局長等への速報を要する。

速報を要するもの
① 自動車の転覆、転落、火災
② 鉄道車両と衝突・接触
③ ①、②又は自動車その他の物件と衝突・接触したことにより消防法に規定する危険物、火薬類取締法に規定する火薬類などが飛散又は漏えいしたもの
④ 2人以上の死者を生じたもの（旅客自動車運送事業者等の場合は1人以上）
⑤ 5人以上の重傷者を生じたもの
⑥ 旅客に1人以上の重傷者を生じたもの
⑦ 10人以上の負傷者を生じたもの
⑧ 酒気帯び運転によるもの
※①と②に関しては、旅客自動車運送事業者及び自家用有償旅客運送者が使用する自動車が引き起こしたものに限る。

問6	正答4
運行等の記録	

1. ○ 安全規則第9条の3第4項により正しい。
2. ○ 安全規則第8条第1項第7号により正しい。
3. ○ 安全規則第9条第3号により正しい。
4. × 安全規則第9条の2によると、事業者は、事業用自動車に係る事故が発生した場合には、その記録を当該事業用自動車の運行を管理する営業所において3年間保存しなければならない。ここでいう「事故」とは、事故報告規則第2条又は道交法第67条第2項に規定されているものを指すとされており、その中には**物損事故も含まれる**。

問７　正答１、２
運転者の遵守事項

1. ○　安全規則第17条第3号により正しい。
2. ○　安全規則第17条第8号及び第16条第4号により正しい。
3. ×　安全規則第17条第5号によると、貨物自動車運送事業者の運転者は、他の運転者と交替して乗務を開始しようとするときは、当該他の運転者から所定の通告を受け、当該事業用自動車の制動装置、走行装置その他の重要な装置の機能について**点検を実施**しなければならない。「異常のおそれがあると認められる場合」には限定されていないので誤り。
4. ×　安全規則第17条第7号によると、運転者は、事業者等が作成する運行指示書を乗務中携行し、運行指示書の記載事項に変更が生じた場合には、携行している運行指示書に当該変更の内容を**記載しなければならない**。「営業所の運行指示書の写しをもって、運転者が携行している運行指示書への当該変更内容の記載を省略することができる」という規定は存在しないので、誤り。

問８　正答２
貨物の積載等

1. ○　安全規則第8条第1項第6号により正しい。
2. ×　安全規則第5条によると、「偏荷重が生じないように積載すること」「貨物が運搬中に荷崩れ等により事業用自動車から落下することを防止するため、貨物にロープ又はシートを掛けること」は、車両総重量8トン以上又は最大積載量5トン以上の事業用自動車に限らず、**すべての事業用自動車**に貨物を積載する場合に必要とされている。
3. ○　安全規則第9条の4により正しい。
4. ○　貨運法第64条第1項により正しい。

２．道路運送車両法関係

問９　正答３
自動車の登録等

1. ○　車両法第13条第1項により正しい。
2. ○　車両法第15条第1項第1号により正しい。
3. ×　車両法施行規則第8条の2第1項によると、自動車登録番号標の取付は、自動車の前面及び後面の見やすい位置に確実に行うものとされている。**見やすい位置**に取り付けなければならないのであって、「任意の位置」に取り付けるというのは誤り。
4. ○　車両法第11条第5項により正しい。

問10　正答２、４
自動車の検査等

1. ×　車両法第66条第1項によると、自動車検査証を備え付けなければならない場所は**当該自動車**のみであり、当該自動車の所属する営業所は入らない。

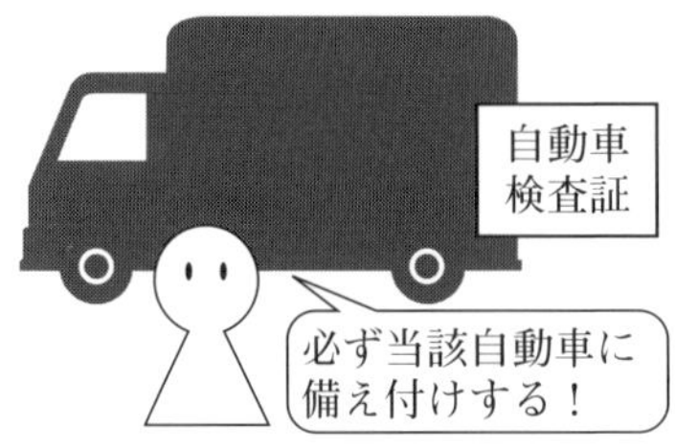

自動車
検査証
必ず当該自動車に
備え付けする！

2. ○　車両法第40条により正しい。

3. ×　車両法第48条第1項第1号及び自動車点検基準別表第3によると、車両総重量8トン以上又は乗車定員30人以上の自動車の使用者は、スペアタイヤの取付状態等について、**3ヵ月**ごとに国土交通省令で定める技術上の基準により自動車を点検しなければならない。

4. ○　車両法施行規則第44条第1項により正しい。なお、令和5年1月1日施行の車両法施行規則の改正により、自動車検査証に「記入」とされていた部分が「記録」となった。

問11　　正答 A② B① C① D①
自動車の点検整備等

1. 車両法第47条によると、自動車の使用者は、自動車の点検をし、及び必要に応じ**整備**をすることにより、当該自動車を保安基準に適合するように維持しなければならない。

　したがって、Aには「② 整備」が入る。

2. 車両法第47条の2第2項によると、自動車運送事業の用に供する自動車の使用者又は当該自動車を**運行**する者は、1日1回、その**運行の開始前**において、国土交通省令で定める技術上の基準により、自動車を点検しなければならない。

　したがって、Bには「① 運行」、Cには「① 運行の開始前」が入る。

3. 車両法第49条第1項及び第3項、並びに自動車点検基準第4条第2項、第2条第1号及び第2号によると、事業用自動車の使用者は、当該自動車について定期点検整備をしたときは、遅滞なく、点検整備記録簿に点検の結果、整備の概要等所定事項を記載して当該自動車に備え置き、その記載の日から**1年**間保存しなければならない。

　したがって、Dには「① 1年」が入る。

問12　　正答4
保安基準及び細目告示

1. ○　保安基準第9条第2項及び細目告示第89条第4項第2号により正しい。

2. ○　保安基準第43条の8により正しい。

3. ○　保安基準第38条の2第1項及び第2項により、貨物の運送の用に供する普通自動車で車両総重量が7トン以上のものの後面には、**所定の後部反射器を備えるほか、反射光の色、明るさ等に関し告示で定める基準に適合する大型後部反射器**を備えなければならないので正しい。

4. ×　保安基準第43条の2本文及び細目告示第220条第1項第1号によると、自動車に備えなければならない非常信号用具は、夜間**200メートル**の距離から確認できる赤色の灯光を発するものでなければならない。

3. 道路交通法関係

問13　　正答1
灯火及び合図等

1. ×　車両の運転者が、同一方向に進行しながら進路を左方又は右方に変える場合の合図を行う時期は、その行為をしようとする時の**3秒前**である（道交法施行令第21条第1項）。したがって、「30メートル手前の地点に達したとき」という部分が誤っている。
2. ○　道交法施行令第21条第1項により正しい。
3. ○　道交法第52条第1項及び道交法施行令第19条により正しい。
4. ○　道交法第31条の2により正しい。

問14　　正答3、4
停車及び駐車等

1. ×　道交法第45条第1項第1号により、駐車してはならないのは、**3メートル以内**の道路の部分である。「5メートル以内」ではないので誤り。

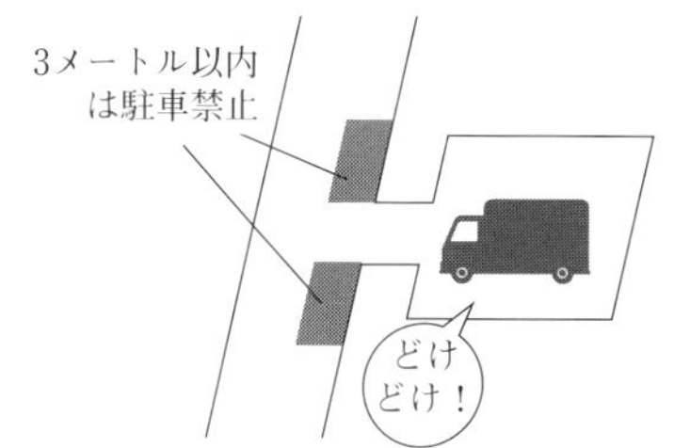

2. ×　道交法第45条第2項本文によると、車両は、法令の規定により駐車する場合には、当該車両の右側の道路上に**3.5メートル**（道路標識等により距離が指定されているときは、その距離）以上の余地がなければ、駐車してはならない。
3. ○　道交法第44条第1項第2号により正しい。
4. ○　道交法第44条第1項第6号により正しい。

問15　　正答A③ B② C⑤ D④
自動車の法定速度

1. 道交法第22条第1項及び道交法施行令第11条によると、自動車の最高速度は、道路標識等により最高速度が指定されていない片側一車線の一般道路においては、**時速60キロメートル**である。
　したがって、Aには「③ 時速60キロメートル」が入る。
2. 道交法第75条の4及び道交法施行令第27条の3によると、自動車の最低速度は、法令の規定によりその速度を減ずる場合及び危険を防止するためやむを得ない場合を除き、道路標識等により自動車の最低速度が指定されていない区間の高速自動車国道の本線車道（政令で定めるものを除く。）においては、**時速50キロメートル**である。
　したがって、Bには「② 時速50キロメートル」が入る。
3. 道交法第3条及び道交法施行規則第2条によると、乗車定員が30名以上の自動車は大型自動車に分類される。よって、乗車定員が47名の貸切バスは大型自動車となる。また、道交法第22条第1項及び道交法施行令第27条第1項第1号イによると、大型自動車のうち専ら人を運搬する構造のも

令和2年2回

のの最高速度は、道路標識等により最高速度が指定されていない高速自動車国道の本線車道（政令で定めるものを除く。）においては、**時速100キロメートル**である。

したがって、Cには「⑤ 時速100キロメートル」が入る。

> [参考]
> 高速自動車国道の本線車道又はこれに接する加速車線若しくは減速車線における最高速度が100km/hの自動車（道交法施行令第27条第1項第1号）
> イ 大型自動車（三輪のもの並びに牽引するための構造及び装置を有し、かつ、牽引されるための構造及び装置を有する車両を牽引するものを除く。）のうち専ら人を運搬する構造のもの
> ロ 中型自動車（三輪のもの並びに牽引するための構造及び装置を有し、かつ、牽引されるための構造及び装置を有する車両を牽引するものを除く。）のうち、専ら人を運搬する構造のもの又は車両総重量が8,000キログラム未満、最大積載重量が5,000キログラム未満及び乗車定員が10人以下のもの
> (以下省略)

4. 道交法第3条及び道交法施行規則第2条によると、車両総重量が11,000キログラム以上の自動車又は最大積載量が6,500キログラム以上の自動車は大型自動車に分類される。よって、車両総重量が12,000キログラムで、最大積載量が8,000キログラムのトラックは大型自動車となる。しかし、当該トラックは「専ら人を運搬する構造のもの」には当たらないため、道交法施行令第27条第1項第1号イに規定する最高速度は適用されない。以上を前提に考察すると、道交法第22条第1項及び道交法施行令第27条第1項第2号により、トラック（車両総重量12,000キログラム、最大積載量8,000キログラムであって乗車定員3名）の最高速度は、道路標識等により最高速度が指定されていない高速自動車国道の本線車道（政令で定めるものを除く。）においては、**時速80キロメートル**である。

したがって、Dには「④ 時速80キロメートル」が入る。

なお、道交法施行令の改正により、令和6年4月1日から最高速度は時速90キロメートルとなった。**令和6年度第2回試験**より試験範囲に含まれる。

問16	正答3
乗車、積載及び過積載等	

1. ○ 道交法第75条第1項第6号により、自動車の使用者はその者の業務に関し、自動車の運転者に対し、**同法第57条（乗車又は積載の制限等）第1項の規定に違反して**政令で定める積載物の重量、大きさ若しくは積載の方法の制限を超えて積載をして**運転することを命じ、又は自動車の運転者がこれらの行為をすることを容認してはならない**ので正しい。
2. ○ 道交法第57条第1項及び第56条第2項により正しい。
3. × 道交法第58条の5第2項によると、警察署長は、荷主が自動車の運転者に対し、過積載をして自動車を運転することを要求するという違反行為を行った場合において、当該荷主が当該違反行為を反復して行うお

それがあると認めるときは、内閣府令で定めるところにより、**荷主**に対し、当該過積載による運転をしてはならない旨を命ずることができる。「当該自動車の運転者」ではないので誤り。

4. ○　道交法施行令第22条第3号イ及び同条第4号イにより正しい。

※道交法施行令の改正（令和4年5月13日施行）により、自動車の積載物の長さについては「自動車の長さにその長さの**10分の2**の長さを加えたもの」とされ、幅については「自動車の幅にその幅の10分の2の幅を加えたもの」と改正された。よって、本肢は**現在では誤り**である。

問17	正答1、2
運転者及び使用者の義務等	

1. ○　道交法第71条第2号の3により正しい。
2. ○　道交法第71条第2号の2により正しい。
3. ×　道交法第71条第4号の2によると、車両等の運転者は、当該車両等に積載している物が道路に転落し、又は飛散したときは、**速やかに転落し、又は飛散した物を除去する**等道路における危険を防止するため必要な措置を講じなければならない。また、道路管理者に通報するとの規定はない。
4. ×　道交法第75条の11第1項によると、自動車の運転者は、故障その他の理由により本線車道若しくはこれに接する加速車線、減速車線若しくは登坂車線（以下「本線車道等」という。）又はこれらに接する**路肩若しくは路側帯**において当該自動車を運転することができなくなったときは、政令で定めるところにより、当該自動車が故障その他の理由により停止しているものであることを表示しなければならない。

4．労働基準法関係

問18	正答2
労働条件及び労働契約	

1. ○　労基法第12条第1項柱書本文により正しい。
2. ×　労基法第1条第2項によると、同法で定める労働条件の基準は最低のものであり、労働関係の当事者は、この基準を理由として労働条件を低下させてはならないことはもとより、その向上を図るように努めなければならない。**これに反する当事者間の合意は無効**である（同法第13条前段）。したがって、本肢は「当事者間の合意がある場合を除き」という点が誤っている。

労働基準法に規定された
“労働条件”は最低限のもの！

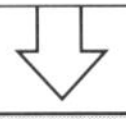

当事者間の合意でも、
低下させられない！

3. ○　労基法第22条第1項により正しい。

4．○　労基法第3条により正しい。

問19　　正答3
労働時間及び休日等

1．○　労基法第36条第1項により正しい。
2．○　労基法第33条第1項により正しい。
3．×　労基法第35条によると、使用者は、**4週間**を通じ4日以上の休日を与える場合を除き、労働者に対して、毎週少なくとも**1回**の休日を与えなければならないとされている。
4．○　労基法第37条第1項本文により正しい。

問20　　正答A① B① C① D①
拘束時間等

1．出題時、旧改善基準第4条第4項によると、労使当事者は、時間外労働協定において貨物自動車運送事業に従事する自動車運転者に係る一定期間についての延長時間について協定するに当たっては、当該一定期間は、**2週間**及び**1ヵ月以上3ヵ月**以内の一定の期間とするものとされている。

したがって、Aには「① 2週間」、Bには「① 1ヵ月以上3ヵ月」が入る。

※改善基準の改正（令和6年4月1日施行）により、旧改善基準第4条第4項の規定は**削除**されたため、**現在では本肢は成立せず、本問自体も成立しない。**

2．改善基準第4条第5項によると、使用者は、貨物自動車運送事業に従事する自動車運転者に休日に労働させる場合は、当該労働させる休日は**2週間**について**1回**を超えないものとし、当該休日の労働によって改善基準第4条第1項に定める拘束時間及び最大拘束時間を超えないものとするとされている。

したがって、Cには「① 2週間」、Dには「① 1回」が入る。

問21　　正答2、3
拘束時間等

1．×　改善基準第2条第1項柱書によると、拘束時間とは、労働時間、休憩時間その他の**使用者に拘束**されている時間をいうとされている。
2．○　改善基準第4条第2項により、使用者は、貨物自動車運送事業に従事する自動車運転者の休息期間については、当該自動車運転者の**住所地**における休息期間がそれ以外の場所における休息期間より**長く**なるように努めるものとされているので正しい。
3．○　改善基準第4条第1項第7号により正しい。
4．×　改善基準第4条第4項第1号によると、業務の必要上、勤務の終了後継続9時間（改善基準第4条第1項第3号但書に該当する場合は継続8時間）以上の休息期間を与えることが困難な場合、次に掲げる要件を満たすものに限り、当分の間、一定期間（1箇月程度を限度とする。）における全勤務回数の2分の1を限度に、休息期間を拘束時間の途中及び拘束時間の経過直後に分割して与えることができるものとする。

イ　分割された休息期間は、1回当たり継続3時間以上とし、2分割又は3分割とすること。

ロ　1日において、2分割の場合は合計**10時間**以上、3分割の場合は合計**12時間**以上の休息期間を与えなければならないこと。

ハ　休息期間を3分割とする日が連続しないよう努めるものとする。

問22　**正答4**

拘束時間等

1.○　改善基準第4条第1項第3号によると、1日についての拘束時間は、原則として、**13時間**を超えないものとし、当該拘束時間を延長する場合であっても、最大拘束時間は**15時間**とすることとされている。また、**1日の拘束時間の計算の方法**は以下のとおりである。

①　基本的には、終業時刻から始業時刻を引くだけでよい。

②　ただし、注意しなければならないのは、**翌日の始業時刻が当日の始業時刻より早い場合**である。この場合には**その早い時間の分だけ、当日の拘束時間に加える**ことを忘れない。

以上を前提に、本問における各曜日の拘束時間を計算する。

月曜日：(21時－7時)＋2時間＝16時間

火曜日：(20時－5時)＝15時間

水曜日：(22時－8時)＋3時間＝17時間

木曜日：(21時－5時)＝16時間

金曜日：(21時－6時)＝15時間

月曜日は翌日の始業時刻が2時間早く、水曜日は翌日の始業時刻が3時間早いので、その分を加えることに注意。

以上より、月曜日(16時間)、水曜日(17時間)、木曜日(16時間)が、改善基準に定める最大拘束時間(15時間)を超えて違反しているので、本肢は正しい。

2.○　改善基準第4条第1項第5号によると、休息期間は継続9時間を下回らないものとする。また、勤務終了後、継続11時間以上の休息期間を与えるよう努めるとされている。以上を前提に、本問における各曜日の休息期間を算出すると、以下のようになる。

月～火曜日：8時間

火～水曜日：12時間

水～木曜日：7時間

木～金曜日：9時間

以上より、月～火曜日にかけての休息期間(8時間)、水～木曜日にかけての休息期間(7時間)が、改善基準で定める休息期間(継続9時間以上)に違反しているので、本肢は正しい。

3.○　改善基準第4条第5項によると、運転者に休日に労働させる場合は、当該労働させる休日は**2週間について1回を超えない**ものとすると規定されている。本問の場合、休日労働させている日はないため、改善基準に違反していない。

4.×　選択肢1の解説を参照すると、本問の場合、この1週間の勤務の中で、

1日についての拘束時間が最も長いのは**水曜日**に始まる勤務である。よって、誤り。

問23　正答2、3
改善基準

改善基準第4条第1項第6号によると、運転時間は、**2日を平均し、1日当たり9時間**を超えないこととされている。また、2日を平均した1日の運転時間の計算に当たっては、「特定日の前日と特定日の運転時間の平均」と「特定日と特定日の翌日の運転時間の平均」を算出し、**どちらも9時間を超える場合は基準違反と判断**される。以上を前提に、本問を検討する。

1. **違反していない**　上記の改善基準に照らすと、違反している箇所はない。
2. **違反している**　本肢の場合、**特定日を4日目**とすると、「特定日の前日（3日目）と特定日（4日目）の運転時間の平均」、「特定日（4日目）と特定日の翌日（5日目）の運転時間の平均」は、**ともに9.5時間で9時間を超える**。したがって、選択肢2は改善基準に違反する。
3. **違反している**　本肢の場合、**特定日を3日目**とすると、「特定日の前日（2日目）と特定日（3日目）の運転時間の平均」、「特定日（3日目）と特定日の翌日（4日目）の運転時間の平均」は、**ともに9.5時間で9時間を超える**。したがって、選択肢3は改善基準に違反する。
4. **違反していない**　上記の改善基準に照らすと、違反している箇所はない。

5．実務上の知識及び能力

問24　正答 適2、4　不適1、3
点呼の実施等

「遠隔点呼」「業務後自動点呼」の制度については問4の解説を参照。

1. **不適**　安全規則第20条第1項第8号及び第7条によると、運行管理者は、業務前及び業務終了後の運転者等に対し、対面により、又は対面による点呼と同等の効果を有するものとして国土交通大臣が定める方法で点呼を実施しなければならない。ただし、運行上やむを得ない場合は電話その他の方法により点呼を行うことができる。そして、通達「貨物自動車運送事業輸送安全規則の解釈及び運用について」第7条1.（1）によると、「運行上やむを得ない場合」とは、遠隔地で業務が開始又は終了するため、業務前点呼又は業務後点呼を当該運転者等が所属する営業所において対面で実施できない場合等をいい、**車庫と営業所が離れている場合及び早朝・深夜等において点呼執行者が営業所に出勤していない場合等は「運行上やむを得ない場合」には該当しない**とされている。したがって、本肢における運行管理者の対応は不適切である。
2. **適**　安全規則第20条第1項第8号及び第7条第3項によると、運行管理者及び事業者は、業務前点呼及び業務後点呼の**いずれも対面により、又は対面による点呼と同等の効果を有するものとして国土交通大臣が定める**

方法で行うことができない業務を行う運転者等に対し、**当該点呼のほかに、当該業務の途中において少なくとも1回電話その他の方法**により点呼（中間点呼）を行わなければならないとされている。したがって、業務前及び業務後の点呼を携帯電話で行い、これらに加えて携帯電話による中間点呼を1回実施している本肢の対応は適切である。

3．不適　通達「貨物自動車運送事業輸送安全規則の解釈及び運用について」第7条1.（5）①ウによると、点呼は対面により行うことが原則であることから、IT点呼の実施は、1営業日のうち連続する**16時間以内**とするとされている。したがって、IT点呼の実施を1営業日のうち連続する18時間以内としている本肢の営業所の対応は不適切である。

4．適　業務前の点呼においてアルコール検知器を使用するのは、酒気帯びの有無を確認するためである。また、通達「貨物自動車運送事業輸送安全規則の解釈及び運用について」第7条1.（12）（令和6年4月1日施行の改正により（13））によると、「酒気を帯びた状態」とは、道交法施行令で定める**呼気1リットル当たりのアルコール濃度0.15ミリグラム以上であるか否かを問わない**ものとされている。したがって、適切な対応といえる。

問25　　正答2、3、4
運転者に対して行う指導・監督

1．不適　自動車が追越しをするときは、前の自動車の走行速度に応じた追越し距離、追越し時間が必要になるため、前の自動車と追越しをする自動車の速度差が**小さい**場合には追越しに長い時間と距離が必要になる。そのため、事業者は、このことを運転者に対して指導する必要がある。「速度差が大きい場合」ではないので誤り。

2．適　本肢の記述のとおりであり、適切である。

3．適　本肢の記述のとおりであり、適切である。

4．適　本肢の記述のとおりであり、適切である。なお、令和4年も同様である。

問26　正答 適1、4　不適2、3
運転者の健康管理

1．適　労働安全衛生規則第45条第1項及び第13条第1項第3号によると、事業者は、**深夜業**を含む業務に常時従事する労働者に対し、**6ヵ月**以内ごとに1回、定期的に、医師による健康診断を行わなければならない。

2．不適　労働安全衛生法第66条第5項によると、労働者は、事業者が行う健康診断を受けなければならない。ただし、事業者の指定した医師又は歯科医師が行う健康診断を受けることを希望しない場合において、**他の医師又は歯科医師の行うこれらの規定による健康診断に相当する健康診**

断を受け、その結果を証明する書面を事業者に提出したときは、この限りでないとされている。よって、一部の運転者から、事業者が指定した医師以外の医師による（定期健康診断に相当する）健康診断結果を証明する書面提出の申し出があったにもかかわらず、当該申し出を認めなかった事業者の対応は不適切である。

3. **不適**　脳血管疾患を定期健康診断で発見するのは困難である。発見するためには、**専門医療機関を受診**すること等が必要になる。

4. **適**　本肢の記述のとおりであり、適切である。

問 27　正答 適 2、3　不適 1、4
交通事故防止対策

1. **不適**　たしかに、交通事故のほとんどは運転者等のヒューマンエラーが直接の原因となっているが、そうしたヒューマンエラーの背後には、トラック車両の構造上の問題、天候や道路などの走行環境、会社の運行管理上の問題などが伏在している可能性がある。有効な交通事故防止対策のためにはそうした**伏在する原因の追究も必要**であり、ヒューマンエラーの再発防止ばかりに注力するのは適切ではない。

2. **適**　本肢の記述のとおりであり、適切である。

3. **適**　本肢の記述のとおりであり、適切である。

4. **不適**　適性診断の目的は、「運転に適さない者を運転者として選任しない」ことではなく、**運転者に自分の運転の傾向や事故を起こす危険性を客観的に知ってもらうことで、安全な運転を目指すようその自覚を促す**ことにある。

問 28　　正答 A① B② C①
車に働く自然の力等

1. 同一速度で走行する場合、カーブの半径が**小さい**ほど遠心力は大きくなる。

　したがって、Aには「① 小さい」が入る。

2. 遠心力は速度の2乗に比例して大きくなる。よって、曲がり角やカーブでハンドルを切った場合、自動車の速度が2倍になると遠心力は**4倍**になる。

　したがって、Bには「② 4倍」が入る。

3. 衝撃力は、重量に比例して大きくなる。よって、自動車が衝突するときの衝撃力は、車両総重量が2倍になると**2倍**になる。

　したがって、Cには「① 2倍」が入る。

問 29　　正答 ア3 イ1
運行計画

道交法施行規則第2条によると、本問における**選択肢1の自動車は大型自動車**（大型特殊自動車、大型自動二輪車、普通自動二輪車及び小型特殊自動車以外の自動車で、車両総重量が11,000キログラム以上のもの、最大積載量が6,500キログラム以上のもの又は乗車定員が30人以上のもの）に該当し、**選択肢2の自動車は中型自動車**（大型自動車、大型特殊自動車、大型自

動二輪車、普通自動二輪車及び小型特殊自動車以外の自動車で、車両総重量が7,500キログラム以上11,000キログラム未満のもの、最大積載量が4,500キログラム以上6,500キログラム未満のもの又は乗車定員が11人以上29人以下のもの）に該当し、**選択肢3の自動車は準中型自動車**（大型自動車、中型自動車、大型特殊自動車、大型自動二輪車、普通自動二輪車及び小型特殊自動車以外の自動車で、車両総重量が3,500キログラム以上7,500キログラム未満のもの又は最大積載量が2,000キログラム以上4,500キログラム未満のもの）に該当する。以上を前提に本問を検討する（なお、**本問における自動車が貨物自動車である**ことは当然である）。

ア　まず、G地点とH地点間の道路には高さ制限（3.3ｍ以下）の道路標識が設置されている。ここで、選択肢1～3の自動車の高さを見てみると、いずれの自動車も高さは3.3m以下なので、この条件はクリアしていることになる。次に、**F地点とG地点間の道路に設置されている道路標識**について検討する。この標識は「**大型貨物自動車、大型特殊自動車、特定中型貨物自動車は通行止め**」であることを意味する。上述したように、**選択肢1の自動車は大型貨物自動車**であるため、F地点とG地点間の道路を走行することはできない。次に、選択肢2の自動車について。当該自動車が中型自動車である旨は上述したとおりだが、道路標識、区画線及び道路標示に関する命令第2条及び別表第1（305）により、さらにこの中型自動車を細かく分類すると、車両総重量が8,000キログラム以上、最大積載量が5,000キログラム以上又は乗車定員が11人以上の中型自動車は特定中型自動車となる。したがって、**選択肢2の自動車は特定中型貨物自動車**であるため、やはりF地点とG地点間の道路を走行することはできない。最後に、選択肢3の自動車について。上述したように、当該自動車は準中型貨物自動車であるため、F地点とG地点間の道路を走行することができる。以上より、本問における運行に適した車両は**選択肢3の自動車**である。

イ　上述したように、本問における自動車は準中型自動車である。そして、道交法第22条第1項及び道交法施行令第27条第1項第1号ハによると、準中型自動車が高速自動車国道の本線車道又はこれに接する加速車線若しくは減速車線を通行する場合の**最高速度は時速100km**である。また、道交法第75条の4及び道交法施行令第27条の3によると、高速自動車国道の本線車道（政令で定めるものを除く。）における**最低速度は時速50km**である。以上を前提に本問を検討する。

本問においては、C料金所とD料金所間の高速自動車国道（走行距離135km）を1時間30分（1.5時間）で走行する計画となっている。（速さ）＝（距離）÷（時間）であるため、この区間の速さは、135km÷1.5時間＝

90km/時となる。したがって、上述した**最低速度（50km/時）**と**最高速度（100km/時）の間に収まっている**ため、この計画は**適切**である。

問30	**正答2、3**
運行計画	

1．×　改善基準第4条第1項第3号及び第5号によると、原則として1日の拘束時間は13時間、延長する場合の最大拘束時間は**15時間**、勤務終了後の休息期間は継続**9時間**を下回らないものとすることとされている。なお、1日目のフェリー乗船時間については、原則として休息期間に算入される。以上を前提に、本問の4日間を検討する（詳しい計算方法等は問22の解説を参照）。

1日目：拘束時間14時間

1日目～2日目：休息期間10時間

2日目：拘束時間13時間30分

2日目～3日目：休息期間10時間30分

3日目：拘束時間13時間30分

3日目～4日目：休息期間12時間30分

4日目：拘束時間13時間

　以上より、最大拘束時間及び休息期間は改善基準に**違反していない**ので、誤り。

2．○　改善基準第4条第1項第6号によると、運転時間は、**2日を平均し1日当たり9時間**を超えないこととされている。2日を平均した1日の運転時間の計算に当たっては、「特定日の前日と特定日の運転時間の平均」と「特定日と特定日の翌日の運転時間の平均」を算出し、**どちらも9時間を超える場合は基準違反と判断される**。以上を前提に、本問の4日間を検討する。本問の場合、1日目の運転時間は10時間、2日目の運転時間は9時間30分、3日目の運転時間は9時間30分、4日目の運転時間は9時間である。ここで、**特定日を2日目**とすると、「特定日の前日（1日目）と特定日（2日目）の運転時間の平均」は9時間45分、「特定日（2日目）と特定日の翌日（3日目）の運転時間の平均」は9時間30分となり、**どちらも9時間を超えている**。以上より、2日を平均した1日当たりの運転時間は改善基準に違反しているので、正しい。

3．○　改善基準第4条第1項第7号によると、連続運転時間（1回がおおむね連続10分以上で、かつ、合計が30分以上の運転の中断をすることなく連続して運転する時間をいう。）は、**4時間**を超えないものとされている。ここでのポイントは、①**休憩時間が30分に満たない場合、休憩時間の合計が30分になるまでの運転時間を合計して、4時間を超えてはならない**ということと、②おおむね**10分に満たない休憩時間は有効な休憩時間とは認められない**ということである。以上を前提に、本問の4日間を検討すると、1日目及び4日目の運行計画における「運転1時間→荷積み1時間→運転3時間」という箇所と2日目及び3日目の運行計画における「運転1時間→荷積み1時間→運転2時間→休憩15分

→運転２時間30分」という箇所が改善基準に違反していることになる。よって、本肢は正しい。

◀◀問題◀問題編 p.146

正答解説
令和２年度
第１回

1．貨物自動車運送事業法関係

問１	正答４
一般貨物自動車運送事業	

1．×　貨運法第3条によると、一般貨物自動車運送事業を経営しようとする者は、国土交通大臣の**許可**を受けなければならない。

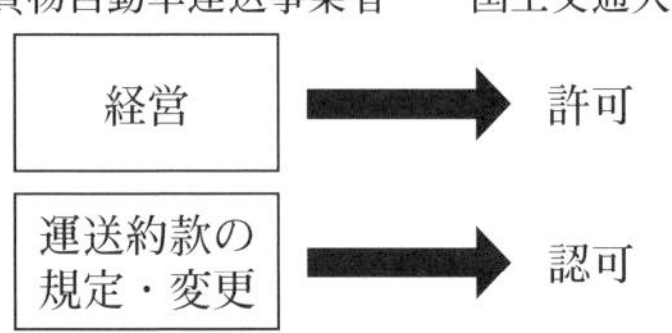

2．×　貨運法第2条第7項によると、貨物自動車利用運送とは、**一般貨物自動車運送事業又は特定貨物自動車運送事業**を経営する者が**他の一般貨物自動車運送事業又は特定貨物自動車運送事業**を経営する者の行う運送（自動車を使用して行う貨物の運送に係るものに限る。）を利用してする貨物の運送をいう。

3．×　貨運法第2条第6項によると、特別積合せ貨物運送とは、**一般貨物自動車運送事業として行う運送**のうち、営業所その他の事業場（以下「事業場」という。）において集貨された貨物の仕分を行い、集貨された貨物を積み合わせて他の事業場に運送し、当該他の事業場において運送された貨物の配達に必要な仕分を行うものであって、これらの事業場の間における当該積合せ貨物の運送を定期的に行うものをいう。

4．○　貨運法第10条第3項により正しい。

問２	正答２、３
過労運転等の防止等	

1．×　安全規則第3条第1項及び第2項によると、この場合、事業者が選任する運転者及び特定自動運行保安員は、日々雇い入れられる者、**2ヵ月**以内の期間を定めて使用される者又は試みの使用期間中の者（14日を超えて引き続き使用されるに至った者を除く。）であってはならない。

2．○　安全規則第3条第3項により正しい。

3．○　安全規則第3条第7項により正しい。

4．×　安全規則第9条第1号によると、運転者等の業務について、当該事業用自動車の瞬間速度、運行距離及び運行時間を運行記録計により記録しなければならない車両は、**車両総重量が7トン以上又は最大積載量が4トン以上**の普通自動車である事業用自動車である。

問３	正答２
情報の公表	

1．○　貨運法第16条第4項及び第5項により正しい。

2．×　貨運法第16条第1項及び安全規則第2条の3によると、事業用自動車（被けん引自動車を除く。）の数が**200両以上**の事業者は、安全管理規程を定め、国土交通省令で定めるところにより、国土交通大臣に届け出なければならない。これを変更しようとするときも、同様とする。

3. ○　安全規則第2条の8第1項及び「貨物自動車運送事業輸送安全規則第2条の8第1項の規定に基づき一般貨物自動車運送事業者等（特定第二種貨物利用運送事業者を含む。）が公表すべき輸送の安全に係る事項」（平成18年国土交通省告示第1091号）により正しい。

4. ○　安全規則第2条の8第2項により正しい。

問4	**正答4**
点呼	

令和4年4月1日より、3つの要件（①使用する機器・システムの要件、②実施する施設・環境の要件、③運用上の遵守事項）を満たす営業所において、営業所の優良制にかかわらず、遠隔点呼が実施できるようになった。また、令和5年1月1日から、点呼機器により、自動で点呼を行う認定制度が創設され、業務終了後の運転者に対する点呼を自動で実施（「業務後自動点呼」）できるようになった。

1. ○　通達「貨物自動車運送事業輸送安全規則の解釈及び運用について」第7条1.（4）により正しい。

2. ○　通達「貨物自動車運送事業輸送安全規則の解釈及び運用について」第7条1.（5）②アにより正しい。

3. ○　通達「貨物自動車運送事業輸送安全規則の解釈及び運用について」第7条2.（4）②により正しい。

4. ×　通達「貨物自動車運送事業輸送安全規則の解釈及び運用について」第7条1.（13）（令和6年4月1日施行の改正により（14））によると、運行管理者の業務を補助させるために選任された補助者に対し、点呼の一部を行わせる場合であっても、当該営業所において選任されている運行管理者が行う点呼は、点呼を行うべき総回数の少なくとも**3分の1以上**でなければならない。

問5	**正答2、4**
自動車事故報告書の提出等	

1. ×　事故報告規則第3条及び第2条第1号によると、事業用自動車が鉄道車両（軌道車両を含む。）と接触する事故を起こした場合には、当該事故があった日から**30日以内**に、自動車事故報告規則に定める自動車事故報告書（以下「事故報告書」という。）を当該事業用自動車の使用の本拠の位置を管轄する運輸支局長等を経由して、国土交通大臣に提出しなければならない。

2. ○　事故報告規則第3条及び第2条第9号によると、運転者の**疾病**により、事業用自動車の運転を継続することができなくなった事故については、事故報告書を国土交通大臣に提出しなければならない。

3. ×　事故報告規則第4条第1項第2号ロによると、**5人以上の重傷者**を生

令和2年1回

じた事故については、**事故報告規則第3条第1項（事故報告書の提出）の規定によるほか**、電話その他適当な方法により、24時間以内においてできる限り速やかに、その事故の概要を運輸支局長等に速報しなければならない。つまり、**速報をした場合であっても、事故報告書の提出を省略することはできない**ので、本肢は誤っている。

4．○　事故報告規則第3条第2項及び第2条第11号により正しい。

問6	**正答2、4**
運行管理者の業務	

1．×　安全規則第20条第1項第17号によると、自動車事故報告規則第5条（事故警報）の規定により定められた事故防止対策に基づき、事業用自動車の運行の安全の確保について、**従業員**に対する指導及び監督を行うことは運行管理者の業務である。「事故を発生させた運転者に限り」という点が誤り。

2．○　安全規則第20条第1項第14号の2及び第10条第2項により正しい。

3．×　安全規則第10条第5項によると、従業員に対する効果的かつ適切な指導・監督のために輸送の安全に関する基本的な方針の策定等の措置を講ずることは、**事業者の義務**であって、運行管理者の業務ではない。

4．○　安全規則第20条第1項第12号の2により正しい。

問7	**正答A②B②C①**
運行の安全の確保	

1．安全規則第10条第2項第1号及び監督指針第2章4（1）①によると、軽傷者（法令で定める傷害を受けた者）を生じた交通事故を引き起こし、かつ、当該事故前の**3年**間に交通事故を引き起こしたことがある運転者に対しては、国土交通大臣が告示で定める適性診断であって国土交通大臣の認定を受けたものを受診させなければならない。

したがって、Aには「② 3年」が入る。

2．監督指針第2章3（1）②及び2（2）によると、運転者として常時選任するために新たに雇い入れた者（当該貨物自動車運送事業者において初めて事業用自動車に乗務する前**3年**間に他の一般貨物自動車運送事業者等によって運転者として常時選任されたことがある者を除く。）に対しては、特別な指導を行わなければならない。この指導は、原則として、当該貨物自動車運送事業者において初めて事業用自動車に乗務する前に実施する。ただし、やむを得ない事情がある場合には、乗務を開始した後**1ヵ月**以内に実施する。

したがって、Bには「② 3年」、Cには「① 1ヵ月」がそれぞれ入る。

問8	**正答4**
業務等の記録	

1．○　安全規則第8条第1項第5号及び通達「貨物自動車運送事業輸送安全規則の解釈及び運用について」第8

条1.（1）により正しい。

2. ○　安全規則第8条第1項第7号により正しい。

3. ○　安全規則第8条第1項第6号ロ及び通達「貨物自動車運送事業輸送安全規則の解釈及び運用について」第8条1.（3）により正しい。

4. ×　安全規則第8条第1項第6号イによると、一般貨物自動車運送事業者は、事業用自動車に係る運転者等の業務について、運転者等が車両総重量が8トン以上又は最大積載量が5トン以上の普通自動車である事業用自動車の運行の業務に従事した場合にあっては、「貨物の積載状況」を「業務の記録」に記録させなければならない。また、同条第2項によると、一般貨物自動車運送事業者は、同条第1項の規定により記録すべき事項について、運転者等ごとに記録させることに代え、保安基準第48条の2第2項の規定に適合する運行記録計により記録することができる。本肢ただし書きのように、**運行指示書への記載によって「業務の記録」への記録を省略することができるという規定はない**ので、誤り。

2. 道路運送車両法関係

問9	正答2
自動車の登録等	

1. ○　車両法第16条第2項第1号により正しい。

2. ×　車両法第35条第6項によると、臨時運行許可証の有効期間が満了したときは、その日から**5日以内**に、当該臨時運行許可証及び臨時運行許可番号標を行政庁に返納しなければならない。「15日以内」ではないので誤り。

3. ○　車両法第69条第1項第1号により正しい。

4. ○　車両法第12条第1項により正しい。

問10	正答2
自動車の検査等	

1. ○　車両法第66条第1項により、原則として、自動車検査証を備え付けなければ、自動車を運行の用に供してはならない。しかし、指定自動車整備事業者（いわゆる民間車検場）が交付した**有効な保安基準適合標章**を表示しているときは、自動車検査証を備え付けていなくても、**例外的に**自動車を運行の用に供することができる（同法第94条の5第11項）。

自動車検査証
国しか発行できない。
保安基準適合標章
民間車検場で車検を行った場合、国から左の発行を受けるまで、代わりとして一定期間の使用ができる。

2. ×　自動車検査証の有効期間は、貨物の運送の用に供する自動車であって、検査対象軽自動車以外のものは1年、その他の自動車は2年とされる（車両法第61条第1項）。ただし、この自動車検査証の有効期間を1年とされる自動車のうち**車両総重量8トン未満の貨物の運送の用に供する自動車の自**

動車検査証の有効期間は2年とされている（同条第2項第1号）。本肢の自動車の車両総重量は8トン未満なので、自動車検査証の有効期間は2年である。

貨物の運送の用に供する自動車
（検査対象軽自動車以外）は1年

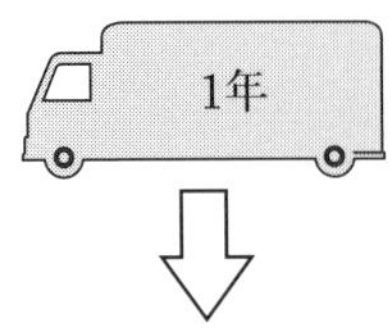

ただし、車両総重量8トン未満
だと2年となる。

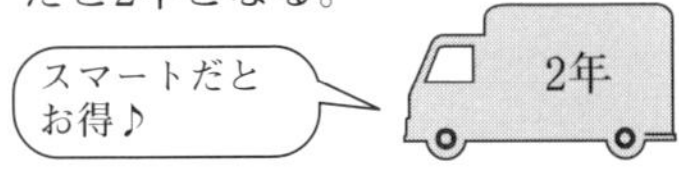

3．○　車両法第70条により正しい。
4．○　車両法第66条第5項により正しい。

問11　正答A①B②C⑤D②
車両法に定める検査等

1．車両法第59条第1項によると、登録を受けていない車両法第4条に規定する自動車又は同法第60条第1項の規定による車両番号の指定を受けていない検査対象軽自動車若しくは二輪の小型自動車を運行の用に供しようとするときは、当該自動車の使用者は、当該自動車を提示して、国土交通大臣の行う**新規検査**を受けなければならない。

したがって、Aには「① 新規検査」が入る。

2．車両法第62条第1項によると、登録自動車又は車両番号の指定を受けた検査対象軽自動車若しくは二輪の小型自動車の使用者は、自動車検査証の有効期間の満了後も当該自動車を使用しようとするときは、当該自動車を提示して、国土交通大臣の行う**継続検査**を受けなければならない。この場合において、当該自動車の使用者は、当該自動車検査証を国土交通大臣に提出しなければならない。

したがって、Bには「② 継続検査」が入る。

3．車両法第67条第1項によると、自動車の使用者は、自動車検査証記録事項について変更があったときは、法令で定める場合を除き、その事由があった日から**15日**以内に、当該変更について、国土交通大臣が行う自動車検査証の変更記録を受けなければならない。

したがって、Cには「⑤ 15日」が入る。

なお、令和5年1月1日施行の車両法施行規則の改正により、自動車検査証の「記入」とされていた部分が「変更記録」となった。

4．車両法第61条の2第1項によると、国土交通大臣は、一定の地域に使用の本拠の位置を有する自動車の使用者が、天災その他やむを得ない事由により、**継続検査**を受けることができないと認めるときは、当該地域に使用の本拠の位置を有する自動車の自動車検査証の有効期間を、期間を定めて伸長する旨を公示することができる。

したがって、Dには「② 継続検査」

が入る。

問 12　　　　正答 1
保安基準及び細目告示

1. ×　保安基準第29条第3項及び細目告示第195条第3項によると、自動車の前面ガラス及び側面ガラス（告示で定める部分を除く。）は、フィルムが貼り付けられた場合、当該フィルムが貼り付けられた状態においても、透明であり、かつ、運転者が交通状況を確認するために必要な視野の範囲に係る部分における可視光線の透過率が**70%以上**のものであることが確保できるものでなければならない。
2. ○　保安基準第8条第4項第1号及び第5項により正しい。
3. ○　保安基準第38条及び細目告示第210条により正しい。
4. ○　保安基準第2条第1項により正しい。

3. 道路交通法関係

問 13　　　　正答 3
車両の交通方法等

1. ○　道交法第20条第1項により正しい。
2. ○　道交法第33条第1項により正しい。
3. ×　道交法第17条第1項及び第2項によると、車両は、道路外の施設又は場所に出入するためやむを得ない場合において歩道等を横断するとき、又は法令の規定により歩道等で停車し、若しくは駐車するため必要な限度において歩道等を通行するときは、**歩道等に入る直前で一時停止**し、かつ、歩行者の通行を妨げないようにしなければならない。よって、誤り。

4. ○　道交法第75条の4及び道交法施行令第27条の3により正しい。

問 14　　　　正答 3
追越し等

1. ○　道交法第28条第1項及び第2項により正しい。
2. ○　道交法第32条により正しい。
3. ×　道交法第30条第3号によると、車両は、法令に規定する優先道路を通行している場合における当該優先道路にある交差点を除き、交差点の手前の側端から前に30メートル以内の部分においては、他の車両（特定小型原動機付自転車等を除く。）を追い越すため、**進路を変更し、又は前車の側方を通過してはならない。**
4. ○　道交法第26条の2第2項により正しい。

問 15　　　　正答 A ② B ① C ①
酒気帯び運転等の禁止等

本問の（1）～（4）は、道交法第65条第1項から第4項の規定である。

（1）何人も、酒気を帯びて車両等を運転してはならない。

（2）何人も、酒気を帯びている者で、前項の規定に違反して車両等を運転することとなるおそれがあるものに対し、**車両等を提供**してはならない。

したがって、Aには「② 車両等を提供」が入る。

（3）何人も、第1項の規定に違反して車両等を運転することとなるおそれがある者に対し、酒類を提供し、又は飲酒をすすめてはならない。

（4）何人も、車両（トロリーバス及び旅客自動車運送事業の用に供する自動車で当該業務に従事中のものその他の政令で定める自動車を除く。）の運転者が酒気を帯びていることを知りながら、当該運転者に対し、当該車両を運転して自己を運送することを要求し、又は依頼して、当該運転者が第1項の規定に違反して運転する**車両に同乗**してはならない。

したがって、Bには「① 車両に同乗」がそれぞれ入る。

また、（5）は、以下に挙げるように、道交法第117条の2の2第1項第3号及び道交法施行令第44条の3の規定である。

（5）前記（1）の規定に違反して車両等（軽車両を除く。）を運転した者で、その運転をした場合において身体に血液1ミリリットルにつき0.3ミリグラム又は呼気1リットルにつき**0.15**ミリグラム以上にアルコールを保有する状態にあったものは、3年以下の懲役又は50万円以下の罰金に処する。

したがって、Cには「① 0.15」が入る。

問16	**正答1**
交差点等における通行方法	

1．×　道交法第36条第3項によると、車両等（優先道路を通行している車両等を除く。）は、交通整理の行われていない交差点に入ろうとする場合において、交差道路が優先道路であるとき、又はその通行している道路の幅員よりも交差道路の幅員が明らかに広いものであるときは、一時停止ではなく、**徐行**しなければならない。

2．○　道交法第36条第4項により正しい。

3．○　道交法第34条第1項により正しい。

4．○　道交法第34条第6項により正しい。

問17	**正答1、2**
運転者及び使用者の義務等	

1．○　道交法第103条第1項第8号により正しい。

2．○　道交法第101条の4第1項及び第108条の2第1項第12号により正しい。

3．×　道交法第38条第1項によると、車両等は、横断歩道等に接近する場合において、当該横断歩道等によりその進路の前方を横断し、又は横断しようとする歩行者等があるときは、**当該横断歩道等の直前で一時停止し、かつ、その通行を妨げないようにしなければならない。**

4．×　本問の道路標識は、「車両は、8時から20時までの間は**駐車**してはならない。」ことを示している。なお、停車のみを禁止する道路標識はなく、駐停車禁止の標識は以下に挙げるものである。

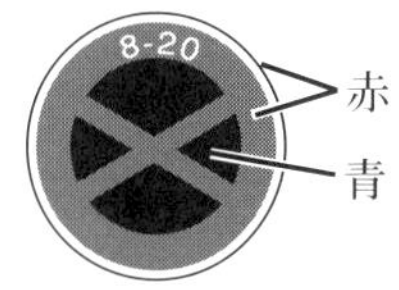

4. 労働基準法関係

問 18	正答2、3
労働基準法の定め	

1. × 労基法第109条によると、使用者は、労働者名簿、賃金台帳及び雇入れ、解雇、災害補償、賃金その他労働関係に関する重要な書類を5年間保存しなければならない。
   なお、令和2年4月1日施行の改正により、書類の保存期間が「3年」から「5年」に変更されたが、同法附則第143条により当分の間は「3年」とされている。いずれにせよ、保存期間が「1年間」であるとする本肢は誤っている。
2. ○ 労基法第32条により正しい。
3. ○ 労基法第34条第1項により正しい。
4. × 労基法第14条第1項によると、労働契約は、期間の定めのないものを除き、一定の事業の完了に必要な期間を定めるもののほかは、**3年**（労基法第14条第1項（契約期間等）各号のいずれかに該当する労働契約にあっては、**5年**）を超える期間について締結してはならない。

問 19	正答 4
健康診断	

1. ○ 労働安全衛生規則（安衛則）第43条により正しい。
2. ○ 安衛則第51条の4により正しい。
3. ○ 安衛則第45条第1項及び第13条第1項第3号ヌにより正しい。
4. × 労働安全衛生法（安衛法）第66条の2及び第66条の4、並びに安衛則第51条の2第2項第1号によると、事業者は、深夜業に従事する労働者が、自ら受けた健康診断の結果を証明する書面を事業者に提出した場合において、その健康診断の結果（当該健康診断の項目に異常の所見があると診断された労働者に係るものに限る。）に基づく医師からの意見聴取は、当該健康診断の結果を証明する書面が事業者に提出された日から**2ヵ月**以内に行わなければならない。

問 20	正答 A ① B ② C ② D ②
改善基準	

1. 改善基準第1条第1項によると、この基準は、自動車運転者（労働基準法（以下「法」という。）第9条に規定する労働者であって、四輪以上の自動車の運転の業務（厚生労働省労働基準局長が定めるものを除く。）に、主として従事する者をいう。以下同じ。）の労働時間等の改善のための基準を定めることにより、自動車運転者の**労働時間**等の労働条件の向上を図ることを目的とする。
   したがって、Aには「① 労働時間」が入る。

令和2年1回

 ◀◀**問題**◀問題編 p.163 ～ 167

2．改善基準第1条第2項によると、**労働関係の当事者**はこの基準を理由として自動車運転者の労働条件を低下させてはならないことはもとより、その**向上**に努めなければならない。

したがって、Bには「② 労働関係の当事者」、Cには「② 向上」が入る。

3．出題時、旧改善基準第1条第3項によると、使用者は、**季節的繁忙**その他の事情により、法第36条第1項の規定に基づき臨時に労働時間を延長し、又は休日に労働させる場合においても、その時間数又は日数を少なくするように努めるものとする。

したがって、Dには「② 季節的繁忙」が入る。

※改善基準の改正（令和6年4月1日施行）により、旧改善基準第1条第3項の規定は**大幅に改正**されたため、**現在では本肢は成立せず、本問自体も成立しない。**

問21	**正答 1、3**
改善基準及び特例基準	

1．○　改善基準第4条第1項第1号により正しい。

2．×　改善基準第4条第1項第3号によると、使用者は、1日についての拘束時間は、13時間を超えないものとし、当該拘束時間を延長する場合であっても、最大拘束時間は15時間とすることとされている。ただし、貨物自動車運送事業に従事する自動車運転者に係る1週間における運行が全て長距離貨物運送であり、かつ、一の運行における休息期間が、当該自動車運転者の住所地以外の場所におけるものである場合においては、当該**1週間**について**2回**に限り最大拘束時間を16時間とすることができるとされている（同号但書）。

3．○　改善基準第4条第4項第3号により正しい。

4．×　改善基準第4条第4項第1号によると、業務の必要上、勤務の終了後継続9時間（改善基準第4条第1項第3号但書に該当する場合は継続8時間）以上の休息期間を与えることが困難な場合、次に掲げる要件を満たすものに限り、当分の間、一定期間（1箇月程度を限度とする。）における全勤務回数の2分の1を限度に、休息期間を拘束時間の途中及び拘束時間の経過直後に分割して与えることができるものとする。

イ　分割された休息期間は、1回当たり継続3時間以上とし、2分割又は3分割とすること。

ロ　1日において、2分割の場合は合計**10時間**以上、3分割の場合は合計**12時間**以上の休息期間を与えなければならないこと。

ハ　休息期間を3分割とする日が連続しないよう努めるものとする。

問22	**正答 2、4**
拘束時間及び連続運転時間	

本問においては、「各日の拘束時間」及び「連続運転時間が改善基準に違反していないか」が問われている。以下、これらを順に考察する。

●1日の拘束時間の計算の方法
①基本的には、終業時刻から始業時刻を引くだけでよい。
②ただし、注意しなければならないのは、**翌日の始業時刻が当日の始業時刻より早い場合**である。この場合にはその**早い時間の分だけ、当日の拘束時間に加える**ことを忘れない。

以上を前提に問題の3日間を検討する。

1日目：(18時40分－6時30分) ＋1時間30分＝13時間40分
2日目：(17時5分－5時) ＝12時間5分
3日目：(17時50分－5時30分) ＝12時間20分

1日目は翌日の始業時刻が1時間30分早いので、その分を加えることに注意。

以上より、選択肢2が正しいことが分かる。

●**連続運転時間が改善基準に違反していないか**

連続運転時間が改善基準に違反しているかどうかは、**運転開始後4時間以内又は4時間経過直後に、30分以上の「運転の中断」**をしているかどうかで判断する。なお、この30分以上の「運転の中断」については、少なくとも**1回につきおおむね10分以上(10分未満の場合、運転の中断時間としてカウントされない)とした上で分割することもできる**。なお、令和6年4月1日施行の改善基準告示の**改正により、原則として、荷積み・荷下ろしの時間は運転の中断にカウントされなくなったので注意**すること。

以上を前提に問題の3日間を検討する。

まず、**1日目**について。ポイントは、**運転の中断時間が30分に満たない場合、中断時間の合計が30分になるまでの運転時間を合計して、4時間を超えてはならない**ということである。この点を踏まえて1日目の勤務状況を見てみると、1回目の休憩時間が15分しかないにもかかわらず、連続運転時間が4時間50分、また、3回目と4回目の休憩時間が合計25分 (10分＋15分) しかないにもかかわらず、運転時間が4時間30分 (2時間30分＋1時間＋1時間) と4時間を超えているため、**基準に違反している**。

次に、**2日目**について。こちらについても、ポイントは、1日目と同様である。この点を踏まえて勤務状況を見てみると、1回目の休憩時間が15分しかないにもかかわらず、連続運転時間が5時間10分となり、また、3回目の休憩時間が10分しかないにもかかわらず、運転時間が4時間10分 (3時間＋1時間10分) と4時間を超えているため、**基準に違反している**。

最後に、**3日目**について。こちらは、上述した判断基準に照らすと、**基準に違反している箇所は見られない**。

以上より、選択肢4が正しい。

問23	**正答2**
拘束時間及び運転時間等	

1．**違反していない**　改善基準第4条第

令和2年1回

1項第3号によると、1日についての拘束時間は、原則として、**13時間**を超えないものとし、当該拘束時間を延長する場合であっても、最大拘束時間は**15時間**とすることとされている。以上を前提に本問を検討すると、最大拘束時間（15時間）を超えて勤務する日はないので、基準には違反していない。

2．**違反している**　改善基準第4条第1項第6号によると、運転時間は、2日（始業時刻から起算して48時間をいう。）を平均し1日当たり9時間を超えないこととされている。そして、1日の運転時間の計算に当たっては、**「特定日の前日と特定日の運転時間の平均」と「特定日と特定日の翌日の運転時間の平均」を算出し、どちらも9時間を超える場合は基準違反と判断される**。以上を前提に本問を検討すると、9日を特定日とした場合、「特定日の前日（8日）と特定日（9日）の運転時間の平均」、「特定日（9日）と特定日の翌日（10日）の運転時間の平均」は、ともに9.5時間であり、基準に違反している。

3．**違反していない**　改善基準第4条第1項第6号によると、運転時間は、**2週間を平均し1週間当たり44時間を超えない**こととされている。以上を前提に本問を検討すると、1日～14日の運転時間は計88時間であり、1週間平均44時間なので、この点に関する違反はない。また、15日～28日の運転時間も計88時間であり、1週間平均44時間なので、ここでも違反はない。したがって、2週間を平均した1週間当たりの運転時間は基準に違反していない。

4．**違反していない**　改善基準第4条第1項第3号但書、第4号によると、1日についての拘束時間を延長する場合でも、14時間を超える回数をできるだけ少なくするものとすると規定されている。本問の場合は改善基準に違反していない。

5．実務上の知識及び能力

問24　正答 適2、4　不適1、3
日常業務の記録等

1．**不適**　安全規則第9条の5第2項によると、運転者が転任、退職その他の理由により運転者でなくなった場合には、直ちに、運転者等台帳に運転者でなくなった年月日及び理由を記載し、これを**3年間**保存しなければならない。

2．**適**　運行記録計には、瞬間速度、運行距離、運行時間のほか、急発進、急ブレーキ、速度超過時間等の運行データが記録される。これらのデータを分析して、運転者等の日常の業務を把握し、過労運転防止及び運行適正化の資料として活用することは、適切である。また、安全規則第9条によると、運行記録計の保存期間は**1年間**であり、この点も適切である。

3．**不適**　安全規則第10条第1項及び監督指針第1章によると、従業員に対する指導及び監督の記録は、営業所において**3年間**保存しなければならない。

4. **適**　安全規則第20条第1項第8号、第7条第4項及び同条第5項等に照らし、本肢における運行管理者の措置は適切である。

問25　　　　　　　正答 1、2
運転者等に対して行う指導・監督

1. **適**　本肢の記述のとおりであり、適切である。
2. **適**　安全規則第5条の2及び監督指針第1章2 (7) ②等に照らし、本肢における運行管理者の措置は適切である。
3. **不適**　適性診断の目的は、「運転に適さない者を選任しないようにする」ことではなく、**運転者に自分の運転の傾向や事故を起こす危険性を客観的に知ってもらうことで、安全な運転を目指すようその自覚を促す**ことにある。
4. **不適**　個人差はあるものの、体内に入ったチューハイ350ミリリットル（アルコール7%）が分解処理されるのにかかる時間は概ね**4時間**が目安とされている。

問26　正答 適1、2、3 不適4
健康管理及び就業における判断・対処

1. **適**　本肢の記述のとおりであり、適切である。
2. **適**　労働安全衛生規則第51条によると、事業者は、労働者が受診した健康診断の結果に基づき、健康診断個人票を作成して、これを**5年間**保存しなければならない。また、当該「健康診断」には、法令で定めるものに加え、労働者が自ら受診したものも含まれる。よって、本肢の対応は適切である。
3. **適**　本肢の記述のとおりであり、適切である。
※令和3年中では、乗務員に起因する重大事故報告件数は、1,468件である。よって、本肢は**現在では誤り**である。なお、うち健康起因による事故数は288件、死亡に至った事案は52件で原因病名別では心臓疾患が半数以上（32件）を占めている。
4. **不適**　睡眠時無呼吸症候群（SAS）の自覚症状については、感じ方や程度に個人差があるため、事業者は、**全従業員に対して**SASスクリーニング検査を実施することが望ましい。

問27　正答 適2、3、4 不適1
自動車の運転

1. **不適**　二輪車に対する注意点のうち、②が誤り。二輪車は速度が**遅く**感じたり、距離が実際より**遠く**に見えたりする。
2. **適**　本肢の記述のとおりであり、適切である。
3. **適**　本肢の記述のとおりであり、適切である。
4. **適**　本肢の記述のとおりであり、適切である。

問28　　　　正答 ア② イ② ウ①
空走距離及び車間距離等

ア　空走距離は、「**空走時間（秒）×車の速度（m／秒）**」で算出する。本問の場合、空走時間は1秒であり、ブレーキをかける直前の車の速度は、デジタル式運行記録計の数値から時速70㎞ほどであることが読み取れる。

以上を前提に、計算を行う。まず、1㎞＝1,000mであるため、70㎞＝70,000ｍとなる。そして、1時間は3,600秒である。したがって、「70㎞/時」を秒速に換算すると、70,000（m）÷3,600（秒）＝19.444…≒20（ｍ/秒）となる。

以上より、空走距離は、1（秒）×20（m/秒）＝20（m）であり、**②が正解となる**。

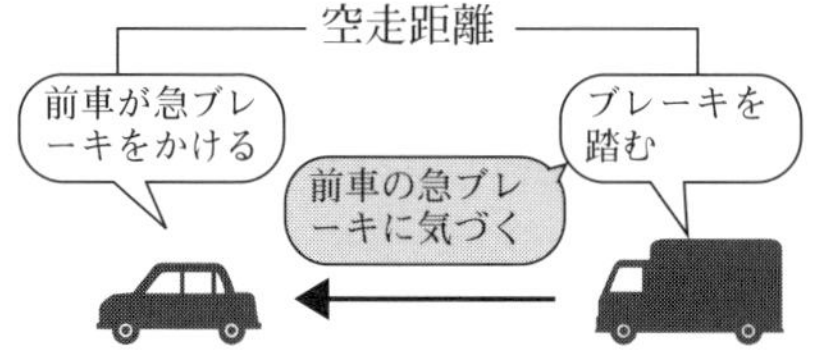

イ　停止距離は、**「制動距離＋空走距離」**で算出する。本問においては、制動距離が40mであり、また、上記アより、空走時間が1秒のときの空走距離が20mであるため、停止距離は40（m）＋20（m）＝60（m）となる。

したがって、**②が正解となる**。

ウ　本問において、A自動車とB自動車の車間距離は50m、A自動車の停止距離は（上記イより）60m、B自動車の制動距離は35mである。ここで、車間距離を求めるにあたり、前方にいるB自動車が先にブレーキをかけるため、B自動車については空走距離を考える必要がないという点に注意する。以上を前提に、双方の自動車が急ブレーキをかけて停止した際の車間距離を算出する。

車間距離がどれだけ縮まったかは、「後方自動車（A自動車）の停止距離－前方自動車（B自動車）の制動距離」で算出できる。本問の場合、60（m）－35（m）＝25（m）の車間距離が縮まっている。そして、元々の車間距離は50mであったため、双方の自動車が急ブレーキをかけて停止した際の車間距離は、50（m）－25（m）＝25（m）となり、**①が正解となる**。

問29　　　　**正答 ア③ イ② ウ①**
運行計画

ア　本問の場合、C地点には12時に到着することを予定しており、B地点からC地点までは165㎞の距離を平均時速55㎞で運転する予定である。したがって、B地点からC地点までの予定運転時間は165（㎞）÷55（㎞/時）＝3時間であり、B地点を出発するのは、12時－3時間＝9時の予定である。また、B地点では20分間の荷積みを行う予定であるため、**B地点に到着**するのは9時－20分＝**8時40分**の予定であることが分かる。そして、A営業所からB地点までの距離は30㎞であり、当該距離を平均時速30㎞で運転する予定であるため、**A営業所からB地点までの予定運転時間**は30（㎞）÷30（㎞/時）＝**1時間**である。

以上より、C地点に12時に到着させるためにふさわしい**A営業所の出庫時刻**は、8時40分－1時間＝**7時40分**であり、**③が正解となる**。

イ　本問の場合、C地点で荷積みを終

えて13時40分にD地点へ向けて出発する予定となっており、C地点からD地点までは60㎞の距離を平均時速30㎞で運転する予定である。したがって、C地点からD地点までの予定運転時間は60（㎞）÷30（㎞/時）＝2時間であり、D地点に到着するのは13時40分＋2時間＝15時40分の予定である。また、D地点では20分間の休憩を行う予定であるため、D地点を出発するのは15時40分＋20分＝16時の予定であることが分かる。そして、E地点には18時に到着する予定となっているため、**D地点からE地点までの運転時間**は18時－16時＝**2時間**である。さらに、**D地点からE地点まで**は平均時速25㎞で運転する予定となっているため、両地点間の距離は、25（km/時）×2（時間）＝**50km**であり、**②が正解となる**。

ウ　問22の解説でも述べたとおり、連続運転時間が改善基準に違反しているかどうかは、**運転開始後4時間以内又は4時間経過直後に、30分以上の運転の中断をしているか**で判断する（本問では、荷積みや荷下ろしも運転の中断に含むものとする）。
本問のタイムスケジュールを整理すると、次のようになる。
運転1時間→荷積み20分→運転3時間→荷下ろし20分→休憩1時間→荷積み20分→運転2時間→休憩20分→運転2時間→荷下ろし20分→運転40分→帰庫
このタイムスケジュールを上記の判断基準に照らすと、改善基準に違反している箇所はない。

以上より、正解は①となる。

問30　　**正答 A⑤ B③ C⑧**
事故防止のための指導

A　直進時の事故の原因には、「たばこや携帯電話の操作」が含まれている。そのため、事業者及び運行管理者は、**運転者に対して、運転中の前方不注視を防ぐ意味合いで、喫煙や携帯電話の使用などは停車してから行うよう指導する（選択肢イ）**必要がある。
また、直進時の事故の原因としては、他に「飲酒運転」も含まれている。そのため、事業者及び運行管理者は、**運転者の飲酒習慣を把握し、必要と考えられる運転者に対しては、運転者の画像が確認できるアルコールチェッカーを携帯させ、随時運転者の飲酒状況をチェックできるようにしておく（選択肢カ）**必要がある。
さらに、直進時の事故の原因には、「伝票の整理によるわき見運転」も含まれている。そのため、事業者及び運行管理者は、**運転者に対し、走行中における伝票等の確認はわき見が原因で事故につながる可能性が高いため、安全な場所に移動し停止した後で伝票等を確認するよう指導する（選択肢コ）**必要がある。

以上より、直進時の事故防止のための指導として、最も直接的に有効と考えられる選択肢はイ、カ、コであり、Aには⑤が入る。

B　右折時の事故の原因には、「対向車から譲られた時の安全確認不足」や

「対向車の後方の安全確認不足」が含まれている。そのため、事業者及び運行管理者は、**運転者に対し、右折するときは、対向車に注意して徐行するとともに、右折したその先の状況にも十分注意を払い走行するよう指導する（選択肢ア）**必要がある。

また、上述したように、右折時の事故の原因には、「対向車の後方の安全確認不足」が含まれている。そのため、事業者及び運行管理者は、**運転者に対し、右折時に対向車が接近しているときは、その通過を待つとともに、対向車の後方にも車がいるかもしれないと予測して、対向車の通過後に必ずその後方の状況を確認してから右折するよう指導する（選択肢オ）**必要がある。

さらに、右折時の事故の原因には、「二輪自動車等の対向車のスピードの誤認」も含まれている。そのため、事業者及び運行管理者は、**運転者に対し、二輪自動車は車体が小さいため速度を誤認しやすいので、右折の際は、対向する二輪自動車との距離などに十分注意するよう指導する（選択肢ク）**必要がある。

以上より、右折時の事故防止のための指導として、最も直接的に有効と考えられる選択肢はア、オ、クであり、Bには③が入る。

C　左折時の事故の原因には、「大回りで左折する際の対向車等への意識傾注」や「車体が大きく死角が多い」こと等が含まれている。そのため、事業者及び運行管理者は、**運転者に対し、大型車などは、内輪差が大きく、左側方の自転車や歩行者を巻き込んでしまう危険があるため、慎重に安全を確認してから左折するよう指導する（選択肢エ）**必要がある。

また、左折時の事故の原因には、「徐行・一時停止の不履行、目視不履行」等も含まれている。そのため、事業者及び運行管理者は、**運転者に対し、左折するときは、あらかじめ交差点の手前からできる限り道路の左側端に寄り、かつ、できる限り道路の左側端に沿って徐行するよう指導する（選択肢ケ）**必要がある。

さらに、左折時の事故の原因には、「左折前の確認のみで、左折時の再度の確認の不履行」等も含まれている。そのため、事業者及び運行管理者は、**運転者に対し、左折する際は、左折前の確認に加えて、左折時にも再度歩行者や自転車等がいないかをミラーや直視で十分確認するように指導する（選択肢シ）**必要がある。

以上より、左折時の事故防止のための指導として、最も直接的に有効と考えられる選択肢はエ、ケ、シであり、Cには⑧が入る。

正答解説

令和元年度
第1回

1．貨物自動車運送事業法関係

問1	正答1、4
貨物自動車運送事業	

1．○　貨運法第2条第2項により正しい。

2．×　貨運法第2条第1項によると、貨物自動車運送事業とは、一般貨物自動車運送事業、特定貨物自動車運送事業及び貨物軽自動車運送事業をいう。**貨物自動車利用運送事業は貨物自動車運送事業に含まれない**ので、誤り。

3．×　貨運法第9条第1項によると、一般貨物自動車運送事業者は、「自動車車庫の位置及び収容能力」の事業計画の変更をするときは、国土交通大臣の**認可**を受けなければならない。

4．○　貨運法第9条第1項により正しい。

問2	正答1、2
運行管理者の業務	

1．○　安全規則第20条第1項第5号及び第3条第7項により正しい。

2．○　安全規則第20条第1項第11号及び第9条により正しい。

3．×　安全規則第7条第4項によると、国土交通大臣が告示で定めるアルコール検知器を備え置くのは**事業者の義務**である。運行管理者の業務は運転者等に対して使用するアルコール検知器を**常時有効に保持**することである（同規則第20条第1項第8号）。

4．×　安全規則第10条第2項及び監督指針第2章4（3）によると、適齢診断は、65歳に達した日以後1年以内であり、また、受診させるのは**事業者等の義務**である。

問3	正答3
輸送の安全等	

1．○　貨運法第17条第3項により正しい。

2．○　貨運法第17条第2項により正しい。

3．×　貨運法第22条第2項によると、事業者は、運行管理者に対し、同法第18条第2項の国土交通省令で定める業務を行うため必要な権限を与えなければならない。よって、前段は正しい。一方、同法第22条第3項によると、事業者は、運行管理者がその業務として行う助言を尊重しなければならず、**事業用自動車の運転者その他の従業員**は、運行管理者がその業務として行う**指導に従わなければならない**。よって、後段が誤り。

4．○　安全規則第9条の4により正しい。

問4	正答 A4 B6 C5
点呼	

令和4年4月1日より、3つの要件（①使用する機器・システムの要件、②

実施する施設・環境の要件、③運用上の遵守事項）を満たす営業所において、営業所の優良制にかかわらず、遠隔点呼が実施できるようになった。また、令和5年1月1日から、点呼機器により、自動で点呼を行う認定制度が創設され、業務終了後の運転者に対する点呼を自動で実施（「業務後自動点呼」）できるようになった。

本問は、安全規則第7条の穴埋め問題である。

（第1項）貨物自動車運送事業者は、事業用自動車の運行の業務に従事しようとする運転者等に対して対面により、又は対面による点呼と同等の効果を有するものとして国土交通大臣が定める方法（運行上やむを得ない場合は電話その他の方法。次項において同じ。）により点呼を行い、次の各号に掲げる事項について報告を求め、及び確認を行い、並びに事業用自動車の運行の安全を確保するために必要な指示を与えなければならない。

一　運転者に対しては、**酒気帯びの有無**

二　運転者に対しては、**疾病、疲労、睡眠不足その他の理由により安全な運転をすることができないおそれの有無**

三　道路運送車両法第47条の2第1項及び第2項の規定による点検の実施又はその確認

四　特定自動運行保安員に対しては、特定自動運行事業用自動車による運送を行うために必要な自動運行装置の設定の状況に関する確認

（第2項）貨物自動車運送事業者は、事業用自動車の運行の業務を終了した運転者等に対して対面により、又は対面による点呼と同等の効果を有するものとして国土交通大臣が定める方法により点呼を行い、当該業務に係る事業用自動車、道路及び運行の状況について報告を求め、かつ、運転者に対しては酒気帯びの有無について確認を行わなければならない。この場合において、当該運転者等が**他の運転者等と交替した場合にあっては、当該運転者等が交替した運転者等に対して行った第3条の2第4項第4号又は第17条第4号の規定による通告**についても報告を求めなければならない。

（第3項）貨物自動車運送事業者は、前2項に規定する点呼のいずれも対面により、又は対面による点呼と同等の効果を有するものとして国土交通大臣が定める方法で行うことができない業務を行う運転者等に対し、当該点呼のほかに、当該業務の途中において少なくとも1回電話その他の方法により点呼を行い、**第1項第1号及び第2号に掲げる事項**について報告を求め、及び確認を行い、並びに事業用自動車の運行の安全を確保するために必要な指示をしなければならない。

したがって、Aには「4. 疾病、疲労、睡眠不足その他の理由により安全な運転をすることができないおそれの有無」、Bには「6. 他の運転者と交替し

た場合にあっては法令の規定による通告」、Cには「5．酒気帯びの有無」が入る。

問5	正答2、4
事故の速報	

1．**速報を要しない**　事故報告規則第4条第1項第3号及び第2条第4号によると、自動車事故により**10人以上の負傷者**が生じた場合には、運輸支局長等への速報を要する。また、同規則第4条第1項第2号ロによると、**5人以上の重傷者**を生じる事故が発生した場合にも、運輸支局長等への速報を要する。本肢においては、負傷者が8人、重傷者が3人なので速報を要しない。

2．**速報を要する**　事故報告規則第4条第1項第5号によると、事業用自動車の運転者に**酒気帯び運転**があった場合は、運輸支局長等に速報することを要する。

3．**速報を要しない**　橋脚、架線その他の鉄道施設を損傷し、**3時間以上**本線において鉄道車両の運転を休止させた事故は、国土交通大臣への**報告対象にはなる**ものの（事故報告規則第3条第1項及び第2条第13号）、運輸支局長等への**速報の必要はない**（同規則第4条第1項参照）。ちなみに、本肢における事故は、本線において鉄道車両の運転を休止させた時間が2時間にとどまるため、国土交通大臣への報告対象にもならない。

4．**速報を要する**　事故報告規則第4条第1項第4号及び第2条第5号によると、消防法第2条第7項に規定する**危険物が漏えい**する事故が発生した場合には、運輸支局長等への速報を要する。

速報を要するもの

① 自動車の転覆、転落、火災
② 鉄道車両と衝突・接触
③ ①、②又は自動車その他の物件と衝突・接触したことにより消防法に規定する危険物、火薬類取締法に規定する火薬類などが飛散又は漏えいしたもの
④ 2人以上の死者を生じたもの（旅客自動車運送事業者等の場合は1人以上）
⑤ 5人以上の重傷者を生じたもの
⑥ 旅客に1人以上の重傷者を生じたもの
⑦ 10人以上の負傷者を生じたもの
⑧ 酒気帯び運転によるもの
※①と②に関しては、旅客自動車運送事業者及び自家用有償旅客運送者が使用する自動車が引き起こしたものに限る。

問6	正答1、3
過労運転等の防止等	

1．○　安全規則第3条第3項及び「貨物自動車運送事業輸送安全規則の解釈及び運用について」第3条2.(1)により正しい。

2．×　安全規則第9条の3第2項によると、一般貨物自動車運送事業者等は、運行指示書の作成を要する運行の途中において、運行の開始及び終了の地点及び日時に変更が生じた場合には、運行指示書の写しに当該変更の内容を記載し、これにより運転者等に対し電話その他の方法により当該変更の内容について適切な指示を行わなければならない。この場合、**当該運転者等が携行している運**

行指示書にも当該変更の内容を記載させなければならない。

3．○　安全規則第3条第4項及び国土交通省告示第1365号により正しい。

4．×　安全規則第3条第8項によると、特別積合せ貨物運送を行う事業者は、当該特別積合せ貨物運送に係る運行系統であって起点から終点までの距離が**100キロメートル**を超えるものごとに、所定の事項について事業用自動車の運行の業務に関する基準を定め、かつ、当該基準の遵守について乗務員等に対する適切な指導及び監督を行わなければならない。

問7	正答2
運転者に対する指導監督等	

1．○　監督指針第2章3（1）①により正しい。

2．×　安全規則第17条第5号によると、貨物自動車運送事業者の運転者は、他の運転者と交替して乗務を開始しようとするときは、当該他の運転者から所定の通告を受け、当該事業用自動車の制動装置、走行装置その他の重要な装置の機能について**点検を実施**しなければならない。「点検の必要性があると認められる場合」には限定されていないので誤り。

3．○　監督指針第2章3（1）②により正しい。

4．○　監督指針第2章5（1）及び（2）により正しい。

問8	正答4
運行管理者の選任等	

1．○　安全規則第18条第1項によると、事業者は、事業用自動車（被けん引自動車を除く。）の運行を管理する営業所ごとに、当該営業所が運行を管理する**事業用自動車の数を30で除して得た数**（その数に1未満の端数があるときは、これを切り捨てるものとする。）**に1を加算して得た数以上**の運行管理者を選任しなければならない。本肢の場合、営業所には事業用自動車が70両あるので、70÷30＋1より3人以上の運行管理者を選任する必要がある。

2．○　安全規則第18条第3項により正しい。

3．○「貨物自動車運送事業輸送安全規則の解釈及び運用について」第18条5.により正しい。

4．×　安全規則第23条によると、事業者は、新たに選任した運行管理者に、選任届出をした日の属する年度（やむを得ない理由がある場合にあっては、当該年度の翌年度）に基礎講習又は一般講習を受講させる必要がある。また、「貨物自動車運送事業輸送安全規則の解釈及び運用について」第23条2.によると、**他の事業者において運行管理者として選任されていた者であっても当該事業者において運行管理者として選任されたことがなければ新たに選任した運行管理者とされる**。よって、他の事業者において運行管理者として選任されていた者にも講習を受講させる必要があるので誤り。

2．道路運送車両法関係

問 9　　正答 1

自動車の登録等

1．×　車両法第 20 条第 2 項によると、登録自動車の所有者は、当該自動車の使用者が道路運送車両法の規定により自動車の使用の停止を命ぜられ、同法の規定により自動車検査証を返納したときは、**遅滞なく**、当該自動車登録番号標及び封印を取りはずし、自動車登録番号標について国土交通大臣の**領置を受け**なければならない。本肢においては、「その事由があった日から 30 日以内に」と「(国土交通大臣) に届け出なければならない」の部分が誤っている。
2．○　車両法第 19 条により正しい。
3．○　車両法第 3 条により正しい。
4．○　車両法第 13 条第 1 項により正しい。

問 10　　正答 1、4

自動車の検査等

1．○　車両法第 66 条第 3 項により正しい。
2．×　車両法第 67 条第 1 項本文及び同法施行規則第 35 条の 3 第 1 項第 6 号によると、自動車の長さ、幅又は高さを変更したときは、原則として **15 日以内**に当該変更について自動車検査証の変更記録を受けなければならない。

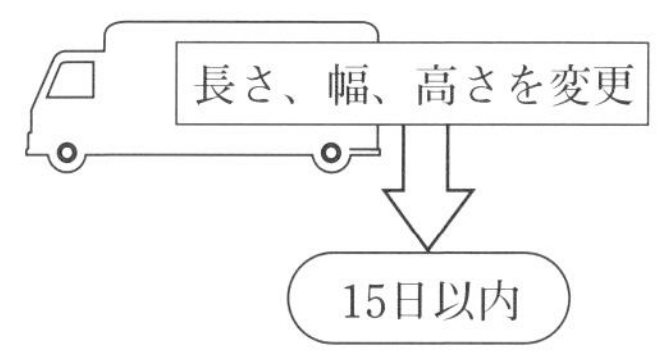

自動車検査証の変更記録

なお、令和 5 年 1 月 1 日施行の車両法の改正により、自動車検査証の「記入」とされていた部分が「変更記録」となった。
3．×　車両法施行規則第 44 条第 1 項によると、自動車検査証の有効期間の起算日については、自動車検査証の有効期間が満了する日の **1 ヵ月前**（離島に使用の本拠の位置を有する自動車を除く。）から当該期間が満了する日までの間に継続検査を行い、当該自動車検査証に有効期間を記録する場合は、当該自動車検査証の有効期間が満了する日の翌日とする。なお、令和 5 年 1 月 1 日施行の車両法施行規則の改正により、自動車検査証に「記入」とされていた部分が「記録」となった。
4．○　車両法第 48 条第 1 項第 1 号及び自動車点検基準別表第 3 により正しい。

問 11　　正答 A1 B1 C2 D2

自動車の点検整備等

1．車両法第 47 条の 2 第 1 項及び第 2 項によると、自動車の使用者又は自動車を運行する者は、**1 日 1 回**、その運行の開始前において、国土交通省令で定める技術上の基準により、自動車を点検しなければならない。

したがって、Aには「1．1日1回」が入る。

2．車両法第48条第1項第1号によると、自動車運送事業の用に供する自動車の使用者は、**3ヵ月**ごとに、国土交通省令で定める技術上の基準により自動車を点検しなければならない。

したがって、Bには「1．3ヵ月」が入る。

3．車両法第50条第1項によると、自動車の使用者は、自動車の点検及び整備並びに自動車車庫の管理に関する事項を処理させるため、車両総重量8トン以上の自動車その他の国土交通省令で定める自動車であって国土交通省令で定める台数以上のものの使用の本拠ごとに、自動車の点検及び整備に関する実務の経験その他について国土交通省令で定める一定の要件を備える者のうちから、**整備管理者**を選任しなければならない。

したがって、Cには「2．整備管理者」が入る。

4．車両法第54条第2項によると、地方運輸局長は、自動車の使用者が車両法第54条（整備命令等）第1項の規定による命令又は指示に従わない場合において、当該自動車が道路運送車両の保安基準に適合しない状態にあるときは、当該自動車の**使用を停止**することができる。

したがって、Dには「2．使用を停止」が入る。

問12	正答2
保安基準及び細目告示	

1．○　細目告示第62条第6項第17号により正しい。

2．×　保安基準第44条第1項及び第2項、細目告示第224条第2項第2号によると、後写鏡は取付部付近の自動車の最外側より突出している部分の最下部が**地上1.8メートル以下**のものは、当該部分が歩行者等に接触した場合に衝撃を緩衝できる構造でなければならない。

3．○　保安基準第43条の2本文及び細目告示第220条第1項第1号により正しい。

4．○　保安基準第18条第1項第2号により正しい。

3．道路交通法関係

問13	正答2
道路交通法	

1．×　道交法第2条第1項第3号の4によると、路側帯とは**歩行者の通行の用に供し**、又は車道の効用を保つため、歩道の設けられていない道路又は道路の歩道の設けられていない側の路端寄りに設けられた帯状の道路の部分で、道路標示によって区画されたものをいう。したがって、「自転車の通行の用に供する」ことは路側帯の目的に含まれていないので、誤っている。

2．○　道交法第17条第5項第4号により正しい。

3．×　本肢にある標識は**聴覚障害者**

に関するものである。肢体不自由である者に関する標識は次に挙げるものである。

道路交通法施行規則で定める様式
縁の色彩は白色
マークの色彩は白色
地の部分の色彩は青色

4．×　道交法第49条の4によると、高齢運転者等専用時間制限駐車区間においては、高齢運転者等標章自動車以外の車両は、**駐車をしてはならない**。

問14　　正答 A② B② C③ D③
停車及び駐車禁止場所

1．道交法第44条第1項第2号によると、車両は、交差点の側端又は道路の曲がり角から**5メートル**以内の道路の部分においては、停車し、又は駐車してはならない。

したがって、Aには「② 5メートル」が入る。

なお、令和2年12月1日施行の道交法改正により、「まがりかど」とされていた箇所は「曲がり角」となった。

2．道交法第44条第1項第3号によると、車両は、横断歩道又は自転車横断帯の前後の側端からそれぞれ前後に**5メートル**以内の道路の部分においては、停車し、又は駐車してはならない。

したがって、Bには「② 5メートル」が入る。

3．道交法第44条第1項第4号によると、車両は、安全地帯が設けられている道路の当該安全地帯の左側の部分及び当該部分の前後の側端からそれぞれ前後に**10メートル**以内の道路の部分においては、停車し、又は駐車してはならない。

したがって、Cには「③ 10メートル」が入る。

4．道交法第44条第1項第6号によると、車両は、踏切の前後の側端からそれぞれ前後に**10メートル**以内の部分においては、停車し、又は駐車してはならない。

したがって、Dには「③ 10メートル」が入る。

問15　　正答1、3
自動車免許の自動車の種類等

1．○　道交法第85条、第88条、道交法施行規則第2条により正しい。

2．×　道交法施行規則第2条によると、車両総重量が7,500キログラム以上11,000キログラム未満のもの、最大積載量が4,500キログラム以上6,500キログラム未満のものは**中型自動車**に分類される。したがって、準中型免許を受けた者では運転することができない。

3．○　道交法第101条第1項により正しい。

4．×　道交法第71条の5第1項によると、準中型自動車免許を受けた者で、当該**準中型自動車免許**を受けていた期間（当該免許の効力が停止されていた期間を除く。）が通算して**1年に達しないもの**（当該免許を受けた日前**6月以内に準中型自動車免許**を受けていたことがある者その他の者で政令で定めるもの及び同項の普通自動車免許を現に受けており、かつ、現に受けている準中型自動車免許を受けた日前に当該**普通自動車免許**を受けていた期間（当該免許の効力が停止されていた期間を除く。）が通算して**2年**以上である者を**除く**。）は、初心運転者標識を付けないで準中型自動車を運転してはならない。本肢の場合、準中型免許取得から1年未満であり、現在の準中型免許を受けた日前6月以内に準中型免許を受けていたこともなく、その前に普通自動車免許を受けていた期間も2年に満たない。したがって、初心運転者標識の表示義務がある。

問16	正答2
徐行及び一時停止	

1．○　道交法第40条第1項により正しい。
2．×　道交法第42条第2号によると、徐行しなければならないのは、**道路のまがりかど**附近、**上り坂の頂上**附近又は**勾配の急な下り坂**を通行するときである。
3．○　道交法第38条第1項により正しい。
4．○　道交法第35条の2第1項により正しい。

問17	正答2、3
運転者の遵守事項及び故障等の場合の措置	

1．×　道交法第71条第2号の3及び同法施行令第26条の3第2項によると、車両等の運転者は、児童、幼児等の乗降のため、非常点滅表示灯をつけて停車している通学通園バスの側方を通過するときは、**徐行して安全を確認しなければならない**。
2．○　道交法第75条の11第1項により正しい。
3．○　道交法第103条第2項第4号により正しい。
4．×　道交法第71条第2号によると、車両等の運転者は、身体障害者用の車が通行しているときは、**一時停止**し、**又は徐行**して、その通行又は歩行を妨げないようにしなければならない。

4．労働基準法関係

問18	正答1、3
労働契約	

1．○　労基法第20条第1項により正しい。
2．×　労基法第21条によると、試の使用期間中の者に該当する労働者については、労基法第20条の解雇の予告の規定は適用しない。ただし、当該者が**14日**を超えて引き続き使用されるに至った場合においては、この限りでない。
3．○　労基法第14条第1項により正しい。
4．×　労基法第15条第1項及び第2項によると、労働者は、労働契約の締結に際し使用者から明示された賃金、労働時間その他の労働条件が事実と相違する場合においては、**即時に**当該労働契約を解除することができる。「少くとも30日前に使用者に予告」する必要はないので、誤り。

問19　　　　　　　　　　正答2

労働時間及び休日等

1．○　労基法第38条第1項により正しい。
2．×　労基法第34条第1項によると、使用者は、労働時間が6時間を超える場合においては少くとも**45分**、8時間を超える場合においては少くとも**1時間**の休憩時間を労働時間の途中に与えなければならない。
3．○　労基法第35条により正しい。
4．○　労基法第39条第1項により正しい。

問20　　　　　　　　正答A1 B1 C1

休息期間及び休日の労働

1．改善基準第4条第2項によると、使用者は、トラック運転者の休息期間については、当該自動車運転者の**住所地**における休息期間がそれ以外の場所における休息期間より長くなるように努めるものとする。

したがって、Aには「1．住所地」が入る。

2．また、同条第5項によると、使用者は、トラック運転者に休日に労働させる場合は、当該労働させる休日は**2週間**について**1回**を超えないものとし、当該休日の労働によって改善基準第4条第1項に定める拘束時間及び最大拘束時間を超えないものとする。

したがって、Bには「1．2週間」、Cには「1．1回」が入る。

問21　　　　　　　　　　正答1、3

拘束時間及び休息期間の特例

1．○　改善基準第4条第1項第6号により正しい。
2．×　改善基準第4条第4項第1号によると、業務の必要上、勤務の終了後継続9時間（改善基準第4条第1項第3号但書に該当する場合は継続8時間）以上の休息期間を与えることが困難な場合、次に掲げる要件を満たすものに限り、当分の間、一定期間（1箇月程度を限度とする。）における全勤務回数の**2分の1**を限度に、休息期間を拘束時間の途中及び拘束時間の経過直後に分割して与えることができるものとする。
　イ　分割された休息期間は、1回当たり継続3時間以上とし、2分割又は3分割とすること。
　ロ　1日において、2分割の場合は合計10時間以上、3分割の場合は合計12時間以上の休息期間を与えなければならないこと。
　ハ　休息期間を3分割とする日が連続しないよう努めるものとする。
3．○　改善基準第4条第4項第2号前段により正しい。
4．×　改善基準第4条第4項第3号によると、使用者は、業務の必要上やむを得ない場合には、当分の間、トラック運転者を隔日勤務に就かせることができる。この場合、2暦日における拘束時間は、**21時間**を超えないものとする。

問22	正答3
拘束時間	

1日の拘束時間の計算の方法

①基本的には、終業時刻から始業時刻を引くだけでよい。

②ただし、注意しなければならないのは、**翌日の始業時刻が当日の始業時刻より早い場合**である。この場合には**その早い時間の分だけ、当日の拘束時間に加える**ことを忘れない。

③フェリー乗船時間は、原則として休息期間とする。

以上を前提に検討する。

1日目：(9時－5時) ＋ (19時－13時) ＝10時間

2日目：(18時－6時) ＋2時間＝14時間

3日目：(8時－4時) ＋ (19時－12時) ＝11時間

4日目：(18時－6時) ＋1時間＝13時間

2日目は翌日の始業時刻が2時間早く、4日目は翌日の始業時刻が1 時間早いので、その分を加えることに注意。

以上より、正答は3となる。

問23	正答4
拘束時間	

改善基準第4条第1項第1号により、貨物自動車運送事業に従事する自動車運転者の拘束時間は、1ヵ月について**284時間**を超えず、かつ、1年について3,300時間を超えないものとすることとされている。ただし、労使協定により、1年について**6ヵ月まで**は、1ヵ月について**310時間**まで延長することができ、かつ、1年について**3,400時間**まで延長することができるものとされている。また、同条同項第2号によると、拘束時間を延長する場合でも、1ヵ月の拘束時間が**284時間**を超える月が**3ヵ月を超えて連続しない**ようにする必要がある。以上を前提に、各選択肢を検討する。

1. **適合していない**　本肢の場合、12月の拘束時間が**312時間**となっており、**310時間を超過**している。したがって、改善基準に違反している。
2. **適合していない**　本肢の場合、1年間についての拘束時間が**3,410時間**となっており、**3,400時間を超過**している。したがって、改善基準に違反している。
3. **適合していない**　本肢の場合、4月、6月、8月、9月、12月、1月、2月の**計7ヵ月**において、**1ヵ月の拘束時間が284時間を超えている**。したがって、改善基準に違反している。
4. **適合している**　本肢の場合、1ヵ月の拘束時間が284時間を超えているのは7月、8月、12月、1月、2月の**計5ヵ月**である。また、1ヵ月の拘束時間が**310時間を超過している月もない**。そして、1年間についての拘束時間は**3,395時間**である。加えて、1ヵ月の拘束時間が284時間を超える月は、**最大でも3ヵ月連続**に留まっている。以上より、改善基準に違反している点はないので、本肢は改善基準に適合している。

5．実務上の知識及び能力

問 24　正答 適 4　不適 1、2、3
点呼の実施等

◆「遠隔点呼」「業務後自動点呼」の制度については問 4 の解説を参照。

1．**不適**　点呼は原則として運行管理者が実施しなければならないが、一部は補助者に実施させることも可能である。その場合でも、**少なくとも運行管理者は点呼の 3 分の 1 以上を実施しなければならない**（通達「貨物自動車運送事業輸送安全規則の解釈及び運用について」）。本肢の場合、補助者による点呼は 7 割を超えていることから、この通達に反している。

2．**不適**　安全規則第 20 条第 1 項第 8 号及び第 7 条によると、運行管理者は、業務前及び業務終了後の運転者等に対し、対面により、又は対面による点呼と同等の効果を有するものとして国土交通大臣が定める方法で点呼を実施しなければならない。ただし、運行上やむを得ない場合は電話その他の方法により点呼を行うことができる。そして、通達「貨物自動車運送事業輸送安全規則の解釈及び運用について」第 7 条 1.（1）によると、「運行上やむを得ない場合」とは、遠隔地で業務が開始又は終了するため、業務前点呼又は業務後点呼を当該運転者が所属する営業所において対面で実施できない場合等をいい、**車庫と営業所が離れている場合及び早朝・深夜等において点呼執行者が営業所に出勤していない場合等は「運行上やむを得ない場合」には該当しない**ため、本肢における運行管理者の対応は不適切である。

3．**不適**　安全規則第 7 条第 2 項及び第 20 条第 1 項第 8 号によると、運行管理者は、業務後の点呼において、運行の業務を終了した運転者等から当該業務に係る事業用自動車、道路及び運行の状況について報告を求めなければならない。また、第 7 条第 5 項及び第 20 条第 1 項第 8 号によると、運行管理者は、**運転者等ごとに点呼を行った旨及び当該報告の内容を記録**しなければならない。したがって、業務後の点呼において、特に異常がない場合、運転者等から報告を求めず、点呼記録表に「異常なし」と記録している本肢の対応は不適切である。

4．**適**　業務前の点呼においてアルコール検知器を使用するのは、酒気帯びの有無を確認するためである。また、通達（「貨物自動車運送事業輸送安全規則の解釈及び運用について」）によると、「酒気を帯びた状態」とは、道交法施行令で定める**呼気 1 リットル当たりのアルコール濃度 0.15 ミリグラム以上であるか否かを問わないものとされている**。

問 25　　正答 2、3、4
運転者に対して行う指導・監督

1．**不適**　他の自動車に追従して走行するときに運転者が常に「秒」の意識をもって留意しなければならないのは、自車の速度と**停止距離**である。

事業者及び運行管理者は運転者に対し、前車との追突等の危険が発生した場合でも安全に停止できるよう、少なくとも**停止距離と同程度の車間距離**を保って運転するように指導する必要がある。

空走距離とは、危険を認知してからブレーキが効き始めるまでの距離であり、**制動距離**とは、ブレーキを踏んでから停止するまでの走行距離である。そして、**停止距離**とは、運転者が危険を認知してから車が停止するまでに走行した距離であり、**空走距離と制動距離の和**で求められる。

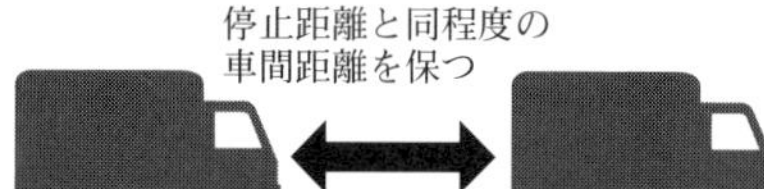

2．**適**　本肢の記述のとおりであり、適切である。

3．**適**　本肢の記述のとおりであり、適切である。

4．**適**　従業員の健康を守るため、事業者が**節度ある適度な飲酒の目安を指導すること**は大切である。また、アルコールが体内で処理されるのに必要な時間を従業員、特に運転者に指導することも、飲酒運転・酒気帯び運転防止のために必要な措置である。

問26 正答 適2、3、4 不適1

運転者の健康管理

1．**不適**　脳血管疾患を定期健康診断で発見するのは困難である。発見するためには、**専門医療機関を受診**すること等が必要になる。

2．**適**　本肢の記述のとおりであり、適切である。

3．**適**　労働安全衛生規則第45条第1項及び第13条第1項第3号によると、事業者は、深夜業を含む業務に常時従事する労働者に対し、**6ヵ月**以内ごとに1回、定期的に、医師による健康診断を行わなければならない。

4．**適**　本肢の記述のとおりであり、適切である。

※令和3年中では、乗務員に起因する重大事故報告件数は、1,468件である。よって、本肢は**現在では誤り**である。なお、うち健康起因による事故数は288件、原因病名別では心臓疾患が47件、脳疾患が49件と多くを占めている。

問27 正答 適2、3、4 不適1

交通事故防止対策

1．**不適**　たしかに、交通事故のほとんどは運転者等のヒューマンエラーが直接の原因となっているが、その背後には、トラック車両の構造上の問題、天候や道路などの走行環境、会社の運行管理上の問題などが伏在している可能性がある。有効な交通事故防止対策のためにはそうした**伏在する原因の追究も必要**である。

2．**適**　本肢の記述のとおりであり、適切である。

3．**適**　本肢の記述のとおりであり、適切である。

4．**適**　本肢の記述のとおりであり、適切である。なお、令和4年中も同様である。

問28 正答 適3　不適1、2、4
交通事故及び緊急事態が発生した場合の措置

1．**不適**　安全規則第20条第1項第15号及び第11条により、運行管理者は、異常気象その他の理由により輸送の安全の確保に支障を生ずるおそれがあるときは、**乗務員等に対する適切な指示その他輸送の安全を確保するために必要な措置を講じなければならない**。本肢の「営業所では判断できないので、運行する経路を運転者自ら判断」せよ、「適当な待避場所を見つけて運転者自らの判断で運送の中断等を行」えという対応は上記規定に違反しており、適切でない。

2．**不適**　道路を走行中に大地震が発生した場合、自動車を置いて避難するときの対応として、車はできるだけ道路外の場所に移動するとともに、運転者が不在のときでも第三者が車を移動させられるよう、**エンジンキーは付けたままにし、ドアもロックしない**。本肢の運転者はエンジンキーを持ってドアをロックして避難している点で、適切ではない。

3．**適**　本肢の記述のとおりであり、適切である。

4．**不適**　道交法第33条第1項によると、車両等は、踏切を通過しようとするときは、踏切の直前で停止し、かつ、**安全であることを確認した後**でなければ進行してはならない。本肢の場合、運転者は、踏切を渡った先の道路が混んでいることを認識していながら、踏切に進入している。この対応は「安全であることを確認した後に進行した」とはいえないため、当該運転者の措置は不適切である。

問29　　正答 適2　不適1、3
当日の運行計画

1．**不適**　道交法施行令第27条第1項第2号により、本問のように車両総重量が8トン以上、最大積載量が5トン以上の**中型貨物自動車**の場合、高速道路における最高速度は**80km/h**とされている。とすれば、B料金所からC料金所までの240kmの距離を走行するためには、240km ÷ 80km/h ＝ 3時間で、少なくとも**3時間必要**であるから、運転時間を2時間40分としたことは、適切な判断とはいえない。

なお、令和6年4月1日より、最高速度が**90km/h**となったため、**令和6年度第2回試験から**は試験範囲に含まれ、**本肢は適切となるので注意すること**。

2．**適**　改善基準第4条第1項第6号によると、運転時間は、2日（始業時刻から起算して48時間をいう）を平均し1日当たり9時間を超えないこととされている。1日の運転時間の計算に当たっては、「**特定日の前日と特定日の運転時間の平均**」と「**特定日と特定日の翌日の運転時間の平均**」を算出し、どちらも**9時間を超える場合は基準違反**と判断される。以上を前提に、本肢を検討する。本肢の場合、当日の運転時間は9時間10分である。また、問題文より前日の運転時間は9時間00分、翌日の運

令和元年1回

転時間は8時間50分である。これらを基に、2日間を平均した1日当たりの運転時間を求めると、前日と当日の平均は**9時間5分**、当日と翌日の平均は**9時間00分**であり、後者が9時間を超えていないため、改善基準には違反していない。したがって、運行管理者の判断は適切である。

ただし、試験センターからの公表はないが、本問の運行計画は、肢1のとおり速度超過（スピード違反）をした状態での運転時間となっていることから、前提の計画が誤っており、本肢は成立しないと思われる。

3．**不適**　連続運転時間が改善基準に違反しているかどうかは、**運転開始後4時間以内又は4時間経過直後に、30分以上の「運転の中断」をしているかどうか**で判断する。なお、この30分以上の「運転の中断」については、少なくとも1回につきおおむね10分以上（10分未満の場合、運転の中断時間としてカウントされない）とした上で分割することもできる。この知識を前提に、運転状況を見ると、往路は、連続運転時間の合計が4時間20分に達した時点で10分しか運転の中断をしておらず、また、復路は連続運転時間の合計が4時間30分に達した時点で**10分しか運転の中断をしていないため**、改善基準に違反している。

問30　　正答 A②　B④　C⑧　D⑩
危険予知訓練

A　右折の際、**横断歩道の右側から自転車や歩行者が横断歩道を渡ってくることが考えられ、このまま右折をしていくと衝突する危険がある**。そのため、運行管理者は、右折の際は、横断歩道の状況を確認し、特に横断歩道の右側から渡ってくる自転車等を見落としやすいので、意識して確認をするよう指導する必要がある。

したがって、Aには②が入る。

B　**右折時に対向車の死角に隠れた二輪車・原動機付自転車を見落とし、対向車が通過直後に右折すると衝突する危険がある**。そのため、運行管理者は、対向車が通過後、対向車の後方から走行してくる二輪車等と衝突する危険があるため、周辺の交通状況をよく見て安全を確認してから右折するよう指導する必要がある。

したがって、Bには④が入る。

C　対向車が交差点に接近しており、このまま右折をしていくと対向車と衝突する危険がある。そのため、運行管理者は、**対向車があるときは無理をせず、対向車の通過を待ち、左右の安全を確認してから右折をする**よう指導する必要がある。

したがって、Cには⑧が入る。

D　右折していく道路の先に駐車している車両の陰に歩行者が見える場合、この歩行者が横断してくると、はねる危険がある。そのため、運行管理者は、**交差点内だけでなく、交差点の右折した先の状況にも十分注意を払い走行する**よう指導する必要がある。

したがって、Dには⑩が入る。

正答解説 平成30年度 第2回

1．貨物自動車運送事業法関係

問1	正答3
一般貨物自動車運送事業	

1．○　貨運法第6条により正しい。

◆なお､改正（令和元年11月1日施行）により、許可の基準について、「事業用自動車の安全性」が追加され、「その事業の計画が過労運転の防止、事業用自動車の安全性その他輸送の安全を確保するため適切なものであること」とされた（同法第6条第1号）。

2．○　貨運法第11条により正しい。

3．×　貨運法第10条第1項によると、事業者は、運送約款を定め、国土交通大臣の**認可**を受けなければならない。よって、「届出」では足りないので、誤り。

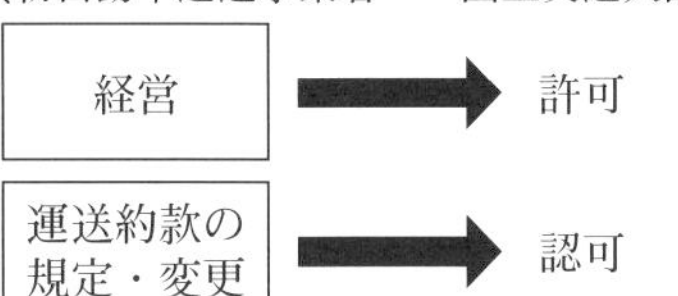

4．○　貨運法第16条第1項により正しい。

問2	正答 A1 B1 C2 D1
輸送の安全	

1．貨運法第17条第1項第1号によると、一般貨物自動車運送事業者は、次に掲げる事項に関し国土交通省令で定める基準を遵守しなければならない。

　事業用自動車の数、荷役その他の事業用自動車の運転に附帯する作業の状況等に応じて**必要となる員数の**運転者及びその他の従業員の確保、事業用自動車の運転者がその休憩又は睡眠のために利用することができる施設の整備<u>及び管理</u>、事業用自動車の運転者の適切な勤務時間及び**乗務時間**の設定その他事業用自動車の運転者の過労運転を防止するために必要な事項

　したがって、Aには「1. 必要となる員数の」、Bには「1. 乗務時間」が入る。

　なお、令和元年11月1日施行の改正により、上記の解説の下線部分が追加されたため、問題文を一部改題している。

2．貨運法第17条第2項によると、一般貨物自動車運送事業者は、事業用自動車の運転者が疾病により安全な運転ができないおそれがある状態で事業用自動車を運転することを防止するために必要な**医学的知見**に基づく措置を講じなければならない。

　したがって、Cには「2. 医学的知見」が入る。

3．貨運法第17条第3項によると、一般貨物自動車運送事業者は、事業用自動車の最大積載量を超える積載をすることとなる運送（以下「過積載による運送」という。）の引受け、過積載による運送を前提とする事業用

自動車の運行計画の作成及び事業用自動車の運転者その他の従業員に対する過積載による**運送の指示**をしてはならない。

したがって、Dには「1. 運送の指示」が入る。

問3	**正答2、4**
運行管理者の業務	

1．× 安全規則第20条第3項によると、運行管理者は一般貨物自動車運送事業者等に対し、**事業用自動車の運行の安全の確保に関し必要な事項**について**助言を行うことができる**とされている。すなわち、運行管理者が行うことのできる助言の範囲は、事業用自動車の運行の安全の確保に関して**緊急を要する事項に限らない**。また、この助言は、運行管理者が**行わなければならない業務として定められているわけではない**。
2．○ 安全規則第20条第1項第8号及び第7条により正しい。
3．× 安全規則第18条第3項によると、補助者を選任することができるのは**事業者のみ**である。運行管理者は、選任された補助者に対する指導・監督を行うにとどまる（同規則第20条第1項第16号）。
4．○ 安全規則第20条第1項第14号の2及び第10条第2項により正しい。

問4	**正答2、3**
点呼	

「遠隔点呼実施要領」が令和4年4月1日より適用され、3つの要件（①使用する機器・システムの要件、②実施する施設・環境の要件、③運用上の遵守事項）を満たす営業所において、営業所の優良制にかかわらず、遠隔点呼が実施できるようになった。また、令和5年1月1日から、点呼機器により、自動で点呼を行う認定制度が創設され、業務終了後の運転者に対する点呼を自動で実施（「業務後自動点呼」）できるようになった。

1．× 安全規則第7条第1項によると、業務前の点呼は、対面により、又は対面による点呼と同等の効果を有するものとして国土交通大臣が定める方法（運行上やむを得ない場合は電話その他の方法）により行い、運転者に対しては、①酒気帯びの有無及び②疾病、疲労、睡眠不足その他の理由により安全な運転をすることができないおそれの有無、運転者等に対しては、③道路運送車両法の規定による**日常点検**の実施又はその確認、特定自動運行保安員に対しては、④特定自動運行事業用自動車による運送を行うために必要な自動運行装置の設定の状況に関する確認について報告を求め、及び確認を行い、並びに事業用自動車の運行の安全を確保するために必要な指示を与えなければならないとされている。「定期点検」ではないので、誤り。
2．○ 安全規則第7条第2項本文により正しい。
3．○ 安全規則第7条第3項により

正しい。

4．×　安全規則第7条第4項によると、貨物自動車運送事業者は、運転者に対する点呼の際、酒気帯びの有無について確認を行う場合には、運転者の状態を目視等で確認するほか、当該運転者の属する営業所に備えられた**アルコール検知器を用いて行わなければならない**とされている。

問5	正答2、3
事故の報告	

1．**報告を要しない**　事故報告規則第2条第1号及び第3条第1項により、自動車の転落事故は国土交通大臣への報告を要する。ここでいう「転落」とは、自動車が道路外に転落し、その落差が**0.5メートル以上**の場合である。本肢では道路と畑の落差が0.3メートルなので、報告を要する「転落」にあたらない。

2．**報告を要する**　事故報告規則第2条第9号及び第3条第1項によると、運転者の**疾病**により、事業用自動車の運転を継続することができなくなったものは報告を要するとされている。

3．**報告を要する**　事故報告規則第2条第11号及び第3条第1項によると、**自動車の装置の故障**により、自動車が運行できなくなった事故は報告を要するとされている。

4．**報告を要しない**　事故報告規則第2条第3号及び第3条第1項、自動車損害賠償保障法施行令第5条第3号ニによると、「**病院に入院**することを要する傷害で、**医師の治療を要する期間が30日以上**のもの」は報告が必要である。本肢の「通院による40日間の医師の治療を要する傷害」はこれにあたらない。

問6	正答4
過労運転等の防止等	

1．○　安全規則第17条第1号及び第1号の2により正しい。

2．○　安全規則第3条第7項により正しい。

3．○　安全規則第3条第1項及び第2項により正しい。

4．×　安全規則第3条第4項によると、事業者は、休憩又は睡眠のための時間及び勤務が終了した後の休息のための時間が十分に確保されるように、国土交通大臣が告示で定める基準に従って、運転者の**勤務時間**及び**乗務時間**を定め、当該運転者にこれらを遵守させなければならない。「勤務日数」及び「乗務距離」ではないので誤り。

問7	正答2
運転者に対する指導監督等	

1．○　安全規則第10条第1項により正しい。

2．×　安全規則第10条第2項第1号及び監督指針第2章4（1）①によると、事業者は、軽傷者（法令で定める傷害を受けた者）を生じた交通事故を引き起こし、かつ、当該事故前の**3年間**に交通事故を引き起こし

平成30年2回

たことがある運転者に対し、国土交通大臣が告示で定める適性診断であって国土交通大臣の認定を受けたものを受けさせなければならないとされている。「1年間」ではないので、誤り。

3. ○　監督指針第2章2 (2) により正しい。

4. ○　監督指針第2章4 (3) により正しい。

問8	正答2
貨物の積載等	

1. ○　安全規則第5条の2第1号により正しい。

2. ×　安全規則第5条によると、「偏荷重が生じないように積載すること」「貨物が運搬中に荷崩れ等により事業用自動車から落下することを防止するため、貨物にロープ又はシートを掛けること」は、車両総重量8トン以上又は最大積載量5トン以上の事業用自動車に限らず、**すべての事業用自動車**に貨物を積載する場合に必要とされている。

3. ○　安全規則第9条第1号により正しい。

4. ○　安全規則第8条第1項第6号により正しい。
なお、安全規則第8条の改正（令和元年6月15日施行）により、乗務等の記録（令和5年4月1日より「業務の記録」）の記載対象に、「荷役作業、附帯業務」が追加された。

2. 道路運送車両法関係

問9	正答3、4
自動車の登録等	

1. ×　車両法第12条第1項によると、自動車の所有者は、当該自動車の使用の本拠の位置に変更があったときは、その事由があった日から**15日以内**に、国土交通大臣の行う変更登録の申請をしなければならない。「30日以内」ではないので、誤り。

2. ×　車両法第35条第6項によると、臨時運行許可証の有効期間が満了したときは、その日から**5日以内**に、当該臨時運行許可証及び臨時運行許可番号標を行政庁に返納しなければならない。「15日以内」ではないので誤り。

3. ○　車両法第15条第1項第1号により正しい。

4. ○　車両法第11条第4項により正しい。

問10	正答1
自動車の検査等	

1. ×　車両法第66条第1項により、原則として、自動車検査証を備え付けなければ、自動車を運行の用に供してはならない。しかし、指定自動車整備事業者（いわゆる民間車検場）が交付した**有効な保安基準適合標章**を表示しているときは、自動車検査証を備え付けていなくても、**例外的に**自動車を運行の用に供することができる（同法第94条の5第11項）。

■自動車検査証の代用■

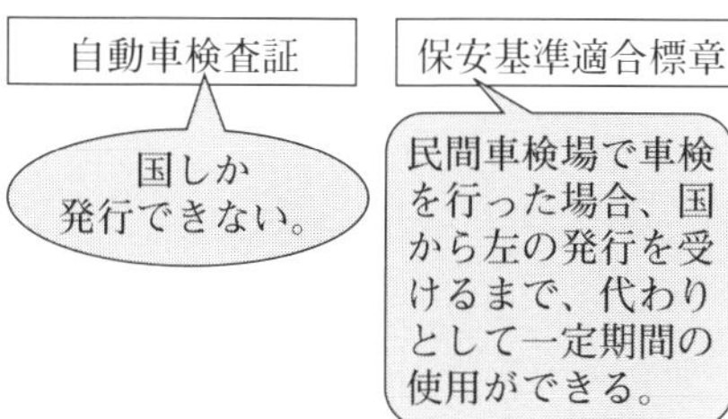
自動車検査証
保安基準適合標章
国しか
発行できない。
民間車検場で車検
を行った場合、国
から左の発行を受
けるまで、代わり
として一定期間の
使用ができる。

2．○　車両法第62条第5項により正しい。なお、令和5年1月1日施行の車両法の改正により、第67条の「自動車検査証の記入事項」とされていた部分が「自動車検査証記録事項」に、第62条第5項の自動車検査証の「記入」とされていた部分が「変更記録」となった。

3．○　車両法第62条第1項によると、登録自動車等の使用者は、自動車検査証の有効期間の満了後も当該自動車を使用しようとするときは、原則として当該自動車を提示し、国土交通大臣の行う**継続検査**を受けなければならない。ただし、一定の地域に使用の本拠の位置を有する自動車の使用者が、天災その他やむを得ない事由により、継続検査を受けることができないと認めるときは、国土交通大臣は、当該地域に使用の本拠の位置を有する自動車の自動車検査証の有効期間を、期間を定めて伸長する旨を公示することができる(同法第61条の2第1項)。

4．○　自動車検査証の有効期間は、**貨物の運送の用に供する自動車**であって、**検査対象軽自動車以外のものは1年**、その他の自動車は2年とされる(車両法第61条第1項)。ただし、この自動車検査証の有効期間を1年とされる自動車のうち**車両総重量8トン未満**の貨物の運送の用に供する自動車の自動車検査証の有効期間は**2年**とされている（同条第2項第1号)。本肢の自動車の車両総重量は8トン以上なので、自動車検査証の有効期間は1年である。

貨物の運送の用に供する自動車
（検査対象軽自動車以外）は1年

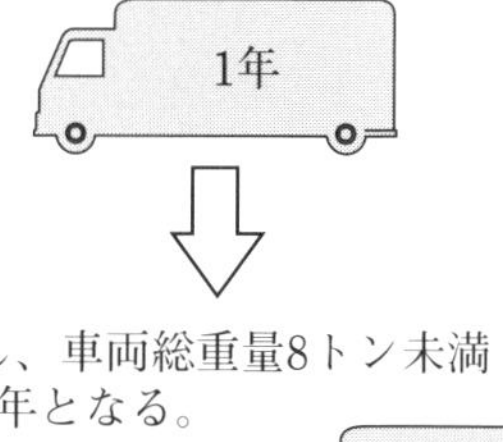
1年
ただし、車両総重量8トン未満
だと2年となる。
スマートだと
お得♪
2年

問11	正答 A2 B1 C2 D1
自動車の点検整備等	

ア　車両法第47条によると、自動車の**使用者**は、自動車の点検をし、及び必要に応じ整備をすることにより、当該自動車を保安基準に適合するように維持しなければならない。

したがって、Aには「2. 使用者」が入る。

イ　車両法第47条の2第2項によると、自動車運送事業の用に供する自動車の使用者又は当該自動車を**運行**する者は、**1日1回**、その運行の開始前において、国土交通省令で定める技術上の基準により、自動車を点検しなければならない。

したがって、Bには「1. 運行」、Cには「2. 1日1回」が入る。

ウ　車両法第48条第1項第1号によると、自動車運送事業の用に供する自動車の使用者は、**3ヵ月**ごとに国土交通省令で定める技術上の基準により、自動車を点検しなければならない。

したがって、Dには「1. 3ヵ月」が入る。

問12	正答4
保安基準及び細目告示	

1．○　保安基準第43条の4第1項及び細目告示第222条第1項第2号により、停止表示器材は**夜間200メートル**の距離から走行用前照灯で照射した場合にその反射光を照射位置から確認できるものなど告示で定める基準に適合しなければならないので正しい。

2．○　保安基準第43条第2項及び細目告示第141条第1項により正しい。

3．○　保安基準第9条第2項及び細目告示第89条第4項第2号により正しい。

4．×　保安基準第8条第4項第1号及び第5項により誤っている。100km/hではなく、**90km/h**を超えて走行しないよう燃料の供給を調整できる速度抑制装置を備えなければならない。

3．道路交通法関係

問13	正答2、4
合図等	

1．×　道交法第31条の2によると、停留所において乗客の乗降のため停車していた乗合自動車が発進するため進路を変更しようとして手又は方向指示器により合図をした場合においては、**その後方にある車両は、その速度又は方向を急に変更しなければならないこととなる場合を除き、**当該合図をした乗合自動車の進路の変更を妨げてはならない。「その速度を急に変更しなければならないこととなる場合にあっても」、乗合自動車の進路の変更を妨げてはならないという点が誤り。

2．○　道交法第53条第1項及び第2項により正しい。

3．×　車両の運転者が、同一方向に進行しながら進路を左方又は右方に変える場合の合図を行う時期は、その行為をしようとする時の**3秒前**である（道交法施行令第21条第1項）。したがって、「30メートル手前の地点に達したとき」という部分が誤っている。

4．○　道交法施行令第21条第1項により正しい。

問14	正答1、3
停車及び駐車等	

1．○　道交法第44条第1項第2号により正しい。なお、令和2年12月1日施行の道交法改正により、「ま

がりかど」とされていた箇所は「曲がり角」となった。

2．×　道交法第45条第1項第1号により、駐車してはならないのは、**3メートル以内**の道路の部分である。「5メートル以内」ではないので誤り。

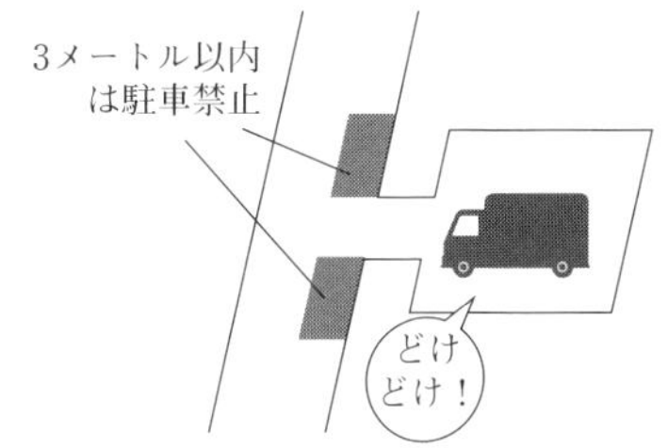

3．○　道交法第45条第1項第3号により正しい。

4．×　道交法第45条第1項第5号によると、車両は、火災報知機から**1メートル以内**の道路の部分においては、駐車してはならない。「5メートル以内」ではないので、誤り。

問15　　正答 A2 B1 C1 D1

交通事故の場合の措置

道交法第72条第1項の交通事故の場合の措置の知識を問う問題である。同条項には交通事故があったときは、当該交通事故に係る車両等の運転者その他の乗務員は、直ちに車両等の運転を停止して、**負傷者を救護**し、道路における**危険を防止**する等必要な措置を講じなければならない。この場合において、当該車両等の運転者（運転者が死亡し、又は負傷したためやむを得ないときは、その他の乗務員。）は、警察官が現場にいるときは当該警察官に、警察官が現場にいないときは直ちに最寄りの警察署（派出所又は駐在所を含む。）の警察官に当該交通事故が発生した日時及び場所、当該交通事故における**死傷者の数**及び負傷者の負傷の程度並びに損壊した物及びその損壊の程度、当該交通事故に係る車両等の積載物並びに**当該交通事故について講じた措置**を報告しなければならないと規定されている。

したがって、Aには「2. 負傷者を救護」、Bには「1. 危険を防止」、Cには「1. 死傷者の数」、Dには「1. 当該交通事故について講じた措置」が入る。

問16　　正答3

自動車の法定速度

1．○　道交法施行令第11条によると、自動車が高速自動車国道の本線車道並びにこれに接する加速車線及び減速車線以外の道路を通行する場合の最高速度は原則として60km/hであり、本肢は正しい。

なお、令和2年4月1日施行の改正により、道路標識等により最高速度が指定されていない道路において、この規定の対象外の道路に、上記解説の通り、高速自動車国道の本線車道のほか、本線車道に接する加速車線及び減速車線が追加された。

2．○　道交法第75条の4及び同法施行令第27条の3によると、高速自動車国道の本線車道における自動車の最低速度は50km/hであり、本肢は正しい。

3．×　道交法施行令第27条第1項

第1号ロによると、中型自動車（三輪のもの並びに牽引するための構造及び装置を有し、かつ、牽引されるための構造及び装置を有する車両を牽引するものを除く。）のうち、専ら人を運搬する構造のもの又は**車両総重量が8,000キログラム未満、最大積載重量が5,000キログラム未満**及び**乗車定員が10人以下**のものが、道路標識等により最高速度が指定されていない高速自動車国道の本線車道又はこれに接する加速車線若しくは減速車線を通行する場合の最高速度は、**100km/h**である。

なお、令和2年4月1日施行の改正により、高速道路における最高速度の規定は、上記解説の通り、本線車道のほか、本線車道に接する加速車線若しくは減速車線を通行する場合が追加された。

> [参考]
> 高速自動車国道の本線車道又はこれに接する加速車線若しくは減速車線における最高速度が100km/hの自動車（道交法施行令第27条第1項第1号）
> イ　大型自動車（三輪のもの並びに牽引するための構造及び装置を有し、かつ、牽引されるための構造及び装置を有する車両を牽引するものを除く。）のうち専ら人を運搬する構造のもの
> ロ　中型自動車（三輪のもの並びに牽引するための構造及び装置を有し、かつ、牽引されるための構造及び装置を有する車両を牽引するものを除く。）のうち、専ら人を運搬する構造のもの又は車両総重量が8,000キログラム未満、最大積載重量が5,000キログラム未満及び乗車定員が10人以下のもの
> (以下省略)

4．○　道交法施行令第12条第1項第1号によると、高速自動車国道の本線車道又はこれに接する加速車線若しくは減速車線以外の道路において、**車両総重量が2,000キログラム以下の車両をその車両の車両総重量の3倍以上の車両総重量の自動車で牽引**する場合、最高速度は**40km/h**である。本肢はこのケースにあたるので正しい。

問17　　正答3
乗車、積載及び過積載等

1．○　道交法施行令第22条第3号ハにより、積載物の高さは原則として**3.8メートル**からその自動車の積載をする場所の高さを減じたものを超えてはならないので正しい。

2．○　道交法第57条第1項及び第56条第2項により正しい。

3．×　道交法第58条の5第2項によると、警察署長は、荷主が自動車の運転者に対し、過積載をして自動車を運転することを要求するという違反行為を行った場合において、当該荷主が当該違反行為を反復して行うおそれがあると認めるときは、内閣府令で定めるところにより、**荷主**に対し、当該過積載による運転をしてはならない旨を命ずることができる。「当該自動車の運転者」ではないので誤り。

4．○　道交法施行規則第2条により正しい。

4．労働基準法関係

問 18　　正答 3
労働契約等

1．○　労基法第 109 条により正しい。なお、令和 2 年 4 月 1 日施行の同法第 109 条の改正により、書類の保存期間が「3 年」から「5 年」に変更されたが、同法附則第 143 条により当分の間は「3 年」とされている。よって、正しい。
2．○　労基法第 19 条第 1 項本文により正しい。
3．×　労基法第 21 条によると、同法第 20 条（解雇の予告）の規定は、法に定める期間を超えない限りにおいて、「日日雇い入れられる者」、「**2 ヵ月**以内の期間を定めて使用される者」、「季節的業務に **4 ヵ月**以内の期間を定めて使用される者」、「試の使用期間中の者」のいずれかに該当する労働者については適用しないものとされている。
4．○　労基法第 15 条第 1 項及び第 2 項により正しい。

労働条件が違うので労働契約を解除します！
しまった！

問 19　　正答 4
労働時間及び休日等

1．○　労基法第 32 条により正しい。
2．○　労基法第 36 条第 1 項及び労基法施行規則第 16 条第 1 項により正しい。
3．○　労基法第 33 条第 1 項により正しい。
4．×　労基法第 35 条によると、使用者は、4 週間を通じ **4 日以上**の休日を与える場合を除き、労働者に対して、毎週少なくとも **1 回**の休日を与えなければならないとされている。

問 20　　正答 A1 B2 C2 D2
改善基準

1．改善基準第 1 条第 1 項によると、この基準は、自動車運転者（労働基準法（以下「法」という。）第 9 条に規定する労働者であって、**四輪以上の自動車**の運転の業務（厚生労働省労働基準局長が定めるものを除く。）に主として従事する者をいう。以下同じ。）の労働時間等の改善のための基準を定めることにより、自動車運転者の労働時間等の**労働条件の向上**を図ることを目的とする。
　したがって、A には「1．四輪以上の自動車」、B には「2．労働条件の向上」が入る。
2．改善基準第 1 条第 2 項によると、労働関係の当事者は、この基準を理由として自動車運転者の労働条件を低下させてはならないことはもとより、その**向上**に努めなければならない。
　したがって、C には「2．向上」が入る。
3．出題時、旧改善基準第 1 条第 3 項によると、使用者は、季節的繁忙その他の事情により、法第 36 条第 1

平成30年2回

項の規定に基づき臨時に**労働時間を延長し**、又は休日に労働させる場合においても、その時間数又は日数を少なくするように努めるものとする。

したがって、Dには「2. 労働時間を延長し」が入る。

※改善基準の改正（令和6年4月1日施行）により、旧改善基準第1条第3項の規定は**大幅に改正**されたため、**現在では本肢は成立せず、本問自体も成立しない。**

問21　　　正答2、3

拘束時間及び運転時間等

1．×　改善基準第4条第1項第3号によると、使用者は、1日についての拘束時間は、13時間を超えないものとし、当該拘束時間を延長する場合であっても、最大拘束時間は、15時間とすることとされている。ただし、貨物自動車運送事業に従事する自動車運転者に係る1週間における運行が全て長距離貨物運送であり、かつ、一の運行における休息期間が、当該自動車運転者の住所地以外の場所におけるものである場合においては、当該1週間について2回に限り最大拘束時間を**16時間**とすることができるとされている（同号但書）。

2．○　改善基準第4条第2項により、使用者は貨物自動車運送事業に従事する自動車運転者の休息期間については、当該自動車運転者の**住所地**における休息期間がそれ以外の場所における休息期間より**長く**なるように努めるものとされているので正しい。

3．○　改善基準第4条第5項により正しい。

4．×　改善基準第4条第1項第7号によると、使用者は、トラック運転者の連続運転時間（1回がおおむね連続**10分**以上で、かつ、合計が30分以上の運転の中断をすることなく連続して運転する時間をいう。）は、4時間を超えないものとすることとされている。

問22　　　正答2、3

連続運転の中断方法

改善基準第4条第1項第7号によると、連続運転時間（1回がおおむね連続10分以上で、かつ、合計が30分以上の運転の中断をすることなく連続して運転する時間をいう。）は、4時間を超えないものとすることとされている。

以上を前提に、各肢を検討する。

1．**適合していない　休憩時間が30分に満たない場合、休憩時間の合計が30分になるまでの運転時間を合計して、4時間を超えてはならない。**本肢の場合、5回目と6回目の休憩時間が合計25分（15分＋10分）しかないにもかかわらず、運転時間が4時間30分（2時間＋1時間30分＋1時間）と4時間を超えているため、基準に適合していない。

2．**適合している**　本肢の場合、1回目から3回目までの休憩時間の合計は40分（15分＋10分＋15分）であり、その時点での運転時間は4時間（1時間＋2時間＋1時間）である。その後、1時間の運転と1時間の休憩を挟み、合計3時間の運転（1時間30分＋1時間＋30分）を行っている。以上により、連続運転時間が4時間を超えている箇所はないため、基準に適合している。

3．**適合している**　本肢の場合、1回目から3回目までの休憩時間の合計は30分（10分＋10分＋10分）であり、その時点での運転時間は4時間（2時間＋1時間30分＋30分）である。その後、1時間の運転と1時間の休憩を挟み、合計4時間の運転（1時間＋1時間＋2時間）を行っている。以上により、連続運転時間が4時間を超えている箇所はないため、基準に適合している。

4．**適合していない**　改善基準第4条第1項第7号においては、**10分に満たない休憩時間は、有効な休憩時間とは認められない**。本肢の場合、3回目の休憩時間（5分）は有効な休憩時間とは認められないため、1回目と2回目の休憩時間が合計25分（10分＋15分）しかないにもかかわらず、運転時間が4時間30分（1時間＋1時間30分＋30分＋1時間30分）と4時間を超えることとなり、基準に適合していない。

問23	正答2
拘束時間等	

1．○　改善基準第4条第1項第3号によると、1日についての拘束時間は、原則として、**13時間**を超えないものとし、当該拘束時間を延長する場合であっても、最大拘束時間は**15時間**とすることとされている。ただし、貨物自動車運送事業に従事する自動車運転者に係る1週間における運行が全て長距離貨物運送であり、かつ、一の運行における休息期間が、当該自動車運転者の住所地以外の場所におけるものである場合においては、当該**1週間**について**2回**に限り最大拘束時間を**16時間**とすることができると規定されている。また、**1日の拘束時間の計算の方法**は以下のとおりである。

①基本的には、終業時刻から始業時刻を引くだけでよい。

②ただし、注意しなければならないのは、翌日の始業時刻が当日の始業時刻より早い場合である。この場合には**その早い時間の分だけ、当日の拘束時間に加える**ことを忘れない。

以上を前提に、本問における各曜日の拘束時間を計算する。

月曜日：（17時－9時）＋2時間＝10時間

火曜日：（21時－7時）＋2時間＝16時間

水曜日：（14時－5時）＝9時間

木曜日：（22時－7時）＋1時間＝16時間

金曜日：（21時－6時）＝15時間

月曜日、火曜日は翌日の始業時刻が2時間早く、木曜日は翌日の始業時刻が1時間早いので、その分を加えることに注意。

以上より、1日についての拘束時間が改善基準に定める1週間における最大拘束時間（16時間）を超えて違反する勤務はないので、正しい。

2．× 改善基準第4条第1項第3号但書によると、本問のような場合においては、当該**1週間**について**2回**に限り最大拘束時間を16時間とすることができると規定されている。本問の場合、拘束時間が16時間を超えている日はないので、改善基準に違反していない。

3．○ 改善基準第4条第1項第5号によると、改善基準第4条第1項第3号但書に該当する場合、当該1週間について**2回**に限り、休息期間を継続**8時間**とすることができる。なお、この場合において、一の運行終了後、継続12時間以上の休息期間を与えるものとすると規定されている。以上を前提に、本問における各曜日の休息期間を算出すると、以下のようになる。なお、金曜日の翌日（土曜日）は休日なので、改善基準第4条第1項第5号の「一の運行終了後、継続12時間以上の休息期間を与えるものとする」という規定も満たしている。

月～火曜日：14時間
火～水曜日：8時間
水～木曜日：17時間
木～金曜日：8時間

以上より、勤務終了後の休息期間が改善基準に違反しているものはないので、正しい。

4．○ 肢1の解説を参照すると、本問の場合、この1週間の勤務の中で、1日についての拘束時間が最も短いのは**水曜日**に始まる勤務である。よって、正しい。

5．実務上の知識及び能力

問24 正答 適1、3 不適2、4
運行管理者の役割等

1．**適** 本肢の記述のとおりであり、適切である。

2．**不適** 安全規則第20条第1項第8号及び第7条によると、運行管理者は、点呼の際、**日常点検の実施**について**確認する必要がある**。仮に、運転者等が整備管理者に報告をした場合でも、これを省略することはできないので、本肢は誤っている。

3．**適** **運転者一人ひとりの個性に応じて助言・指導を行うこと**は、事故の防止のうえで有効である。したがって、本肢の措置は適切である。

4．**不適** **運行管理者と事業者の役割は同一ではない**ため、本肢に記載されているように「運行管理者は事業者に代わって事業用自動車の運行管理を行っている」とはいえない。したがって、本肢のようなケースでは、運行管理者に責任を認めることができないので、事業者が行政処分を受けた場合であっても、運行管理者が運行管理者資格者証を返納する**必要はない**。

問 25　　　　正答 1、2、3
運転者に対する指導・監督

1．○　本肢の記述のとおりであり、適切である。
2．○　本肢の記述のとおりであり、適切である。
3．○　本肢の記述のとおりであり、適切である。
4．×　平成 28 年中の事業用貨物自動車が第 1 当事者となった人身事故の類型別発生状況をみると、**「追突」が最も多く**、全体の約半分を占めており、**続いて「出会い頭衝突」の順**となっている。本肢の記述は、「追突」と「出会い頭衝突」が逆になっており、適切でない。令和 4 年中も同様である。

問 26　正答 適 2　不適 1、3、4
運転者の健康管理等

1．**不適**　労働安全衛生規則第 51 条によると、事業者は、従業員に対し、法令で定める健康診断の結果に基づく健康診断個人票を作成し、**5 年間**保存しなければならないとされている。
2．**適**　労働安全衛生法第 66 条第 5 項により正しい。
3．**不適**　安全規則第 20 条第 1 項第 4 号の 2 及び第 3 条第 6 項によると、運行管理者は、乗務員等の健康状態の把握に努め、**疾病、疲労、睡眠不足その他の理由により安全に運行の業務をし、又はその補助をすることができないおそれがある乗務員等を事業用自動車の運行の業務に従事させてはならない**とされている。本肢における運転者は、連日、就寝が遅く寝不足気味であると申告しているため、運行管理者は当該運転者を運行の業務に従事させてはならなかった。したがって、本肢における運行管理者の判断は不適切である。
4．**不適**　本肢の場合、運転者には、**加齢に伴う視覚機能の低下**の兆候が見られているため、当該運転者を**夜間運転業務**に従事させることは、**重大な交通事故等につながる**可能性がある。したがって、繁忙期であることを理由に、当該運転者を夜間運転業務に従事させた運行管理者の判断は不適切である。

問 27　　　正答 A1 B2 C1 D2
走行時に生じる諸現象とその対策

ア　路面が水でおおわれているときに高速で走行するとタイヤの排水作用が悪くなり、水上を滑走する状態になって操縦不能になることを、**ハイドロプレーニング**という。したがって、**A には「1. ハイドロプレーニング現象」が入る**。
イ　自動車の夜間の走行時において、自車のライトと対向車のライトで、お互いの光が反射し合い、その間にいる歩行者や自転車が見えなくなることを**蒸発現象**という。したがって、**B には「2. 蒸発現象」が入る**。
ウ　長い下り坂などでフット・ブレーキを使い過ぎると、ブレーキ・ドラムやブレーキ・ライニングなどが摩擦のため過熱してその熱がブレーキ液に伝わり、液内に気泡が発生する結果、ブレーキが正常に作用しなくなり効きが低下することを、**ベーパー・ロック**という。したがって、**Cには「1. ベーパー・ロック現象」が入る**。

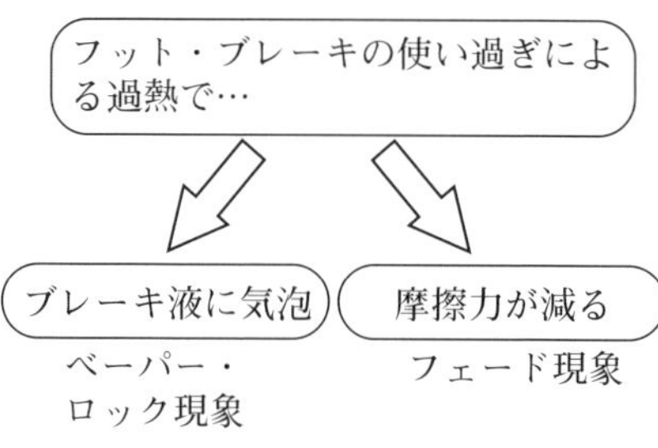

エ　運転者が走行中に危険を認知して判断し、ブレーキ操作に至るまでの間に自動車が走り続けた距離を**空走距離**という。したがって、**Dには「2. 空走距離」が入る**。

問28　正答 適1　不適2、3、4
デジタル式運行記録計

1. 適　本肢の記述のとおりであり、適切である。

2. 不適　安全規則第20条第1項第10号及び第9条によると、運行管理者は、運行記録計の記録を**1年間**保存しなければならない。

3. 不適　デジタル式運行記録計は、**瞬間速度、運行距離及び運行時間**の記録に加え、運行データの記録を電子情報として記録することにより、**急発進、急ブレーキ、速度超過時間**等の運行データの収集を可能にするものである。本肢の記述はドライブレコーダーについての説明なので、適切でない。

4. 不適　**衝突被害軽減ブレーキ**については、同装置が正常に作動していても、走行時の周囲の環境によっては障害物を正しく認識できないことや、衝突を回避できないことがあるため、当該装置が備えられている自動車の運転者に対し、**当該装置を過信せず、細心の注意を払って運転するよう指導**する必要がある。

問29　正答3
運行計画

1. ×　改善基準第4条第1項第3号及び第5号によると、原則として、1日の最大拘束時間は**15時間**、勤務終了後の休息期間は継続**9時間**を下回らないものとされている。また、本問のような場合においては、**1週間**について**2回**に限り最大拘束時間を**16時間**とすることができ、**1週間**について**2回**に限り、休息期間を継続**8時間**とすることができる。なお、4日目のフェリー乗船時間については、原則として休息期間に算入される。以上を前提に、本問の4日間を検討する（詳しい計算方法等は問23の解説を参照）。

1日目：拘束時間16時間
1日目～2日目：休息期間8時間
2日目：拘束時間13時間
2日目～3日目：休息期間11時間
3日目：拘束時間13時間
3日目～4日目：休息期間12時間
4日目：拘束時間14時間

以上より、最大拘束時間及び休息

期間は改善基準に違反していないので、誤り。

2．×　改善基準第4条第1項第6号によると、運転時間は、**2日を平均し1日当たり9時間**を超えないこととされている。2日を平均した1日の運転時間の計算に当たっては、「特定日の前日と特定日の運転時間の平均」と「特定日と特定日の翌日の運転時間の平均」を算出し、**どちらも9時間を超える場合**は基準違反と判断される。以上を前提に、本問の4日間を検討する。

本問の場合、1日目の運転時間は10時間、2日目の運転時間は9時間、3日目の運転時間は9時間、4日目の運転時間は10時間である。以上より、2日を平均した1日当たりの運転時間は、1日目と2日目の平均は9.5時間、2日目と3日目の平均は9時間なので違反していない。3日目と4日目の平均は9.5時間で、2日目と3日目が9時間を超えていないので、こちらも改善基準に違反していないので、誤り。

3．○　改善基準第4条第1項第7号によると、連続運転時間（1回がおおむね連続10分以上で、かつ、合計が30分以上の運転の中断をすることなく連続して運転する時間をいう。）は、**4時間**を超えないものとされている。ここでのポイントは、①**休憩時間が30分に満たない場合、休憩時間の合計が30分になるまでの運転時間を合計して、4時間を超えてはならない**ということと、②**10分に満たない休憩時間は有効な休憩時間とは認められない**ということである。以上を前提に、本問の4日間を検討すると、全日において改善基準違反が見られる。よって、本肢は正しい。

問30	正答6
事故の再発防止対策	

ア　**直接的に有効ではない**　点呼に関しては、対面で行うのが原則であるが、**運行上やむを得ない場合**には電話等で行うことも可能である。運行上やむを得ない場合とは、遠隔地で業務が開始又は終了するため、運転者が所属する営業所での点呼を受けられない場合であり、早朝のために点呼執行者が出勤していない場合は含まれないものの、本肢は同種事故の再発防止策としては最も直接的に有効とはいえない。ただし、早朝・深夜においても対面点呼が行えるよう、改善が必要である。

「遠隔点呼」「業務後自動点呼」の制度については問4の解説を参照。

イ　**直接的に有効**　本問の場合、**装飾板を取り付けたことにより、運転者の視界が悪化した**ことが事故の要因の一つとされている。また、整備管理者も事故車両における装飾板の取り外しを指示していなかった。以上の事実を踏まえると、本肢は同種事故の再発防止策として直接的に有効といえる。

ウ　**直接的に有効ではない**　本問において、運転者が疲労や眠気を感じて

平成30年2回

いたという事実は記載されていない。よって、本肢は同種事故の再発防止策としては直接的に有効とはいえない。

エ　**直接的に有効**　本問の場合、当該運転者は、最近3年間に人身事故を複数回起こしているが、必要な**特別な指導などを受けておらず**、このことが事故の要因の一つとされている。よって、本肢は同種事故の再発防止策として直接的に有効といえる。

オ　**直接的に有効**　本問の場合、運転者は**適切な視野の確保ができておらず、発車時に十分な安全確認も行っていなかった**。そして、これらの事実が、事故の要因とされている。よって、本肢は同種事故の再発防止策として直接的に有効といえる。

カ　**直接的に有効ではない**　本問において、運行管理者が改善基準に違反した乗務計画を作成していたという事実は記載されていない。よって、本肢は同種事故の再発防止策としては直接的に有効とはいえない。

キ　**直接的に有効**　本問の場合、運転者は**交差点の横断歩道上に車両を停止させ、また、車両前方を被害者が横断していることに気付かず発進**している。そして、これらの事実が事故の要因とされているため、本肢は同種事故の再発防止策として直接的に有効といえる。

ク　**直接的に有効ではない**　本問において、運転者が疾病を抱えていたという事実は記載されていない。よって、本肢は同種事故の再発防止策としては直接的に有効とはいえない。

以上より、直接的に有効と考えられる組合せは、イ・エ・オ・キであり、正答は6となる。

平成30年度
第1回

1．貨物自動車運送事業法関係

問1	正答4
事業計画の変更	

1．○　貨運法第9条第1項により正しい。

2．○　貨運法第9条第3項及び同法施行規則第6条第1項第1号により正しい。
なお、令和元年11月1日施行の改正及び通達により、国の基準に適合しない場合には、変更の認可を受けなければならないことが追加された。

3．○　貨運法第9条第3項及び同法施行規則第7条第1項第1号により正しい。

4．×　貨運法第9条第1項によると、事業者は、「事業用自動車の運転者、特定自動運行保安員及び運行の業務の補助に従事する従業員の休憩又は睡眠のための施設の位置及び収容能力」の事業計画の変更をするときは、国土交通大臣の**認可**を受けなければならない。

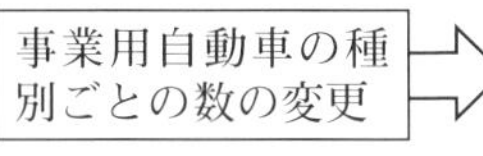

問2	正答 A3 B4 C7 D1
運行管理者等の義務	

1．貨運法第22条第1項によると、運行管理者は**誠実**にその業務を行わなければならない。
　したがって、Aには「3．誠実」が入る。

2．貨運法第22条第2項によると、一般貨物自動車運送事業者は、運行管理者に対し、同法第18条第2項の国土交通省令で定める業務を行うため必要な**権限**を与えなければならない。
　したがって、Bには「4．権限」が入る。

3．貨運法第22条第3項によると、一般貨物自動車運送事業者は、運行管理者がその業務として行う助言を**尊重**しなければならず、事業用自動車の運転者その他の従業員は、運行管理者がその業務として行う**指導**に従わなければならない。
　したがって、Cには「7．尊重」、Dには「1．指導」が入る。

問3	正答2、3
運行管理者の業務	

1．×　安全規則第3条第1項によると、事業計画に従い業務を行うに必要な員数の事業用自動車の運転者又は特定自動運行保安員を常時選任しておくことは**事業者の義務**である。

2．○　安全規則第11条及び第20条第1項第15号により正しい。

3．○　安全規則第20条第1項第14号の2及び第10条第2項により正しい。

4．× 安全規則第3条第3項によると、設問にあるような乗務員等の休憩・睡眠施設の整備、これらの施設の管理・保守は、**事業者の義務**である。運行管理者の業務は、休憩・睡眠施設の適切な管理にとどまる（同規則第20条第1項第2号）。

問4	正答1、3
点呼	

令和4年4月1日より、3つの要件（①使用する機器・システムの要件、②実施する施設・環境の要件、③運用上の遵守事項）を満たす営業所において、営業所の優良制にかかわらず、遠隔点呼が実施できるようになった。また、令和5年1月1日から、点呼機器により、自動で点呼を行う認定制度が創設され、業務終了後の運転者に対する点呼を自動で実施（「業務後自動点呼」）できるようになった。

1．○ 安全規則第7条第1項により正しい。

2016（平成28）年7月1日より、一定の要件において、Gマーク営業所（全国貨物自動車運送適正化事業実施機関により安全性優良事業所であると認められた事業所）以外の営業所でもIT点呼が可能となった。また、「安全規則の解釈及び運用について」の改正（平成30年3月30日施行）により、Gマーク営業所と同等に扱われる営業所の要件やIT点呼の対象要件が緩和（拡大）された。

2．× 安全規則第7条第1項第3号によると、事業者は**業務前の点呼**において「道路運送車両法第47条の2第1項及び第2項の規定による点検（日常点検）の実施又はその確認」について報告を求め、及び確認を行う。

3．○ 運行管理者は、点呼の一部を補助者に行わせることができる。そして、通達（「貨物自動車運送事業輸送安全規則の解釈及び運用について」）によれば、**少なくとも点呼の3分の1以上は運行管理者が実施しなければならない**。

4．× 安全規則第7条第4項によると、酒気帯びの有無について確認を行う場合には、**当該営業所に備えられた**アルコール検知器を用いて行わなければならない。そもそも同規定は、事業者はアルコール検知器を**常時有効に保持しなければならない**と定めており、アルコール検知器が故障等により使用できないということ自体、この規定に違反している。

問5	正答1、2
事故の報告	

1．**報告を要する** 事故報告規則第2条第1号及び第3条第1項によると、**自動車の転覆事故**は報告を要する。本肢の「運転席側を下にして横転した状態」は、転覆にあたる。

2．**報告を要する** 事故報告規則第3条第1項及び第2条第4号により、**10人以上の負傷者**を生じた事故は国土交通大臣への報告を要する。

3．**報告を要しない** 事故報告規則第

2条第3号及び第3条第1項、自動車損害賠償保障法施行令第5条第3号ニによると、「**病院に入院**することを要する傷害で、**医師の治療を要する期間が30日以上**のもの」は報告が必要である。本肢の「通院による30日間の医師の治療を要する傷害」はこれにあたらない。

4．**報告を要しない**　事故報告規則第3条第1項及び第2条第2号によると、**10台以上**の自動車の衝突又は接触を生じた事故は国土交通大臣への報告を要する。また、同規則第3条第1項及び第2条第14号によると、高速自動車国道において**3時間以上**自動車の通行を禁止させた事故も国土交通大臣への報告を要する。本肢の場合、「7台」が絡む衝突事故であり、自動車の通行が禁止となった時間は「2時間」だから、国土交通大臣への報告を要しないケースである。

問6	正答4
過労運転等の防止等	

1．×　安全規則第3条第1項及び第2項によると、この場合、事業者が選任する運転者及び特定自動運行保安員は、日々雇い入れられる者、**2ヵ月**以内の期間を定めて使用される者又は試みの使用期間中の者（14日を超えて引き続き使用されるに至った者を除く。）であってはならない。

2．×　安全規則第3条第4項及び国土交通省告示第1365号によると、運転者が一の運行における最初の勤務を開始してから最後の勤務を終了するまでの時間は、**144時間**を超えてはならない。

3．×　安全規則第3条第5項によると、事業者は酒気を帯びた状態にある乗務員等を事業用自動車の運行に従事させてはならない。これは、当該乗務員の身体に保有するアルコールの程度が、**道交法施行令に規定されている呼気中のアルコール濃度の数値以上であるかどうかにかかわらない**。

4．○　安全規則第3条第8項により正しい。

問7	正答4
運転者の遵守事項	

1．○　安全規則第17条第3号により正しい。

2．○　安全規則第17条第7号により正しい。

3．○　安全規則第17条第6号により正しい。

4．×　安全規則第17条第4号によると、運転者は乗務を終了して他の運転者と交替するときは、交替する運転者に対し、当該乗務に係る事業用自動車、道路及び運行の状況について通告しなければならない。したがって、本肢の前半は正しい。しかし同条第5号によると、この場合において交替して乗務する運転者は、当該通告を受け、当該事業用自動車の制動装置、走行装置その他の重要な装置の機能について点検しなければならない。つまり、**点検の必要性があると認められるかどうかにかか**

わらず、この点検をしなければならない。したがって、本肢は後半が誤っている。

問8	正答2、3
運行の記録等	

1．× 安全規則第9条の5第2項によると、事業者は、運転者が転任、退職その他の理由により運転者でなくなった場合には、直ちに、当該運転者等に係る法令に基づき作成した運転者等台帳に運転者でなくなった年月日及び理由を記載し、これを**3年間**保存しなければならない。

2．○ 安全規則第7条第5項により正しい。

3．○ 安全規則第9条の3第4項により正しい。

4．× 安全規則第9条の2によると、事業者は、事業用自動車に係る事故が発生した場合には、事故の発生日時等所定の事項を記録し、その記録を当該事業用自動車の運行を管理する営業所において**3年間**保存しなければならない。

2．道路運送車両法関係

問9	正答2
自動車の登録等	

1．○ 車両法第20条第2項により正しい。

2．× 車両法施行規則第8条の2第1項によると、自動車登録番号標の取付は、自動車の前面及び後面の見やすい位置に確実に行うものとされている。**見やすい位置**に取り付けなければならないのであって、「任意の位置」に取り付けるというのは誤り。

3．○ 車両法第12条第1項により正しい。

4．○ 車両法第3条により正しい。

問10	正答1、4
自動車の検査等	

1．○ **新規検査**は車両法第59条、**継続検査**は同法第62条、**臨時検査**は同法第63条、**構造等変更検査**は同法第67条、**予備検査**は同法第71条に規定があり、正しい。

2．× 車両法施行規則第44条第1項によると、自動車検査証の有効期間の起算日については、自動車検査証の有効期間が満了する日の**1ヵ月前**（離島に使用の本拠の位置を有する自動車を除く。）から当該期間が満了する日までの間に継続検査を行い、当該自動車検査証に有効期間を記録する場合は、当該自動車検査証の有効期間が満了する日の翌日とする。なお、令和5年1月1日施行の車両法施行規則の改正により、自動車検査証に「記入」とされていた部分が「記録」となった。

3．× 車両法第66条第1項によると、自動車検査証を備え付けなければならない場所は**当該自動車**のみであり、当該自動車の所属する営業所は入らない。

（次ページの図も参照）

自動車
検査証
必ず当該自動車に
備え付けする！

4．○　自動車検査証の有効期間は、**貨物の運送の用に供する自動車**であって、**検査対象軽自動車以外のものは1年**、その他の自動車は2年とされる（車両法第61条第1項）。ただし、この自動車検査証の有効期間を1年とされる自動車のうち**車両総重量8トン未満の貨物の運送の用に供する自動車**の自動車検査証の有効期間は**2年**とされている（同条第2項第1号）。本肢の自動車の車両総重量は8トン未満なので、自動車検査証の有効期間は2年である。

貨物の運送の用に供する自動車
（検査対象軽自動車以外）は1年

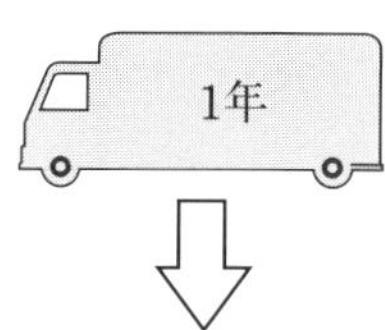
1年

ただし、車両総重量8トン未満
だと2年となる。

スマートだと
お得♪
2年

問11	正答 A1 B1 C2
自動車の整備命令等	

車両法第54条第1項によると、地方運輸局長は、自動車が保安基準に適合しなくなるおそれがある状態又は適合しない状態にあるときは、当該自動車の**使用者**に対し、保安基準に適合しなくなるおそれをなくするため、又は保安基準に適合させるために必要な整備を行うべきことを**命ずる**ことができる。この場合において、地方運輸局長は、保安基準に適合しない状態にある当該自動車の**使用者**に対し、当該自動車が保安基準に適合するに至るまでの間の運行に関し、当該自動車の使用の方法又は**経路の制限**その他の保安上又は公害防止その他の環境保全上必要な指示をすることができる。

以上より、Aには「1．使用者」、Bには「1．命ずる」、Cには「2．経路の制限」が入る。

問12	正答1、3
保安基準及び細目告示	

1．○　保安基準第47条により正しい。

2．×　保安基準第44条第1項及び第2項、細目告示第224条第2項第2号によると、後写鏡は取付部付近の自動車の最外側より突出している部分の最下部が**地上1.8メートル以下**のものは、当該部分が歩行者等に接触した場合に衝撃を緩衝できる構造でなければならない。

3．○　保安基準第38条及び細目告示第210条により正しい。

4．×　保安基準第2条第1項によると、自動車は告示で定める方法により測定した場合において、長さ（セ

平成30年1回

ミトレーラにあっては、連結装置中心から当該セミトレーラの後端までの水平距離）12 メートル、幅 2.5 メートル、高さ **3.8 メートル**を超えてはならない。

3．道路交通法関係

問 13	正答 2
車両通行帯等	

1．○　道交法第 20 条第 1 項により正しい。

2．×　道交法第 20 条の 2 第 1 項によると、路線バス等の優先通行帯であることが道路標識等により表示されている車両通行帯が設けられている道路においては、自動車（路線バス等を除く。）は、後方から路線バス等が接近してきたときは、その正常な運行に支障を及ぼさないように、**すみやかに当該車両通行帯の外に出なければならない**。

3．○　道交法第 18 条第 1 項により正しい。

4．○　道交法第 17 条第 5 項第 4 号により正しい。

問 14	正答 1、3
追越し等	

1．○　道交法第 30 条第 2 号によると、車両はトンネル内においては、車両通行帯の設けられた道路以外の道路部分での追越しは禁止されている一方、**車両通行帯の設けられている部分での追越しは禁止されていない**ので正しい。

2．×　道交法第 28 条第 1 項により、車両は他の車両を追い越そうとするときは、原則としてその追い越されようとする車両（前車）の右側を通行しなければならない。ただし、前車が法令の規定により右折をするため道路の中央又は右側端に寄って通行しているときは、その**左側を通行**しなければならない（同条第 2 項）。

3．○　道交法第 32 条により正しい。

4．×　道交法第 26 条の 2 第 2 項によると、車両は、進路を変更した場合にその変更した後の進路と同一の進路を後方から進行してくる車両等の速度又は方向を急に変更させることとなるおそれがあるときは、**進路を変更してはならない**。

問 15	正答 2
停車及び駐車等	

1．○　道交法第 44 条第 1 項第 2 号により正しい。なお、令和 2 年 12 月 1 日施行の道交法改正により、「まがりかど」とされていた箇所は「曲がり角」となった。

2．×　道交法第 45 条第 2 項本文によると、車両は、法令の規定により駐車する場合には、当該車両の右側の道路上に **3.5 メートル**（道路標識等により距離が指定されているときは、その距離）以上の余地がなければ、駐車してはならない。

3．○　道交法第 44 条第 1 項第 6 号により正しい。

4．○　道交法第 50 条第 1 項により正しい。

問 16	正答 1、2
運転者及び使用者の義務等	

1. ○　道交法第 75 条第 2 項により正しい。
2. ○　道交法第 71 条第 5 号の 5 により正しい。
3. ×　道交法第 71 条第 4 号の 2 によると、車両等の運転者は、当該車両等に積載している物が道路に転落し、又は飛散したときは、**速やかに転落し、又は飛散した物を除去する**等道路における危険を防止するため必要な措置を講じなければならない。また、道路管理者に通報するとの規定はない。
4. ×　道交法第 75 条の 11 第 1 項によると、自動車の運転者は、故障その他の理由により本線車道若しくはこれに接する加速車線、減速車線若しくは登坂車線（以下「本線車道等」という。）又はこれらに接する**路肩若しくは路側帯**において当該自動車を運転することができなくなったときは、政令で定めるところにより、当該自動車が故障その他の理由により停止しているものであることを表示しなければならない。

問 17	正答 A1 B2 C1
運転者が違反した場合等の措置	

道交法第 108 条の 34 によると、車両等の運転者が道交法若しくは同法に基づく命令の規定又は同法の規定に基づく**処分に違反**した場合において、当該違反が当該違反に係る車両等の**使用者**の業務に関してなされたものであると認めるときは、都道府県公安委員会は、内閣府令で定めるところにより、当該車両等の使用者が道路運送法の規定による自動車運送事業者、貨物利用運送事業法の規定による第二種貨物利用運送事業を経営する者であるときは当該事業者及び当該事業を監督する行政庁に対し、当該車両等の使用者がこれらの事業者以外の者であるときは当該車両等の使用者に対し、当該**違反の内容**を通知するものとする。

以上より、A には「1. 処分に違反」、B には「2. 使用者」、C には「1. 違反の内容」が入る。

4. 労働基準法関係

問 18	正答 2、4
労働条件及び労働契約	

1. ×　労基法第 1 条第 2 項によると、同法で定める労働条件の基準は最低のものであり、労働関係の当事者は、この基準を理由として労働条件を低下させてはならないことはもとより、その向上を図るように努めなければならない。**これに反する当事者間の合意は無効**である（同法第 13 条前段）。したがって、本肢は「当事者間の合意がある場合を除き」という点が誤っている。

（次ページへ続く）

平成30年1回

労働基準法に規定された
“労働条件”は最低限のもの！

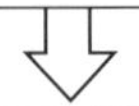

当事者間の合意でも、
低下させられない！

2．○　労基法第 14 条第 1 項により正しい。

3．×　労基法第 15 条第 1 項及び第 2 項によると、労働者は、労働契約の締結に際し使用者から明示された賃金、労働時間その他の労働条件が事実と相違する場合においては、**即時に当該労働契約を解除することができる**。「少なくとも 30 日前に使用者に予告」する必要はないので、誤り。

労働条件が違うので労働契約を解除します！
しまった！

4．○　労基法第 106 条第 1 項により正しい。

問 19	**正答 3**
就業規則	

1．○　労基法第 89 条により正しい。

2．○　労基法第 91 条により正しい。

［参考］
就業規則の記載事項（労基法第 89 条）
①始業及び終業の時刻、休憩時間、休日、休暇等に関する事項
②賃金（臨時の賃金等を除く。）の決定、計算及び支払の方法、賃金の締切り及び支払の時期ならびに昇給に関する事項
③退職に関する事項（解雇の事由を含む。）
④退職手当の定めをする場合には、適用される労働者の範囲、退職手当の決定、計算及び支払の方法ならびに退職手当の支払の時期に関する事項
⑤臨時の賃金等（退職手当を除く。）及び最低賃金額の定めに関する事項
⑥労働者に食費、作業用品その他の負担をさせる定めに関する事項
⑦安全及び衛生に関する定めに関する事項
⑧職業訓練に関する事項
⑨災害補償及び業務外の傷病扶助に関する定めに関する事項
⑩表彰及び制裁の定めをする場合のその種類及び程度に関する事項
など

3．×　労基法第 90 条第 1 項によると、使用者は、就業規則の作成又は変更について、当該事業場に、労働者の過半数で組織する労働組合がある場合においてはその労働組合、労働者の過半数で組織する労働組合がない場合においては労働者の過半数を代表する者の**意見を聴かなければならない**。「内容について同意を得」る必要まではない。

4．○　労基法第 92 条第 1 項及び第 2 項により正しい。

問 20	**正答 A5 B8 C1 D4**
拘束時間及び休息期間	

（1）改善基準第 4 条第 1 項第 3 号によると、使用者は、1 日についての拘束時間は、**13 時間**を超えないものとし、当該拘束時間を延長する場合であっても、最大拘束時間は、**15 時間**とすることとされている。ただし、貨物自動車運送事業に従事する自動車運転者に係る 1 週間における運行が全て長距離貨物運送であり、かつ、一の運行におけ

る休息期間が、当該自動車運転者の住所地以外の場所におけるものである場合においては、当該1週間について2回に限り最大拘束時間を16時間とすることができるとされている（同号但書）。

したがって、Aには「5. 13時間」、Bには「8. 15時間」が入る。

(2) 改善基準第4条第4項第1号によると、業務の必要上、勤務の終了後継続9時間（改善基準第4条第1項第3号但書に該当する場合は継続8時間）以上の休息期間を与えることが困難な場合、次の要件を満たすものに限り、当分の間、一定期間（1ヵ月程度を限度とする。）における全勤務回数の2分の1を限度に、休息期間を拘束時間の途中及び拘束時間の経過直後に分割して与えることができるものとする。

イ　分割された休息期間は、1回当たり継続3時間以上とし、2分割又は3分割とすること。

ロ　1日において、2分割の場合は合計**10時間**以上、3分割の場合は合計**12時間**以上の休息期間を与えなければならないこと。

ハ　休息期間を3分割とする日が連続しないよう努めるものとする。

したがって、Cには「1. 10時間」、Dには「4. 12時間」が入る。

問21	**正答2**
改善基準	

1. ○　改善基準によると、休息期間とは、勤務と次の勤務との間にあって、休息期間の直前の拘束時間における疲労の回復を図るとともに、睡眠時間を含む労働者の生活時間として、その処分は労働者の全く自由な判断にゆだねられる時間をいう。よって正しい。

2. ×　出題時、旧改善基準第4条第4項によると、労使当事者は、時間外労働協定において貨物自動車運送事業に従事する自動車運転者に係る一定期間についての延長時間について協定するに当たっては、当該一定期間は、2週間及び1ヵ月以上**3ヵ月**以内の一定の期間とするものとする。

なお、改善基準の改正（令和6年4月1日施行）により、旧改善基準第4条第4項の規定は**削除**されたため、**現在では本肢は成立しない。**

3. ○　改善基準第4条第4項第4号により正しい。

4. ○　改善基準第4条第2項により、使用者は貨物自動車運送事業に従事する自動車運転者の休息期間については、当該自動車運転者の**住所地**における休息期間がそれ以外の場所における休息期間より**長く**なるように努めるものとされているので正しい。

問22	**正答ウ**
拘束時間	

改善基準第4条第1項第1号によると、拘束時間は、1ヵ月について**284時間**を超えず、かつ、1年について3,300時間を超えないものとすることとされている。ただし、労使協定によ

平成30年1回

 ◀◀問題◀問題編 p.272～275

り、**6ヵ月**までは、1ヵ月について**310時間**まで延長することができ、かつ、1年について**3,400時間**まで延長することができるものとされている（同号但書）。また、同条同項第2号によると、拘束時間を延長する場合でも、1ヵ月の拘束時間が**284時間**を超える月が**3ヵ月を超えて連続しない**ようにする必要がある。以上を前提に、各選択肢を検討する。

まずは、選択肢アについて。注目すべきはAの311時間である。上述したように、労使協定がある場合でも拘束時間の延長は310時間までなので、この点が基準に違反している。次に、選択肢イについて。注目すべきはBの296時間である。Bに296時間を入れると、1年間についての拘束時間は3,105＋296＝3,401時間となり、基準に違反することになる。最後に、選択肢ウについて。Aに302時間、Bに292時間、Cに294時間を入れた場合、上述した基準に違反している項目はない。**よって、選択肢ウが正解となる。**

問23	**正答2**
拘束時間及び運転時間等	

1. **違反していない**　改善基準第4条第1項第3号、第4号によると、1日についての拘束時間は、①原則として、13時間を超えないものとし、当該拘束時間を延長する場合であっても、最大拘束時間は15時間とすることとされている。②1日の拘束時間が14時間を超える回数をできるだけ少なくすることとされている。以上を前提に本問を検討すると、拘束時間が15時間を超える日はなく、①の基準には違反していない。また、1日についての拘束時間が14時間を超えているのは12日、19日の2回であり、②の基準にも違反していない。したがって、1日の最大拘束時間は基準に違反していない。
2. **違反している**　改善基準第4条第1項第6号によると、運転時間は、2日（始業時刻から起算して48時間をいう）を平均し1日当たり9時間を超えないこととされている。そして、1日の運転時間の計算に当たっては、「**特定日の前日と特定日の運転時間の平均**」と「**特定日と特定日の翌日の運転時間の平均**」**を算出し、どちらも9時間を超える場合は基準違反**と判断される。以上を前提に本問を検討すると、19日を特定日とした場合、「特定日の前日（18日）と特定日（19日）の運転時間の平均」、「特定日（19日）と特定日の翌日（20日）の運転時間の平均」は、ともに9.5時間であり、基準に違反している。
3. **違反していない**　改善基準第4条第1項第6号によると、運転時間は、**2週間を平均し1週間当たり44時間を超えない**こととされている。以上を前提に本問を検討すると、1日～14日の運転時間は計88時間であり、1週間平均44時間なので、この点に関する違反はない。また、15日～28日の運転時間は計82時間であり、1週間平均41時間なので、ここでも違反はない。したがって、2週間を平均した1週間当たりの運転時間は基準に違反していない。

4．**違反していない**　改善基準第4条第5項によると、貨物自動車運送事業に従事する自動車運転者に、休日に労働させる場合には、当該労働させる休日は**2週間について1回を超えない**こととされている。以上を前提に本問を検討すると、休日労働をさせたのは14日と28日であり、2週間について1回を超えていない。したがって、2週間における休日に労働させる回数は基準に違反していない。

5．実務上の知識及び能力

問24　正答 適2、3　不適1、4
日常業務の記録等

1．**不適**　安全規則第9条の5第1項において**運転者等台帳の記載事項は厳格に規定されている**のであり、これを「概ね」網羅しているにすぎない履歴書を当該台帳として使用することは、同規定違反である。

2．**適**　安全規則第3条第4項により、事業者は運転者の勤務時間及び乗務時間を定めることとされている。そして、同規則第20条第1項第3号により運行管理者は、この勤務時間及び乗務時間の範囲内において乗務割を作成することとされているが、その際、**運転者が過労とならないよう十分考慮**するほか、**天候や道路状況などをあわせて考える**ことは、事故防止のために適切な対応である。また、**乗務割の予定を運転者に事前に示す**ことも、予定を早めに立てることができるため、適切である。

3．**適**　安全規則第11条及び第20条第1項第15号によると、異常気象その他の理由により輸送の安全の確保に支障を生ずるおそれがあるときは、事業者及び運行管理者は乗務員等に対する**適切な指示**をすることとされている。また、報告を受けた事項や指示した内容について、異常気象時等の措置として**詳細に記録**しておくことは、今後同様の事例が起きた場合への備えになりうる。よって、本肢前段・後段とも運行管理者の対応として適切である。

4．**不適**　安全規則第9条の3第2項及び第17条第7号によると、運行指示書の作成を要する運行の途中において、①運行の開始及び終了の地点及び日時、または②運行の経路に変更が生じた場合には、事業者は運行指示書の写しに当該変更の内容を記載するとともに、運転者等が携行している運行指示書にその**運転者等をして当該変更の内容を記載させなければならない**。本肢の場合、運転者等が携行している運行指示書にその運転者等をして変更の内容を記載させず、帰庫後提出させた運行指示書に運行管理者自らが変更内容を記載したことは、上記規定違反である。

問25　　　　　　正答3、4
運転者に対する指導・監督

1．**不適**　個人差はあるものの、体内

に入ったビール500ミリリットル(アルコール5%）が分解処理されるのにかかる時間は概ね**4時間**が目安とされている。

2．**不適**　他の自動車に追従して走行するときに運転者が常に「秒」の意識をもって留意しなければならないのは、自車の速度と**停止距離**である。事業者及び運行管理者は運転者に対し、前車との追突等の危険が発生した場合でも安全に停止できるよう、少なくとも**停止距離**と同じ程度の車間距離を保って運転するように指導する必要がある。

空走距離とは、危険を認知してからブレーキが効き始めるまでの距離であり、**制動距離**とは、ブレーキを踏んでから停止するまでの走行距離である。そして、**停止距離**とは、運転者が危険を認知してから車が停止するまでに走行した距離であり、**空走距離と制動距離の和**で求められる。

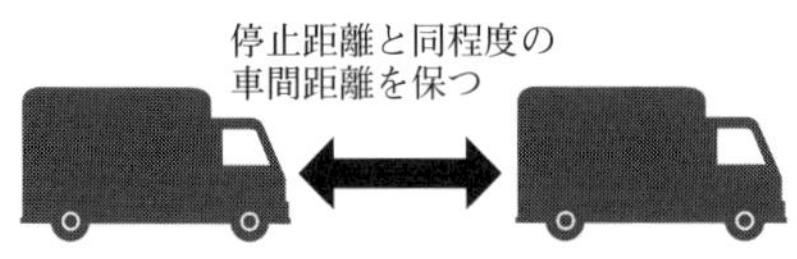

3．**適**　本肢の記述のとおりであり、適切である。なお、令和4年中も同様である。

4．**適**　本肢の記述のとおりであり、適切である。令和5年中の統計も同様である。

問26　正答 適1、2　不適3、4
運転者の健康管理

1．**適**　労働安全衛生規則第51条によると、事業者は、労働者が受診した健康診断の結果に基づき、健康診断個人票を作成して、これを**5年間**保存しなければならない。また、当該「健康診断」には、法令で定めるものに加え、労働者が自ら受診したものも含まれる。よって、本肢の対応は適切である。

2．**適**　事業者や運行管理者は、点呼等の際に、運転者の意識や言葉に異常な症状があり、普段と様子が違うときには、すぐに**専門医療機関で受診させる**べきである。また、運転者に対しては、脳血管疾患の症状について理解させ、そうした症状があった際にはすぐに申告させるように努めるべきである。

3．**不適**　労働安全衛生規則第45条第1項及び第13条第1項第3号によると、事業者は、深夜業を含む業務に常時従事する労働者に対し、**6ヵ月**以内ごとに1回、定期的に、医師による健康診断を行わなければならない。

4．**不適**　脳血管疾患を定期健康診断で発見するのは**困難**である。発見するためには、**専門医療機関を受診する**こと等が必要になる。

問27　正答 適2、3、4　不適1
自動車の運転

1．**不適**　二輪車に対する注意点のうち、②が誤り。二輪車は速度が**遅く**感じたり、距離が実際より**遠く**に見えたりする。

2．**適**　運転席が高い位置にある**大型**

車の場合は車間距離に余裕があるように感じ、乗用車の場合は車間距離に余裕がないように感じる。よって、運転者に対しては、この点に注意して常に適正な車間距離をとるよう指導する必要がある。

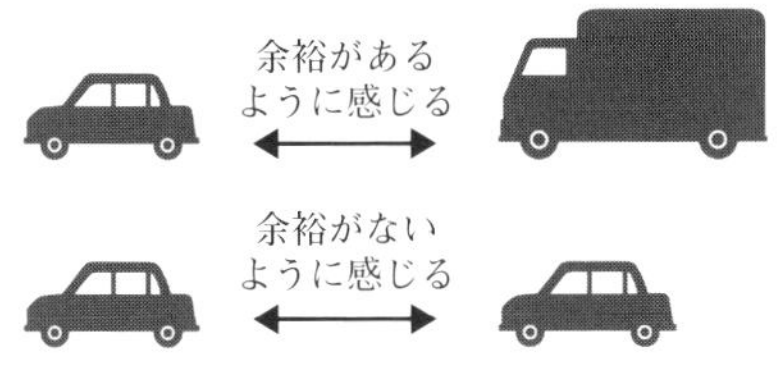

3．適　本肢の記述のとおりであり、適切である。

4．適　本肢の記述のとおりであり、適切である。

問28　正答 適2、3、4　不適1
交通事故防止対策

1．不適　適性診断の目的は、「運転に適さない者を運転者として選任しない」ことではなく、**運転者に自分の運転の傾向や事故を起こす危険性を客観的に知ってもらうことで、安全な運転を目指すようその自覚を促す**ことにある。

2．適　本肢の記述のとおりであり、適切である。

3．適　本肢の記述のとおりであり、適切である。令和5年中の統計によれば、非着用時の致死率は着用時の約14.6倍、死者の非着用者の割合は38.6%となっている。

4．適　本肢の記述のとおりであり、適切である。

問29　　正答 ア2イ1ウ1
当日の運行計画

ア　本問の場合、BC間の距離が150km、平均時速が45kmであるから、BC間の走行にかかる時間は**150÷45＝3時間20分**である。

以上より、正解は2となる。

イ　改善基準第4条第1項第6号によると、運転時間は、2日（始業時刻から起算して48時間をいう）を平均し1日当たり9時間を超えないこととされている。そして、1日の運転時間の計算に当たっては、**「特定日の前日と特定日の運転時間の平均」と「特定日と特定日の翌日の運転時間の平均」を算出し、どちらも9時間を超える場合は基準違反**と判断される。以上を前提に本問を検討する。まず、当日の運転時間は、帰庫時刻から出庫時刻を差し引いた時間（12時間）から、運転以外に要した時間を差し引くことで求められる。この計算式に当てはめると、当日の運転時間は12時間－（30分＋20分＋1時間＋30分＋20分）＝9時間20分となる。よって、当日を特定日とした場合、「特定日の前日と特定日の運転時間の平均」は9時間10分、「特定日と特定日の翌日の運転時間の平均」は9時間5分であり、基準に違反している。

以上より、正解は1となる。

ウ　連続運転時間が改善基準に違反しているかどうかは、**運転開始後4時間以内又は4時間経過直後に、30分以上の「運転の中断」**をしているか

平成30年1回

どうかで判断する。なお、この30分以上の「運転の中断」については、**1回につきおおむね10分以上（10分未満の場合、運転の中断時間としてカウントされない）とした上で分割することもできる**。なお、本問においては、**荷積みや荷下ろしも「運転の中断」**に含むものとする。以上を前提に本問を検討する。まず、当日のタイムスケジュールを整理すると、次のようになる。

運転40分→荷積み30分→運転3時間20分→荷下ろしと休憩1時間20分→運転1時間→荷積み30分→運転3時間→荷下ろし20分→運転1時間20分→帰庫

ここで注目すべき点は、後半の「運転3時間→荷下ろし20分→運転1時間20分」という部分である。この部分を見ると、**運転時間が4時間を超えているにもかかわらず、運転の中断が20分しかない**。よって、上記の判断基準に照らすと、本問のタイムスケジュールは改善基準に違反している。

以上より、正解は1となる。

問30	**正答2**
事故の再発防止対策	

ア　**直接的に有効**　本問の場合、運転者が所属する営業所においては、**交通事故を惹起した場合の社会的影響の大きさや、疲労などの生理的要因による交通事故の危険性などについて理解させる指導・教育**が不足していた。また、本問における事故は、運転者の**居眠り運転**が原因の一つであると考えられる。したがって、本対策は、同種事故の再発防止策として直接的に有効といえる。

イ　**直接的に有効**　本問の場合、運転者は、事故日前1ヵ月間の勤務において、拘束時間及び休息期間について複数回の「自動車運転者の労働時間等の改善のための基準」違反があった。そして、事故当日においても、**休息期間を7時間しかとらない状態で運転**をしており、改善基準違反が見られる。したがって、本対策は、同種事故の再発防止策として直接的に有効といえる。

ウ　**直接的に有効ではない**　本問の場合、運転者が所属する営業所においては、営業所長が運行管理者として選任されていたが補助者の選任がされておらず、運行管理者が不在のときは点呼が実施されていなかった。しかし、事故日当日の運転者に対する業務前点呼はアルコール検知器を使用し対面で行われていたとあるため、**点呼が適切に実施されていなかったわけではない**と考えられる。したがって、本対策は同種事故の再発防止対策としては直接的に有効とはいえない。

エ　**直接的に有効ではない**　適性診断の対象となる「初任運転者」とは、運転者として常時選任するために新たに雇い入れた者で、当該事業者において初めてトラックに乗務する前**3年間**に運転者として常時選任されていない者を指す。本問の場合、運転者は、採用後2年が経過していたが、初任運転者に対する適性診断を受診していなかった。ただ、**採用前の1年間に運転者として常時選任されていた可能性は否定できず**、本問において明らかにされている事実のみをもって法に違反しているとはいえない。したがって、本対策は同種事故の再発防止対策としては直接的に有効とはいえない。

オ　**直接的に有効ではない**　本問の場合、事業者は、年2回の定期健康診断の実施計画に基づき実施しており、運転者は、これらの定期健康診断を受診していた。また、**運転者が疾病を患っていたという事実は記載されていない**。したがって、本対策は同種事故の再発防止対策としては直接的に有効とはいえない。

カ　**直接的に有効**　本問の場合、トラックには速度抑制装置（スピードリミッター）が取り付けられていた。しかし、事故当時の道路の最高速度が時速50キロメートルに制限されていたにもかかわらず、トラックは追突直前に時速80キロメートルで走行していた。これらの事実から、運転者には**装置に対する過度な信頼**があったことが推測される。また、本問の場合、トラックに**衝突被害軽減ブレーキ装置が取り付けられていたという事実は記載されていない**。したがって、本対策は、同種事故の再発防止策として直接的に有効といえる。

キ　**直接的に有効**　本問の場合、運転者は、事故日前日運行先に積雪があり、帰庫時間が5時間程度遅くなって業務を早朝5時に終了し、事故当日の正午に業務前点呼を受け出庫している。このことから、**運転者には疲労が蓄積しており、安全な運転を継続することができないおそれ**があったと予想される。したがって、本対策は、同種事故の再発防止策として直接的に有効といえる。

ク　**直接的に有効ではない**　本問の場合、トラックは、**法令で定められた日常点検及び定期点検を実施**していた。また、速度抑制装置が正常に作動しなかったという事実も記載されていない。したがって、本対策は同種事故の再発防止対策としては直接的に有効とはいえない。

以上より、直接的に有効と考えられる組合せは、ア・イ・カ・キであり、正解は2となる。

◀◀問題◀問題編 p.284

令和４年度CBT試験出題例　正答一覧

原則として、正解数が30問中18問以上、かつ、各分野1問（実務上の知識及び能力は2問）以上で合格!

問題	1	2	3	4	5	6	7			8	9	10
							A	B	C			
解答欄	❶ ② ❸ ④	① ② ❸ ④	① ② ❸ ❹	❶ ❷ ③ ④	① ❷ ❸ ④	❶ ② ③ ④	① ❷	❶ ②	❶ ②	❶ ② ❸ ④	❶ ② ③ ④	① ❷ ❸ ④

問題	11				12	13	14	15			16	17	18	19	20			
	A	B	C	D				A	B	C					A	B	C	D
解答欄	❶ ②	① ❷	① ❷	① ❷	① ❷ ③ ④	❶ ② ③ ④	❶ ② ③ ❹	① ❷	❶ ②	❶ ②	① ❷ ③ ④	① ② ❸ ④	① ❷ ❸ ④	① ❷ ③ ④	❶ ②	❶ ②	① ❷	① ❷

問題	21	22	23	24	25	26	27	28	29			30
									1	2	3	
解答欄	❶ ② ❸ ④	① ❷ ③ ❹	㋐ ㋑ **㋒**	① ❷ ❸ ❹	① ❷ ③ ❹	❶ ❷ ③ ❹	① ❷ ❸ ④	① ❷ ③ ❹	❶ ②	① ❷	① ❷	❶ ② ❸ ④ ❺ ⑥

令和３年度CBT試験出題例　正答一覧

原則として、正解数が30問中18問以上、かつ、各分野1問（実務上の知識及び能力は2問）以上で合格!

問題	1	2				3	4	5	6	7	8	9	10
		A	B	C	D								
解答欄	①	①	①	①	❶	①	❶	①	①	①	❶	①	①
	❷	②	②	②	②	❷	❷	❷	❷	②	❷	❷	②
	❸	③	❸	③	③	③	③	③	③	③	③	③	③
	④	④	④	④	④	❹	④	❹	④	❹	④	❹	❹
		⑤	⑤	❺	⑤								
		⑥	⑥	⑥	⑥								
		⑦	⑦	⑦	⑦								
		❽	⑧	⑧	⑧								

問題	11				12	13	14	15			16	17	18	19	20	
	A	B	C	D				A	B	C					A	B
解答欄	❶	①	①	❶	①	❶	①	❶	①	❶	①	①	❶	❶	❶	❶
	②	❷	❷	②	②	②	②	②	❷	②	❷	②	❷	②	②	②
					❸	③	❸				③	③	③	③	C	D
					④	④	❹				❹	❹	④	④	❶	①
															②	❷

問題	21	22	23	24			25	26	27	28		29			30
				A	B	C				A	B	1	2	3	
解答欄	❶	❶	①	①	①	①	①	①	❶	❶	❶	①	①	❶	①
	❷	❷	②	②	②	②	②	❷	❷	②	②	❷	❷	②	②
	③	③	③	③	③	❸	❸	❸	③						❸
	④	④	❹	④	④	④	④	④	④	C	D				④
				❺	⑤	⑤				①	❶				⑤
				⑥	⑥	⑥				❷	②				⑥
				⑦	❼	⑦									⑦
				⑧	⑧	⑧									⑧

令和２年度CBT試験出題例　正答一覧

原則として、正解数が30問中18問以上、かつ、各分野1問（実務上の知識及び能力は2問）以上で合格!

問題	1	2			3	4	5	6	7	8	9	10	11			
		A	B	C									A	B	C	D
解答欄	❶	①	❶	❶	❶	❶	❶	①	①	①	①	①	❶	❶	①	①
	②	❷	②	②	②	❷	②	②	❷	②	②	❷	②	②	❷	❷
	❸				③	③	③	③	③	③	③	❸				
	④				④	④	❹	❹	④	❹	❹	④				

問題	12	13	14	15			16	17	18	19	20				21	22
				A	B	C					A	B	C	D		
解答欄	①	①	❶	①	❶	❶	①	①	①	①	❶	❶	①	①	①	①
	②	❷	②	❷	②	②	❷	②	❷	❷	②	②	❷	❷	❷	②
	③	③	③				③	❸	③	③					❸	❸
	❹	④	❹				④	④	❹	④					④	④

問題	23	24	25	26	27	28	29			30	
							1	2	3		
解答欄	①	①	①	❶	❶	①	❶	❶	❶	①	❻
	❷	❷	❷	②	②	②	②	②	②	②	⑦
	③	③	❸	③	❸	❸	③			③	⑧
	④	❹	④	❹	❹	④				❹	❾
										⑤	⑩

令和２年度第２回　正答一覧

原則として、正解数が30問中18問以上、かつ、各分野1問（実務上の知識及び能力は2問）以上で合格!

問題	1	2	3		4	5	6	7	8	9	10	11		12	13	14
			A	B								A	B			
解答欄	❶②③❹	①②③❹	①❷	①❷	❶❷③④	①②❸❹	①②③❹	❶❷③④	①❷③④	①②❸④	①❷③❹	①❷	❶②	①②③❹	❶②③④	①②❸❹
			C	D								C	D			
			①❷	❶②								❶②	❶②			

問題	15				16	17	18	19	20		21	22	23	24		25
	A	B	C	D					A	B				適	不適	
解答欄	①②❸④⑤	①❷③④⑤	①②③④❺	①②③❹⑤	①②❸④	❶❷③④	①❷③④	①②❸④	❶②	❶②	①❷❸④	①②③❹	①❷❸④	①❷③❹	❶②❸④	①❷❸❹
									C	D						
									❶②	❶②						

問題	26		27		28			29		30
	適	不適	適	不適	A	B	C	ア	イ	
解答欄	❶②③❹	①❷❸④	①❷❸④	❶②③❹	❶②	①❷	❶②	①②❸	❶②	①❷❸

令和２年度第１回　正答一覧

原則として、正解数が30問中18問以上、かつ、各分野1問（実務上の知識及び能力は2問）以上で合格!

問題	1	2	3	4	5	6	7			8	9	10	11			
							A	B	C				A	B	C	D
解答欄	① ② ③ ❹	① ❷ ❸ ④	① ❷ ③ ④	① ② ③ ❹	① ❷ ③ ❹	① ❷ ③ ❹	① ❷	① ❷	❶ ②	① ② ③ ❹	① ❷ ③ ④	① ❷ ③ ④	❶ ② ③ ④ ⑤ ⑥	① ❷ ③ ④ ⑤ ⑥	① ② ③ ④ ❺ ⑥	① ❷ ③ ④ ⑤ ⑥

問題	12	13	14	15			16	17	18	19	20				21	22	23
				A	B	C					A	B	C	D			
解答欄	❶ ② ③ ④	① ② ❸ ④	① ② ❸ ④	① ❷	❶ ②	❶ ②	❶ ② ③ ④	❶ ❷ ③ ④	① ❷ ❸ ④	① ② ③ ❹	❶ ②	① ❷	① ❷	① ❷	❶ ② ❸ ④	① ❷ ③ ❹	① ❷ ③ ④

問題	24		25	26		27		28			29			30		
	適	不適		適	不適	適	不適	ア	イ	ウ	ア	イ	ウ	A	B	C
解答欄	① ❷ ③ ❹	❶ ② ❸ ④	❶ ❷ ③ ④	❶ ❷ ❸ ④	① ② ③ ❹	① ❷ ❸ ❹	❶ ② ③ ④	① ❷	① ❷	❶ ②	① ② ❸ ④	① ❷ ③ ④	❶ ②	① ② ③ ④ ❺ ⑥ ⑦ ⑧	① ② ❸ ④ ⑤ ⑥ ⑦ ⑧	① ② ③ ④ ⑤ ⑥ ⑦ ❽

令和元年度第１回　正答一覧

原則として、正解数が30問中18問以上、かつ、各分野1問（実務上の知識及び能力は2問）以上で合格!

問題	1	2	3	4			5	6	7	8	9	10	11		12	13
				A	B	C							A	B		
解答欄	**1** 2 3 **4**	**1** **2** 3 4	1 2 **3** 4	1 2 3 **4** 5 6	1 2 3 4 5 **6**	1 2 3 4 **5** 6	1 **2** 3 **4**	**1** 2 **3** 4	1 **2** 3 4	1 2 3 **4**	**1** 2 3 4	**1** 2 3 **4**	**1** 2	**1** 2	1 **2** 3 4	1 **2** 3 4
													C	D		
													1 **2**	1 **2**		

問題	14		15	16	17	18	19	20			21	22	23	24		25
	A	B						A	B	C				適	不適	
解答欄	1 **2** 3	1 **2** 3	**1** 2 **3** 4	1 **2** 3 4	1 **2** **3** 4	**1** 2 **3** 4	1 **2** 3 4	**1** 2	**1** 2	**1** 2	**1** 2 **3** 4	1 2 **3** 4	1 2 3 **4**	1 2 3 **4**	**1** **2** **3** 4	1 **2** **3** **4**
	C	D														
	1 2 **3**	1 2 **3**														

問題	26		27		28		29		30			
	適	不適	適	不適	適	不適	適	不適	A	B	C	D
解答欄	1 **2** **3** **4**	**1** 2 3 4	1 **2** **3** **4**	**1** 2 3 4	1 2 **3** 4	**1** **2** 3 **4**	1 **2** 3	**1** 2 **3**	1 **2** 3 4 5	1 2 3 **4** 5	6 7 **8** 9 10	6 7 8 9 **10**

平成 30 年度第 2 回　正答一覧

原則として、正解数が30問中18問以上、かつ、各分野1問（実務上の知識及び能力は2問）以上で合格!

問題	1	2				3	4	5	6	7	8	9	10	11				12
		A	B	C	D									A	B	C	D	
解答欄	①②❸④	❶②	❶②	①❷	❶②	①❷③❹	①❷❸④	①❷❸④	①②③❹	①❷③④	①❷③④	①②❸❹	❶②③④	①❷	❶②	①❷	❶②	①②③❹

問題	13	14	15				16	17	18	19	20				21	22	23
			A	B	C	D					A	B	C	D			
解答欄	①❷③❹	❶②❸④	①❷	❶②	❶②	❶②	①②❸④	①②❸④	①②❸④	①②③❹	❶②	①❷	①❷	①❷	①❷❸④	①❷❸④	①❷③④

問題	24		25	26		27				28		29	30
	適	不適		適	不適	A	B	C	D	適	不適		
解答欄	❶②❸④	①❷③❹	❶❷❸④	①❷③④	❶②❸❹	❶②	①❷	❶②	①❷	❶②③④	①❷❸❹	①②❸	①②③④⑤❻⑦⑧

平成 30 年度第 1 回　正答一覧

原則として、正解数が30問中18問以上、かつ、各分野1問（実務上の知識及び能力は2問）以上で合格!

問題	1	2				3	4	5	6	7	8	9	10	11		
		A	B	C	D									A	B	C
解答欄	①②③❹	①②❸④⑤⑥⑦⑧	①②③❹⑤⑥⑦⑧	①②③④⑤⑥❼⑧	❶②③④⑤⑥⑦⑧	①❷❸④	❶②❸④	❶❷③④	①②③❹	①②③❹	①❷❸④	①❷③④	❶②③❹	❶②	❶②	①❷

問題	12	13	14	15	16	17			18	19	20				21	22
						A	B	C			A	B	C	D		
解答欄	❶②❸④	①❷③④	❶②❸④	①❷③④	❶❷③④	❶②	①❷	❶②	①❷③❹	①②❸④	①②③④❺⑥⑦⑧	①②③④⑤⑥⑦❽	❶②③④⑤⑥⑦⑧	①②③❹⑤⑥⑦⑧	①❷③④	㋐㋑**ウ**

問題	23	24		25	26		27		28		29			30
		適	不適		適	不適	適	不適	適	不適	ア	イ	ウ	
解答欄	①❷③④	①❷❸④	❶②③❹	①②❸❹	❶❷③④	①②❸❹	①❷❸❹	❶②③④	①❷❸❹	❶②③④	①❷③	❶②	❶②	①❷③④⑤⑥⑦⑧

※矢印の方向に引くと正答・解説編が取り外せます。